MOMENTOS ESTELARES
DE LA HISTORIA

PALOMA RUIZ

TANJA KINKEL

REINA DE TROVADORES

Traducción de
Lucía de Stoia

Prólogo de
Horacio Vázquez-Rial

CÍRCULO DE LECTORES

El verano de los leones

Un comentario sobre las relaciones entre la historia y la novela histórica

La historiografía tradicional, es decir, la historia que se presenta escrita en tratados, manuales o ensayos, contiene un importante componente de ficción: la sola presentación de los sucesos en un orden determinado, no siempre ni necesariamente estrictamente cronológico, sino en un orden adecuado desde un punto de vista didáctico, supone una intervención del redactor en el terreno de lo que se considera real: una intervención modificadora, una alteración. En el momento en que el historiador inicia el relato de unos hechos, de acuerdo con una jerarquía y con una interpretación particular de su encadenamiento y, por lo tanto, de su sentido, empieza a hacer literatura: deviene creador, en tanto que narrador, al igual que el novelista.

En el párrafo anterior, he escrito con deliberación «el terreno de lo que se considera real», y no la «realidad», porque el punto de partida de toda síntesis histórica es el documento: la crónica, el testimonio, el monumento, la carta, el registro de nacimientos o de defunciones, o cualquier otro factor probatorio de que algo ocurrió: el documento, nunca la realidad. Ya que, si lo que se cuenta en un texto nace de la experiencia personal del autor, de su percepción directa, el texto posee valor documental pero no es historiografía, escritura de la historia.

El material del historiador es el pasado. Y jamás el pasado individual: el que escribe sobre el pasado que ha vivido es un memorialista, no un historiador. El historiador empleará el material que el memorialista –el testigo– produzca, complementándolo con otros, para *crear* historia.

El territorio en que se mueve un novelista es mucho más amplio: dispone del pasado, del presente, y aun del futuro, y es libre de situar su relato en cualquier punto de la línea del tiempo. Es más: su relato del pasado puede ser absolutamente ficticio: nadie le obliga a respetar documento alguno, ni hecho alguno, ni sucesión cronológica alguna. En muchas novelas se reúnen personajes –inventados, en ciertos casos; históricos, en otros– de diversas épocas en una misma escena o serie de escenas: recuérdese *El libro de la risa y el olvido,* de Milan Kundera, o *Un yanqui en la corte del rey Arturo,* de Mark Twain (un paradigma fundacional, junto con *La máquina del tiempo,* de H. G. Wells, de la literatura de viajes en el tiempo, que sigue alimentando una buena parte del imaginario creador literario y cinematográfico). No obstante, existe una categoría específica de la novela –la novela histórica– cuyos autores trabajan con el mismo material que los historiadores: el pasado. Y en el mismo espacio que los historiadores: un espacio situado entre la leyenda y los documentos.

Se les atribuye, eso sí, a los novelistas, una mayor libertad en la selección de datos y de fuentes. Y es cierto que algunas de las primeras novelas históricas definidas como tales, las que escribió sir Walter Scott, tienen a menudo poco de históricas: *Ivanhoe,* por ejemplo. Porque Scott no estaba buscando objetividad, sino creando para su pueblo un pasado heroico, que es lo que hicieron los románticos, en la novela y en la historiografía. El Romanticismo, un movimiento que expresa en lo ideológico el nacimiento de los Estados nacionales modernos, fue una vasta operación de reescritura –reinvención– del pasado histórico, para adaptarlo a un presente nuevo, para satisfacer el requisito político de una justificación mitológica de las naciones.

Mientras la novela histórica romántica avanzaba por los senderos de la libre creación de leyendas a partir de escasas constancias y generosos aportes populares, la historiografía iniciaba un camino propio hacia «lo científico». Un camino señalado por la valorización del documento, por una parte, y una serie de intentos más o menos logrados de interpretación global del pasado en función de determinadas líneas maestras; un camino de ida y vuelta que, tras pasar en los siglos XIX y XX por el positivismo, el materialismo histórico, el malthusianismo, el estructuralismo, la historia de las mentalidades y otros hitos no menos relevantes, ha llegado a la «nueva historia», que valora y hasta sobrevalora el relato casuístico como forma de hacer historia. Los «nuevos historiadores» se decantan por la narración, no ya de *la* historia, sino de *historias* puntuales que, sumadas, recompondrían el pasado, del mismo modo en que la historia de cada hombre y cada mujer actual componen el presente.

La mera asunción de la existencia legítima de una historiografía narrativa supone un reconocimiento tácito de la condición ficcional de toda historiografía, por pegada que se encuentre al documento.

Hay que recordar que antes de que la forma confesadamente narrativa, es decir, literaria, de hacer historia encontrase su justificación teórica y alcanzase su apogeo como escuela científica, la Academia sueca había reconocido el carácter literario de lo historiográfico, al conceder el premio Nobel de Literatura a Winston Churchill por su monumental obra sobre *La Segunda Guerra Mundial.*

Como consecuencia o herencia tardía del Romanticismo, una serie de movimientos sociales de amplio alcance ha venido generando su propia historiografía y su propia novelística (y cinematografía) histórica: el ecologismo, el feminismo, las reivindicaciones organizadas de derechos civiles, de derechos humanos, de derechos a sexualidades, sentimentalidades y modelos familiares no tradicionales, el rescate de razas y culturas condenadas a la memoria marginal, como los indios americanos... En ese proceso de reescritura –relectura– del pasado, debemos incluir desde las varias historias de las mujeres publicadas con extraordinario éxito en las dos últimas décadas, hasta el *Bailando con lobos* de Kevin Kostner –o sus grandes precedentes: *Un hombre llamado Caballo* y *Enterré mi corazón en Wounded Knee*–, desde la vindicación gravesiana de *La hija de Homero* hasta la originalísima y sabia propuesta de reconsideración de la Antigüedad inventada por el Romanticismo, hecha por Martin Bernal en su magnífica y esclarecedora obra *Atenea negra. Las raíces afroasiáticas de la civilización clásica,* que parte del problema de la instauración del antisemitismo en la historiografía de los dos últimos siglos.

En esta reescritura sectorial de la historia, en el punto de cruce entre la renovación historiográfica centrada en lo casuístico, los movimientos feministas y de liberación sexual, y la novela y el cine históricos, hay que situar la *Reina de trovadores* de Tanja Kinkel, escrita al amparo de la más rigurosa atención a los documentos existentes sobre el personaje y su entorno, que, debemos señalarlo, son considerablemente escasos y poco fiables, a pesar de la enorme relevancia de sus actos para el destino posterior de Europa y, por ende, del mundo entero.

La obra de Tanja Kinkel

Por dos veces, Enrique II Plantagenet, rey de Inglaterra, ha sido protagonista de grandes películas, auténticos clásicos del cine: en *El hombre de dos reinos* –sobre la amistad y el posterior enfrentamiento entre el monarca y Tomás Becket, representado por Richard Burton– y en *El león en invierno* –realizada a partir de una pieza teatral de James Goldman sobre las tormentosas relaciones del temperamental caudillo con Leonor de Aquitania, encarnada en la ocasión por Katherine Hepburn–. En ambos casos, Enrique tuvo el rostro de Peter O'Toole.

En el epílogo del presente volumen, Tanja Kinkel confiesa que fue la visión de *El león en invierno* lo que la decidió a escribir este libro, consciente de que la suya no era «una postura objetiva, sino emocional», pero reconociendo también que, gracias a Hepburn y O'Toole, Leonor y Enrique «por fin eran seres humanos vivos y no nombres sobre el papel». Ella se propuso, y consiguió, que los seres humanos devueltos a la vida por el dramaturgo Goldman, esos «leones», verdaderas fieras en la atención a las demandas de sus brumosas almas, siguieran habitando entre nosotros, en su invierno, y también en su primavera de amor, y en su verano de ambición...

Por mi parte, confieso haber leído la novela con la imagen de O'Toole constantemente presente. Y lo apunto porque no es un dato menor: al carácter metaficcional de la novela –compuesta a partir de una gran recolección documental, con todo lo que de ficticio contienen los documentos, pero también a partir de otro relato, reconocido como de ficción, y, lo que es más, una ficción *representada*– se añade el carácter meficcional de la lectura, en la medida en que el lector no es un lector ingenuo, sino que cuenta con una información prejuzgante acerca de los personajes, recibida, al igual que en el caso de la autora, como espectador de una *representación*.

En nuestra época, no hay lector ingenuo. Ni espectador ingenuo. La tremenda, casi inasumible carga informativa no jerarquizada con que se nos bombardea constantemente, lo hace imposible. El cine, con sus músicas de fondo, y la radio y la televisión, con las «cortinas» de sus programas, han llegado a impedir una audición no contaminada de los clásicos: hay sonidos ya inevitablemente asociados con ciertas ideas, con ciertos sucesos, con ciertos valores éticos o estéticos: libertad, tensión, misterio, espacio abierto, mar...

Naturalmente, Tanja Kinkel no se quedó en una suma de nociones vagas y emociones: investigó cuanto se podía investigar en relación con un personaje, como ella misma apunta, «nacido para la leyenda», y teniendo «siempre presente que los cronistas de su época eran monjes que no sabían qué hacer con una mujer como ella, sobre todo en sus años jóvenes, y por eso eran muy propensos a condenarla».

Leonor de Aquitania lo tiene todo para atrapar a un lector: nieta de Guillermo IX, duque de Aquitania y trovador notabilísimo; trovadora sobresaliente ella misma, duquesa de Aquitania y reina de Francia y de Inglaterra; contemporánea de Abelardo y Eloísa, y de Bernardo de Claraval; esposa de Enrique II por amor pasional, y después de haber hecho anular su matrimonio de años con Luis Capeto; madre de Ricardo Corazón de León y de Juan sin Tierra, nacidos ambos de su unión con Plantagenet; libérrima en su sexualidad, autoritaria, políticamente hábil, poderosa... Además, vivió ochenta y un años: casi todo el siglo XII, clave para la modernidad, por las luchas que se libraron en su curso por la unificación de territorios que iban a dar lugar a los posteriores Estados nacionales: las luchas de los reyes, no siempre triunfantes, poderosos señores feudales ellos mismos –los del vértice de la pirámide–, en contra de otros señores feudales –vasallos rebeldes, reyes vecinos–, en contra de la fragmentación feudal del poder, en pro de la centralización, de la estabilidad de las jerarquías a partir de una ley única, una moneda única, una fiscalidad única, es decir, de unas instituciones permanentes cuya suma resulta en la estructura estatal. Si la guerra tendía a la unificación de territorios, su objetivo era idéntico al de la política de matrimonios de las casas nobles o reales. En ese esquema, el que una mujer como Leonor, ama de Aquitania, se propusiera, y lograra, hacer anular su unión con el rey de Francia, señor de un territorio mucho menor que el de ella, para casarse por amor con un rey de Inglaterra que aún no lo era en los hechos, representaba un auténtico terremoto.

«Nacida para la leyenda», equivale, pues, aquí, a «nacida para la novela». ¿Cuánto es posible investigar acerca de una figura tal? Naturalmente, existe una abundante historiografía «científica» y numerosos documentos, pero aun esa historiografía y esos documentos, ¿hasta qué punto están inficionados por la leyenda?

Por ejemplo, se sabe que, de alguna forma, Leonor medió o presionó para que Pedro Abelardo y Eloísa yacieran eternamente juntos. Pero ¿fue el encuentro de las dos mujeres tal como se describe en este libro? ¿Cómo y de qué hablaron en realidad? ¿Fue Eloísa a pedirle a la reina el cuerpo de Abelardo, como supone y expone, en una vigorosa escena, Tanja Kinkel?

Se puede partir de unos hechos y de unos rasgos individuales universalmente aceptados, pero el espacio en blanco que resta es enorme. Bernardo de Claraval, como Ignacio de Loyola, era a la vez un asceta y un hombre con un proyecto político, que él entendía y vivía como religioso. ¿Cómo podía relacionarse en la práctica con un carácter como Leonor? Enrique Plantagenet era irascible, ambicioso y autoritario, y condenó a Becket por lo que él consideraba una traición, cometiendo traición él mismo. ¿Tuvo grandes remordimientos a la hora de condenar al que había sido su mejor, su único amigo? ¿Sufrió realmente por la pérdida de esa amistad, o consumó su dictado sin vacilaciones? ¿Se compadecen sus probables e incomprobables escrúpulos con el haber mantenido a Leonor, el amor de su vida, en prisión durante años, hecho histórico irrefutable?

¿Fueron estos personajes tal como aparecen en este libro? Alega Tanja Kinkel, en el epílogo, que las leyendas, y Leonor pertenece a ese campo, «no siempre son hechos verídicos y por consiguiente mi novela es precisamente eso: una novela, no una biografía». ¿Hasta qué punto hay diferencias entre una cosa y la otra? La escuela de la «nueva historia» o «historia narrativa» viene a dar idéntica legitimidad a ambas.

«Walter Scott –escribió Balzac– elevaba el valor filosófico de la historia, la novela, esa literatura que, de siglo en siglo, incrusta de inmortales diamantes la corona poética de aquellos países en que se cultivan las Letras. Le infundía el espíritu de los antiguos tiempos, reunía en ella el drama, el diálogo, el retrato, el paisaje, la descripción; daba entrada en ella a lo maravilloso y a lo verdadero, esos elementos de la epopeya, y hacía que con la poesía se codease la familiaridad de los lenguajes más humildes.» Walter Scott fue el autor, reiteremos, entre otros incontables títulos, de *Ivanhoe*. Es decir, contribuyó a la leyenda de un rey tenido por suma de todas las bondades, Ricardo Plantagenet, Corazón de León, y a la de un rey malvado, el perverso hermano de Ricardo, Juan sin Tierra. A esa leyenda hay que añadir la de Robin Hood, tan presente en el espíritu de las gentes en todo el planeta, que cualquier mito posterior ligado a los reclamos de justicia social –justicia que Ricardo estaba muy lejos de encarnar–, se vincula automáticamente a su figura imaginaria. Ernesto Guevara, por ejemplo, como se ha visto en la prensa de estos días, en que se cumplen treinta años de su muerte. Pues bien: en la novela de Tanja Kinkel, Ivanhoe y Robin Hood son dejados a un lado. Simplemente, no aparecen. En una escena, el interlocutor de Leonor parece a punto de mencionar a Robin Hood. Dice: «... y al llegar a los bosques de Sherwood...». Y allí es interrumpido por la reina, que prefiere no oír más. Habiendo aceptado la idea de que se mueve en el territorio de lo legendario, y reconociendo que en su obra «hay muchos detalles que podrían ser considerados como ingrediente novelesco de los hechos», Tanja Kinkel prefiere ceñirse en lo posible a lo comprobable.

La invención de una Leonor de Aquitania rabiosamente independiente y dominante puede resultar particularmente satisfactoria para una lectura fundada en los vagos principios del feminismo vulgar, pero no cabe ignorar que, para no pocas corrientes teóricas del feminismo, puede resultar irritante: un ejemplo de posibilidad en una época de sumisión estricta. Lo mismo ocurre con el Ricardo Corazón de León que se presenta en estas páginas, y con su supuesta, muchas veces discutida y jamás probada homosexualidad. (Tampoco se ha probado su heterosexualidad –¿cómo?, ¿existe acaso alguna carta de amor firmada por varón o por mujer?–, pero el caso es que se han planteado serias dudas al respecto y más de una figura académica, entre ellas John Gillingham, biógrafo de Ricardo de reconocido prestigio, se ha ocupado del tema.) Ambos, sin embargo, la reina adelantada a su tiempo y el rey homosexual, en tanto que personajes, tienden a la revelación de la «historia oscura de todo el mundo», a la que aspiraba y que definía Fernand Braudel, la historia de ese «todo el mundo» que a veces es palafrenero, a veces labrador, a veces pícaro, a veces gobernante. Lo mismo sucede con las situaciones espirituales, los lazos entre padres e hijos –Ricardo, el amado por su madre; Juan, el preferido de Enrique–, los diálogos personales, incontrastables aunque probables, entre enemigos políticos –Ricardo con Saladino o con Felipe II de Francia, Leonor con Manuel Comneno–, donde el odio, el respeto, la inteligencia o la habilidad, y hasta, en ciertos instantes, la admiración mutua, sitúan a los grandes en el plano sentimental de un hombre o una mujer cualesquiera.

Lúcidamente situada en un territorio inestable, Tanja Kinkel puede parecer al lector, en ocasiones, excesivamente didáctica: proporciona fechas, detalla parentescos, expone sumariamente las biografías de personajes que, en la obra, tienen poco papel: Manuel Comneno, emperador de Bizancio, Saladino. No obstante, hay que decir que lo que pudiera semejar defecto es en este caso virtud, porque son esos detalles, procedentes de la historia tradicional y que cabría calificar de realistas, los que determinan la verosimilitud del relato. La Leonor de Aquitania que nos es presentada en este libro es creíble porque existió, porque estuvo casada con sus maridos, porque heredó su ducado y porque fue coronada, sufrió prisión en los castillos que en esta obra se nombran, viajó a Oriente como cruzada, sometió a un mundo a su voluntad... De haber creado un personaje con otro nombre e igual o parecida trayectoria, Tanja Kinkel hubiese fracasado en términos literarios, porque lo que se reclama de la novela no es que cuente la verdad, sino que sea verosímil. En *Reina de trovadores*, la narración es verosímil porque es verdadera. Y, en consecuencia –y ello es aplicable a la novela tanto como al ensayo o al tratado histórico–, deviene verdadera por ser verosímil.

Por si ese mérito, no menor, ocurriera escaso, hay que decir que Tanja Kinkel, al colocar las pasiones de sus personajes en el plano de las pasiones corrientes –esto se define netamente en el encuentro de Leonor y Eloísa, en el reconocimiento de la excepcionalidad del amor de ésta por Abelardo–, abre las puertas a uno de los mayores goces que puede ofrecer la lectura: el juego de la identificación. Millones de mujeres se identifican fácilmente con Anna Karenina, o identifican en ella a la que podrían o querrían ser. Más difícil es, a menos que el mágico poder del novelista lo permita, identificarse íntimamente con personajes femeninos que han entrado en la historia por razones distintas del amor apasionado, heroico y suicida por un hombre que no lo merece: Identificarse con una duquesa que vivió hace ochocientos años en una Europa que ya no existe. Eso es lo que sucede en *Reina de trovadores*. Y no sólo con la protagonista, sino también con Enrique Plantagenet o con Ricardo.

Puede, pues, el lector, o la lectora, internarse en las páginas de esta *Reina de trovadores* con absoluta confianza: encontrará la Historia con mayúscula, al modo académico francés, en igual medida, pero con más placer, que en un tratado, y disfrutará de la historia, con minúscula, al modo sentimental, de una mujer extraordinaria, de los huracanes de su alma, del hombre al que amó, sobresaliente en otros sentidos, y de los hijos que tuvo de él, de los que todavía, y por mucho tiempo aún, hablan y cantan los pueblos.

Horacio Vázquez-Rial

A la memoria de una mujer maravillosa,
valiente y muy amada…

Elisabeth Friederici

CAPÍTULO I

Aquitania

No sé si estoy despierto o se prolonga
el sueño todavía, no saldré de dudas.
Casi se ha consumido mi corazón
en hondo tormento...
Pero ningún ratón tiene valor para mí,
¡por san Marcial!

Guillermo IX de Aquitania

La noche en que concibieron a la futura heredera de Aquitania no había ni tormenta ni extraños vuelos de pájaros, ni otras señales premonitorias. Sin embargo, sí se podría interpretar como una señal el violentísimo acceso de cólera de su abuelo. Pero los cortesanos de Guillermo IX estaban tan acostumbrados a sus ataques de furia como a su risa estridente, a su humor chispeante y a sus trovas. Así que tampoco entonces se inquietaron sino que más bien se divirtieron al ver que el duque de Aquitania, señor de Gascuña, Poitou, Auvernia, Angulema y otros dominios, gritaba a su hijo mayor y heredero, que llevaba su mismo nombre.

–¡Por todos los infiernos y demonios, Guillermo, no quiero oír una palabra más sobre eso! ¡Sólo yo decido lo que hago o con quién me voy a la cama!

Guillermo el Joven parecía apesadumbrado. Tenía el mismo físico imponente de su padre, pero ni con mucho su carácter fogoso, y aun cuando nadie hubiera podido atribuirle falta de valentía, en lo más profundo de su ser odiaba las peleas. Pero al mismo tiempo, pese a su espíritu conciliador, era testarudo y cuando se le metía algo en la cabeza se aferraba a ello con la tenacidad de un hombre inflexible.

–Señor –replicó entonces–, lo único que me preocupa es que la tratáis como si fuese la duquesa y, por tanto, mi madrastra. La vergüenza caerá sobre toda nuestra casa.

–Yo decido lo que afecta al honor de nuestra casa –replicó el duque, irritado–. Y además, hijo mío, la señora es tu suegra, por lo que con mucho gusto le rindo el debido respeto. ¡Y no me hables del honor de la familia! Al fin y al cabo, estás casado con su hija. Aunque hasta ahora no se haya notado mucho... –concluyó con un tono sarcástico.

A Guillermo se le pusieron coloradas hasta las raíces del pelo, también rojo, e hizo un esfuerzo por mantenerse tranquilo.

–Precisamente de eso se trata, señor –replicó–. Convertir en vuestra amante a esta mujer, que a los ojos de la Santa Iglesia es casi tanto como vuestra hermana, es abominar de Dios y de los hombres y...

–¡Cierra el pico! –tronó el duque, poniéndose de pie.

Guillermo IX podía infundir verdadero terror cuando se lo proponía. Los cortesanos retrocedieron unos pasos. Pero si alguien esperaba un nuevo acceso de furia, se equivocó.

–Guillermo, intuyo que estás celoso –añadió el duque en tono mordaz y frío–, lo que por otra parte tampoco me extraña. Después de todo, con la pavisosa que tienes por mujer, uno debe de sentirse como un mártir cada vez que... ¡si es que eres capaz de portarte como un hombre con ella!

Se hizo un silencio de muerte. Guillermo oía su propia respiración agitada. En las caras de los nobles caballeros encontró un poco de piedad y un mucho de diversión; pero en todo caso cautela. Sólo un personaje de pequeña estatura dio un paso adelante y Guillermo comprendió con espanto que su medio hermano Raimundo, de sólo siete años, había presenciado toda la escena. Raimundo, asustado, abrió la boca y Guillermo movió la cabeza rápidamente.

«Eso no se lo perdonaré nunca –pensó mientras miraba fijamente a su padre–. ¡Delante del niño y de toda la corte! ¡Al infierno con él!»

–Señor –se despidió con sequedad.

Blanco como la cal, dio media vuelta y abandonó muy tieso el gran salón.

Aenor, la frágil y tranquila mujer del joven Guillermo, había sido elegida esposa por su dote y por motivos políticos. Sin embargo, se consideraba más afortunada que la mayoría de las mujeres, porque rápidamente había aprendido a amar a su esposo y por eso reconoció de inmediato su malhumor cuando él irrumpió en sus habitaciones. Batió palmas y despidió a sus damas de honor. Mientras servía en silencio una copa de vino a Guillermo y esperaba a que la última dama de honor saliera, deseó no haber ido nunca a Poitiers para participar en aquella fiesta de Navidad del año 1121.

–No te escuchó.

Fue una afirmación, no una pregunta.

Guillermo movió la cabeza.

–Ni siquiera quiso hablar conmigo a solas –dijo con amargura–. Dijo que no había nada en este asunto que no pudiera ser anunciado también por el pregonero de la ciudad. ¡Delante de todos!... ¡oh, Dios mío!

Dejó bruscamente la copa. No le podía repetir lo que su padre le había echado en cara.

–Créeme, imagino cómo habrá sido –dijo ella mientras le cogía la mano–. Cuando fui a hablar con mi madre, se rió en mi cara. ¿Sabes que en Poitiers la gente ha empezado a llamarla Dangerosa o la Maubergeona?

El último nombre tenía que ver con el hecho de que el duque había alojado a su querida en el majestuoso castillo de Maubergeon, que desde tiempos remotos era la residencia de la duquesa de Aquitania. Guillermo pensó que era una suerte que su madrastra Felipa se hubiera recluido en el convento de Fontevrault. De no haber sido así, no tenía ninguna duda de que ella también habría presenciado el altercado.

–¿Qué te parecería si ahora le pidiésemos ayuda a un hombre de la Iglesia, por ejemplo a Bernardo de Claraval? Él nunca ha tenido miedo de hablar en contra de tu padre.

Guillermo negó con la cabeza.

–Eso no serviría de nada. Acuérdate de la última vez. Él no escucharía ni al mismísimo Papa.

El duque estaba casi siempre en pie de guerra con el clero y ya había sido anatematizado muchas veces. Su último enfrentamiento con el joven abad Bernardo de Claraval era tan conocido como tristemente célebre. Por entonces, hacía unos cinco años, Bernardo en persona había dado lectura a la fórmula de excomunión contra Guillermo IX en la catedral de San Pedro, en Poitiers. Sin embargo, no había contado con que el duque irrumpiría en la catedral y le pondría la espada en la garganta para decirle en tono cordial:

–Muy bien, sigue hablando si puedes.

Era el enfrentamiento de dos voluntades fuertes. Con gotas de sudor en la frente, pero inquebrantable, Bernardo había llevado hasta el final, de modo lento y claro, la lectura de la excomunión. Después había doblado el cuello y susurrado:

–Bueno, golpead si podéis.

La espada había quedado suspendida en el aire durante largos segundos hasta que, con una sonora carcajada, el duque volvió a envainarla y murmuró con aire sarcástico:

–No, no esperes de mí que te mande al paraíso. Que lo pases bien, pequeño monje.

Éste era el incidente que Guillermo recordaba en aquel momento, pero él tenía además otros motivos para no querer acudir a la Iglesia. Sabía muy bien que los enfrentamientos de su padre con el clero sólo beneficiaban a la lucha por el poder y que él mismo, cuando algún día fuese duque, tendría que pagar por cada ayuda y cada favor. Sin embargo, no dijo nada de esto a Aenor.

–¡Es ateo y malvado, y lo odio! Esto es el fin, de una vez y para siempre. A partir de ahora sólo le rendiré el respeto que le debo como mi señor. ¡Pero nada más!

Aenor se inclinó y le dio un beso suave en los labios. Sus párpados cerrados ocultaban sus pensamientos. Desde su boda había sido testigo de muchas discusiones entre el duque y su esposo. Pero Guillermo IX podía, cuando quería, ser amable y bondadoso, cautivar a las personas como si fuese un charlatán de feria, y parecía saber muy bien qué cuerdas debía tocar en el corazón de su hijo para ligarlo otra vez a él con amor y admiración. Ella sabía que Guillermo, con sus veinte años, no deseaba otra cosa que ganarse el reconocimiento de su padre, y presentía que esa necesidad nunca se extinguiría de manera definitiva. Notó que la apretaba contra su cuerpo con una vehemencia desacostumbrada y se sintió contenta y a la vez intranquila. Hasta entonces había sido cariñoso con ella, pero poco apasionado. Esta vez la besó con la desesperación de un ahogado, la levantó en sus brazos y la llevó al lecho conyugal.

A aquella noche de amor, de ira y de odio, de deseo y exasperación, le debió la vida Leonor.

Leonor nació en otoño en el castillo de Bélin, cerca de Burdeos. Allí habían fijado su residencia Guillermo y Aenor para estar lo más lejos posible de la corte de Poitiers.

A pesar de la desilusión que suponía el nacimiento de una

niña (aunque, a diferencia de lo que pasaba en el norte de Francia, no estaría excluida en la sucesión al trono), el nacimiento de un vástago de la Casa de Aquitania fue celebrado con una fiesta fastuosa y los preparativos para el bautizo duraron más de un mes. Era algo fuera de lo común, ya que en aquellos tiempos los recién nacidos morían fácilmente. Pero no iba a ser un bautizo cualquiera: una gran parte de la nobleza aquitana se trasladó a Burdeos, la ciudad misma se había convertido en un mar de colores con las guirnaldas, los pendones multicolores y las flores, y aunque todos los albergues, conventos y castillos estaban llenos de huéspedes, cada día llegaban más invitados. Pero con lo que seguramente Guillermo no contaba era con que el día antes del bautizo un heraldo le anunciaría la llegada de su padre, el duque de Aquitania. Tuvo exactamente veinticuatro horas para hacerse a la idea, antes de encarar al duque en el patio de honor del castillo de Bélin. Tal como correspondía a un vasallo, tomó el caballo de su padre por las riendas. El duque se bajó de la silla de montar con una agilidad que cualquier hombre joven le envidiaría, y Guillermo se arrodilló ante él.

–Señor.

Repentinamente se sintió alzado y abrazado. Se puso tenso al instante. Si su padre lo notó, no lo dejó entrever.

–¡Al diablo, Guillermo, la vida es realmente maravillosa! Aunque podías haberte apresurado un poco más con una noticia semejante... ¡Lusiñán lo supo antes que yo!

–Pensé que os desilusionaríais porque no es un varón –replicó Guillermo con frialdad.

Su padre esbozó una sonrisa irónica.

–¿Desilusionado yo por una niña? ¡Considero a cada una como una bendición para el género humano, hijo mío! Además, espero que tengas más hijos. Esto me recuerda... –buscó con la mirada por encima de las cabezas de su séquito–, he traído a tu hermano. No quiso perderse el bautizo. ¡Raimundo!

Se asomó una cabeza rubia. Como por todas partes se desplazaban los invitados, mozos y demás personal de servicio, a Raimundo no le resultó fácil abrirse camino a través del gentío. Por fin estaba delante de ellos. Guillermo se agachó, levantó a su pequeño hermano y con él en brazos dio un par de vueltas con sincera alegría. Raimundo era un niño encantador, lleno de vida, pero nada impetuoso, delgado y enjuto como su madre. Guillermo, cuya madre había muerto al darle a luz, no podía recordar a ninguna otra madre que no fuese Felipa y prácticamente nunca pensaba que Raimundo fuera sólo su medio hermano. De haber sido de la misma edad, habrían sido rivales como muchos hijos de príncipes, pero como no lo eran, Raimundo se apegaba a Guillermo con la inquebrantable admiración que despierta un héroe y Guillermo le correspondía con un amor fraternal sin límites.

–Me gustaría dejar a Raimundo algún tiempo contigo –comentó el duque–. Aquí todo es más apacible y en Poitiers se siente muy solo.

–¡Yo nunca he dicho eso! –protestó Raimundo.

Su padre le pellizcó la mejilla.

–No, no lo has dicho. Pero ¿has olvidado que puedo leer los pensamientos? Por ejemplo, en este momento sé muy bien adónde querrías ir… a los establos, para ayudar a desensillar los caballos.

–Sí, así es –admitió Raimundo, y acto seguido preguntó con impaciencia–: ¿Puedo?

El duque asintió y Raimundo se escapó a la carrera. Guillermo IX se volvió sonriente hacia su hijo mayor y le dio una palmada en el hombro.

–Igual que tú a su edad –comentó–. Caballos, caballos, nada más que caballos.

Guillermo quería darle la razón, pero se contuvo, incrédulo. ¿Era posible que se encontrara otra vez dispuesto a bromear con su padre, como si no hubiese pasado nada? ¡Qué típico de su padre era creer que le bastaba sonreír y mostrarse afectuoso para que estuviera todo otra vez en orden!, pensaba con creciente cólera.

–Yo no me acuerdo, señor –replicó en tono áspero y reservado.

El duque lo miró con gesto pensativo.

–Bien –dijo con voz pausada–, como quieras. Me gustaría ver a mi nieta. ¿No debería presentar mis respetos también a Aenor?

Guillermo estaba sentado frente al fuego en el pequeño salón y tenía los ojos clavados en las llamas que se extinguían. Cuando oyó pasos detrás de él, supuso que sería el escanciador y sin darse la vuelta, ordenó:

–¡Sírveme un poco más de vino!

–Mejor no –le respondió una voz bien conocida–, por la noche no te sienta bien tanto vino. ¿No lo sabías, Guillermo?

Se levantó de un salto.

–Siéntate –le ordenó el duque y con un suspiro se sentó sobre la piel de oso extendida.

Guillermo lo observó. ¿Por qué su padre no lo podía dejar en paz? ¿Por qué tenía que ir allí y tratar de reavivar el viejo y tan íntimo altercado, en lugar de dejar la relación entre ellos en el terreno seguro e impersonal de vasallo y señor? Los dos se quedaron en silencio por un rato.

–Tu pequeña hija parece tener el cabello rojo –dijo de pronto el duque–, como tú y yo. Y va a sobrevivir. Créeme, yo lo sé.

Guillermo vio dolor y recuerdos en las facciones firmes de su padre y pensó en los muchos hijos que Felipa había parido y que habían muerto después del nacimiento. Sólo Raimundo había sobrevivido y Felipa, después de cada nacimiento, se había encerrado más en su fe y había hecho más penitencias y ayunos. De repente se preguntó cómo habría sido para su padre, tan lleno de vida, vivir al lado de la piadosa y ascética Felipa y, al instante, se odió por ese pensamiento. ¡Era Felipa quien había sido agraviada y humillada, no el duque!

Permaneció en silencio. El duque hizo una mueca.

–A veces no estoy muy seguro de quién de nosotros dos es más testarudo, Guillermo. ¡Diablos! ¿No sabes que te he echado de menos, a ti y a tus sermones moralizadores? –Guillermo se volvió. Apretaba sus manos con fuerza–. Escúchame –dijo su padre, muy serio–. Soy señor absoluto del reino más poderoso y rico de Europa y el pobre Luis, que está sentado en su Isla de Francia y se llama rey, tiembla de miedo pensando que yo podría arrebatarle si quisiera su ridículo reino. Hay ciertas cosas que sencillamente no puedo tolerar, tampoco de ti y de ningún modo en público.

–Fue vuestra decisión que fuese en público –murmuró Guillermo con voz apagada.

–Sí, lo sé. Fue un error. Qué quieres, muchacho, hasta Nuestro Señor Jesucristo tomó decisiones equivocadas...; de no ser así, ¿habría hecho de Judas uno de sus apóstoles?

Guillermo estaba por completo inmóvil. Apenas se atrevía a respirar, ya que temía que al menor movimiento perdería el dominio sobre sí. De repente, su padre lo agarró por los hombros.

–¡Maldita sea, Guillermo! ¿Qué es lo que quieres oír? ¿Que lamento haberte humillado delante de todos ellos y haber ofendido a Aenor con mis palabras? Dalo por hecho. ¿Que no va a volver a suceder? Así lo creo. –Hizo una mueca con las comisuras de los labios hacia arriba–. Realmente tienes un talento insuperable para ponerme furioso, hijo mío.

Guillermo tragó saliva, estaba temblando. Entonces hizo algo que después no se perdonó nunca. Impulsivo y vehemente, respondió al abrazo de su padre. Durante varios segundos se mantuvieron apretados uno contra el otro, entonces Guillermo se liberó de un tirón, empujó hacia atrás a su padre y salió precipitadamente.

Burdeos no sólo era una de las más importantes ciudades de Aquitania sino también una de las más bellas. A orillas del Garona, la silueta de la ciudad con sus nueve iglesias y la catedral, se recortaba oscura contra el dorado incandescente del cielo del sur. Los romanos habían dejado detrás de sí una ciudad con calles firmes y una muralla poderosa, y hasta las columnas de un viejo palacio sobresalían todavía a la vista. Desde tiempos inmemoriales, y gracias a su emplazamiento favorable, Burdeos era un punto de apoyo para el comercio, y la decisión de Guillermo de elegir esta ciudad como sede para él y su pequeña corte fue aprobada por su padre.

Dos veces al año, por Pascua y por Navidad, Guillermo viajaba a Poitiers. Durante sus contados encuentros, él y su padre se comportaban con frialdad y cortesía y Guillermo estaba decidido a mantener esa situación. Había pasado su infancia en el permanente sube y baja de los accesos de cólera y las demostraciones de simpatía de su padre, y en adelante sólo deseaba tranquilidad y paz.

En Burdeos vivía por lo general en el palacio de L'Ombrière, emplazado dentro de las murallas de la ciudad, entre los dos cauces angostos del río, pero en ocasiones también en el castillo de Bélin, algo más alejado. El concejo de la ciudad de Burdeos se sentía muy honrado con la presencia permanente del futuro duque, y la baja nobleza aprovechaba la ocasión para abrirse camino hacia Poitiers a través del palacio de L'Ombrière. Guillermo también entabló amistad con el arzobispo de la ciudad, Godofredo de Loroux, uno de los pocos clérigos que no tenía una posición hostil hacia la Casa de Aquitania. Su madrastra Felipa murió en su convento, y Aenor le dio una segunda hija que fue llamada Petronila. Guillermo estaba convencido de ser un hombre verdaderamente feliz.

Su hija mayor, Leonor, contaba cuatro años de edad cuando el duque volvió a visitar Burdeos. Esta vez se trataba de una visita oficial. Su padre recibió legaciones, delegados y peticionarios; concedió algunos privilegios; acudió benévolamente a todos los actos solemnes que la ciudad organizó en su honor, y así pasaron varios días hasta que ambos tuvieron oportunidad de mantener una conversación personal.

El duque le propuso a Guillermo que dieran un corto paseo a caballo y decidió llevar también a Raimundo y a la pequeña Leonor en compañía de sus nodrizas. Como no había ninguna posibilidad de rechazar amablemente la invitación, Guillermo aceptó. Pronto hicieron un alto en un pequeño claro situado en un valle rocoso. Una cascada caía por las rocas y el agua se acumulaba en un pequeño lago.

El sol se quebraba en el agua en movimiento, se enredaba en los cabellos de Leonor y los inundaba con una luz cálida. La niña extendió los brazos como para atrapar la luminosidad y se rió, llena de alegría y gozo.

–Leonor –dijo el duque, que la observaba–, «águila de oro». Has elegido muy bien su nombre, Guillermo.

–No había pensado en ese significado –dijo Guillermo con cierta frialdad–. La llamé así por su madre: «la otra Aenor».

–Como quiera que sea –comentó su padre en tono apacible–, ya tenemos una proposición para ella. Mi querido amigo Luis, el rey de Francia, me escribe que consideraría a su hijo Felipe como el pretendiente más conveniente –dicho esto soltó una carcajada–. No hay duda de que Luis lo considera una oportunidad dorada para hacer realidad por fin su influencia y la de su reino.

–Pero una unión semejante también tendría sus ventajas –dijo Guillermo con aire pensativo–. Seríamos un país unido y...

–¡Tonterías! –replicó con énfasis su padre–. Piensa sólo en lo que tiene que ofrecer Luis. Un título de rey y sus ridículas tierras. No mucho más. En cuanto al poder de su ejército, estaba tan loco de alegría por la sola conquista de una fortaleza cercana a París, que hizo leer treinta misas en acción de gracias e hizo anunciar que se sentía como si hubiese escapado de la prisión. Desde hace más de cien años, ningún duque de Aquitania se ha tomado la molestia de prestar juramento de fidelidad al rey de Francia. Nuestro reino es mucho más del doble de grande e independiente, y gracias a este matrimonio, Aquitania volvería a ser una parte natural de la corona. ¿Tú querrías eso? Y, Guillermo... –hizo un guiño a su hijo–, ¿qué pasaría si tienes un hijo varón? Él tendría que pelearse entonces con el próximo rey de Francia. Además... –ahora esbozó una sonrisa irónica–, si el joven Felipe se parece a su padre, veo muy difícil que tu Leonor vaya a congeniar con él.

El duque señaló hacia Leonor y Raimundo que entretanto se divertían con gran entusiasmo en el agua. La nodriza de Leonor, que lo había notado demasiado tarde, corrió espantada hacia su pupila y la sacó del agua. Arrancada tan de repente de su juego, la pequeña niña se resistió, mordió, arañó y aulló como un condenado.

El duque soltó una carcajada.

–Me parece que sale a mí, Guillermo.

Guillermo no pareció entusiasmado con esa comprobación.

–No sé qué mosca la habrá picado, por lo general es una niña buena y tranquila. Deberíais verla cuando Raimundo le cuenta alguna historia.

El duque miró a su hijo de doce años y replicó con aire distraído:

–Una y otra vez me sorprende Raimundo. Dios sabe que yo, a su edad, habría echado de una patada a una criatura de corta edad que se pegara a mí con semejante perseverancia. Uno descubre demasiado tarde que los hijos pueden ser una compañía amena. Yo también lo he comprobado ahora contigo y con Raimundo.

–Sí, yo... –empezó a decir Guillermo y se interrumpió bruscamente.

Por una vez, su padre se mostró sensible y siguió hablando como si no se hubiese dado cuenta de nada.

–¿Tú no tienes ningún inconveniente en que Raimundo se quede contigo ahora? De todos modos, ya es hora de que viva en una casa donde aprenda buenos modales y las artes de un caballero. ¿Y con quién podría aprenderlo mejor que con su propio hermano?

–Me da mucho gusto tener a Raimundo en mi casa –respondió Guillermo.

Se sintió agradecido de que esta vez el encuentro con su padre hubiera transcurrido sin una pelea a gritos.

El palacio de L'Ombrière, donde creció Leonor, no era tan grande como el palacio ducal de Poitiers, pero era lo bastante extenso para que ella pudiera escaparse una y otra vez de su niñera.

Quería mucho a Raimundo. Éste corría con ella por los pasillos del castillo, jugaba al escondite con ella, le contaba historias de caballeros, dragones y hadas, y algunas veces también la llevaba con él a la enorme cocina para robar un poco de comida. Cuando ella cumplió cinco años, le enseñó en secreto a montar a caballo. Claro que al principio se caía y empezaba a gritar (asomaban menos lágrimas de dolor que de furia), pero enseguida exigía que la sentara otra vez sobre el caballo y Raimundo estaba impresionado.

–Puedes llegar a ser un auténtico jinete, Leonor –comentó Raimundo el día en que los dos se introdujeron otra vez a hurtadillas en los aposentos femeninos, que Leonor no debía haber abandonado de ninguna manera–, pero ¡por el amor de Dios, deja de gritar cada vez que no consigues lo que deseas!

El deseo ferviente de no perder la estima (y la deferencia) de su héroe, determinó que Leonor hiciera intentos serios de dominarse en presencia de Raimundo y que bastara un único «¡Basta, niña!» para ponerla otra vez a raya.

Era diferente, sin embargo, cuando su madre o su niñera intentaban enseñarle a hilar o a bordar.

–Toda señora noble debe saber hilar –le dijo Aenor.

Mientras tanto miraba con desesperación a su hija, que en un acto de rebeldía había arrojado el huso al suelo y lo pisoteaba.

–¡No quiero!

Por supuesto, Aenor sabía que era exigir demasiado (a una niña pequeña) que tuviera los hilos en la mano durante horas, pero por lo menos empezar, el esfuerzo de intentarlo...

No es que Leonor nunca fuera paciente. Para admiración de su familia, de su institutriz y de todos los que la conocían, era capaz de escuchar en silencio durante horas la música y los cantos de los trovadores. Si bien Guillermo no tenía el talento creador de su padre el duque, también él amaba la poesía, y dos de los trovadores de su corte (Cercamón y Blédhri el Galés), eran famosos en todo el país. Raimundo le dijo en broma a Leonor que ella no podía entender en absoluto los versos de Blédhri y para su estupor, la niña repitió indignada la última estrofa de Blédhri casi sin ningún error.

Con motivo de la fiesta de Pascua del año siguiente, a Leonor se le permitió por primera vez acompañar a sus padres a la corte de su abuelo. El viaje fue un descubrimiento para ella. En todas las ciudades y pueblos por los que pasaba sentada en la grupa del caballo de su padre (por desgracia, había tenido que prometerle a Raimundo que no diría nada sobre sus lecciones de equitación), la gente la saludaba con gritos de júbilo y ella les contestaba agitando las manos con entusiasmo. Ya en repetidas ocasiones le habían dicho que era la heredera de Aquitania, pero nunca se había dado cuenta de lo que eso significaba en realidad. Y el país que en aquel momento atravesaban le parecía el paraíso.

Se sintió muy desilusionada cuando su padre volvió a dejarla en la litera en que viajaba su madre. El largo viaje y el traqueteo monótono habían hecho que Aenor se quedara dormida y sólo la exclamación entusiasta de su hija hizo que despertara sobresaltada.

–¡Oh, mamá, es tan maravilloso!

Entonces notó que Leonor había descorrido las cortinas de la litera y que más de un soldado de su escolta echaba una mirada sonriente hacia dentro. Aenor se incorporó a toda prisa, volvió a cerrar las cortinas y la reprendió con dureza.

–Eres una malcriada, Leonor, ¡no debes hacer eso!

–Pero ¿por qué no, mamá?

Aenor suspiró y dejó vagar sus pensamientos hacia Poitiers, a la corte que la esperaba allí.

–Leonor, cuando estemos en Poitiers –dijo por fin–, conocerás a tu abuela.

Leonor, que hasta entonces se movía inquieta de un lado a otro, fijó la atención en las palabras de su madre. Por las habladurías de las damas de honor de Aenor ya había oído muchas cosas de su abuela, la desacreditada Dangerosa, de quien se decía que era la mujer más hermosa del mundo y había embrujado al duque.

–Quiera Dios perdonarme por decir algo semejante, ya que se trata de mi madre. –Aenor hablaba con una suave tristeza que Leonor, sin tener conciencia de ello, asociaba siempre con la mujer tierna y melancólica que la había traído al mundo–. Pero no quiero que hables con ella ni que te acerques a ella si no es absolutamente necesario.

Aenor tenía sus razones y la relación de su madre con el padre de Guillermo era una de ellas. Durante toda su vida, Aenor había observado cómo su madre atraía a las personas con su encanto y después, de repente, las rechazaba. Aenor pensó que en eso se diferenciaba del duque, ya que éste al menos podía ser constante en sus afectos. Además, detestaba la manera en que su madre hacía planes, intrigaba siempre a la búsqueda de más poder. Ella había arreglado el matrimonio de Aenor con Guillermo y cuando descubrió que ser la suegra del futuro duque no le acarreaba suficiente poder, decidió ser también la amante del padre. No había nada que Aenor temiera más que la posibilidad de que su madre involucrara en sus planes a Leonor y la utilizara.

Por otra parte, todavía no había mucho peligro en ese sentido. En los últimos cinco años, la amante del duque no había preguntado ni siquiera una vez por sus nietas, era evidente que le resultaban indiferentes. Aenor esperaba que así fuera y, aunque creía estar resignada desde siempre a la manera de ser de su madre, al mismo tiempo aquello le dolía.

Leonor nunca había vivido algo tan maravilloso como su llegada a Poitiers. Con sus fastuosas vestiduras de gala, su abuelo le parecía un verdadero rey de leyenda que no sólo le permitió estar presente en el banquete vespertino, sino que además la invitó a sentarse a su lado.

–Mi bella Dangerosa lo entenderá.

Desde que el duque se había enterado del apodo con que su pueblo llamaba a su amante, él mismo lo utilizaba porque le divertía mucho.

La enorme cantidad de comensales, los manjares exóticos, los juglares, todo eso hacía que Leonor girara rápido la cabeza, hasta que ya no supo hacia dónde debía mirar primero. Después los músicos ocuparon sus lugares en la galería y sonaron flautas, laúdes y panderos hasta que su abuelo se puso de pie y ordenó silencio.

–Es la hora de las canciones –dijo–, pero primero tenemos que designar a la soberana de la fiesta que juzgará entre los cantantes.

Las sugerencias se hicieron en voz alta. Los más formales nombraron a Dangerosa en atención al duque, mientras que los más divertidos dijeron que habría que elegir a una de las mozas de cocina, que habían alegrado de manera tan maravillosa el paladar de todos ellos. Por fin, ante una señal imperceptible del duque, se adelantó un caballero de su séquito y se arrodilló delante de Leonor.

–Mi señora doña Leonor, ¿queréis ser la soberana de nuestra fiesta?

Leonor se sentía tan contenta que quería abrazar a todo el mundo. Con gran dignidad, tal como había observado en los otros, contestó:

–Sería un honor para mí.

Todos aplaudieron con entusiasmo, los músicos volvieron a

tocar sus instrumentos y ella vio con asombro que su abuelo era el primero que empezaba a cantar. Su voz potente, normalmente áspera, de pronto sonaba trabajada y dúctil y llenaba todo el espacio. Interpretó una canción que había compuesto en Tierra Santa, pero no hablaba de sus batallas sino de las sarracenas. Leonor notó que el amigo de su padre, el obispo de Burdeos, fruncía el ceño.

Cercamón y Blédhri el Galés también tomaron parte en la competición, así como varios nobles del séquito del duque y al final Leonor se vio en un apuro espantoso. Deseaba que su abuelo no hubiese cantado, ya que no quería defraudarlo. Pero aspiraba a ser una jueza justa y al final se bajó de su silla alta junto al duque y se dirigió al joven noble cuya interpretación le había gustado más. Éste se arrodilló a toda prisa, para que ella no tuviera que estirar más el cuello hacia arriba para mirarlo. Leonor no pudo reprimir el impulso de echar una rápida mirada cautelosa a su abuelo, a pesar de lo cual le habló en voz alta y clara al cantante.

–El premio os pertenece.

El trovador le tomó la mano y se la besó entre los aplausos de la concurrencia. Leonor miró otra vez hacia el abuelo cuyo rostro era por completo inexpresivo.

–¿No sabes, Leonor –preguntó con aire de suficiencia–, que no se debe ofender al anfitrión? ¿Por qué no me has elegido a mí?

–No habéis sido el mejor –susurró con la mirada clavada en el suelo.

El duque se puso de pie.

–Ven aquí y dímelo otra vez –le ordenó arrastrando la voz.

En aquel momento, Leonor estaba más furiosa que asustada. Caminó hacia su abuelo, golpeó el suelo con el pie y gritó:

–¡No habéis sido el mejor!

Reinó el silencio. Entonces el duque estalló en carcajadas, la levantó y dio varias vueltas con ella en brazos.

–¡Por Nuestro Señor Jesucristo! –dijo jadeando cuando recobró el aliento–. ¡Ésta es mi nieta! No te asustas ante nada ni nadie, ¿verdad, alma mía?

La sentó sobre la mesa y extendió la mano para levantar su copa.

–¡Brindemos por Leonor de Aquitania!

Aenor observó con cuánto cuidado la niñera arropaba a su hija mayor. Era un milagro que Leonor no se hubiese quedado dormida ya en el corredor, tan rendida de cansancio como debía de estar. Sonrió al ver que el pulgar de Leonor había encontrado el camino hasta su boca, una costumbre que en realidad hacía mucho tiempo que la niña había dejado y se lo hizo notar a la niñera en voz baja. Entonces se fue, ya que había sido llamada a las habitaciones de su madre. Cuando una diligente camarera anunció la llegada de Aenor, Dangerosa, vestida con su camisa de noche, estaba sentada en un taburete tapizado con pieles de lince. Una segunda criada peinaba sus largos cabellos dorados con reflejos plateados, que allí en el sur eran algo verdaderamente apreciado por poco frecuente, que como en otras cosas también se asemejaba, de una manera admirable, al ideal de belleza de la época. Tenía unos ojos azules radiantes, un cutis puro y blanco, y la figura de una muchacha joven. Nadie que no la conociera habría creído posible que tuviese una hija de la edad de Aenor, y Aenor sospechaba que a su madre tampoco le gustaba que se lo recordaran.

Dangerosa empezó a hablar sin preámbulos.

–Mi señor hoy fue muy condescendiente con tu hija –dijo sin alterarse–, pero no te engañes, él sigue esperando un heredero varón. Según veo –su mirada bajó de la cara de Aenor a su cintura–, ¿esperas otra vez un hijo?

A Aenor le quemaban las mejillas. Se sentía humillada y asintió en silencio, incapaz de dar alguna otra respuesta. En presencia de su madre, nunca había podido comportarse de otra manera que no fuese tímida y dócil.

–Bien –continuó Dangerosa–, tal vez tengamos suerte y sea un varón. Con ello se allanarían todas las dificultades. Si no fuese así, entonces yo te sugeriría que trataras de convencer a tu esposo de que vuelva a dejarse ver más por la corte y busque un poco más el favor de su padre. Aquí en Poitiers hay fuerzas que, además de rechazar un reinado femenino en Aquitania, lo acosan para que relegue a Guillermo y nombre heredero a Raimundo.

Aenor recuperó su voz.

–¡Raimundo nunca traicionaría a Guillermo... ni a Leonor! –exclamó.

Dangerosa se miró las manos.

–Es curioso –comentó fastidiada–, que yo haya podido educar a una hija tan ingenua. Puede que el muchacho todavía no tenga pensamientos de envidia hacia tu esposo por el ducado, pero se convertirá en adulto y las personas adultas están sedientas de poder, Aenor.

–Eso puede aplicarse a vos, madre –replicó Aenor secamente.

Ella misma estaba sorprendida por la vehemencia de su reacción. Nunca antes se habría atrevido a una cosa semejante.

Dangerosa lanzó una mirada de asombro a su hija.

–Admito que, seguramente, en una corte bajo el duque Raimundo yo no tendría ningún futuro. Él siempre vería en mí a la rival de su madre. Pero lo que yo te aconsejo sólo puede beneficiarte, Aenor, y si algo te importan tu esposo y tus hijos, escúchame.

Aenor respiró hondo.

–No sé por qué –respondió en voz baja–, esperaba que por una vez quisierais hablar conmigo de alguna otra cosa que no fuese el poder y los planes para alcanzarlo. Pero eso sería pedir demasiado. Buenas noches, madre.

Leonor iba en busca de Raimundo, que aquella mañana debía de estar con su padre, cuando su amigo apareció de repente desde un corredor y la arrastró presuroso hacia un lado.

–Leonor, ¿qué haces aquí? ¡Ven, debemos desaparecer de aquí lo antes posible! Chist... –Le puso una mano sobre la boca–. Padre y Guillermo están discutiendo, ¿no los oyes? ¡Y si ellos salen y nos encuentran se desatará el infierno!

Entonces Leonor oyó la voz encolerizada de su abuelo que se hizo cada vez más penetrante hasta que retumbó desde las paredes.

–... de todos los burros orgullosos que he conocido en mi vida, tú eres..

Ya se habían detenido algunos cortesanos que pasaban en aquel momento por allí.

Raimundo decidió coger a Leonor y echó a correr hasta que encontró el hueco de una ventana que estaba lo bastante alejado para que ellos no escucharan nada más y no los pudieran ver. Sentó a la niña y miró a través de la ventana, por encima de ella.

–Es horrible... –dijo en voz baja y más para sí mismo que para su sobrina–. Esto no había pasado desde... y esta vez Guillermo no tiene razón, porque él defiende a los Lusiñán y ellos son unos traidores y...

El muchacho reparó de pronto en la persona con la que estaba hablando.

Leonor lo escuchaba sin comprender en realidad de qué se trataba. Hasta entonces, todo había sido tan maravilloso que no quería creer que pudiese haber cambiado. Tenía bien presente cómo se había comportado su abuelo el día que llegaron.

–¿A lo mejor sólo hace como si estuviera enfadado? –preguntó esperanzada.

Raimundo meneó la cabeza.

–No, él no finge, lo hace en serio.

«Sea como fuere –pensó con un cinismo para el que era demasiado joven–, al menos esta vez me han hecho salir antes.»

–¡Ah, maldición! –exclamó de pronto y golpeó con el puño contra la pared.

Leonor tenía muchas ganas de hacer lo mismo, o por lo menos de gritar tanto como su abuelo. Porque entendió una cosa y con la mayor claridad: la alegría y el esplendor de la fiesta de Pascua se habían roto en mil pedazos.

Tolosa, la última gran ciudad independiente en el territorio dominado por el duque de Aquitania, había pasado a sus manos merced a su matrimonio con Felipa, y la nobleza local, que nunca se había resignado a ello, en aquel momento se sublevaba contra él. Esta noticia inquietante había dado lugar al altercado entre Guillermo y su hijo.

–¡Pero cuando nació Petronila no cambió nada!

En aquel momento había conseguido algo que nadie más había logrado desde tiempos inmemoriales: poner en un aprieto a Guillermo IX. Nunca se había visto ante la necesidad de tener que explicar un hecho que para él era una cosa muy natural.

–Petronila es una mujer –habló por fin con voz pausada–, y Aigret un varón. Los varones preceden siempre y en todas las cosas a las mujeres.

–¡Pero eso es injusto! –exclamó Leonor con vehemencia–. ¡Injusto! Aigret no es más que un bebé tonto que berrea todo el tiempo, mamá está muy enferma desde que él nació y...

Le temblaba el labio inferior. Su abuelo la observó como si se tratara de una extraña. «Seis años –pensó–. Increíble. Por otra parte, ¿quién puede sentir celos con más fuerza y saña que un niño?»

Extendió una mano y le levantó la barbilla.

–Leonor, Aigret recibirá Aquitania, pero puedo prometerte que buscaré para ti el esposo más noble y poderoso que exista sobre la tierra.

La niña apretó los pequeños puños.

–¡No quiero ningún esposo! –contestó con vehemencia–, ¡no quiero casarme en absoluto! ¡Yo quiero Aquitania y no quiero irme nunca de aquí!

Su abuelo enarcó las cejas.

–Si no te acostumbras a tiempo a no conseguir todo lo que quieres –le advirtió con picardía–, te aguardarán muchos disgustos en la vida. Además, si estuviera en tu lugar, yo no rechazaría tan rápido un esposo. Los hombres tienen sus atractivos.

Leonor alzó la barbilla.

–¿Cuáles?

El duque tuvo que reprimir una sonrisa.

–Si yo te lo digo, tus padres no me lo perdonarán nunca. –Hizo una pausa y le pasó una mano por el pelo–. En cualquier caso, tú querías ver una cacería... ¿No deberíamos dejar ahora que los halcones levanten el vuelo?

Aquella noche observó con placer cómo la criatura tempestuosa de la mañana se transformaba en un pequeño ángel encantador mientras bailaba con su joven medio tío.

–Pero sólo un baile –le advirtió Aenor–, al fin y al cabo, a Raimundo le gustaría bailar también con muchachas de su edad.

–Ellas esperarán –dijo Raimundo, despreocupado y con un guiño.

El duque observó cómo interpretaban las figuras difíciles de la danza y se asombró por la seguridad con que se movía Leonor. ¿Quién podría creer que aquella mañana (pensó y rió otra vez para sí), sin andarse con rodeos y con toda vehemencia, aquella pequeña bruja le había reclamado lo que él dominaba sin discusión desde sus dieciséis años... Aquitania?

Aun cuando Dangerosa le lanzaba una mirada furibunda, aquel día se sentía demasiado agotado como para bailar. Tal vez debía pensar seriamente en confiarle a Guillermo la próxima expedición militar. Aguzó el oído al sonido de las flautas. Música, música... Siempre la había considerado como la verdadera salvación de la humanidad. Cuando hubo terminado el baile se puso de pie. Indicó a los músicos que dejaran de tocar. Poco a poco cesaron las conversaciones a su alrededor. Esperó a que hubiera un silencio total.

–¡Ahora, brindemos! –exclamó entonces.

Pasó la mirada por Guillermo, su virtuoso y tozudo hijo al que tanto amaba; por Aenor, la dulce y pálida Aenor a la que consideraba como una de las mejores mujeres que conocía, pero a la que, aun así, nunca habría cambiado por su intrigante y soberbia Dangerosa. «¡Ah, Dangerosa!» –pensó y le dedicó una sonrisa– ¡Qué nombre tan apropiado es ése!»

Miró hacia Raimundo, su hijo menor, al que apenas conocía y que se había convertido en un cordial extraño para él. «Raimundo, tal vez fue un error enviarte con Guillermo como me aconsejó Dangerosa, pero pensé que allí serías feliz y sabía que en Poitiers no lo eras; no con Dangerosa delante de tus ojos y sabiendo que tu madre tampoco te quería con ella en su convento.» Su mirada vagó hacia Leonor, aquella pequeña niña graciosa, le hizo un guiño y levantó la copa que le habían alcanzado.

–¡Por la vida, por el amor y por la belleza!

Apuró la copa de un solo trago y la arrojó a un lado. Durante algunos instantes se quedó inmóvil, entonces se tambaleó y cayó al suelo.

Ya estaba muerto cuando Guillermo se arrodilló junto a él y lo rodeó los hombros con sus brazos.

Con rapidez, se propagó la noticia de que Guillermo IX, soberano del país más rico de Europa por más de treinta años, había sucumbido por fin a un enemigo: la muerte.

Mientras el nuevo duque, rígido y pálido, recibía los juramentos de fidelidad de sus vasallos en la catedral de San Pedro de Poitiers, empezaron a manifestarse las primeras consecuencias. En primer lugar, la nobleza de Tolosa ni siquiera hizo acto de presencia. Pero como Guillermo no poseía ni la brutalidad ni la destreza de su padre en la conducción de la guerra, no pudo sofocar la rebelión, sino sólo evitar que se extendiera a otros territorios. Al final regresó de su campaña estéril contra Tolosa, que debía repetir a intervalos irregulares cada vez con menos éxito. La administración y el comercio florecieron bajo su regencia, pero el arte de la guerra le era extraño y las derrotas dejaron sus huellas en él.

Después de cuatro años, en su rostro se había grabado un gesto permanente de amargura, se había vuelto más irritable y nadie habría adivinado su verdadera edad. Entonces recibió un nuevo golpe del destino. Su esposa Aenor, que nunca se había restablecido del todo desde que Aigret llegara al mundo, murió por un aborto. Poco tiempo después, su hermano Raimundo abandonó Aquitania.

Raimundo tenía en aquel momento dieciocho años. Sólo había esperado el sepelio de Aenor y en aquel momento quería despedirse de su sobrina predilecta. Leonor se encontraba en la habitación que compartía con Petronila. Llevaba los cabellos sujetos en una trenza gruesa y sus ropas negras ocultaban su adolescencia. En aquel momento miraba los tapices de Flandes.

–¿No quieres despedirte de mí, Leonor?

Primero tragó saliva, después soltó lo que tenía dentro.

–¡Oh, Raimundo, no entiendo por qué tienes que irte ahora!

Raimundo parecía atormentado.

–Ya te lo he explicado, pequeña. Para mí es un honor que el rey de Inglaterra me haya llamado a su corte y...

–Bédhri dice –dijo ella interrumpiéndolo– que los normandos sólo son unos ladrones y asesinos que se apropiaron de un par de coronas en Inglaterra y en Sicilia. ¡Y todavía no he encontrado a nadie que lo contradiga!

Era la pura verdad. Hasta que llegó al poder, el actual rey de Inglaterra y duque de Normandía había librado una guerra larga y sangrienta contra casi todos sus parientes. En aquel momento era un hombre viejo, pero las cosas no se presentaban mejor que antes para el futuro de su reino, ya que su hija y su sobrino sólo esperaban para luchar con uñas y dientes por el trono. Raimundo sabía eso, pero era demasiado joven para no sentir como simple aventura y desafío aquella situación.

–Aquí siempre seré sólo el hermano menor de Guillermo –dijo con toda franqueza–, y allí puedo ganarme un nombre propio, fama propia, y un lugar.

Leonor le cogió las manos.

–Pero ¿por qué tienes que abandonarnos justamente ahora?

Raimundo se soltó y le volvió la espalda. Dio un par de pasos, entonces se dio la vuelta otra vez y dijo con rudeza:

–¡Ya no puedo soportar más las intrigas permanentes de los parientes de mi madre para ponerme en contra de Guillermo! Ellos tratan de que me pase a su lado y no cesan de recordarme que mi madre era la condesa de Tolosa... ¡Sólo falta una exhortación a que me adhiera a la rebelión! Y lo peor es que desde el asunto con los Lusiñán, Guillermo desconfía de todo y de todos. Si él sospechara que yo intrigo en contra de él..., ¡en realidad es mejor que me vaya mientras todavía reinan la paz y el amor entre nosotros!

Leonor corrió hacia él y lo abrazó. Retuvo a la niña en sus brazos y pensó con tristeza que no volvería a verla en mucho tiempo, que no sería testigo de su crecimiento.

–Bien –murmuró al fin con una sonrisa forzada–, Guillermo me ha pedido que vaya a verlo una vez más, pero también debería despedirme de Petronila. ¿Dónde se ha metido?

El semblante de Leonor se ensombreció.

–Junto a ese asqueroso Aigret. Es probable que ella piense

que necesita un poco de compañía. ¡Con tantas niñeras y sirvientas!

–Leonor, ¿ya empiezas otra vez? –la reprendió con severidad–. Con diez años eres demasiado mayor para semejantes celos infantiles. El pobre Aigret no te ha hecho nada.

–¡Lo odio! –replicó Leonor con furia–. Él tiene la culpa de que mi madre esté muerta. Todo empezó con su nacimiento. ¡Él la mató!

Raimundo le cogió la cabeza con las dos manos y la obligó a mirarlo a los ojos.

–No vuelvas a decir eso. Tu madre está muerta porque tuvo un aborto. ¡Y aunque hubiera muerto cuando Aigret vino al mundo, él no tendría ninguna culpa!

Vio que Leonor hacía un gesto de rebeldía, por lo que añadió en tono enérgico:

–¡Es espantoso culpar de esa manera a un niño, créeme! Tampoco mi madre se repuso del todo después de mi nacimiento. Yo apenas la he conocido porque estaba muy enferma. Y cuando se fue a Fontevrault, pensé que sería por mi culpa. Y que porque yo la había enfermado mi padre se había dedicado a atender a Dangerosa y por eso ella se había recluido en el convento. Durante mucho tiempo estuve convencido de eso y me pareció que la prueba de ello era que nunca me visitó ni quiso verme. Leonor, no quisiera que tú le hicieras algo así a tu hermano. ¡Prométemelo!

–Está bien –dijo ella a regañadientes–, lo prometo. No volveré a decirlo nunca, a nadie.

Raimundo se inclinó y le dio un beso suave en la frente.

–Ésta es mi niña –susurró–. Adiós, Leonor.

Sólo un cuarto de hora después de su partida, Leonor empezó a llorar. Furiosa, se frotó los ojos con el dorso de las manos. Las lágrimas eran para las personas débiles y ella no quería llorar, ni por su madre ni por Raimundo, porque de lo contrario la asaltaría la desesperación y la dominaría.

Leonor siempre se había sentido feliz de que su padre no fuese uno de aquellos ignorantes franceses del norte que, según se decía, solían prohibir a sus hijas no sólo que aprendieran a escribir sino también que estudiaran lenguas o adquirieran otros conocimientos. Ella encontraba verdadero placer en explorar épocas y mundos desconocidos, y después de la partida de Raimundo, el estudio se convirtió en una verdadera pasión para ella. Aunque no siempre para regocijo de sus maestros.

–Pero, padre –le dijo al humilde padre Juan, que le enseñaba latín y griego y que en aquel momento repasaba con ella el Evangelio–, ¿cómo puede Nuestro Señor Jesucristo haber exorcizado a los demonios en una manada de cerdos, si los judíos no comen cerdo y por lo tanto tampoco los crían? ¿De dónde venían los cerdos?

El padre Juan se persignó mentalmente y maldijo la vocación de su discípula por las discusiones. Aunque esta vez no tuvo que responder porque un sirviente trajo el mensaje de que Leonor debía ir a toda prisa a ver a su padre.

Guillermo estaba apoyado en una de las ventanas del castillo y miraba hacia fuera. Era invierno y hacía días que Poitiers estaba envuelta en un espeso manto de niebla. Tiritó de frío y pensó con nostalgia en Burdeos, donde en aquel momento debía de reinar un agradable clima templado. Soltó un gemido. Quizá confiaba en que cuando su padre muriera también se extinguiría aquella confusión de sentimientos que siempre había sentido, aquella mezcla violenta de odio y amor que únicamente su padre era capaz de desencadenar. Pero él lo supo cuando vio desplomarse a su indestructible padre: estaría atado eternamente a aquel hombre que desde que estaba muerto lo mantenía encadenado con más fuerza aún que antes.

Cuando Leonor entró, se estremeció al ver a su padre. En aquel momento se parecía de manera inquietante al viejo duque, sólo que carecía por completo de aquella aura de desbordante alegría de vivir que había acompañado a Guillermo IX aun hasta su muerte.

–Padre, ¿qué os pasa? –preguntó impulsivamente–. ¿Otra vez Tolosa? ¡Oh, cómo desearía ser un hombre! ¡Entonces yo misma iría allí y los vencería por vos!

–No lo dudo –respondió con una sonrisa suave–. Tus maestros me informan de que discutes con ellos incluso sobre la estrategia en la guerra de las Galias.

–Ah, el padre Juan es tan...

Guillermo levantó la mano y le impuso silencio.

–El rey de Francia ha reiterado la petición de tu mano para su hijo –le comentó.

–Creía que su hijo había muerto –dijo Leonor, asombrada.

Su padre meneó la cabeza.

–Felipe ha muerto. Pero él tiene otro hijo, Luis, que en realidad estaba destinado a ser sacerdote y ahora es el nuevo sucesor al trono. Sea como fuere, esta vez el rey Luis ha enriquecido su carta con una nueva proposición. Me promete ayuda militar y la proscripción pública de Tolosa por la corona, aunque sólo si yo viajo a París y mediante un juramento de fidelidad lo reconozco oficialmente como mi señor. De todos modos, de nombre ya lo es y sólo sería un gesto que aumentaría su prestigio en público.

Leonor se mordió el labio inferior. Todavía recordaba (o tal vez se lo habían contado muchas veces) que su abuelo siempre se había sentido orgulloso de que, desde hacía cien años, ningún duque de Aquitania había prestado el juramento de fidelidad a su señor.

–¿Habéis tomado ya una decisión, señor? –preguntó con cautela–. Se dice que vuestro padre habría visto las desventajas de un matrimonio semejante...

–Él está muerto –dijo interrumpiéndola y con más brusquedad de lo que se proponía; entonces, en un tono más moderado, continuó–: Claro que también hay otras peticiones de mano. Entre las de menor importancia habría que considerar sobre todo la de Inglaterra. Esteban, el sobrino del rey, ya ha facilitado la posición de Raimundo allí, lo que bien puede verse como un primer paso. Todos saben que será el futuro rey y necesita aliados con urgencia.

–¡Pero él debe de ser terriblemente viejo! –exclamó su hija.

Por primera vez en mucho tiempo, Guillermo soltó una sonora carcajada.

–Es sólo un par de años mayor que yo... Sí, en realidad viejísimo –dijo por fin y carraspeó–. La verdadera razón por la que te he hablado de ello, Leonor, es la siguiente: supongo que ahora tanto Luis como Esteban van a intentar sobornar a las personas de tu entorno para que te hablen bien de los respectivos pretendientes, y tú ya eres bastante mayor para darte cuenta. Presta atención y después dime quién ha sido. De esta manera descubriremos a los espías entre nuestra servidumbre y en la corte.

Leonor asintió. El soborno y la conspiración no eran nada fuera de lo común para ella, pertenecían a la vida cotidiana de la corte en que había crecido. Su abuela Dangerosa, por ejemplo, intentaba una y otra vez ganar influencia por semejantes medios para así poder escapar de su exilio en el campo. Leonor comprendió que con eso quedaba libre e hizo una reverencia.

–Pensaré en ello, padre.

Cuando había abandonado el gran salón, empezó a caminar más rápidamente. Se le había ocurrido un nuevo argumento con el que podía fastidiar al padre Juan.

Con el tiempo, también su cuerpo mostró que Leonor se había convertido en una mujer. Siempre había amado las canciones de los trovadores, pero éstas habían adquirido para ella un nuevo significado y mientras que hasta entonces sólo se impacientaba por el parloteo de sus damas, en aquel momento aguzaba el oído, mitad a disgusto, mitad intrigada. «¿Qué saben ellas que yo no sé?»

Empezó también a escribir poesías en secreto, pero se juró que nunca se las mostraría a nadie. Aparte de eso, no tenía ningún talento para cantarlas ella misma, ni la voz apropiada, y no había nada que lamentara más y que tomara como mayor defecto. Pero de todos modos las mujeres no podían ser un trovador. «¿Por qué no?», pensó indignada. En la Antigüedad, en la época de los paganos romanos y griegos, había habido poetisas que hasta habían fundado escuelas. Safo era la más célebre de todas y su heroína secreta. Poco tiempo después de cumplir doce años, Leonor descubrió un fragmento de Safo que la golpeó con su hechizo:

Sumergida está la luna
y las Pléyades con ella;
en medio de la noche pasan las horas,
pero yo yazgo sola...

La repetía una y otra vez por las noches, ya que le parecía que era lo que mejor expresaba todas las sensaciones nuevas, desconocidas, que la inquietaban.

Después de la muerte de su madre, Leonor era en aquel momento la primera dama de la corte. Cada vez más rápido se escapaba del mundo de los niños. Todavía no estaba comprometida oficialmente con uno de sus muchos pretendientes, pero el verano de sus trece años de vida su padre decidió trasladarse a París para prestar allí el juramento de fidelidad al rey Luis. Traspasó la regencia a su amigo Godofredo de Loroux, el arzobispo de Burdeos, y le confió la casa real a Leonor, para gran orgullo de ella.

Leonor estaba con Bédhri en los antiguos aposentos de Aenor e intercambiaba con él las más ingeniosas adivinanzas que en los últimos tiempos se habían puesto de moda, cuando su hermana Petronila entró como una tromba.

–¿Y qué es más profundo que el más profundo de los mares?

–El corazón de una mujer que guarda un secreto. Y ahora yo...

–¡Leonor! ¡Leonor!

Petronila perdía el aliento.

–¡Debes venir enseguida, ha pasado algo terrible! Aigret... –sollozó su hermana–. De repente se puso muy mal, es espantoso y...

Leonor suspiró.

–Tranquilízate, Petronila –dijo de mal humor–. Debe de ser una indigestión. Seguro que mañana volverá a tragar como...

En la cara de Petronila ardían dos manchas rojas.

–¡No, tú no lo entiendes! ¡Está realmente enfermo! ¡Por favor, Leonor, ven y míralo tú misma!

Leonor se preguntó qué podría hacer ella frente a una enfermedad de su detestable hermano, pero no parecía haber ninguna otra posibilidad para tranquilizar a Petronila.

–Está bien –dijo resignada–, vamos.

No estaba preparada para ver el aspecto que tenía Aigret. Todo su cuerpo estaba hinchado, gemía y se retorcía sin clara conciencia en la enorme cama a la que lo habían llevado. Su niñera y otros miembros de su servidumbre personal estaban desolados. Algunos lloraban.

–Esta mañana todavía gozaba de perfecta salud –se lamentó Petronila–. ¡No lo entiendo, sencillamente no lo entiendo!

–¡Cielos! –exclamó con furia Leonor–. ¿Ninguno de vosotros ha tenido el suficiente juicio para mandar buscar a un médico? El árabe que nos hizo su visita periódica la semana pasada, todavía debe de estar en Poitiers... Thibaud, ve en el acto, búscalo y tráelo aquí.

Una orden suya se obedecía al instante. Hacía mucho que la servidumbre había comprobado la diferencia entre la afable Aenor y su hija mayor. Leonor miró otra vez a su hermano y trató de recordar lo que había aprendido sobre el cuidado de enfermos. Toda mujer noble debía entender algo de eso. Los médicos verdaderamente capaces eran escasos y entre ellos se encontraban, casi exclusivamente, los que habían estudiado en al-Ándalus. El viejo duque tenía una fuerte animadversión contra aquellos «chapuceros asesinos» y no había admitido a ninguno en su corte. De modo que el cuidado de enfermos y heridos era responsabilidad de las mujeres y Aenor había llevado a su hija con bastante frecuencia a aquellas clases de enfermería.

–Traed agua, envolvedlo en sábanas húmedas y también echadle un poco en la boca para que beba. Si hay jugo de adormidera en el palacio, dadle a beber. Si no, enviad a alguien a uno de los conventos y que lo pida. Pero, por el amor de Dios, no digáis para qué... ¡de lo contrario, en una hora toda la ciudad estará enterada!

Se volvió hacia Petronila, que sollozaba sin control, la agarró por los hombros y la arrojó sobre la banqueta más próxima.

–¡Cállate, Petronila! Si quieres hacer algo, ocúpate de darle de beber, pero cállate la boca.

Petronila miró con expresión perpleja a su hermana, pero no dijo nada. Y Leonor lo agradeció. Era una suerte para Aigret que ella no lo hubiera querido nunca, pensó con un poco de cinismo, porque las personas que lo querían eran de muy poca o ninguna utilidad allí.

En cuanto se cumplieron todas sus órdenes, tomó verdadera conciencia de lo que Petronila había dicho antes y automáticamente se le aceleró la respiración. «Esta mañana Aigret todavía gozaba de perfecta salud.» Por lo que sabía, no existía ninguna enfermedad que atacara tan rápido y sin síntomas previos, a menos que... Se le aflojaron las rodillas y en aquel momento fue ella la que sintió la necesidad de sentarse. Pero no tenía opción, debía cerciorarse por sí misma, ya que si expresaba en voz alta sus sospechas, aquellas muchachas tontas volverían a prorrumpir en llanto y huirían de allí presas del pánico.

Se acercó a su hermano a regañadientes, levantó la manta (al menos alguien había pensado en desnudarlo), y examinó con el mayor cuidado todo su cuerpo en busca de señales de la más temida de todas las enfermedades: la peste. Pero no había ningún bubón. Instintivamente se persignó. No era la muerte negra.

Eso debería haberla tranquilizado, pero en aquel momento tenía que examinar también la segunda posibilidad. Mientras escuchaba atentamente la respiración ronca de Aigret, reflexionó sobre quién podría salir ganando si hacía envenenar al único hijo varón del duque de Aquitania. Leonor tenía una gran imaginación y todos los días escuchaba historias de príncipes que se mataban unos a otros, de manera que en aquel momento, ante la repentina enfermedad de Aigret, esta idea le parecía más que probable.

«¿Podía ser un acto de los tolosanos? Pero ¿a un niño? Sin embargo, no hay duda de que no se vengan de Aigret, sino de su padre... ¿Quién podría beneficiarse con la muerte de Aigret? –Le recorrió un frío glacial–. Yo –pensó–. Yo sería otra vez la heredera de Aquitania... yo y el hombre con quien algún día contraiga matrimonio.»

Entretanto, el anciano rey inglés había muerto y aunque había dejado como heredera a su hija Maude, su sobrino Esteban se había proclamado rey, lo que condujo al estallido inmediato de una guerra civil. ¿Podía ser que Esteban, motivado por el dolor, quisiera acelerar un poco su alianza con Aquitania, sobre todo en aquel momento en que Guillermo parecía inclinarse más bien por Francia? ¿O estaba detrás de aquello la mano del rey de Francia? Pero después de todo lo que Leonor había oído de él, no se lo podía imaginar. Nadie consideraba a Luis un hombre inclinado a los asesinatos alevosos. Su fe firme y su devoción religiosa, que lo habían llevado a destinar a uno de sus hijos a que tomara los hábitos, eran conocidas por todos. Pero quién puede saber con exactitud todo lo que es capaz de hacer un desconocido...

Cuando entró el médico árabe se sintió aliviada, aun cuando éste hizo caso omiso de ella y de todas las demás mujeres presentes en la habitación de manera francamente insultante. Pero Leonor estaba muy familiarizada con aquella conducta. Aquitania mantenía desde hacía mucho tiempo relaciones comerciales intensas con los reinos árabes vecinos y ella confiaba en sus artes curativas.

El médico examinó a Aigret con cara seria, hizo preparar una tisana con unas hierbas que había llevado consigo y, sin mirar a nadie en particular, preguntó con el ceño fruncido:

–¿Es que no hay nadie con responsabilidad aquí con quien yo pueda hablar?

–Enviaré por su eminencia el arzobispo –respondió Leonor con frialdad.

Sintió vergüenza por no haber pensado enseguida en ello, pero, por otra parte, todavía era posible que no fuera nada grave y entonces, se tranquilizó íntimamente, el arzobispo habría sido molestado en vano.

Cuando por fin apareció Godofredo de Loroux, el médico lo llevó de inmediato a un lado y para indignación de Leonor, ella y todos los demás fueron enviados fuera de la habitación. Se decidió no informar todavía al duque, pero sólo un día después, un correo urgente llevó la noticia a París de que Aigret había muerto después de una breve y penosa agonía.

Mientras Guillermo emprendía el camino de regreso a Aquitania a marchas forzadas, en Poitiers reinaba un gran desconcierto. Petronila estaba desesperada porque quería mucho a su hermano pequeño. Leonor era demasiado sincera como para engañarse a sí misma llorando la muerte de Aigret. Lo que ella sentía era una angustia sofocante, porque si tenía razón en su sospecha y Aigret había muerto por envenenamiento, cualquiera podía ser asesinado, también su padre o ella misma. Ya no había ninguna seguridad y de repente su mundo se había oscurecido con sombras amenazadoras. Sin embargo, habría preferido arrancarse la lengua con los dientes antes que confiarle a nadie sus temores. Al final se decidió por dormir en el cuarto de Petronila los días siguientes. Desde la muerte de su madre, no habían compartido la misma habitación.

Cuando Leonor entró, Petronila estaba sentada en su cama y miraba absorta al vacío. Entonces levantó los ojos.

–¿Qué quieres? –susurró con voz neutra.

Tenía los ojos rojos y por primera vez Leonor cayó en la cuenta de que Petronila, con sus cabellos oscuros y el gesto de dolor alrededor de la boca, se parecía a la difunta Aenor. Se sentó junto a su hermana y le pasó un brazo alrededor de los hombros.

Petronila se apartó un poco de ella. Miró a su hermana con los ojos llenos de reproches y le habló con voz trémula.

–Siete años..., ¡sólo tenía siete años! ¡Y no pretendas decirme que lo sientes! ¡Tú nunca lo quisiste! ¡Eres un monstruo!

Leonor suspiró.

–No, no lo quise –dijo con sinceridad–. Y no lamento que esté muerto, no como tú. Pero sí lamento mucho que muriera de esa manera y... lamento mucho el dolor que su muerte provoca en ti y en nuestro padre –concluyó en voz baja.

Petronila rompió a llorar otra vez y mientras Leonor la abrazaba y la consolaba, intentó olvidar las sombras... la amenaza invisible que acechaba en aquel momento en la oscuridad.

CAPÍTULO II

Luis

Sin embargo, Fortuna no quiere descanso,
gira su rueda después de corta pausa,
uno se eleva, el otro cae al fondo:
Así les fue también a estos dos...

María de Francia

Raúl de Vermandois detuvo su caballo negro y se volvió. El cortejo nupcial que en junio de 1137 se desplazaba por Aquitania estaba compuesto por quinientos hombres y no sólo estaba provisto de pompa y regalos ostentosos, sino también de abundantes alimentos, puesto que el rey de Francia no poseía ningún dominio al otro lado del Loira. «Sería una verdadera lástima –pensó el conde de Vermandois con sarcasmo– que el delfín se viera obligado a mendigar o a saquear en el camino hacia su prometida.»

Raúl de Vermandois comandaba a los soldados del cortejo, pero el verdadero jefe era un personaje pequeño, rollizo, con hábitos de monje, que cabalgaba junto al legado papal y en aquel momento se acercaba. «El abad Suger es un arribista –pensó con furia Vermandois–, y realmente de una clase muy especial.» Suger no sólo había conseguido llegar de hijo de un siervo a abad de Saint-Denis, no, también era uno de los consejeros más íntimos del rey y el sucesor del trono había crecido bajo su tutela, de manera que en aquel momento también el futuro de Suger parecía asegurado. Aunque él no podía haber sabido que el hijo mayor del rey se caería del caballo y que debido a ello el seminarista Luis se convertiría un día en rey de Francia, como el mismo Raúl de Vermandois admitía. Aun así, le irritaba el aire de autosuficiencia del monje. Dirigió su caballo hacia Suger con la intención de provocarlo un poco.

–Sed sincero, padre –lo abordó sonriendo–, ¿qué le habéis prometido al Todopoderoso para que nos bendiga con tan portentoso milagro?

–No entiendo qué queréis decir –respondió el monje.

Su ceño fruncido expresaba desaprobación. El conde de Vermandois tosió levemente.

–¡Ah, vamos, padre! ¿No es realmente extraño que, igual que un rayo del cielo, una repentina enfermedad haya atacado al duque de Aquitania durante su viaje de peregrinación a

Santiago de Compostela? ¿Y que a pesar de su rápida muerte, él haya encontrado tiempo para enviar un mensaje a su querido amigo Luis, el rey de Francia, con la expresión de su última voluntad: que su hija contraiga esponsales con nuestro delfín?

–El rey es el señor de la muchacha –replicó Suger en tono tajante– y como tal tiene, además, la obligación de cuidar de ella. ¿Y qué mejor manera existiría de asegurarse de que esté protegida que ofrecerla a su hijo? Una muchacha de quince años necesita con urgencia protección y aliados. No es ningún milagro que el duque haya reconocido eso, y se debería pensar que el Señor incluso a vos os dio la suficiente inteligencia para comprenderlo –concluyó con mordacidad.

Indignado, Raúl de Vermandois pensó que no tenía por qué tolerar aquello.

–Creo que negáis lo milagroso con demasiada rapidez –respondió con voz meliflua–, ya que si todo eso es tan natural, ¿a qué viene entonces esta prisa demencial? Normalmente, la preparación de un cortejo nupcial necesita alrededor de un año, y no hablemos de una boda. En cambio nosotros, sólo un mes después de la muerte del duque ya estamos sobre nuestros caballos y como si eso todavía no fuese suficiente, el rey ha concedido un privilegio al arzobispo de Burdeos antes de nuestra partida. ¿Me equivoco, o el arzobispado ahora tiene derecho a designar por sí mismo a sus prelados y ya no debe prestar ningún juramento de fidelidad? Eso solo ya me parece una enorme prueba de simpatía. ¿Podría tener algo que ver con que el buen arzobispo también debe mantener a la futura desposada bajo su piadosa y segura custodia hasta nuestra llegada?

En aquel momento, la cara de Suger ya no mostraba repulsa o censura, era por completo inexpresiva.

–Habláis demasiado, Vermandois –dijo sin alterarse–. Algún día vuestra lengua imprudente será también vuestra ruina.

Dicho esto se volvió hacia el legado papal y le dio la espalda a Raúl de Vermandois.

Estupefacto, el conde se retrasó un poco para reflexionar. Ya antes se había planteado algunas cuestiones sobre aquel matrimonio, pero en aquel momento se preguntaba si al dar rienda suelta a su carácter burlón no había descubierto aún más de lo que en realidad había querido saber. Decidió proceder con cautela, dar por terminado el asunto por el momento, y miró hacia el novio que, con más dificultad que destreza, cabalgaba entre dos caballeros sobre el magnífico corcel que le habían dado.

Luis tenía dieciséis años, era un muchacho delicado, inseguro, con mirada soñadora, al que sólo se necesitaba mirar para saber que se sentiría mucho más seguro en el convento. Raúl de Vermandois se preguntaba qué efecto produciría en él la nueva duquesa de Aquitania. Según los rumores que corrían, la muchacha debía de ser una belleza, pero de casi todas las princesas se decía algo similar para aumentar su valor en el mercado matrimonial.

Con su sol deslumbrante y la tremenda animación de sus habitantes que hablaban sin parar en una lengua casi incomprensible, la tierra que atravesaban les parecía muy extraña. Aquí ya no se hablaba la lengua de oíl, habitual en la Isla de Francia, sino la lengua de oc, más parecida al catalán, y con bastante frecuencia la comunicación con la gente resultaba muy difícil para los franceses del norte.

Por razones de seguridad, se había mantenido en secreto el mayor tiempo posible la noticia de la muerte del duque y de la futura boda. «Pensándolo bien –se dijo Vermandois–, todo esto es en verdad increíble. En abril muere el duque, en junio nos ponemos en marcha, e inmediatamente después de nuestra llegada, el delfín tomará por esposa a esa Leonor.» Pero cuando el cortejo llegó a Limoges, el primero de julio, los rumores que desencadenaba a su paso se habían propagado por toda Aquitania y la verdad no se pudo ocultar por más tiempo. En adelante, en cada ciudad que atravesaban, Luis era agasajado con actos solemnes y así fue como el veinte de julio llegaron a Burdeos.

De acuerdo con las costumbres del país, no podían acampar en la propia ciudad así que armaron sus tiendas en la orilla opuesta del Garona. La boda había atraído a un gigantesco torrente humano sobre la ciudad y cuando durante el acto de salutación, para espanto de su escolta y en una prueba más de su benevolencia, Luis le aseguró al concejo que cada visitante recibiría comida y bebida y sería cordialmente bienvenido, la afluencia del pueblo ya no tuvo fin. «Como si se hubieran confabulado para vaciar las arcas reales», registraron las crónicas tiempo después.

También en el norte de Francia el pueblo aprovechaba siempre los acontecimientos solemnes de los príncipes para, por una vez, poder comer hasta la saciedad y divertirse. Aun así, a los hombres del cortejo nupcial los escandalizó el desenfreno con que los aquitanos se aprovecharon de la generosidad real. Naturalmente, el punto culminante de los festejos anteriores a la boda era el primer encuentro de la pareja de prometidos, que en un principio no había sido planeado en absoluto pero que, según se decía, se producía a requerimiento expreso de la joven duquesa.

Luis llegó al palacio de L'Ombrière, donde residía el arzobispo de Burdeos con Leonor, acompañado por el abad Suger, Raúl de Vermandois y su séquito. Primero fueron recibidos con mucha cordialidad por el arzobispo. «Él tiene motivos para ser amable –pensó Vermandois mientras se arrodillaba para besar el anillo del príncipe de la Iglesia–. No todos los días una diócesis es declarada casi independiente.»

Ahora bien, a diferencia de los duques de Aquitania, el rey Luis siempre se había llevado bien con el clero. Cuando algún día entrara en el paraíso, sería un día muy triste para todos los obispos, superiores de monasterios y sacerdotes de su corte. Este pensamiento le recordó a Raúl de Vermandois que el estado de salud del rey era muy malo cuando salieron de la corte. El soberano sufría una grave oclusión intestinal. El día anterior, Vermandois no había podido contenerse más y había preguntado a Suger si ya había pensado en la posibilidad de que el rey pudiera morir sin su auxilio espiritual.

La respuesta glacial de Suger lo había paralizado de terror.

–Por si acaso, ya he dado instrucciones a mi prior –había respondido con frialdad el abad–, hasta en todo lo concerniente a la inhumación en Saint-Denis.

Estas últimas palabras sonaron muy en serio.

Pero todos los pensamientos sobre el delicado estado de salud del rey y sobre su consejero religioso se desvanecieron cuando la joven duquesa entró en el gran salón.

–¡Oh, Dios mío!

El conde oyó a sus espaldas la exclamación de uno de los hombres del séquito, y no pudo más que darle la razón en silencio. La joven llevaba un vestido de una tela suave, de color verde, desconocida para él, con un magnífico cinturón adornado con esmeraldas que debía de valer una verdadera fortuna. Pero eso, notó enseguida, sólo eran aspectos superficiales. Era la joven misma la que le cortaba la respiración.

¿Cuántos años tenía?..., ¿quince? Sí, realmente era muy joven, pero al mismo tiempo no, ya que su figura perfecta ya no tenía nada de infantil y su rostro... No podía apartar los ojos de su cutis suave, claro, que ofrecía un contraste tan grande con sus cabellos, que llevaba sin tocado, a la usanza de las mujeres solteras. Le caían sueltos sobre los hombros con su color a juego con sus gruesos labios, voluptuosos. Mantenía los párpados bajos, de manera que no se podía ver el color de sus ojos.

Cuando ella se acercó al delfín y lo miró directamente a los ojos, Vermandois, que estaba al lado de Luis, se dio cuenta de que no había nada en ella que sugiriera modestia femenina. Nunca había visto centellear tanto anhelo de vivir en unos ojos, y tanto fastidio mezclado con curiosidad. Echó una mirada a Luis y vio que el joven parecía totalmente desconcertado.

–Yo... –tartamudeó–, yo me alegro mucho de conocerte, prima.

El tratamiento era una cortesía dado que la relación de parentesco en el árbol genealógico se remontaba a unas siete generaciones atrás.

En aquel momento, ella debería haberse puesto de rodillas, pero sólo hizo una ligera inclinación de cabeza.

–Yo también me alegro, primo –respondió.

Su voz era profunda y vibrante, y repetía la promesa que emanaba de su figura. El conde de Vermandois reprimió una sonrisa irónica. ¡Por Dios!, era cierto lo que se contaba sobre la altanería de la Casa de Aquitania, ella se consideraba en verdad una igual. Se aventuraba diversión en la corte. Toda esa mezcla excitante de juventud e inocencia y la promesa de una sensualidad a punto de florecer... para Luis Capeto. ¡Qué despilfarro!

En el primer banquete juntos, Luis todavía no podía sentarse al lado de su prometida, pero tampoco consiguió apartar los ojos de ella. ¡Era tan hermosa!

Hasta entonces, el delfín había pasado su vida casi exclusivamente entre los muros de la enorme y silenciosa abadía de Saint-Denis. Amaba la abadía, la oración y el estudio y sólo había habido dos interrupciones decisivas en su existencia. A los nueve años, su padre lo había llamado a la corte para comunicarle que su hermano Felipe había muerto y que él, Luis, sería el nuevo delfín. Esta noticia produjo en Luis sólo una mezcla de tristeza, pesar y temor y se sintió aliviado cuando supo que no debía quedarse en la corte sino que podía volver a Saint-Denis. No le gustaba la vida en la corte y las risitas sofocadas de las mujeres le infundían miedo. ¿Acaso no lo prevenían todos los predicadores contra las mujeres?

La segunda interrupción, hacía sólo dos meses, la había causado la comunicación de su padre y de Suger de que debía casarse con la hija del duque de Aquitania que acababa de fallecer. Por supuesto que él sabía que si iba a ser rey algún día, también tendría que tomar una esposa. Pero abrigaba esperanzas de que faltara aún un poco. Sólo por su sentido del deber se había puesto en camino.

Jamás habría pensado que una muchacha podía ser como Leonor y que lo cautivara tanto. Prestaba más atención al timbre de su voz que a lo que decía, la oía expresar su opinión con serenidad y después, otra vez animada, hacer bromas. Por fin se armó de todo su valor para invitarla a bailar. Sentía su mano, con los dedos largos y finos, fría y firme en la suya.

Notó muy bien que, por complacerlo a él, no hablaba su lengua de oc natal sino la del norte, con un acento encantador y, por primera vez en su vida, Luis se alegró de que le hubieran enseñado al menos lo fundamental de las costumbres cortesanas. Al menos así podía bailar e intercambiar con ella las trivialidades cortesanas. Pero lo que él quería decir en realidad, no se dejaba expresar sin más ni más con palabras. Cuando sonaron los instrumentos que, como ella le explicó, se llamaban panderos y que marcaban el ritmo de una danza fogosa, con verdadero pesar la condujo de regreso a su lugar. Se sentía suspendido entre el cielo y el infierno. Ella se convertiría en su esposa, eso lo transportaba a un estado eufórico. Pero ¿qué pasaría si ella no lo quería?

Leonor no sólo estaba decepcionada sino también furiosa con el arzobispo porque le había ocultado durante tanto tiempo la muerte de su padre y de esa manera la había llevado a una situación en la que estaba más o menos obligada a casarse. Dudaba mucho de que aquel matrimonio hubiese sido realmente la última voluntad de su padre, pero por otra parte él mismo le había dado argumentos que hablaban en favor de una unión semejante y en su lecho de muerte pudo haber pensado que sería imposible que ella sola pudiera conservar Aquitania.

En cuanto a su futuro esposo, sólo sentía por él compasión y simpatía. Desde el mismo momento en que lo vio entre todos aquellos hombres calculadores y sedientos de poder, le pareció que era el único inocente en aquel juego. Los dos sólo iban a ser utilizados, lo que de por sí creaba un lazo entre ellos y le hacía sentir una cierta responsabilidad sobre él, aunque ella era un año más joven. Se ocuparía de que ninguno de los dos fuese utilizado más, se juró, pero por el momento no le quedaba más remedio que jugar a la novia obediente.

El veinticinco de julio tuvo lugar la ceremonia nupcial en la catedral de San Andrés, de Burdeos. Inmediatamente después del voto matrimonial, Luis colocó con cuidado una diadema de oro en la cabeza de su desposada para, en ausencia de su padre, reconocerla como nuevo miembro de la familia real. Leonor lo miró sonriendo. Cuando aparecieron en el pórtico bajo el repiquetear de las campanas y la participación entusiasta del pueblo, ninguno de sus súbditos habría adivinado sus pensamientos. Leonor pensaba que la muerte había sorprendido a los miembros de su familia quizá con demasiada frecuencia como para que pudiera ser casual. Estaba cada vez más convencida de que su enemigo secreto estaba al acecho en Francia. Lo sentía menos como miedo que como un desafío y tenía la firme voluntad de vengarse. Leonor alzó la barbilla y sonrió. Y la multitud, que sólo veía en ella una novia radiante vestida de rojo escarlata de acuerdo con las costumbres de Aquitania, la aclamó.

Con su variedad y abundancia, el banquete de bodas superó a todo lo visto hasta entonces, aunque Luis apenas pudo disfrutarlo. En primer lugar, desde que vivía en Saint-Denis no estaba acostumbrado a semejantes comilonas y de todos modos en los últimos días ya había tenido demasiadas. Y en segundo lugar, la sola idea de lo que se esperaría de él aquella noche produjo en su interior una mezcla inquietante de tensión, desasosiego y ansiedad. De modo que sólo con esfuerzo pudo probar algunos platos, demasiado picantes para su gusto.

–¡Pero, señor –exclamó sonriendo un noble del séquito de Leonor, de piel oscura y aspecto casi árabe–, debéis compartir las trufas con vuestra desposada o no caerá la bendición sobre el matrimonio!

Luis se preguntó qué clase de superstición meridional sería ésa, pero las caras sonrientes de los aquitanos que le rodeaban le dijeron que todos ellos sabían muy bien de qué se trataba. Leonor se rió, hizo servir las trufas y las saboreó lentamente. Él no sabía que sólo mirar comer a una mujer pudiera tener un efecto excitante. Entonces lo supo.

A continuación, ella le ofreció la fuente.

–Por favor, esposo mío, toma. Es cierto, es una antigua costumbre aquí.

–Con gusto, esposa mía –dijo él y se ruborizó.

Suger observó con satisfacción a la joven pareja que en aquel momento bebía vino aromático caliente de una misma copa. Constató que, en efecto, los acontecimientos habían tomado un rumbo muy, pero que muy favorable. La vanidad era uno de los siete pecados capitales, por eso se abstuvo de congratularse a sí mismo. Era su día de triunfo, y sólo sería superado cuando su pupilo y la nueva delfina fuesen coronados en Poitiers como los nuevos duques de Aquitania. Pero primero debían concluir los festejos de la boda que, conforme a los usos y costumbres, se prolongarían por varios días. Notó que el insensato conde de Vermandois estaba a punto de emborracharse y justo en el momento en que quiso hacerle una observación al respecto, sintió un toque en el hombro y giró la cabeza. Cubierto de polvo, extenuado, un hombre con el escudo de la casa real en su pecho, estaba detrás de él. Un mensajero, que no se entretuvo en saludar a Suger con algo más que un escueto «reverendo padre», y le dijo algo al oído.

El semblante de Suger se puso rígido. Hizo la señal de la cruz, después se levantó y se acercó a Luis y Leonor. El joven levantó los ojos hacia él con expresión interrogante.

–¿Qué ocurre, padre? –preguntó con una sonrisa cordial.

Suger se arrodilló con gesto ceremonioso, lo que para un hombre de su peso no era ninguna pequeñez.

–El rey ha muerto. ¡Viva el rey!

De la cara de Luis desapareció todo matiz de color.

–¡Oh, no! –susurró horrorizado.

Sintió que Leonor le cogía la mano y se aferró a ella. La sangre se le agolpaba en los oídos y apenas podía entender lo que Suger le decía, que era que debían partir lo más rápidamente posible hacia Poitiers, donde en aquel momento también sería coronado rey, y después regresar a París a toda prisa. A pesar de su confusión, entendió con más que manifiesta claridad una cosa..., el júbilo de aquel día había desaparecido en el fondo de un abismo amenazador.

El momento de dejarlos en la cama, como se acostumbraba en ocasiones semejantes, era la oportunidad para que entre el séquito de la pareja de desposados se gastaran fuertes bromas, cargadas de intención, aunque esta vez fueron más bien moderadas. La noticia llegada de París se había propagado con la velocidad del viento y nadie podía olvidar que tenía ante sí al rey de Francia, Luis VII. Cuando por fin se fueron todos y también el alboroto en los corredores se hubo alejado un poco, Luis yacía rígido y clavaba los ojos en el techo de la enorme cama imperial.

Leonor se sentó, sacudió su cabellera cobriza ondulada y comentó con tono despreocupado:

–¡Por el amor de Dios, ha durado una eternidad! Llegué a temer que alguno se acostara con nosotros, ¿tú no?

Luis no contestó nada y Leonor, que percibió cómo se sentía, se mostró arrepentida.

–¡Oh, Luis, lo siento! Esto tiene que ser espantoso para ti, ¿no? ¿Tú... querías a tu padre?

Luis también se incorporó en la cama.

–No sé... –respondió, un poco desconcertado–, lo conocía muy poco... en realidad, nos hemos visto sólo una o dos veces por año. Y a veces ni siquiera eso. No... no es eso.

Él nunca había hablado con nadie así sobre su padre, en parte porque a nadie le interesaba y en parte porque era un simple deber cristiano amar y respetar a los padres. Pero el disimulo y las segundas intenciones eran por completo ajenos al carácter de Luis y además ya estaba perdidamente enamorado de la muchacha que le habían dado por esposa. Era un sentimiento que nunca antes había conocido. Amaba el hermoso y tranquilo monasterio en donde había crecido y a Suger, siempre bueno con él y que, a todos los efectos, era su verdadero padre. Pero lo que sentía por Leonor no se lo podía comparar en absoluto. Le confesó algo que ni siquiera Suger sabía.

–No quiero ser rey, Leonor.

Ella se quedó callada. Después, en un intento por consolarlo, lo besó en la mejilla. Sus cabellos le rozaron la piel.

–Pobre Luis... Créeme, yo sé cómo te sientes. ¿No es extraño que a los dos nos haya sucedido lo mismo en tan poco tiempo? Mi padre está muerto, y tu padre está muerto, y los dos somos ahora soberanos.

–¿No tienes miedo?

En aquel momento le tocó a ella sorprenderse.

–No. ¿Por qué debería?

Luis comprobó que ella no se parecía a ninguna muchacha de las que había oído hablar. Se esforzó por mostrarse caballeroso y fuerte a la vez.

–Yo tampoco tengo miedo. –Se aclaró la voz y añadió–: ¿Puedo... me permites que te abrace, Leonor?

Se abrazaron con cautela y permanecieron así, tendidos, hasta que Leonor notó que su esposo, para el que su calor había construido una muralla de protección segura contra los horrores de la noche y del futuro, se había quedado dormido. Luis le gustaba y experimentó la fuerte necesidad de proteger a aquel niño grande. Y sin embargo no pudo dejar de sentirse un poco decepcionada. Leonor se quedó despierta aún un buen rato, y a través de las cortinas corridas de la cama vio cómo poco a poco se extinguían las antorchas con las que habían iluminado la cámara nupcial.

En Poitiers, la ciudad natal de los duques de Aquitania, el legado papal celebró la doble coronación de la joven pareja. El viaje hasta allí no había transcurrido sin peligros. Todos tenían bien presente que para los posibles rebeldes o conspiradores aquélla era una oportunidad de oro para apoderarse del rey y de su flamante esposa. Y así, por primera vez, Suger se sintió agradecido por la presencia de Raúl de Vermandois y sus subordinados.

En el castillo de Taillebourg, una de las escalas del viaje, se consumó por fin el matrimonio entre los recién casados. Luis sabía que la virginidad de su esposa era conocida por todos, sintió las miradas compasivas que desataban en él una ira incontenible, y por añadidura tuvo que prestar oídos a una advertencia de Suger: si Leonor era raptada durante el viaje, en cualquier momento podría negarse la legitimidad de su matrimonio. Ya había sucedido eso en reiteradas ocasiones. Todo eso, junto con sus propios sentimientos hacia Leonor, lo ayudaron por fin a vencer su natural timidez.

Aquella noche, Leonor lloró en secreto, pero fueron lágrimas de desencanto. «¿Eso era todo..., aquel breve, ridículo dolor? ¿Tantos chismes de comadres por nada?» Se sintió defraudada, engañada, y al día siguiente humillada por la ceremonia en la que mostraron la sábana manchada de sangre al séquito de cortesanos.

Cuando fue ungida reina de Francia y duquesa de Aquitania en Poitiers, sus sentimientos coléricos habían desaparecido. Mientras estaba arrodillada y sentía la mano que le untaba el óleo sagrado sobre la frente, pensó que su abuelo tenía su misma edad cuando se hizo cargo del gobierno. Claro que todavía era demasiado joven, pero estaba llena de confianza en sí misma.

De todos modos preveía dificultades. Aquel abad Suger los trataba, a ella y a Luis, como a dos niños y se tenía la impresión de que pretendía ejercer, también en el futuro, como el verdadero regente. Sintió crecer la animadversión en su interior. Hacía años que nadie le había dicho lo que debía o no debía hacer. Bien, en aquel momento se trataba de esperar y ver qué rumbo tomaban las cosas en París.

Cuando abandonaron Poitiers, Leonor tuvo conciencia por primera vez de que no volvería a ver su patria en mucho tiempo. Se iba hacia el norte, a una ciudad que sólo hacía una generación era la capital de un pequeño reino y que ni siquiera era un obispado independiente; a un país en el que se hablaba un idioma distinto; a una corte que, en el mejor de los casos, la vería con indiferencia y mucho más probablemente, con hostilidad.

Por supuesto, París no se podía comparar con Burdeos o con Poitiers. Sin embargo, rodeada por un anillo verde de pequeños bosques, tenía su encanto. A Leonor le gustaron los numerosos viñedos y los muchos botes que cruzaban permanentemente el Sena y que comunicaban la ciudad misma, situada sobre una isla, con ambas márgenes del río. Luis llamó la atención de Leonor sobre los huertos que los miembros de la orden del Temple habían plantado en una antigua zona de pantanos. La ciudad se proveía desde allí de muchos de sus alimentos. También le mostró un menhir al final del antiguo camino romano y le habló del gigante Isoré que estaba enterrado debajo de aquella piedra. Desde que había vuelto a su patria, Luis estaba de muy buen humor y animado por el ardiente deseo de presentar la mejor imagen posible ante los ojos de Leonor. Se consideraba un niño mimado de la suerte y lo habría hecho todo por ella.

El palacio real, en la Île-de-la-Cité, era un hervidero de cuchicheos y miradas dirigidas a la nueva reina. Se admiraba su belleza y también su elegancia, pero se burlaban de su séquito del sur, atrevido y exótico, y de las nuevas costumbres que había introducido en la corte. Aquellos que esperaban una muchacha de provincias impresionada por el título real, la encontraban arrogante. La madre de Luis, Adelaida de Saboya, le escribió irritada a un familiar: «Su manera de hablar es insolente y sus vestidos impúdicos».

La reina madre había confiado en que gobernaría con la

ayuda de su hijo después de la muerte de su esposo, y a lo sumo esperaba problemas con Suger. No se le había ocurrido que su hijo, tan piadoso y monacal, podría hallar placer en la esposa que le habían destinado por razones exclusivamente políticas. Sin embargo, lo que llevó a Adelaida a un estado de franca rebeldía fue que no sólo Luis, sino también la mayoría de los hombres de la corte se comportaban como tontos enfermos de amor tan pronto como aquella criatura extraña estaba cerca. Se convirtió en adalid de un grupo que protestaba con todas sus fuerzas contra las diversiones que Leonor había traído de Aquitania. Después de todo, atentaba contra todas las reglas de educación y contra las buenas costumbres hacerse recitar canciones de amor por un cortejo de acompañantes dudosos; y por si fuera poco, ¡alentaba a todo caballero de rango a hacer lo mismo!; además de las conversaciones frívolas que Leonor y sus damas solían sostener en tales ocasiones... Sin embargo, y para inmenso disgusto de Adelaida, muy pronto se convirtió en una moda de la corte discutir sobre las diferentes clases de amor, llevar a los labios citas frívolas e idolatrar a la joven que se comportaba como si fuesen tributos que sólo a ella correspondían.

Adelaida se quejó a su hijo y no sospechó que tampoco Luis se sentía del todo bien con las diversiones de Leonor...; a él le parecía que a veces hacían escarnio de Dios y del mundo. Sin embargo, Leonor debía conseguir todo lo que quería, tanto más cuanto que él percibía muy bien su censura íntima porque dejaba el manejo del gobierno cada vez más en manos de Suger y los demás miembros de la corte real. Quería demostrarle que en otros aspectos estaba dispuesto a todo para hacerla feliz. Y así fue como el siempre timorato Luis dejó boquiabierta a su madre al rechazar con dureza las quejas contra su esposa.

Indignada, en tono admonitorio empezó a recordarle sus obligaciones para con su propia madre y recibió un segundo golpe cuando el abad Suger la interrumpió y apoyó al rey. Suger conocía la ambición de poder de la reina madre y estaba más que contento con aquella oportunidad de neutralizar su posible influencia. Adelaida abandonó la sala de audiencias con lágrimas de ira en los ojos.

En aquel mismo momento, Leonor se encontraba en sus aposentos con el pequeño círculo de nobles jóvenes de la corte que se había formado a su alrededor. Ella había notado muy pronto que a nadie parecía habérsele ocurrido hacerla participar en el consejo de la corona o por lo menos encomendarle las decisiones sobre Aquitania, como habría sido su derecho como duquesa... No, como duque, se corrigió encolerizada. Una vez más quedaba excluida en virtud de su sexo o por su edad y Luis, que en aquel momento era también duque de Aquitania, dejaba la verdadera autoridad en manos de Suger. Un día, después de asegurarse de que nadie la espiaba, se había desahogado arrojando contra la pared el primer objeto que encontró a mano. Pero ya conocía bastante bien a Luis como para saber que con sus arranques de furia sólo conseguiría distanciarse de él y decidió intentarlo de otra manera, por medio de un proceso lento y minucioso de habilidad y persuasión.

Como hasta entonces parecía haber quedado excluida de toda actividad de gobierno, su innata inquietud arrastró a Leonor a una verdadera avidez de placeres. Siempre le habían gustado la música, la danza y las conversaciones ingeniosas; de modo que se entregó a la diversión sin control. No se preocupaba ni por las cejas enarcadas ni por los gestos claros de censura, y pronto comprobó, asombrada, que a la mayoría de los franceses del norte parecía gustarle su estilo de vida y su despreocupación.

En aquel momento, el trovador Marcabrú, un joven discípulo de Cercamón, estaba sentado a sus pies y tañía el laúd; el mismo Cercamón mantenía una acalorada discusión con un barón del Loira sobre la importancia de Ovidio en el arte de la poética; y ella, junto con dos de sus damas de honor, ambas mayores que ella, estaba enredada en una discusión con Raúl de Vermandois y su primo Miguel de Monteil.

El conde de Vermandois ponía en duda que un hombre y una mujer pudieran amarse sin que lo sexual entrara en juego, a menos que pertenecieran a la misma familia.

–Con el mayor respeto por nuestra Iglesia –dijo con tono muy seguro de sí–, considero imposible la caridad, el puro amor al prójimo, entre hombres y mujeres. O se desean o no se aman.

La mirada que dirigió a Leonor era francamente desvergonzada, pero a ella la divirtió y le contestó con sarcasmo.

–¿Eso vale para todos los casos y sin excepción? ¡Un momento! –ordenó con la mano en alto–. Pensadlo bien antes de hablar, conde, o yo podría poneros en un gran aprieto.

–Sería un placer para mí –respondió Vermandois con doble sentido– que mi reina me pusiera en un aprieto. Pero sí, estoy seguro. En todos los casos.

En las mejillas de Leonor se formaron hoyuelos.

–¿Queréis decir con ello que María de Magdala deseó de manera indecorosa a Nuestro Señor Jesús, al que amaba... y que a pesar de ello, él la mantuvo a su lado? ¡Pero, conde, qué insinuaciones!

Su auditorio estalló en carcajadas.

–¡Por Dios, señora! –exclamó entre risitas sofocadas Denise, una de sus damas, oriunda de París–. ¡Si el reverendo abad Suger lo hubiese oído... o la reina madre!

Esta idea provocó otro ataque colectivo de risa, hasta que Miguel de Monteil tomó la palabra.

–Dicho sea de paso y a riesgo de perder las simpatías de mi primo Vermandois..., a todos nosotros nos es conocido un caso de amor semejante..., si por una vez prescindimos de los Evangelios.

Todos lo miraron con curiosidad. Miguel de Monteil se tomó su tiempo, pasó los dedos sobre su bigote y terminó por fin con la expectación.

–Sólo diré un nombre... Pedro Abelardo.

–¡Naturalmente! –exclamó excitada Charlotte, la otra dama de honor.

Leonor pidió una aclaración. Por supuesto que el nombre de Abelardo le era conocido. Desde hacía más de veinte años tenía fama de ser el más audaz de todos los teólogos que jamás habían enseñado en París, y si esta ciudad tenía algo que hasta a los ojos de los arrogantes aquitanos la convertía en una de verdadera importancia, era su universidad, con los numerosos sabios y con las escuelas que competían entre sí. Pero lo que ella no sabía era de qué manera se relacionaba Abelardo con el asunto que estaba en discusión.

–Pero señora –intervino Denise, incrédula–, ¿entonces no

conocéis la historia de Abelardo y Eloísa? Hace unas dos décadas, cuando Pedro Abelardo era canónigo aquí, en la Universidad de París, daba clases también a la joven Eloísa, que tenía fama de poder competir con los mejores eruditos de todo el mundo.

–Mi padre decía siempre que tanta sabiduría en las mujeres sería diabólica y sin duda culpable de todas las desgracias –intervino Charlotte.

Molesta, Leonor le indicó que se callara. Quería oír más sobre la desconocida Eloísa. ¡Entonces había existido realmente una mujer a la que los hombres tuvieron que reconocerle capacidades intelectuales en igualdad de condiciones!

Denise reanudó su historia.

–Abelardo y Eloísa se hicieron amantes y huyeron de París. Se casaron en secreto y es posible que tuvieran un hijo, pero no se sabe con certeza. Pero sí se sabe que cuando Abelardo regresaba a París, el tío de Eloísa, el canónigo Fulberto, hizo que lo atacaran por sorpresa y...

Se puso colorada y empezó a tartamudear. Raúl de Vermandois, que no tenía ningún tipo de inhibiciones, completó la frase por ella.

–Y le quitó aquellas partes que hacen que un hombre sea hombre.

Leonor estaba conmovida.

–¿Y qué pasó después?

–Abelardo se recluyó en un monasterio –respondió Denise– y le rogó a Eloísa, que quería quedarse con él, que en lugar de eso hiciera lo mismo. Al final, con algunos discípulos, fundó una comunidad en un lugar que llamó Paracleto y, aún hoy, Eloísa es allí la abadesa de un convento de monjas que, según se dice, fundó con la ayuda de Abelardo.

–Él no vive allí –intervino Miguel de Monteil–. Hubo demasiadas habladurías, aunque se podía pensar que los dos estaban lejos de ellas de una vez y para siempre. Por esa razón, él aceptó el nombramiento como abad de Saint-Gildas.

Leonor había crecido con historias y leyendas de amantes desdichados, pero ésta las superaba a todas. Estimulaba su viva capacidad imaginativa y no quería conformarse con aquel final triste. Debía haber alguna cosa, algo...

Una voz dura interrumpió el vuelo de sus pensamientos.

–¡Ya es suficiente!

Leonor giró la cabeza y vio a la reina madre en la puerta.

–Estoy aquí desde hace cinco minutos, y no sólo nadie me ha saludado con el debido respeto, no, además tengo que escuchar cómo se bromea aquí sobre cosas que ofenden al oído y se habla de dos pecadores a los que en mis tiempos escupíamos en plena calle.

Leonor, que en los últimos meses había llegado a aborrecer cada vez más a su suegra, le respondió con afectada cortesía.

–Lamento mucho que os sintáis ofendida, señora, pero deberíais haber llamado nuestra atención sobre vuestra presencia.

Adelaida de Saboya jadeó en busca de aliento.

–¡Habráse visto! –exclamó con furia–. ¡Y ahora, escuchad! ¡Parece que habéis olvidado que ya no estáis en la salvaje Aquitania sino aquí, en París, donde se ofrece el debido respeto a los mayores! ¡Exijo que os disculpéis inmediatamente por vuestro tono impertinente, criatura mal educada!

Leonor echaba fuego por los ojos. El último resto de moderación había retrocedido para dar paso a un estallido de cólera digno del viejo Guillermo.

–¡Y vos parecéis haber olvidado, madame, que ya no sois la reina, lo soy yo! ¡Abandonad ahora mismo esta habitación!

Reinó un silencio de muerte. Adelaida de Saboya clavó la mirada en la iracunda muchacha pelirroja. Entonces siseó con tono amenazante:

–¡Os arrepentiréis!

Y salió de la habitación con aire majestuoso.

Pronto se supo en todo el palacio que la madre y la esposa del rey habían discutido y poco a poco su altercado adquirió dimensiones míticas.

–Estoy seguro de que ni la mitad de lo que dijo es lo que ella piensa –comentó Luis, apesadumbrado–. Y eso también es culpa de mi madre. ¡Ella odia a Leonor!

–Señor, ¿puedo tomarme la libertad de proponer –se entrometió Suger–, para bien de todos los interesados, que vuestra madre se retire a sus posesiones? Eso debería servir para calmar los ánimos.

Luis terminó por dar su consentimiento. Igual que con su padre, en muy contadas ocasiones se había visto con su madre y aunque hasta entonces siempre se había esforzado por mostrarle el mayor respeto, nunca se había establecido un sentimiento de cálido afecto entre ellos. Además, él odiaba las discusiones. Cuando aquella noche le contó a Leonor su decisión, ella frunció el ceño.

–Así que fue Suger quien te lo propuso –dijo a media voz.

Suponía que no había sido precisamente el amor hacia ella, Leonor, lo que había movido al abad a volverse en contra de la reina madre.

–Sí, ¿y?

Luis estaba irritado y no supo qué hacer frente a su reacción.

–Oh, nada, querido mío –respondió con voz dulce–, sólo pensaba que será un golpe durísimo para tu madre que la destierres abiertamente. Es preferible que le digas que tienes la intención de designar un nuevo administrador para sus posesiones y que ella debería aparecer con él por todas partes para asegurarle la lealtad de la gente. De esa manera no le causarás un dolor innecesario. El señor de Montmorency, por ejemplo, sería muy apropiado para ese cargo.

Luis se preguntó cómo alguien podía haber afirmado alguna vez que Leonor tenía un carácter irascible. ¿No era acaso sensible e indulgente, la bondad misma? La besó agradecido. Sólo después se le ocurrió hacerle una pregunta como de pasada.

–¿Cómo es que has pensado justamente en Montmorency?

Leonor lo miró de arriba abajo con una mezcla de compasión y regocijo. Luis era la persona más inocente y más pura que jamás había conocido y con absoluta seguridad el único en la corte que no había notado las miradas ardientes con que su madre perseguía al apuesto Montmorency, un miembro de la baja nobleza, que por lo demás tenía muy poco de qué presumir. Luis se habría horrorizado ante la idea de que una mujer que había enviudado hacía menos de un año volviera tan pronto los ojos hacia otro hombre. Y mucho más si se trataba de su propia madre.

–Fue sólo una ocurrencia –contestó Leonor con una sonrisa irónica.

Aunque la maldecía desde lo más profundo de su alma, Leonor tenía sus razones para hacer lo más dulce posible la despedida de la reina madre. No sólo porque Adelaida crearía menos problemas de esa manera, sino porque así se podía augurar que permanecería más tiempo en sus posesiones. En cuanto al hermoso Montmorency, no tenía ni parientes influyentes ni la inteligencia necesaria para tramar intrigas.

Pero con la siguiente petición que hizo a Luis, chocó contra una resistencia mucho más fuerte.

–¿Las obras de Pedro Abelardo?

–Pero Luis, tú tienes que haberlas leído en tu convento...

–Bueno, sí..., fragmentos... pero Suger siempre decía que Abelardo era un hereje y que con seguridad algún día lo clasificarían como tal y que sería peligroso poner sus ideas al alcance de los que no pueden reconocer en el acto su herejía. También Bernardo de Claraval está en contra de Abelardo y ha jurado en público que en el próximo concilio logrará la condena de su doctrina. ¡Uno de los libros de Abelardo ya está prohibido!

–Bernardo de Claraval... –murmuró Leonor e hizo una mueca.

A Luis le pasó demasiado tarde por la cabeza que aquel santo varón y la familia de Leonor habían estado en pie de guerra desde siempre.

Contra lo que podía esperarse, ella no entró en detalles y en cambio quiso saber más.

–¿Qué es lo que Bernardo le reprocha a Abelardo?

–Bueno, por ejemplo, en su obra sobre la ética, Abelardo formula la tesis de que en realidad no habría ni buenos ni malos actos, que la intención de hacer mal constituiría el pecado. ¡Y de ello concluye que no se puede llamar culpables a aquellos que, sin saber, condenaron a Nuestro Señor Jesucristo!

A Leonor se le iluminó el rostro.

–¡Por Dios, eso es audaz, es admirable! Y bien, dado que ya me has dicho lo peor, de la misma manera me puedes hacer conocer el resto.

–Pero Suger querría saber para qué quiero los libros y...

Con un gesto de impaciencia, Leonor arrojó a un lado el bastidor de bordar.

–¡Cielos, Luis! En primer lugar, hay otros conventos además de Saint-Denis, y en segundo lugar... ¡me pregunto si alguna vez haces algo que no le guste a Suger! Ya no eres ningún niño... ¡Tú eres el rey! –concluyó fastidiada.

Luis adoraba a Leonor, pero era dolorosamente consciente de que ella no lo admiraba tanto como él a ella (a la vez que desalojaba de su mente todo pensamiento sobre si con el amor pasaría lo mismo), y el ardiente deseo de cambiar eso lo hacía vulnerable.

Pronto trabó conocimiento también, y por primera vez, con el sentimiento de los celos. Un día, Leonor llegó corriendo hasta él, casi bailaba, sus ojos refulgían, y se veía tan excitada y alegre como nunca antes la había visto. En la mano sostenía una carta de la que colgaba un sello desconocido.

–¡Oh Luis, Luis, tengo noticias maravillosas! –Abrió los brazos y giró un par de veces sobre sí misma–. ¡Raimundo se ha convertido en príncipe de Antioquía! Oh, me preocupaba tanto, pero debí imaginar que Raimundo lo lograría todo y...

–¿Quién es Raimundo? –la interrumpió Luis, asombrado y ya un poco herido por los celos.

Leonor se echó a reír y lo besó.

–Mi tío, Raimundo de Poitiers. ¿No te he hablado de él? Pero tú debes de conocerlo, ¿no?

Luis tenía un recuerdo vago y le había desconcertado la familiaridad con que ella había usado el nombre de pila. A él jamás se le habría ocurrido aludir a un tío como «Raimundo». Notó que Leonor ardía en deseos de poder contarle más sobre aquel extraño tío y sus hazañas.

–Raimundo se ha distinguido tanto en la corte inglesa, que un par de meses antes de nuestra boda llegó un correo secreto del rey Fulko de Jerusalén para ofrecerle el principado de Antioquía. Se dice que es el más peligroso de todos los reinos en Oriente porque es el primero que atacan los infieles.

–Sí, lo sé –la interrumpió Luis–, pero creía que allí gobernaba la viuda de Bohemundo II.

–Ella sólo gobernaba como regente de su hija –le informó Leonor–, pero terminó por pelearse con los otros reinos de Oriente. El rey Fulko se había enterado de que ella planeaba engañar a su hija y casarse con el rey Roger de Sicilia, para poder quedarse de una vez y para siempre con Antioquía. Fulko y Roger son enemigos acérrimos y por esa razón Fulko le ofreció el principado a Raimundo. –Leonor hizo una breve pausa para tomar aliento–. Yo ya temía que se llegara a una guerra cuando Raimundo me lo escribió, aunque sabía que él la ganaría de todos modos. Pero él encontró un camino para engañar a la regente sin derramamiento de sangre. Viajó de incógnito a Antioquía, disfrazado de comerciante, y allí se ganó la confianza del patriarca y de los barones más importantes. Entonces entró en la corte bajo su verdadero nombre y el patriarca le hizo creer a la regente que Raimundo quería casarse con ella, cuando en realidad le hacía la corte a su hija Constanza. La regente se sintió tan halagada que rompió su compromiso con Roger y cuando se enteró de quién era en realidad la boda que el patriarca preparaba, fue demasiado tarde. No le quedó más remedio que retirarse a su castillo en el campo, ¡y ahora Raimundo es el soberano de Antioquía!

–¿Y tú encuentras eso tan digno de admiración? –Luis no imaginaba que su voz podría sonar tan severa–. ¡Considero que es la historia menos caballerosa y más inmoral que he oído jamás!

El semblante de su esposa cambió repentinamente. El ceño fruncido y la expresión de los ojos no presagiaban nada bueno. Nunca la había visto tan enfadada.

–¿Quieres decir –preguntó Leonor con un tono glacial–, que Raimundo debería haber provocado una guerra para ganar su principado, y de ese modo levantar en su contra a un país que ni siquiera lo conocía todavía? No necesita demostrar su valentía de esa manera... ya goza del reconocimiento suficiente. ¿Por qué crees tú que el rey inglés lo armó caballero?

–No obstante, pienso que...

–¡Y yo pienso que estás celoso, así de simple! Tu reino te cayó del cielo sin que tuvieras que hacer el menor esfuerzo para conseguirlo.

Se hizo un pesado silencio. Era el primer altercado fuerte que tenían y Leonor vio la mirada de asombro y espanto con que Luis la observaba. Él no protestó ni la sermoneó. Si hubiera hecho eso, ella le habría echado en cara que también él había conseguido la mayor parte de su reino por medio del matrimonio. Y eso sin antes haberse tomado por lo menos la molestia de conocerlo, como había hecho Raimundo. Ella estaba dispuesta a llevar adelante una gran discusión; sin embargo, ante el evidente desvalimiento de Luis, sintió que su cólera se desvanecía. No encontraba ningún placer en herir a Luis. Era demasiado fácil.

–Lo siento, Luis –dijo en voz baja y le cogió la mano–. Lo siento mucho, querido.

A Luis lo hacía inmensamente feliz que ella hubiese cedido, pero en el fondo sabía que nunca estaría satisfecho hasta que no la viera tan llena de alegría por él como por Raimundo. Hasta que no le pudiera demostrar que él superaba en mucho a su tío.

La oportunidad para ello se presentó antes de lo que habría deseado, ya que llegó a París la noticia de que los ciudadanos de Poitiers se habían comprometido unos con otros mediante un juramento colectivo a no reconocer más la soberanía de su conde... Y el conde de Poitiers era el actual duque de Aquitania.

Cuando Leonor se enteró, se puso pálida y por un momento Luis tuvo miedo de que sufriera un desvanecimiento. Entonces vio sus ojos encendidos de ira y temió que, en lugar de eso, estallara en un acceso de cólera. Pero otra vez se equivocó. Toda la figura de Leonor se cubrió de una calma casi siniestra. Sólo sus manos se abrían y cerraban lentamente.

Leonor tenía la sensación de que iba a asfixiarse. ¡Un año! Sólo un año ausente y ya la habían traicionado. No allí, en París, en el extranjero, donde habría estado preparada para ello, sino en su patria, en Aquitania. Y había sido Poitiers, nada menos que Poitiers, la ciudad favorita de su abuelo, la ciudad del trono ancestral de los duques. Sentía como si una persona a la que amaba le hubiese clavado un puñal por la espalda, y todo su ser clamaba venganza por semejante traición.

Pero ella no sólo había heredado la vehemencia ciega de su abuelo sino también la reflexión fría de Dangerosa, y trató de ver el hecho tal como era. En aquel momento debía hacer planes. En sus labios se dibujó lentamente una sonrisa y Luis, que la observaba preocupado, se asustó. «¿Se habrá vuelto loca?» Leonor leyó sus pensamientos con tanta claridad como si los hubiese expresado en voz alta y negó con la cabeza. Entonces, disfrazándolo con cuidado bajo la forma de ruegos y consejos, le dijo qué tenía que hacer.

–¡Pero eso es inhumano! –protestó Luis una vez que ella hubo terminado–. ¡Indigno de un cristiano e inhumano!

–¡Bah! ¡Inhumano! –exclamó Leonor con desprecio–. Ellos son los rebeldes y tú eres el rey, y de todos modos será sólo «aparentemente».

–Lo sé –admitió Luis, abatido–. Pero aun así me repugna, porque lo van a creer y será terrible para ellos hasta que...

–¡Es terrible para mí! –dijo Leonor, alterada. Después, con voz acariciante, añadió–: Ah, Luis, nadie sufrirá daño alguno y no habrá otra rebelión... si ellos creen que estás realmente dispuesto a hacerlo y después todo se desarrolla tal como lo hemos planeado. Me parece que ha sido una idea muy buena por tu parte. De todos modos, sería mejor que a Suger no le digas nada antes. Él podría... –pensó cómo podría expresarlo mejor sin mencionar sus verdaderos motivos– podría sentirse ofendido por no habérselo consultado.

Luis estuvo muy de acuerdo en no contarle nada a Suger. ¿Quién podía saber qué diría el apacible abad sobre un plan tan duro en el que se jugaría con los sentimientos de la gente? Él mismo todavía no estaba del todo convencido de que debía hacerlo. Por otra parte, con esto se le presentaba por fin la oportunidad de mostrarse ante Leonor como un regente viril y astuto. (Leonor lo había ayudado a olvidar muy rápidamente que el ardid había sido idea de ella y no de él.)

Con el experimentado Raúl de Vermandois a su lado, Luis

partió con un pequeño ejército que llevaba menos caballeros que técnicos y artillería. La ciudad de Poitiers, que desde tiempos inmemoriales no había sido atacada y estaba mal preparada para un asedio, cayó en sus manos como una fruta madura sin mucho derramamiento de sangre. Además, Poitiers no recibió ningún apoyo desde las comarcas vecinas.

El ejército francés se sintió aliviado, pero rápidamente casi tan escandalizado como los habitantes de Poitiers cuando Luis, en cuanto se hizo dueño de la situación, anunció sus medidas punitivas. La comunidad debía ser disuelta y los hijos e hijas de los ciudadanos más respetados llevados como rehenes. Casi todo el mundo estaba en contra, en Poitiers reinaba la desesperación, pero Luis mostró una determinación que nadie habría sospechado jamás en él. Denegó todas las peticiones de clemencia.

Dos semanas después del anuncio de estas medidas, Leonor hizo una visita a Saint-Denis. Todo el éxito de su plan se basaba en que Suger la consideraba sólo una muchacha joven, impulsiva, caprichosa, con poco más que el deseo de divertirse en la cabeza, así que derramó un par de lágrimas dignas de un cuento mientras hablaba con él.

–Ay, tengo miedo de que sea por mi culpa que mi amado esposo se encuentre ahora en esta situación –se lamentó–. Estaba tan furiosa por la traición de mi ciudad, que él habrá pensado que debía vengarme. Aunque yo hablara ahora con él, no cambiaría nada. Al contrario, se diría que el rey de Francia es débil y escucha sólo a su esposa.

Parpadeó y se pasó el dorso de las manos por los ojos.

–Pero si vos, su viejo amigo y consejero, el hombre que lo ha criado... si vos le hablarais, él escucharía vuestros ruegos.

Sin malinterpretarlo, Suger permaneció en silencio y asintió con la cabeza.

–Sí, creo que tenéis razón, hija mía –dijo por fin en voz alta–. No puedo permitir de ninguna manera que el rey cometa semejante pecado contra el mandamiento del amor al prójimo. Partiré ahora mismo hacia Poitiers.

Él consideraba a la reina una pequeña tonta, pero de todos modos también tenía inteligencia suficiente para reconocer que en esto hacía falta el consejo de un hombre experimentado.

Cuando Leonor abandonó el monasterio, se sorprendió tarareando una pequeña melodía de su infancia. Había contado con la vanidad de Suger, y ganado. El abad viajaría a Poitiers, allí se proclamaría como el salvador de la ciudad y al día siguiente de su llegada, en un gesto magnánimo, Luis concedería el perdón absoluto.

Así sucedió. Sin embargo, mientras en Poitiers se celebraba una fiesta alegre, Luis, irreflexivo, se dirigió a Suger y comentó lleno de entusiasmo:

–¿No es maravilloso? Leonor tenía razón. En lugar de tomarme a mal por la expedición militar, ahora sólo se acordarán de que tenían la espada en la garganta y de que yo me pronuncié a favor de retirarla.

–¿Leonor? –repitió el abad, sorprendido.

Después su semblante se volvió inmutable, mientras se enfurecía por dentro. La Biblia tenía razón, ¡la astucia y la perfidia tienen rostro de mujer!

Ah, pero debía admitir que había sido hábil. Ya no habría más disturbios... En aquel momento el miedo había echado raíces profundas en los hombres, ya que si el rey había manejado de esa manera aquella pequeña insurrección, ¿qué no haría entonces con una rebelión mayor? Y en lugar de pensar en el sitio que habían sufrido, los habitantes de Poitiers rebosaban agradecimiento y ensalzaban la bondad del rey. Pero que ella lo hubiera utilizado para su juego y tomado por tonto, a él, Suger de Saint-Denis..., aquello era demasiado. Alguna vez le devolvería la humillación. Alguna vez...

Después del regreso, se notó cierto distanciamiento entre el rey y el abad. Luis no entendía la actitud negativa de su padre adoptivo para con Leonor y, herido por la animosidad de Suger, se aferró con más fuerza a ella. Enseguida empezó a pedir consejo a Leonor para todos los asuntos.

Leonor tenía lo que quería y podía sentirse feliz en aquel momento. Por el contrario, sentía que aumentaba su insatisfacción y desasosiego. La novedad de París había perdido su atractivo, las nostalgias del sur, del sol y el calor eran cada vez más fuertes. La única persona en aquella corte por la que sentía algo era Luis, y sus sentimientos hacia él no eran lo bastante profundos. Le conmovía su devoción hacia ella, pero sabía que los dos eran tan diferentes como el sol y la luna. Sólo que ella lo comprendía demasiado bien (Luis el puro, el sencillo), mientras que él no la comprendía en absoluto, aun cuando en ocasiones lo creía.

Por otra parte, ¿cómo podría hacerlo, si ni siquiera la conocía? Conocía sólo la fachada agradable, mientras que ella sujetaba las riendas de su lado oscuro, apasionado, en presencia de él. Lo que algunas pocas veces no había podido lograr.

A eso había que añadir el que todavía no estuviera embarazada, lo que poco a poco dio motivo a cuchicheos en la corte. Leonor venía de una familia prolífica, pero a medida que pasaban los años sin el menor indicio de una concepción, se decía cada vez con mayor convicción que la reina era estéril. Leonor pensó con sarcasmo que, de extraña manera, en esos casos nunca se decía «el rey no puede engendrar hijos». Por mucho tiempo no se había atrevido a confesarse qué sentía en los breves intentos de Luis de poseer su cuerpo... sencillamente se aburría. Si hubiera sido mayor o más experimentada y si hubiera sabido que en aquel aspecto no todos los hombres eran iguales, haría mucho tiempo que habría sentido la tentación de engañarlo. Pero así, sólo sentía aburrimiento.

Luis percibía el desasosiego de Leonor. El miedo inconfesable de perderla lo impulsó a querer actuar otra vez como un héroe. Sabía que Tolosa había sido siempre una herida abierta para el padre de Leonor y en aquel momento, con el triunfo de Poitiers a sus espaldas, creyó haber encontrado la solución: él conquistaría Tolosa y la pondría a los pies de Leonor como regalo. Algo que Guillermo X nunca había logrado (y que el desconocido Raimundo ni siquiera había intentado... ¿no era eso bastante?).

Pero Tolosa, a diferencia de Poitiers, ya se encontraba en guerra desde hacía muchos años. La ciudad estaba muy armada y habría sido necesario un jefe mucho mejor y más experimentado que Luis para lograr algo allí. Desilusionado y sin éxito, regresó a París. Con él venía Petronila, la hermana menor de Leonor, que en aquel momento tenía la misma edad que ella cuando se casó.

Leonor recibió a Petronila con los brazos abiertos y un entusiasmo tan grande como nunca había sentido en su infancia, porque en aquel momento Petronila representaba para ella un pedazo de Aquitania, un pasado feliz. Petronila se había convertido en una muchacha bonita, un poco sensiblera. No poseía la belleza de su hermana, pero bien podía describirse su figura morena y grácil como encantadora. Ella estaba impresionada por el esplendor de su hermana como reina de Francia y, gracias a su naturaleza agradable, en pocas semanas se había procurado un lugar firme en el círculo que rodeaba a Leonor.

Leonor estaba sentada en el hueco de una ventana, había encogido las rodillas y trataba de bordar unas fajas. Cuando se pinchó el dedo y cayó una gota de sangre sobre las estrellas verdes recién terminadas, con los labios apretados soltó una maldición que le había oído a su abuelo y arrojó el bastidor contra la pared.

Petronila se rió entre dientes.

–Nuestra madre se espantaría si te viera así –comentó divertida.

–Bah, nunca me ha gustado nada bordar –contestó Leonor.

Las hermanas hablaban en su familiar lengua de oc.

Petronila levantó la faja maltratada con la aguja, fue hacia ella y apoyó la cabeza en el hombro de Leonor. Era una criatura sedienta de cariño, lo que constituía parte de su atractivo, pero aquel día le pesaba algo en el corazón.

–Leonor –dijo por fin–, tengo que contarte algo.

–Eso espero... –respondió con ironía Leonor y arqueó las cejas–. Desde hace algún tiempo observo que parece que caminaras sobre las nubes cada vez que cierto caballero noble está cerca.

–¿Lo sabías?

–Petronila, creo que en esta corte no vive nadie que no lo sepa –le contestó Leonor con semblante serio.

Y enseguida se rió a carcajadas ante la expresión horrorizada de su hermana.

–¡Tonterías!, es una broma. Pero debo advertirte que Raúl de Vermandois está casado.

–Ése es justamente el problema –suspiró Petronila.

A pesar de que el conde de Vermandois podría muy bien ser su padre, esto sólo parecía aumentar su atractivo a los ojos de Petronila.

–Él y yo... nosotros nos amamos –dijo con toda candidez– y de todos modos su esposa es su prima, así que el matrimonio podría ser anulado y después nos casaríamos.

Leonor examinó con atención a su hermana y pensó que era un verdadero portento de ingenuidad. A ella le gustaba Raúl de Vermandois, pero tenía muy claro que él sabía hacer cosas mucho peores que casarse con la hermana de la reina. Podía estar enamorado de Petronila, pero dudaba de que estuviese dispuesto a abandonar a su esposa por una muchacha insignificante. Aquella esposa que, por añadidura, era la sobrina del poderoso Teobaldo de Blois, conde de Champaña. Y precisamente ahí residía la dificultad. Petronila hablaba con demasiada naturalidad de la anulación de un matrimonio que se había llevado a cabo por gestión de un hombre muy influyente. No había nada que hiciera suponer que Teobaldo fuese a digerir con tanta facilidad los planes de su primo y sobrino por matrimonio.

–Leonor, tú nos ayudarás, ¿verdad? Si Luis le pide a sus obispos que declaren nulo el matrimonio, ¡seguro que lo hacen! –Había lágrimas en los ojos de Petronila–. ¡Amo tanto a Raúl que podría morir!

–¿Estás segura de que él también te ama? –preguntó Leonor con cautela.

–¡Ah, tú no sabes lo que es el amor, si lo supieras, no preguntarías algo así! –replicó Petronila con dureza–. ¡Por supuesto que me ama, lo sé!

Leonor estaba más consternada de lo que quería admitir. «Es cierto –pensó–, yo no sé lo que es el amor.» Petronila podía ser tonta, pero lo sabía. Observó a su hermana y, guiada por un impulso, tomó una decisión. ¿Cuándo había tenido alguna vez la oportunidad de hacer algo por puro altruismo? Con un tono de amargura que iba dirigido contra sí misma, añadió en silencio: «Bueno, tan altruista tampoco. De esta manera, por lo menos una vez en mi vida asistiré al milagro de ver un matrimonio por amor».

Aquel año, 1141, fue de gran agitación para la Iglesia. En el Concilio de Sens, Bernardo de Claraval logró que se dictara la condena sobre las enseñanzas de Pedro Abelardo. Una decisión que, por sí sola, fue la causa de fuertes discrepancias en el seno del clero y que llevó a rebelarse a una parte de los príncipes de la Iglesia. Por eso, cuando Luis le pidió a sus obispos que examinaran la legitimidad del matrimonio de Raúl de Vermandois con la sobrina del conde de Champaña, enseguida hubo tres que manifestaron que, de acuerdo con el derecho canónico, el parentesco entre los dos era demasiado cercano y que por eso se decretaba la anulación del matrimonio.

Petronila y Raúl de Vermandois se casaron de inmediato y por un tiempo parecía que el asunto había encontrado su final feliz. Pero Teobaldo de Blois recurrió al mismísimo Papa, y como él era uno de los hombres más influyentes (y más acaudalados) del país, se dictó la inmediata excomunión de la pareja de recién casados como también de los tres obispos, y Champaña se levantó en rebelión.

En secreto, Leonor reconoció haber cometido un error, pero en aquel momento ya no podían retroceder y cuando el Papa rechazó de manera rotunda al candidato de Luis para el obispado de Bourges, que había quedado vacante, ella lo alentó a insistir. Ella sabía que no se trataba del matrimonio de su hermana, sino de una prueba de fuerza entre la Iglesia y el rey y en situaciones como ésta, ningún duque de Aquitania había retrocedido jamás un palmo. A su abuelo no le habían quitado el sueño ni una sola noche las numerosas excomuniones que recayeron sobre él.

Pero Luis no era Guillermo IX. Estaba desesperado por el conflicto con el Papa, pero no veía ninguna otra salida, ya que Leonor le aseguraba que al final el santo padre mostraría comprensión y cedería... sólo si él, Luis, se mantenía lo bastante firme y no se dejaba presionar. En el otoño de 1142, cuando Luis encabezó una guerra sangrienta en Champaña, el Papa echó mano de su arma más poderosa. Impuso sobre Francia el «entredicho», la excomunión, que hacía imposible cualquier acto religioso en todo el país. No podían tener lugar ni oficios divinos ni bautizos ni entierros, una idea que se presentaba a los ojos del pueblo como un viaje directo al infierno. El ilustre Bernardo de Claraval, entretanto venerado como un santo, predicaba personalmente en contra del rey.

Cuando Suger de Saint-Denis se presentó en el campamento de Luis, lo encontró al borde del hundimiento total y dispuesto a hacer cualquier concesión.

Leonor estaba sentada en su gabinete con la cabeza apoyada en las manos y meditaba. Delante de ella tenía una carta histérica de Luis, en la que escribía que, gracias a Suger y al venerable Bernardo, por fin había reconocido sus errores y regresaba al seno de la Iglesia como pecador arrepentido.

¡Bernardo de Claraval! Conocía muy bien el tono de sus sermones: se había ocupado de que llegaran a sus oídos. Nunca olvidaba hacer alusión a la «influencia diabólica» que había llevado al rey por la senda de la perversión. Si bien con repugnancia, el hombre le infundía un gran respeto. Ella había crecido entre las historias sobre él y su abuelo.

Su abuelo... Entonces recordó cómo él le había vaticinado que si no se acostumbraba a no obtener todo lo que quería, pasaría grandes disgustos algún día. Y bien, los disgustos estaban allí.

–Saquemos de todo esto el mejor partido posible –dijo a media voz.

Así que Luis quería repetir la parábola del hijo pródigo y dejarse llevar solemnemente por Suger de regreso a los brazos de la Iglesia en la próxima Pascua...

Si sólo pudiese estar segura de que era Suger el que se había ocupado del oportuno fallecimiento de su familia en el pasado. Hacía mucho tiempo que sospechaba de él, pero no había ninguna prueba y de la misma manera podían haber sido el viejo rey o la reina madre, que en aquel momento vivía contenta con Montmorency en el campo. También existía la posibilidad de que ella sospechara de Suger sólo porque lo detestaba desde lo más profundo de su alma.

Sin embargo, parecía que en aquel momento tendría que llegar a un arreglo con él. Suger había recuperado su influencia sobre Luis, lo dedujo con toda claridad de la carta de su esposo. Y además estaba bien enterado de lo que entretanto se murmuraba de ella: la reina era atea y su falta de hijos un castigo del Señor. Alguien había difundido incluso la leyenda de su patria, el cuento de su abuela, el hada, que se había transformado una noche de luna llena y que un día renacería en una de sus descendientes.

Sólo tenía veintiún años, pero en torno a su futuro todo parecía sombrío. Era mejor que no intentara poner al pobre y ya bastante torturado Luis ante la disyuntiva de elegir entre ella y Suger. Mejor que él se sometiera al Papa y que la paz se instalara otra vez en el país. Tal vez al final se podría obtener una bula de indulgencia para Petronila y Raúl de Vermandois, sólo si el asunto se manejaba con suficiente habilidad. Sin embargo, hasta donde conocía a Luis, temía que pondría algún pero... Ya se le ocurriría algo. Mientras tanto se prepararía para la gran fiesta de reconciliación de Suger y el retorno sumiso de Luis.

Luis había decidido vestir un cilicio y aunque no exigía lo mismo de Leonor, puso la vista sobre su entorno y lo que vio le disgustó mucho. El primero que tuvo que padecer por ello fue el trovador Marcabrú, que dedicaba a Leonor sus canciones de amor. Luis lo desterró de su corte sin rodeos.

–¡Pero Luis, es sólo un juego!

–Con esas cosas no se debe jugar. Es indigno de un cristiano.

A Leonor le habría gustado preguntarle si él no tendía el manto del cristianismo sobre los celos personales, pero era inútil. Mientras tanto, Marcabrú, sediento de venganza, compuso una canción sobre Luis que muy pronto dio la vuelta a lo largo y a lo ancho del país.

Un árbol ha crecido,
alto y grande... y muy extendido.
Desde Francia hasta Poitou ha venido,
la maldad es su raíz,
y mi juventud se corromperá por ella.

El asunto podría haber ocasionado un nuevo distanciamiento entre Leonor y Luis, si poco antes de su bien preparada procesión pública de penitencia, ella no hubiese descubierto que por fin esperaba un hijo. Los dos se sentían muy felices y decidieron darlo a conocer durante la fiesta de Pascua. Luis creyó ver en el embarazo de Leonor una señal del perdón de Dios e insistió en que cada día debían rezar juntos delante del altar del castillo durante varias horas, para agradecer a Dios su misericordia.

Por ello, el propósito que se había hecho Leonor de mostrarse condescendiente y dócil frente a Luis comenzó a tambalearse. El tercer día se puso de pie, dejó atrás a su esposo sumido en la oración y quiso abandonar la capilla con paso decidido, cuando la atacó un dolor repentino. Se dobló en dos y cayó de rodillas.

–No... –gimió–, no...

El dolor volvió, una y otra vez.

–¡Luis!

Él se sobresaltó y corrió hacia ella. Leonor se mordía los labios para no gritar, hasta que por fin consiguió balbucear con voz ronca.

–Esto... es... es el niño..., llama... a alguien.

Pero estaban solos, no había nadie al alcance de la voz y Luis no la podía dejar sola sobre el suelo frío de mármol mientras ella perdía a su hijo. Así que se quedó, le sostuvo las manos con firmeza y presenció con desesperación impotente el aborto espontáneo de su primer hijo.

Cuando Leonor estuvo en condiciones de levantarse, había tal frialdad en sus ojos que Luis retrocedió espantado.

–Ven, recemos por esa pobre criatura –balbuceó en tono desvalido.

–¡Rezar! ¡Yo le rezaré a Dios cuando lo haya perdonado! –exclamó Leonor con la cabeza vuelta hacia otro lado.

La sufrida población en el fondo se sintió aliviada por la decisión del rey de someterse al Papa. Sin embargo, a la gran fiesta de reconciliación en la abadía de Saint-Denis no acudió sólo el pueblo humilde sino que también lo hicieron los superiores de todos los monasterios del reino.

El rey arrepentido había colmado a Saint-Denis, la abadía

de Suger, de regalos opulentos procedentes de las cámaras del tesoro real. Al abad le producía una profunda satisfacción que la mayor parte de la nueva pompa hubiera llegado de Aquitania y pertenecido a la dote de Leonor. También el conde de Champaña le había regalado una magnífica colección de topacios y granates y Suger tenía motivos para considerar su abadía como la más rica del país. Suger recibió a su antiguo discípulo y a su esposa, rodeado de numerosos obispos con todos los ornamentos sacerdotales y mitras bordadas en oro que los identificaban como altos dignatarios de la Iglesia.

Entre la multitud que esperaba corrió un murmullo de asombro cuando divisaron al rey y a la reina. Luis llevaba el sayo gris y las sandalias de los penitentes. La mujer a su lado, sin embargo, estaba vestida de un provocativo rojo escarlata oscuro y sobre su cabeza resplandecía una diadema de perlas. Los dos se arrodillaron delante de los representantes del clero. También Suger se dignó hacer un gesto público y de manera casi imperceptible saludó a la reina con la cabeza, mientras el legado papal proclamaba en voz alta:

–¡Luis, amado hijo de Dios, sé recibido otra vez en paz en la comunidad de los creyentes y contigo todo tu reino!

Todos los presentes estallaron en gritos de júbilo y mientras Luis se incorporaba radiante, Suger observó que la reina se persignaba... Nunca había hallado tanta blasfemia en un gesto tan piadoso.

Cuando la parte pública de la ceremonia llegó a su fin, Leonor fue llevada a un lado por Godofredo de Loroux.

–Leonor, estás cansada y muy pálida. ¿Qué te pasa, hija mía?

La joven se volvió hacia él. Aquel hombre era un viejo amigo de su padre, él la había bautizado, había consagrado su matrimonio, y aunque ella había tomado muy a mal su negociación interesada con el rey francés, creía que él nunca haría algo malo a sabiendas. De repente se sintió contenta de volver a encontrarlo allí, entre todos aquellos eclesiásticos presuntuosos. Era un aquitano y su afabilidad, una virtud tan escasa en los últimos tiempos, la conmovió en aquel día de la derrota.

–Venerable arzobispo, yo... ¡yo siento nostalgia! –Se le escapó, en realidad contra su voluntad.

Godofredo de Loroux le acarició el pelo. Era el único hombre en el mundo que todavía la trataba como una niña y de pronto tuvo que luchar contra las lágrimas.

–Entonces, ¿por qué no vuelves con nosotros, Leonor? –le preguntó–. Estoy seguro de que tu esposo te dejaría ir por algunos meses. O, como hacía tu padre, vosotros dos podríais residir alternativamente en dos lugares distintos.

Leonor tragó saliva y desvió la mirada.

–¿Es que no me odian... –su voz era apagada y apenas audible–, ahora que soy reina?

–¿Odiarte? ¡No! ¿Cómo se te ocurre?

El arzobispo estaba sinceramente asombrado.

Leonor se sintió tentada de contarle lo de Poitiers y que además de los motivos con los que había persuadido a Luis, mantenía oculto otro dentro de ella: había querido herir a su pueblo tanto como ellos la habían herido a ella, ya que ninguna traición duele más que la de las personas que uno ama. También por eso, durante semanas enteras, había hecho sufrir las peores angustias a los habitantes de Poitiers, con una sed de venganza que a ella misma la asustaba y que más tarde quiso olvidar a cualquier precio... aunque no le fue posible.

En aquel momento podía hablar de ello al arzobispo y habría sido como una confesión, pero decidió no hacerlo. Tenía que terminar sola con lo que ella misma había desencadenado en su interior, de la misma manera que tenía que sufrir las consecuencias en el mundo exterior. Echarle aquel peso encima a un tercero habría sido una muestra de debilidad y no quería tener que despreciarse también a sí misma.

Entonces se le ocurrió una idea.

–¿Es cierto que están aquí todos los grandes eclesiásticos del reino? –preguntó impulsivamente.

Desconcertado, el arzobispo asintió con la cabeza.

–Ay, padre –le habló con tono suplicante–, ¿entonces tú podrías presentarme a Bernardo de Claraval? –y con un rápido guiño añadió–: ¡Hasta ahora nunca me han presentado a un santo!

Según se decía, Bernardo de Claraval era igual que Juan, el Bautista: lo caracterizaba una mirada fogosa que hechizaba a sus oyentes, una barba exuberante, una voz potente y un cuerpo macilento. Era un asceta irreductible que en aquel momento dormía sobre la piedra y el suelo desnudos, que se negaba a poseer hasta el más insignificante bien terrenal, que ponía en la picota el afán de ostentación de la Iglesia y que no tenía miedo de meterse con los amos de esta tierra.

Era también un fanático que mantenía una lucha encarnizada contra los racionalistas y los escépticos, como su gran enemigo Abelardo, al que le reprochaba «arrogancia del intelecto»; que consideraba cualquier síntoma carnal como una tentación del diablo y sin la menor compasión se pronunciaba a favor del más severo castigo a los adúlteros.

Y por último era un místico que, poseído en aquel momento por el deseo ardiente de reunirse con Dios, castigaba sin cesar a su cuerpo viviente porque le impedía aquella reunión.

Aquél era el hombre al que el día de la solemne reconciliación de Luis VII con la Iglesia conoció la mujer que era su opuesto en todo: Leonor de Aquitania.

Ella se arrodilló y se hizo bendecir por su mano vieja y flaca. Cuando se levantó y lo miró a los ojos, por un momento Bernardo creyó que el mundo había regresado a sus orígenes y que todo se repetía una vez más: allí estaba el mismo viejo diablo, con el rojo brillante de su estirpe y la mirada impía, que le había puesto la espada en la garganta y gastaba bromas sobre la muerte.

Guillermo IX nunca había llegado a saber qué cerca había estado Bernardo, aquella vez en Poitiers, de permanecer callado...

Pero él había resistido la tentación y en aquel momento examinaba con semblante severo a la nieta del hombre que seguramente llevaba mucho tiempo asándose en el infierno.

–¿Qué queréis?

No utilizó ningún título ni ninguna otra forma de tratamiento y Leonor sintió que le palpitaban las comisuras de los labios. Eso era casi una obra de caridad después del permanente «reina mía» o «señora» con que la abrumaban desde hacía años y también más sincero que si él la hubiese llamado «hija mía».

–Quiero hacer las paces con vos, padre –respondió y por su parte puso un acento especial en la palabra padre.

Él debía de sentirse profundamente torturado por recibir aquel tratamiento de un miembro de la familia ducal.

–No seáis más mi enemigo, os lo ruego.

–¡Yo no soy enemigo de ningún ser humano! –replicó indignado–. ¡Sois vos quien ha sembrado la discordia y la guerra en el país!

Leonor bajó los párpados e inclinó la cabeza: la viva imagen de la sumisión.

–Estoy muy arrepentida, padre, creedme. Veo ante mí mis pecados y sé que sois el único que puede ayudarme... rezando por mí.

Bernardo guardó silencio. La actitud y la voz parecían sinceras, pero el vestido y los cabellos que resplandecían con un rojo arrogante y burlón, hablaban en su contra.

–Está bien –dijo por fin–. Si prometéis no continuar más por la senda de la arbitrariedad y la arrogancia, a la que habéis llevado también al rey, rezaré a Dios por vos. Sí, también le rogaré que os bendiga, a vos y al reino, con un heredero.

Se sorprendió por la mueca de dolor que por una fracción de segundo se dibujó en el rostro de ella. No creía que aquella mujer fuese capaz de sentir algo tan profundo.

–Lo prometo, padre.

–Entonces idos en paz... –y en tono un poco benévolo añadió–: hija mía.

La cara de Leonor se iluminó con una repentina sonrisa.

–Os lo agradezco de todo corazón, padre.

Y con eso se fue y Bernardo se quedó solo. De pronto se sintió abandonado y viejo y se propuso no predicar más en contra de ella. Se miró las manos pensativamente. Era probable que aquélla fuese la última vez que tropezara con una de esas raras personas pletóricas de vida, que eran por completo criaturas de este mundo y que en su arrogancia creían tener al mismísimo destino en sus manos y poder extorsionar a Dios. Si no lo recordaba mal, Abelardo también era así. Sólo que Abelardo, que nunca debió haberse convertido en sacerdote, en aquel momento estaba muerto, lo había matado la desilusión. Todos habían sido sus enemigos, aquellos hijos e hijas de Lucifer. Pero en aquel momento a veces sentía que los echaría de menos... a ellos y a las desavenencias con ellos.

La fiesta de Saint-Denis tuvo todavía un epílogo con el que Leonor no había contado. Al día siguiente llegó su dama de honor, Denise y dijo que una de las abadesas que también había estado en la ciudad con motivo de las fiestas, solicitaba una audiencia. Como desde la conversación con Bernardo de Claraval estaba de muy buen humor, Leonor se manifestó dispuesta a recibir a la mujer. Aquel día llevaba un sencillo vestido azul con las mangas largas en forma de capa, forradas en seda, que llegaban hasta el suelo y dejaban ver una segunda manga muy ajustada de raso amarillo. Al principio se había comentado que aquélla sería una más de las increíbles veleidades de la reina, sin embargo, no había ninguna dama que no la imitara, sólo por miedo a parecer anticuada.

Leonor estaba muy lejos de verse tan magnífica como durante la ceremonia de Estado del día anterior, pero ni con el vestido más sencillo habría logrado dar una impresión tan modesta y discreta como la mujer que se acercaba a ella. Sin embargo, cuando vio los rasgos de la desconocida, se quedó perpleja. Aquella monja todavía llevaba las huellas de una gran belleza sobre su rostro envejecido. Más que eso, la experiencia y la sabiduría parecían rodearla como un resplandor visible.

Cuando empezó a hablar, su voz sonó alta y clara como la de una muchacha.

–Señora, os suplico que me ayudéis en una cuestión muy importante. Ahora que se ha derogado el entredicho, también los entierros son posibles de nuevo. Con ese motivo ya me he dirigido a los monjes de cierto convento, pero me lo han denegado. Señora, solicito el traslado del cadáver de Pedro Abelardo a Paracleto.

Con estas palabras Leonor supo en el acto quién estaba delante de ella.

–Vos sois... –susurró con una reverencia más sincera de la que había mostrado frente a Bernardo de Claraval.

Eloísa esbozó una débil sonrisa y por un instante sólo fueron una mujer y una muchacha que se encontraba por primera vez con la heroína de una legendaria historia de amor.

No era frecuente que Leonor se quedara sin habla, pero en aquel momento buscaba en vano algo, cualquier cosa que pudiera decir para expresarle a Eloísa cuánto la admiraba y cómo compartía sus sentimientos desde la primera vez que había oído de ella. Aunque insuficientes, por fin logró pronunciar unas palabras.

–Sois la mujer más valiente que conozco. –La monja bajó la cabeza y Leonor se apresuró a añadir–: Por supuesto que os ayudaré, os lo prometo. –Y cuando menos lo pensaba, rogó–: Os lo suplico, antes de partir dadme vuestra bendición, reverenda madre.

–¿Yo? –preguntó Eloísa con expresión incrédula.

Después se acercó a la joven reina e hizo la señal de la cruz sobre su cabeza.

–Dios os dará la paz –murmuró muy seria.

Antes de abandonar la habitación se volvió una vez más.

–Os doy las gracias, señora –dijo con un sentimiento profundo imposible de definir.

Leonor la siguió con la mirada y comprobó con regocijo que ella, con seguridad la más mundana y menos piadosa de todas las mujeres, en dos días seguidos había recibido la bendición de dos santos... aunque Bernardo de Claraval lo tomaría por una blasfemia si se enteraba de que Leonor ponía a Eloísa en la misma categoría que él. Entonces volvió a sus oídos el sonido de las palabras de Eloísa: «Dios os dará la paz». Todavía era demasiado joven para no tener dudas de que la paz era en verdad un regalo envidiable y preferible a cualquier aventura tumultuosa.

Suger y Teobaldo de Blois, otra vez con fuerte presencia en la corte, empezaron a pregonar que la reina era estéril y por lo tanto un peligro para la continuidad de la monarquía. Además, Suger le recordó al rey que, casado o no, de todos modos él era señor de Aquitania. Pero en este punto Luis llegó al límite. Su reencontrada sumisión cristiana no llegaba tan lejos como para que estuviese dispuesto a separarse de Leonor. No prestar más oído a los consejos de su esposa, como exigía Suger, era una cosa. Pero él todavía amaba a Leonor con la misma veneración desesperada que le había profesado desde el día de su boda. Una vez, cuando cayó muy enfermo durante una expedición militar en Champaña y el oficial médico le aconsejó que se acostara con una mujer para reconstituir sus fluidos corporales, había rechazado escandalizado la sugerencia y dado motivo a las bromas secretas de sus caballeros al declarar con apasionada convicción que nunca iba a quebrantar el voto matrimonial y engañar a su esposa.

Leonor percibió con manifiesta claridad el peligro en que se encontraba, cuando una de sus doncellas comió una fruta destinada a ella y acto seguido empezó a retorcerse con calambres. Los síntomas eran más que conocidos para ella. Ya que no era posible por medio de Luis, ¿trataban en aquel momento de deshacerse de ella de otra manera?

En represalia, decidió intentar por todos los medios reconciliarse con el vengativo conde de Champaña y ponerlo de su parte. Cuando Leonor quería, podía ser en extremo cordial y durante semanas se esforzó tanto por conquistar a Teobaldo de Blois, que Luis no pudo reprimir un comentario celoso. Después, cuando ofreció a su antiguo enemigo como nuevo esposo para su sobrina a uno de sus propios primos, al que pertenecía uno de los condados más ricos de Aquitania, él consintió en dejar libre a Raúl de Vermandois y hasta se ocupó de que también la excomunión de Petronila prescribiera.

La alegría de Leonor sólo se veía disminuida por el fastidio que le provocaba no haber pensado antes en esa posibilidad. Aun cuando todavía no podía calificar de amigo suyo a Teobaldo de Blois, al menos en aquel momento ya no mantenía su actitud hostil hacia ella y no volvería a participar con el mismo fervor cuando se tratara de actuar en contra de ella.

Su triunfo fue coronado también cuando sintió que estaba embarazada de nuevo. Esta vez estaba decidida a evitar cualquier peligro.

–Tú rezas lo suficiente por los dos –le dijo a Luis con una sonrisa–. ¿Y no crees que es posible dar gracias al Señor no sólo mediante la penitencia sino también con el disfrute de su don divino, la música?

No, Luis no lo creía. Pero Leonor, un poco sarcástica, añadió que hasta el gran David había tocado el laúd y cantado con él y por tanto, eso podría considerarse como una justificación, en las Sagradas Escrituras, de los trovadores. Luis se dio por vencido. Nunca encontraba argumentos con tanta rapidez como Leonor y, por otra parte, ella llevaba en el vientre a su heredero, de manera que trató de adelantarse a todos sus deseos. La reconciliación solemne de Luis con la Iglesia cumplía un año (una fecha de buen agüero para él), cuando nació el primer hijo suyo y de Leonor, una niña. No brotó de sus labios una sola palabra que manifestara desilusión porque no fuera un niño. Cuando, envuelta en sábanas blancas, le mostraron por primera vez a la recién nacida, exclamó, radiante de felicidad:

–¡Tiene que llamarse María, por la Madre de Dios, a la que debemos agradecer este regalo prodigioso!

Tampoco Leonor sufrió desilusión alguna, ya que había demostrado que era fértil y podría dar a luz también a hijos varones. Y en caso de que no... ella misma había heredado Aquitania y con ello expulsaría de la mente de los ignorantes franceses del norte la convicción de que las mujeres quedaban excluidas del derecho sucesorio.

Se repuso muy rápidamente del alumbramiento y pocos días después pudo volver a levantarse.

–Y ahora... –reflexionó en voz alta, con su hija en brazos la frente apoyada contra una de las ventanas del castillo–, ahora regresaré a Aquitania.

Pero antes de que pudiera partir hacia su tierra natal, llegó a Francia la noticia de que el gobernador musulmán de Alepo había conquistado una de las ciudades más importantes y famosas de Tierra Santa, Edesa. Zenghi de Alepo tenía fama de ser un guerrero temible y se había tejido una enorme cantidad de leyendas sobre él. Sin pérdida de tiempo, el Papa promulgó una nueva bula para la cruzada y encomendó, a quién otro sino a él, a Bernardo de Claraval, que predicara por la Segunda Cruzada.

En Bourges, donde se encontraba la corte de Luis y Leonor para celebrar las fiestas de Navidad, el rey y la reina, los nobles y el pueblo oyeron a Bernardo predicar incansablemente por la causa de Dios. Hasta que Luis, pletórico de ferviente entusiasmo, gritó:

–¡Padre, yo cojo la cruz!

Con expresión meditabunda, Leonor observó a su esposo. Después se irguió y se colocó junto a Luis.

–¡Yo también cojo la cruz! –proclamó en voz alta.

Si el anuncio de Luis ya había dado lugar a murmullos de agitación (él era el primero entre los reyes que se había decidido de hecho por la cruzada), el de Leonor provocó estupefacción general. Ella vio la perplejidad y el desconcierto en la cara de Bernardo.

–Préndeme la cruz, padre –dijo entonces en voz baja–. Su santidad el Papa no ha dictado ningún precepto sobre el sexo de los cruzados, ¿no?

Titubeante, Bernardo sujetó la cruz sobre su capa y ante el contacto con el cálido cuerpo femenino, sus manos retrocedieron con un movimiento convulsivo.

Ese día, inflamados por el sermón de Bernardo y la conducta ejemplar de la pareja real, fueron todavía cientos los que cogieron la cruz. Hasta que el abad de Claraval tuvo que cortar emblemas incluso de su propia vestidura para satisfacer la demanda de la multitud.

Hasta entonces, la bula pontificia había encontrado poco entusiasmo, sobre todo entre los príncipes que estaban profundamente enredados en sus propias luchas por el poder. El pueblo francés apenas había tenido tiempo para reponerse de la sublevación en Champaña y del conflicto entre el rey y la Iglesia. Los obispos que exhortaban a los barones a seguir el ejemplo piadoso de su supremo señor, encontraban poca acogida. Pero dondequiera que apareciese Bernardo de Claraval en persona, el iluminado predicador arrastraba a las masas.

Luis no sólo veía en la cruzada la oportunidad de expiar sus errores mediante la lucha por la fe, sino que también sentía, por primera vez, cómo encontraban un destino común su no deseada vocación como rey y su pasión por la religión.

Se sentía menos feliz, sin embargo, por la decisión de Leonor de coger también la cruz y acompañarlo. De todo corazón deseaba creer que la había inspirado la buena causa. Pero ¿una mujer en una cruzada? Tenía algo de blasfemo.

–Pero Luis, ¿por qué no? –protestó Leonor–. Además, no tiene nada de extraordinario, ya ha ocurrido un par de veces.

Sí, admitió Luis en su fuero interno, pero las pocas mujeres que hasta entonces habían peregrinado a Tierra Santa, o habían cumplido una promesa de sus difuntos maridos o eran penitentes, en su mayoría monjas. Pero participar en una expedición militar en honor de Dios... y Leonor había dejado bien claro que no tenía la intención de ir como penitente, sino que viajaría con sus camareras. Tampoco podía imaginarse a Leonor con la ropa de los peregrinos, sólo con la bolsa de limosnas, el único equipaje que en realidad debía tener un cruzado.

También habían llegado a oídos de Luis varias quejas exasperadas de sus nobles. Animadas por el ejemplo de Leonor, otras señoras habían anunciado que seguirían a la reina, entre ellas la condesa de Flandes y la duquesa de Borgoña. ¿Dónde habían quedado el decoro y la humildad femeninos?, se preguntaban. ¿Dónde el orden natural de las cosas? Y todo sólo porque el rey no podía sujetar las riendas de su esposa.

–Leonor, ¿estás segura? –preguntó al fin con una expresión de desamparo.

Ella le dio un beso prolongado y tierno, algo que siempre le desconcertaba.

–Completamente segura. De no hacerlo, yo te echaría mucho de menos. Y además, no olvides que he hecho un voto sagrado. Sería un pecado grave quebrantarlo, ¿no?

Con Luis se podía ser irónico con total impunidad. No se daba cuenta. Ella no le habría mencionado por nada del mundo sus verdaderos motivos: ésta era su oportunidad para salir de Francia y conocer el mundo, ver países de los que, en caso contrario, sólo sabría por leyendas... su oportunidad de ser libre por un tiempo.

Si se limitaba a hacer únicamente lo que este mundo permitía a las mujeres, la estrechez terminaría por asfixiarla. Lo había comprendido hacía ya mucho tiempo. Pero ahora que tenía por delante su gran aventura, notó qué estrecha se había vuelto su propia existencia como reina de Luis. Nunca más en su vida podría emprender un viaje semejante, conocer ciudades y hombres de otros pueblos... y nadie la privaría de hacerlo. Pero por escandalizado que estuviese el pobre Luis, él sabía que su esposa consideraba la santa cruzada como un viaje personal de aventuras. Ya había sido bastante difícil persuadirlo de que autorizara el traslado de los restos mortales del herético Abelardo, pero había apelado tanto a su buen corazón, que por fin había transigido.

Pasaron casi dieciocho meses hasta que estuvieron terminados los cuantiosos preparativos para la cruzada. Meses que Leonor aprovechó para regresar a su patria con María y recorrer Aquitania de punta a punta «para acercar el espíritu de la cruzada a los hombres y enseñarles a la hija de su duquesa», según decía. Volver a estar en el sur, poder respirar otra vez el calor del sol y volver a vivir entre las personas que discutían con la misma pasión con que cantaban, reían y amaban, era para ella como si hubiese bebido agua revivificante en el desierto.

Visitó todos los lugares de su infancia, también aquellos que estaban relacionados con su familia, pero que ella misma no había conocido todavía. No obstante, no se perdió en la alegría del reencuentro sino que tomó en sus manos todos los asuntos del país, adoptó decisiones sobre administración y privilegios, sin consultar a Luis. Era su patria y ella era la duquesa... y además, de todos modos, Luis estaba ocupado con los preparativos de su cruzada.

En febrero de 1147, Luis todavía discutía con sus príncipes de qué manera debían viajar a Tierra Santa... si por tierra o por mar. Después de todo, ésta también era una decisión política. Tomar la vía marítima significaba confiar en Roger II de Sicilia, que ya había hecho grandes esfuerzos por obtener el honor de poder recibir en su puerto a la santa peregrinación. No sólo había mandado cartas sino también enviados que hablaban como los ángeles de su señor.

Pero Roger era normando y por esa razón sospechoso desde el principio. Desde que el duque bastardo normando había conquistado Inglaterra, Normandía era una fuente permanente de disturbios para los franceses.

La alternativa era la vía terrestre a través de Constantinopla y la hospitalidad del emperador de Bizancio. Sin embargo, Roma todavía consideraba al patriarca de Constantinopla como enemigo del verdadero cristianismo. En los últimos años se habían distendido de manera notable las relaciones entre los cristianos romanos y griegos, gracias a los esfuerzos del tío de Leonor, Raimundo. Durante la Primera Cruzada, el emperador bizantino había considerado como invasores enemigos a los cruzados y como actos de bandidaje las conquistas de sus reinos. Pero desde su toma de Antioquía, Raimundo había logrado reanudar relaciones diplomáticas con el emperador actual. Éste reconoció sus derechos sobre Antioquía y a él como su señor, lo que por su parte tuvo como consecuencia un reconocimiento de Raimundo como príncipe y un pacto sellado con gran solemnidad.

La elección entre Sicilia y Bizancio podría ser aún más grave, dado que los dos reinos estaban enemistados desde hacía décadas y Roger también mostraba hostilidad hacia Raimundo por la conquista de Antioquía. Luis no necesitaba hablar con Leonor para saber qué opinaba ella. Él había desarrollado una marcada antipatía contra el famoso tío de su esposa, pero al final pesó mucho más la desconfianza general contra todos los normandos. Decidió tomar el camino de Constantinopla.

El 12 de mayo de 1147, a los veinticinco años, el rey de Francia partió a la Segunda Cruzada desde la abadía de Saint-Denis, después de haber nombrado regente a Suger y recibido el bastón de los peregrinos de las propias manos del Papa que había viajado a París con aquel propósito. Además de un ejército gigantesco, lo acompañaba una cadena interminable de carruajes que llevaban un equipaje inusitado para una cruzada: aparte de tiendas de campaña y alfombras para el reposo, habían cargado vestidos, palanganas, alhajas, pieles para abrigarse y velos ligeros para protegerse contra el viento y el polvo. En una palabra, los accesorios de su esposa y sus damas.

Muchas de ellas prefirieron quedarse en los carruajes. No así Leonor. Ella cabalgó al lado de su esposo y a los soldados que la observaban les parecía una extravagante representación de la naturaleza aquella figura esbelta, delicada, que dominaba a su caballo con una facilidad que habría sido más propia del mejor caballero.

Un cielo azul transparente hacía de bóveda de Constantinopla y Manuel Comneno, que estaba en las almenas de la muralla de su palacio de las afueras, aspiró la brisa aromática del mar que soplaba del Cuerno de Oro. Había sido una sabia decisión de su padre trasladar la sede imperial del Bukoleón, el gran palacio, a aquel otro lugar. El Bukoleón era realmente espléndido con sus innumerables pequeños palacios aislados que desde los tiempos de Justiniano habían sido ampliados una y otra vez hasta unirlos unos con otros, pero estaba directamente sobre el puerto y por lo tanto expuesto a los peores olores.

El emperador sonrió con orgullo. Constantinopla poseía el puerto más grande del mundo. No había ninguna otra ciudad que pudiera vanagloriarse de una posición tan ventajosa como aquella joya sobre el Bósforo. Ninguna que poseyera una belleza semejante. Cada torre de la muralla de la ciudad estaba tallada como si se tratase de una pieza artística singular, única. Y la vieja acrópolis con sus columnas, sus arcos de triunfo y sus pórticos no sólo se conservaba por completo intacta sino que además se unía en perfecta armonía con la ciudad nueva. Bizancio, con sus imponentes basílicas, a la cabeza de todas Hagia Sophia (Santa Sofía), poseía el pasado y el presente romanos, sin haber sufrido jamás una devastadora invasión de los bárbaros como Roma.

Una tosecilla discreta interrumpió sus pensamientos.

–Si lo permitís, divina majestad...

Manuel Comneno apartó la vista de la ciudad y se volvió hacia el hombrecillo.

–Informa.

–Como habéis ordenado, los francos fueron llevados al Filopatión. Se tardó un poco más de lo previsto, porque la gente se agolpaba para mirar con asombro a los bárbaros del norte.

El emperador hizo un ademán de contrariedad.

–¿Saben tus hombres qué tienen que hacer?

Su ministro se aclaró la voz.

–Por supuesto, divina majestad. Pero si me permitís una observación, por el soberano de los francos no me parece que valga la pena destacar espías.

Manuel soltó una carcajada.

–En efecto, hasta ahora nunca me he topado con un tonto tan confiado como éste. Hasta mi venerado cuñado, el emperador romano, era más desconfiado. Y eso que él pertenecía a esos rústicos germanos no civilizados. Por cierto –continuó con una sonrisa maliciosa–, ¿es verdad que mi cuñado es el culpable de que este franco haya sufrido algunos sinsabores en su camino?

El ministro se encogió de hombros.

–Así es, excelsa majestad. El rey Luis fue el primer soberano en coger la cruz, pero el emperador Conrado había terminado mucho antes con los preparativos y adondequiera que llegaban los francos ya habían estado los germanos y habían comprado todas las existencias de los mercados locales, y los precios subieron por las nubes. Como el rey de los francos prohibió a sus hombres todo tipo de saqueo...

–Eso fue francamente estúpido por su parte –lo interrumpió el emperador–. Nunca en mi vida he visto a una turba tan miserable como ésta acompañar a un soberano, aunque no sean más que bárbaros –frunció los labios con desdén–. No obstante, también en esto hay excepciones. «Ella» no parecía ni agotada ni miserable, ¿no es cierto, Nikos? Es increíble. Si se le exigiera a una de nuestras señoras cabalgar días enteros durante cinco meses por toda Europa... Ella, en cambio, podría participar ahora mismo en la próxima fiesta de la corte.

El ministro, que ya al momento de la recepción de la pareja real francesa había notado el interés de su soberano, añadió:

–He hecho llegar una pequeña atención al Filopatión en vuestro nombre, divina majestad.

Manuel se mostró satisfecho.

–Muy bien. Y ahora ocúpate de que durante el banquete no seamos molestados más de lo necesario por su esposo. Siéntalo al lado de la emperatriz y pon a su servicio dos esclavas de excepcional belleza.

–Así se hará... –murmuró el ministro y añadió–: Se dice, sin embargo, que el rey de los francos considera un pecado poner sus ojos en otra mujer que no sea la propia.

Manuel lo miró estupefacto.

–Entonces es un tonto aún mayor de lo que yo pensaba. Es de esperar que tampoco se dé cuenta de por qué lo he alojado en el Filopatión.

–Es probable que no –dijo el ministro–, yo he dejado entrever que es un gran honor que le dispensáis el cederle vuestro castillo privado de caza.

–¿Y él se lo ha tragado? ¿Tampoco ha hecho, al menos, algún intento de infiltrar espías entre nuestra servidumbre?

El emperador estalló otra vez en carcajadas.

–¡Oh, ya lo veo venir, su permanencia aquí será aún más divertida!

El Filopatión, rodeado de bosques a los que Manuel había hecho llevar animales raros de todo el mundo para su placer personal, estaba emplazado un poco en las afueras de Constantinopla. Leonor estaba fascinada por el increíble lujo. Las alfombras, magníficas y con diseños exquisitos, eran tan suaves y mullidas que se podía dormir sobre ellas. Las paredes estaban recubiertas de mosaicos, una servidumbre diligente se esforzaba por adivinar de antemano cada deseo de los huéspedes y en un cuarto revestido de delicado mármol veteado, Leonor tuvo por fin la oportunidad de tomar un baño abundante.

No es que ella no hubiese disfrutado de aquellos cinco meses montada en su caballo. Su salud era inquebrantable, la falta de descanso y de alimentos no la afectaban para nada, como mucho se inquietaba por el bienestar del ejército, y por medio de la constante variedad de las continuas nuevas tareas a las que debía hacer frente, su disposición de ánimo era mejor. Una de esas tareas era hacer avanzar a sus camareras que siempre se estaban quejando, ya fuera por el clima, ya por el polvo.

Pero Leonor pensaba que en aquel momento se merecía un poco de lujo y disfrutó con un estremecimiento de placer el calor del agua, en la que dos griegas vertían esencias aromáticas sin interrupción. Una tercera criada le lavó los cabellos y le masajeó los hombros, y ella se relajó y dejó vagar sus pensamientos con la misma placidez que los veleros que había visto deslizarse por el azul dorado del Bósforo.

Fresca y con nuevas fuerzas, fue al encuentro del rey.

–He hecho una excursión al pasado –comentó en tono jovial–. Así debían tratar a las emperatrices en la Roma pagana.

–También ahora parece haber poco de cristiano aquí –dijo Luis con el ceño fruncido.

Le había chocado el ceremonial de la recepción, cuando el funcionario de la corte que los guió a presencia de Manuel Comneno se arrojó al suelo delante del emperador.

–Puede ser, pero ahora no estamos en Roma, ¿verdad?

Y con uno de esos saltos repentinos de pensamiento que él no era capaz de seguir, lo sorprendió con una pregunta.

–Me pregunto, ¿por qué nos habrán asignado justamente este palacio?

–¿Y por qué no? –preguntó a su vez Luis, tomado por sorpresa.

–Bueno, he charlado un poco con las criadas y según parece, en otros casos los huéspedes de nuestro rango son alojados en un sector del Bukoleón, el gran palacio.

–¿Ellas han dicho eso?

–No –respondió Leonor con un poco de impaciencia–, si yo hubiese preguntado directamente por eso, es de suponer que habría recibido otra información. He hablado con ellas sobre el paso de Conrado Hohenstaufen y entonces ellas mencionaron dónde había residido él durante su permanencia aquí.

Luis la observó y guardó silencio. Por una parte, a veces deseaba para sí que Leonor fuese de una mayor simpleza, pero por la otra debía admitir que ella notaba cosas que a él le pasaban inadvertidas. Y además, la amaba tal como era.

Ella agarró en aquel momento su cofre de joyas y siguió hablando, distraída.

–Desde aquí no tenemos ninguna comunicación directa con la ciudad, donde está alojada nuestra gente, y sobre todo ninguna con el palacio y si... si sucede algo imprevisto, puede pasar mucho tiempo antes de que lo sepamos.

Luis reflexionó en silencio. No lo había pensado.

–¿Crees entonces que no podemos confiar en el emperador?

–preguntó por fin–. Es cierto que me pareció algo ostentoso, pero por lo demás muy atento.

–¡Oh, sí, muy atento!

Leonor sostenía en sus manos un collar y con un gesto de coquetería lo deslizó sobre su cuello.

–¿Te gusta?

Se trataba de una joya de plata, un finísimo trabajo de orfebrería, con un enorme rubí en forma de lágrima como colgante. Y aunque Luis estaba desconcertado por el súbito cambio de tema, cayó en la cuenta de que nunca lo había visto en Leonor. Ella interpretó correctamente su expresión.

–Nuestro anfitrión me lo hizo enviar... como regalo. En efecto, un hombre en extremo atento –comentó, contemplando el rubí–. Y en cuanto a tu pregunta... no, no creo que un día nos haga asesinar durante el sueño o algo parecido, aunque no sea más que por los enemigos que se ganaría con eso. Pero no sería malo que estuviésemos alerta. –Lo besó en la mejilla antes de continuar–. Y ahora no pongas esa cara, Luis. La cruzada no está, en ningún caso, en peligro y hoy verás por primera vez la basílica de Santa Sofía. ¡Eso ya es un motivo de regocijo!

Después de San Pedro, la basílica de Santa Sofía era tal vez la iglesia más venerada de la cristiandad, y sin ninguna duda la más imponente. Luis estaba fascinado por la ceremonia que precedió al banquete solemne en el llamado «palacio sagrado», una parte del Bukoleón que sólo se utilizaba para aquellos eventos de Estado. Volvió a pensar en las palabras de Leonor cuando estuvieron sentados frente al emperador de Bizancio.

Manuel estaba dotado de una cultura muy refinada (los griegos lo consideraban el guardián de la herencia cultural de Europa y también le permitían serlo con bastante claridad), era un soldado experimentado y peligrosamente bien parecido con sus cabellos negros, la piel bronceada y los dientes de un blanco luminoso. Luis estaba indignado por el total descaro con que cortejaba a Leonor. Y eso no sólo en presencia de él, Luis, sino también ante los propios ojos de la emperatriz Berta.

La emperatriz, descendiente de la estirpe de los Hohenstaufen y a un año escaso de haberse casado con Manuel, parecía no haberse acostumbrado todavía a la vida en Bizancio y era evidente que luchaba por dominarse cada vez que una de las bailarinas de vientre que amenizaban el banquete con sus exhibiciones, era recompensada por su esposo con una palmadita benévola y de vez en cuando también con un beso.

Leonor se compadecía un poco de la pobre Berta. Por encima de las copas de delicadísimo cristal de colores intercambiaba comentarios de doble sentido con Manuel y disfrutaba por tener enfrente a alguien cuya inteligencia parecía poder medirse con la suya. El hecho de que ella no confiara en absoluto en el emperador, sólo convertía la conversación en un desafío aún mayor.

–Cuando habéis entrado en este lugar, majestad, parecíais la mismísima Afrodita, nacida de la espuma, poniendo su pie sobre Rodas.

–Eso debe de haber sido motivado por los pétalos de rosas que habéis hecho esparcir sobre el suelo. De todos modos, estoy contenta de que ésa haya sido vuestra pretensión, majestad. Temía que fuera un homenaje a la madre de Dios, y en ese caso yo estaría fuera de lugar…

Cuando iban por el cuarto plato del interminable banquete y a Leonor le ofrecieron alcachofas en fuentes de plata, las adulaciones del emperador adoptaron formas cada vez más directas.

–Los rumores no mentían cuando prometían una reina de gran belleza, inteligencia… y otras virtudes.

–También a vos os precede vuestra fama. Se dice que sois un hombre de talentos… algunos más destacados que otros.

En este punto, Luis rechazó con violencia el pavo asado que le ofrecían, clavó los ojos iracundos en Leonor y ni siquiera el mudo movimiento negativo de su cabeza logró apaciguarlo. Manuel no se turbó.

–Debéis asistir a una de nuestras carreras de carros en el hipódromo, Leonor. Es una lástima que yo mismo no pueda tomar parte en ellas. Un hombre debe probar su valor ante una mujer hermosa… si no en la arena, entonces de otra manera.

–Como por casualidad, le rozó la mano–. Yo amo el desafío... ¿qué consideráis vos como la mejor prueba?

–También yo amo los desafíos. La mejor prueba sería ganar mi confianza.

Manuel sacudió la cabeza, desconcertado.

–¿Eso significa acaso que no confiáis en mí, majestad?

Leonor bebió un sorbo del espeso vino dulce y sonrió.

–¡Oh, claro que sí! Confío en vos tanto como en la bondad de Dios, que nos trajo hasta aquí.

Manuel Comneno estaba seguro de su triunfo. En los días siguientes acompañó a Leonor a una cacería con halcones, le mostró los monumentos artísticos e históricos más famosos de Constantinopla y por último visitó con ella el hipódromo. En ocasiones le irritaba que a pesar de todas las expresiones verbales de accesibilidad, ella no hubiese caído aún en sus brazos. Al fin y al cabo, con aquel esposo y el país bárbaro de donde procedía, debía estar literalmente hambrienta de un hombre de cultura. Sin embargo, cuando la condujo al hipódromo, ni siquiera había rozado sus labios todavía. Pero el comportamiento de Leonor le permitía tener esperanzas.

El hipódromo, con sus trofeos de victoria, entre los que se contaba también la famosa loba de bronce con Rómulo y Remo, en cierta forma era el corazón de Bizancio. Allí no sólo se celebraban los juegos del circo, allí se hacía política y la decisión de apostar a un auriga de los «verdes» o de los «azules», era al mismo tiempo una toma de posición.

–Me apasionan las carreras, pero no me atrevo a venir aquí con demasiada frecuencia –le explicó Manuel a Leonor–. Se dice que trae mala suerte, dado que en este estadio ya ha sido derrocado más de un emperador.

Se encontraban en el palco que estaba a disposición de la familia imperial y el emperador llamó la atención de Leonor sobre el obelisco egipcio que había en el centro.

Ella estaba fascinada. Parecía que en Constantinopla uno se tropezaba por todas partes con el pasado. ¿En qué otro lugar del mundo, si no allí, podía presenciar una carrera de carros como en los tiempos de Nerón? Ella mostró su entusiasmo en voz alta, pero Manuel replicó con discreción griega.

–Nosotros somos lo último y lo mejor que queda del Imperio romano.

–Excelencia, eso no ha sido muy prudente –replicó con sarcasmo–. ¿Qué diría su santidad el Papa o vuestro propio cuñado, Conrado de Hohenstaufen, como emperador del Sacro Imperio Romano?

–Si ellos estuvieran aquí, en Bizancio –contestó Manuel en tono impasible–, no podrían hacer otra cosa que estar de acuerdo conmigo.

Comenzó la carrera a la que Leonor, por cortesía hacia el emperador, se había adherido y apostado a los azules. Él le señaló los peces de bronce que eran derribados con cada nueva vuelta y ella se dejó arrastrar pronto por la excitación de la multitud. Los espectadores alentaban a sus favoritos y el otras veces tan controlado Manuel se unió a sus gritos.

Leonor era muy consciente de su presencia física. Manuel era una tentación más fuerte que la que jamás había representado para ella ningún otro hombre. Y no era la fidelidad hacia Luis lo que la contenía sino el hecho de que le repugnaba la vanidad del emperador bizantino. Ella suponía que sería capaz de compartir un lecho con un hombre del que desconfiara, pero no con uno que la menospreciara. Era evidente que Manuel se consideraba un regalo de Dios para cualquier mujer y su orgullo jamás le habría permitido un desliz semejante.

Desde la nube de polvo que se había formado sobre los cuerpos de hombres y caballos que pasaban a la carrera, pronto se destacaron dos carros de los grupos rivales y tomaron la delantera de la carrera. Leonor se inclinó sobre el antepecho del palco para mirar, sin aliento, cómo el azul y el verde se entregaban a una carrera cabeza con cabeza hasta que, por un largo escaso, el conductor azul llegó a la meta como vencedor. En los bancos de los espectadores estallaron gritos y silbidos de júbilo y ella por poco se lanza al cuello de Manuel.

En lugar de eso se levantó, con los ojos centelleantes de entusiasmo.

–¡Ha sido maravilloso! –exclamó.

–Si tan sólo sirvió para causar vuestra alegría, entonces estoy recompensado. Enviaré a Apolodoro una prueba de mi favor especial. –La miró de arriba abajo de una manera muy directa–. ¿Qué sería prueba de... vuestro favor?

–¡Componed una canción sobre mí! –contestó riendo–. En mi patria pasa por ser un favor muy grande cuando una señora le permite eso a un trovador.

Para Luis, Constantinopla se convertía minuto a minuto en una tortura cada vez mayor. Aceleró los preparativos para la continuación del viaje y sufrió nuevas contrariedades. Los precios que los comerciantes bizantinos exigían por alimentos, arreos y demás pertrechos, superaban todo lo que había encontrado hasta entonces y él ya había pasado por algunas cosas similares en los países del centro y este de Europa que habían atravesado los germanos.

Si no quería quedarse sin ningún recurso antes de la llegada a Tierra Santa, debía mandar correos a Francia con la petición de dinero. Y como si esto, unido al tormento de ver los galanteos del emperador con Leonor, no fuese motivo más que suficiente para la humillación, uno de sus soldados lo puso también en el aprieto de tener que disculparse ante el aborrecido Manuel.

En el mercado de los orfebres y joyeros, el hombre, un flamenco, se había arrojado repentinamente sobre los mostradores de los comerciantes y se había apoderado de todo lo que le cabía en las manos. Se originó un revuelo terrible y resultaron heridas algunas personas; incluso dos fueron asesinadas en medio del pánico en que cayeron los vecinos. Luis ordenó al conde de Flandes ahorcar inmediatamente al soldado y con un íntimo rechinar de dientes presentó sus disculpas ante su anfitrión. Cuando Leonor regresó al Filopatión aquella noche, por primera vez estaba muy cerca de perder por completo los estribos.

–Esta noche no habrá ningún banquete –dijo con voz tensa–, y no quiero que sigas saliendo tan a menudo con él... aunque le tengas simpatía.

Leonor lo escrutó con la mirada, notó su malhumor e hizo una mueca despectiva.

–¿Tenerle simpatía? ¡No puedo soportarlo! –respondió con ligereza–. Es el hombre más vanidoso con el que me he topado jamás. La ciudad me gusta, no él. ¡A mí no!

Leonor le pidió a Denise, una de las damas que la habían acompañado desde Francia, que llevara un poco de agua para ella y para su esposo. Entonces habló tranquilamente.

–Bueno, pero allí me he enterado de algunas novedades que son importantes para nosotros. Nuestro amigo Manuel parece haber mantenido negociaciones con extraños emisarios, algunos hasta afirman que eran turcos –contrajo las comisuras de los labios–. Al parecer, el muy sublime emperador cree que cuando estoy con él soy ciega y sorda y que tampoco hablo con nadie más que con él.

Luis todavía trataba de asimilar esta información.

–¿Cómo te enteraste de eso?

Ella se llevó una mano a la boca para ocultar un bostezo.

–Soborné a algunas esclavas de Manuel, después de averiguar cuáles están siempre alrededor de él –respondió con indiferencia.

Luis estaba horrorizado.

–Tú has... Leonor... quiero decir... –Se interrumpió mientras luchaba por recobrar el aplomo–. Yo no te entiendo, Leonor –confesó por fin, desvalido–. No pretendo decir que no sea importante lo que has descubierto. Pero ¿cómo puedes frecuentar tanto la compañía de un hombre al que no consideras digno de confianza, hacer como si tú... como si te sintieras atraída por él y además, por si fuera poco, sobornar a su servidumbre? Eso es desleal y mendaz, más aún, es exactamente lo que ese hombre haría. ¿Por qué lo haces?

Leonor observó a su esposo. En sus ojos castaños había melancolía y compasión. Tenía en la punta de la lengua hablarle de una lucha por la supervivencia que exigía que uno debía adelantarse siempre un paso a su enemigo, pero aquellas reflexiones eran una pérdida de tiempo con Luis. No porque no pudiera captarlas en todo su sentido, sino porque él, que sólo quería creer en el lado bueno de los hombres, las rechazaría de plano.

Por aquella razón le contestó con toda franqueza.

–Porque me resulta divertido.

–Te resulta..

– Luis, no tiene ningún sentido –lo interrumpió–. ¿Sabes?, nunca deberías haberte casado conmigo. Tú te mereces una muchacha de buen corazón, simple, alguien como Petronila por ejemplo, pero no yo.

–¿Qué quieres decir con eso?

–Quiero decir que tú eres un hombre bueno y yo una mujer mala, así de simple.

–¡Tú no eres mala! –protestó Luis con vehemencia–. ¡Nunca lo fuiste y no lo eres ahora! Y no digas que no debí haberme casado contigo. Es lo mejor que me ha sucedido en la vida. ¡Te amo y no quiero a ninguna otra mujer!

–Lo sé –murmuró ella con voz triste–, lo sé.

Al día siguiente, cuando Luis comunicó al emperador que se proponía partir de inmediato, Manuel mostró un sincero pesar.

–Por otra parte, viene como anillo al dedo –anunció con voz apasionada–, ya que tengo noticias gloriosas para ti. Por vía secreta me han hecho llegar el mensaje de que mi cuñado Conrado ha obtenido una victoria importante sobre los turcos en Anatolia. ¡Algo realmente digno de celebrar! Deberías reunirte inmediatamente con él para que podáis marchar hacia Jerusalén los dos juntos.

–¡Ésa sí que es una noticia maravillosa y muy bienvenida! –exclamó Luis, desbordante de entusiasmo.

Todas sus dificultades parecían diluirse en la nada, incluso el inquietante rumor de las negociaciones secretas de Manuel... ¡Entonces habían sido correos! Estaba contento por haber apresurado tanto a su ejército con los preparativos. En aquel momento podían abandonar Bizancio sin demora.

Su esposa, sin embargo, pensaba de otra manera. Después de asegurarse de que no había ningún oído atento cerca de ellos, expresó su opinión.

–Sería mejor que esperásemos aún una semana –dijo Leonor con el ceño fruncido–, hasta que esta victoria se confirme a través de una segunda fuente. Tengo un mal presentimiento.

–Tonterías –replicó Luis, aliviado, pero no sin un dejo de celos–. Tú no quieres irte de Bizancio, eso es todo.

Para alejar a Leonor de la seductora ciudad, ordenó a sus hombres que aceleraran aún más la partida y sólo estuvo satisfecho cuando le dieron la espalda a Constantinopla.

Sólo pocos días después (se encontraban a poca distancia de Nicea), Godofredo de Rancon, uno de los vasallos aquitanos de Leonor que comandaba la vanguardia, divisó en el horizonte a un grupo de jinetes que se acercaba. Como se comprobó enseguida, eran las figuras miserables, macilentas, del triste saldo de la vanguardia germana.

Conrado Hohenstaufen había sufrido una derrota aplastante. Un hombre que hablaba francés fue el encargado de informar, aunque sólo después de que él y sus camaradas se arrojaran ávidos sobre el agua y las vituallas que les ofrecieron.

–La cosa empezó ya con los guías que nos asignaron en Bizancio para que nos acompañaran por el desierto rocoso –empezó el hombre, exhausto–. Esos cerdos griegos nos juraron que sólo necesitaríamos víveres para ocho días y después, una noche, desaparecieron. Estábamos en mitad del desierto y sin guías. Hemos necesitado tres semanas para volver a salir de allí, tres semanas... ¡y entonces los turcos cayeron sobre nosotros!

En su rostro apergaminado se encendió una llamarada de odio.

–Que un cristiano pueda hacerle algo semejante a otro, incluso uno de esos griegos cismáticos...

–¿Y el emperador? –preguntó Godofredo de Rancon.

–Quiere interrumpir la cruzada. ¿Qué otro remedio le queda?

El germano echó mano otra vez al pellejo de agua. Entonces escupió el suelo.

–¡Que Dios condene al emperador de Bizancio!

Cuando Luis se enteró de la noticia pensó exactamente lo mismo, aunque no lo expresó en voz alta. No sólo acababa el apoyo de los germanos para toda la cruzada (en caso de que alguna vez llegaran a Tierra Santa), no, Manuel había puesto en duda la santa causa para todos los tiempos. ¿Cómo se podía vencer a los infieles cuando los cristianos caían en una trampa tras otra?

Leonor iba aún más lejos.

–¡Bastardo! –murmuró con los dientes apretados–. Es evidente que estaba enterado de la derrota de Conrado por medio de sus nuevos aliados turcos y confió en que nosotros no nos enterásemos antes de llegar al desierto, ¡para que nos sucediera exactamente lo mismo!

La situación era en aquel momento más que grave y los deseos de venganza debían postergarse para más adelante. Levantó la cabeza con determinación.

–La cuestión es: ¿qué hacemos ahora?

Hacía mucho que Leonor había optado por usar ropa de hombre durante la marcha. Era mucho más cómoda y en caso contrario habría echado a perder sus vestidos de manera innecesaria. Pero esta decisión tuvo también el inesperado efecto secundario de que los capitanes y soldados de Luis la aceptaran como a uno más. Se convirtió en un ser racional que sobrellevaba las fatigas del viaje como cada uno de ellos. En lugar de hacer caso omiso de todo lo que ella decía, como habrían hecho en Francia por considerarlo comadreo insensato de mujeres, desde hacía algún tiempo le prestaban atención y el tío de Luis, el conde de Maurienne, opinó con un lenguaje circunspecto:

–Una cosa es evidente, no es posible cruzar el desierto rocoso, y los guías de Bizancio tampoco nos sirven.

–Nosotros lo rodearemos y marcharemos a través de Pérgamo y Esmirna.

Todas las miradas se volvieron sorprendidas hacia Luis. El joven rey estaba pálido, pero desde su interior emanaba una mirada con una extraña y sombría determinación.

–Llevará mucho tiempo, es cierto –continuó con voz firme–, pero no voy a permitir que nuestra causa fracase por la perfidia de un hombre. ¡Dios nos ayudará!

–¡Dios Todopoderoso! –exclamó en tono incrédulo Maurienne–. ¡Eso sería una marcha de muchos meses a través de territorio enemigo, en donde no podemos contar con ningún apoyo!

Luis parecía obstinado, pero también un poco desesperado.

–¿Qué otra cosa podríamos hacer aparte de abandonar la empresa? ¡Y eso no lo haré nunca!

Su tío lo consideraba una locura de todas formas y se volvió en busca de ayuda hacia la reina.

–Luis tiene razón –afirmó Leonor de manera inesperada–, no tenemos ninguna otra opción. Además, es su decisión y él es el rey.

El semblante de Luis se iluminó. Estaba profundamente agradecido de que Leonor hubiese renunciado a recordarle su vaticinio de Constantinopla y su apoyo abierto le daba nuevas fuerzas.

–¡Dios nos ayudará! –repitió, henchido de confianza.

Jonia y Lidia, las provincias por las que marchaba el ejército francés, eran comarcas encantadoras, muy diferentes de las llanuras anatolias en las que había fracasado el emperador Conrado. Los pastizales y los bosques ayudaban a mitigar el intenso calor y por lo menos no había ningún problema en conseguir comida.

No obstante, los turcos podían atacar en cualquier momento y el ejército no debía desplegarse en ningún caso. Luis ordenó marchar en filas lo más cerradas posible y destacó avanzadillas que debían reconocer el terreno. Los cruzados pasaron las fiestas de Navidad y Año Nuevo entre Éfeso y Laodicea, siempre preparados para un ataque.

La impaciencia y el nerviosismo generales habían invadido también a Leonor. Sin embargo, era posible que fuese la única que todavía estaba en condiciones de admirar la región que atravesaban a caballo. Pensaba que en aquel mismo lugar y en otros tiempos, los griegos habían luchado contra los troyanos y veía revivir la *Ilíada*. Por supuesto, se cuidó muy bien de hablar de sus fantasías al siempre tenso Luis, pero en Éfeso le recordó que en aquel momento atravesaban uno de los lugares legendarios del primitivo cristianismo. Allí había predicado el apóstol Pablo; allí, según la leyenda, se había retirado el apóstol Juan con la madre de Dios.

Apenas quedaba algo que ver de la antigua Éfeso, a pesar de lo cual Luis se sintió sobrecogido por un estremecimiento reverente. ¡Cómo había podido olvidar eso! Atravesar Éfeso, donde la población veneraba a la Santa Virgen, tenía que ser un buen augurio. ¿Acaso no le habían puesto su nombre a su hija?

Pero a partir de allí, la región se hizo más y más árida. Llegaron a los desfiladeros de Pisidia, la etapa más peligrosa de su viaje, ya que en esta zona de nula visibilidad se presentaba la oportunidad más favorable que pudiera imaginar cualquier enemigo para atacar por sorpresa al ejército cristiano. Que hasta entonces no hubieran sufrido ningún ataque, no significaba nada. Cuando hacia la tarde se aproximaban al monte Cadmos, Luis dio la orden de detener la marcha antes del cruce del paso y no pernoctar sobre la montaña. Él, que comandaba la retaguardia, quería pasar la montaña a la mañana siguiente.

Aquel día, Leonor se encontraba cerca del ejército central, dado que Luis le había pedido que no cabalgara más con la vanguardia o la retaguardia, que eran las primeras que serían atacadas. No obstante, se negó a sentarse con sus damas en uno de los carruajes («no es de extrañar que en los senderos de montaña esas gansas tontas se sientan mal con tanta frecuencia», pensó), y en lugar de eso cabalgó junto a ellos.

–No parece que os afecten nada los viajes, señora –comentó con tono agrio la condesa de Flandes.

En su opinión, una mujer no tenía ningún derecho a verse tan sana y llena de vida ante toda aquella iniquidad. La reina había perdido la palidez de la nobleza y estaba tostada por el sol, pero eso no parecía molestar en absoluto a Leonor, que en la corte sí había procurado siempre mantenerse perfecta. La condesa la observó y tuvo que admitir para sí que tampoco el aspecto andrógino de Leonor, reforzado aún más por el bronceado, carecía de encanto. «Pero se asemeja a un hermoso muchacho», comprobó la condesa con disgusto cuando la reina le gritó con voz risueña:

–¡Nadie os impide abandonar el carruaje y hacer lo mismo que yo, señora!

La condesa de Flandes desistió de dar una respuesta y Leonor se puso a conversar con Raúl de Vermandois, que comandaba las huestes centrales.

–¿Cuánto tiempo creéis que falta todavía hasta que alcancemos el puerto de Adalia? –preguntó a su cuñado.

Raúl meditó un momento.

–Si tenemos suerte, sólo dos, tres días más –respondió y meneó la cabeza–. Es increíble, muy pronto llevaremos ya un año entero lejos de Francia.

Pensó con nostalgia que poco antes de la partida de la cruzada, Petronila lo había sorprendido con la noticia de que esperaba un niño, el cual entretanto debía de haber nacido y ¡él ni siquiera sabía si en aquel momento tenía un hijo y heredero! Miró a Leonor y pensó en la jovencita que diez años atrás había visto por primera vez en el palacio de L'Ombrière.

–¿Os acordáis de cuando...?

Pero no pudo acabar su frase porque en aquel momento se desató el infierno.

Como surgida de la nada, cayó una mortífera lluvia de flechas y las pendientes que hasta entonces parecían vacías, de golpe estaban llenas de hombres con armas ligeras. La cabecera del grupo se asustó, se detuvo de repente y los carros siguientes, que no podían desviarse por lo estrecho del sendero de montaña, volcaron en parte. La atmósfera se estremecía bajo los gritos de los atacados y el vocerío salvaje de los agresores.

Con una maldición, el conde de Vermandois giró rápidamente su caballo, agarró de la cintura a la reina, la levantó de la silla de montar y la arrojó al suelo, al abrigo de uno de los carros volcados.

–¡Quedaos aquí y, por el amor de Dios, no os mováis! –gritó.

Después, desesperadamente, intentó disponer una formación de combate. Durante todo el tiempo se preguntaba lo mismo que Leonor, –«Dónde estaba la maldita vanguardia»–, que mientras lo hacía, encogida inmóvil junto a sus damas, apretó por fin una mano sobre la boca de Denise que no dejaba de gritar.

Espantado, Luis clavó los ojos en el soldado cubierto de sangre que se arrodilló ante él.

–¿Y la vanguardia? ¿Qué pasa con mi tío, Maurienne, y Godofredo de Rancon?

–Majestad –dijo jadeando el hombre–, parece ser que se han alejado tanto del ejército principal que hemos perdido todo contacto con ellos. Mi señor el conde cree que han intentado cruzar el paso.

Uno de los capitanes de Luis lanzó una maldición.

–¡Esos malditos del sur! ¡Me gustaría que alguna vez se atuvieran a las órdenes!

Luis no le prestó atención, en aquel momento tenía agarrado por el cuello al mensajero.

–¿Y la reina?

–La reina vive, señor.

Luis lo dejó marchar. Sus capitanes lo miraban llenos de expectación. Se pasó la lengua por los labios para disimular el pánico que crecía dentro de él.

Aquel desastre requería un César y él no era ningún César. Sin embargo, si no actuaba inmediatamente, su ejército estaría perdido... y con él Leonor.

–Rapidez... –balbuceó, esforzándose para formar la palabra en su mente–, depende de la rapidez. Nosotros... ¡sí, eso es!

Ordenó a algunos de sus caballeros que se agruparan alrededor de él.

–Nosotros formaremos un grupo de choque y correremos al instante en ayuda del séquito... ¡El resto de la retaguardia nos seguirá tan rápido como pueda!

Qué acertada había sido aquella idea, el mismo Luis lo vio con claridad cuando llegó al lugar del combate, ya que los carros volcados habrían retrasado hasta el infinito la llegada de un ejército más numeroso. En cambio, su pequeña tropa se pudo abrir paso enseguida hasta Vermandois. Luis actuaba como si estuviera en trance. Era como si, por necesidad, por primera y única vez en su vida, fuese un hombre completamente distinto... Combatió con una crueldad y un ensañamiento que compensaban con creces su falta de destreza. Los soldados, también muy sorprendidos por el comportamiento de su rey (no lo consideraban un cobarde, pero tampoco un gran guerrero), se agruparon alrededor de él y así logró detener la desbandada del ejército. La vanguardia seguía sin aparecer y con ella la mayoría de los hombres de a caballo, pero la retaguardia entró poco a poco en combate. Los enemigos, que habían contado con una rápida victoria, no estaban preparados en absoluto para aquella enconada resistencia y a la noche Luis había logrado hacer retroceder a los turcos hacia las colinas.

Era difícil distinguirlo de cualquiera de sus hombres, con su armadura sucia y maltrecha; miró la espada ensangrentada que sostenía en la mano y lentamente volvió a tomar conciencia de lo que lo rodeaba. Leonor iba hacia él. Como nunca antes en su vida, también ella había estado cerca de la muerte y las rodillas le temblaban mientras pasaba por encima de cadáveres y restos de los carros.

–¿Luis?

Él parecía no haberla oído ni reconocido, seguía con la mirada fija en la espada. Entonces la arrojó al suelo y cayó de rodillas.

–¡Oh, Dios mío! –murmuró con un hilo de voz.

Alguien se acercó a ellos con un pellejo de agua, Leonor lo tomó y se lo tendió a su esposo.

La mirada de Luis se aclaró y la reconoció.

–Leonor... ¡Estás viva, Leonor!

–Sí, amado mío –dijo ella con ternura–. Hemos vencido.

Al día siguiente llegó por fin la vanguardia al mando de Godofredo de Rancon y del conde de Maurienne, que en la cima de la montaña se dieron cuenta de que se habían separado por completo de su ejército. Los recibió el silencio acusador de los hombres que sepultaban a sus muertos y muy pronto Rancon tuvo que escuchar cómo los capitanes exigían su muerte inmediata por desobedecer las órdenes.

–Cada uno de los que estamos aquí haría con mucho gusto el papel de verdugo –manifestó con profundo enfado el conde de Flandes.

Leonor estaba tan furiosa con sus vasallos como todos los demás, pero sabía que una parte de la culpa recaía también sobre Maurienne. Sin embargo, nadie hablaba de ejecutar al tío del rey y le parecía una tremenda injusticia que los midieran con dos raseros. Notó, además, que estaban dispuestos a culpar del desastre a «los malditos aquitanos» con demasiada rapidez y eso la enfurecía tanto como la conducta díscola de Rancon.

–O son ejecutados los dos, o ninguno –le dijo a Luis en tono tajante.

Con su sentido de la justicia divina y humana, Luis no pudo dejar de estar de acuerdo con ella. Además, estaba extenuado y el futuro de la cruzada se presentaba peor que nunca.

Cuando por fin llegaron a la ciudad portuaria de Adalia, comprendió que con aquel ejército no podría seguir por vía terrestre. La cadena de montañas que tenían por delante terminaría de aniquilarlos. Debían tomar la ruta marítima hacia Antioquía, donde por lo menos tenían asegurada una acogida hospitalaria y algo de reposo. Pero necesitaban barcos para llegar a Antioquía, la capital del pequeño principado.

–Escribe al emperador bizantino y pídele barcos –dijo Leonor.

De la misma manera habría podido proponer un pacto con el diablo. Sonrió con cinismo.

–Manuel te los dará, cuenta con ello. Hacernos matar por la espalda por los turcos es una cosa, negarse abiertamente a brindarnos ayuda, cuando él se las da de emperador cristiano, es otra muy distinta. En caso contrario, por poner un ejemplo, vulneraría su alianza con el rey de Jerusalén y con Raimundo y para él eso es importante. Y... –torció el gesto– seguro que le dará mucho placer verte como peticionario y verse a sí mismo como creyente misericordioso.

Necesitó días para convencer a Luis, y una y otra vez le decía que no se podían permitir más el lujo de ser orgullosos. Así que Luis le escribió a su querido amigo, el emperador de Bizancio. Como respuesta llegó una cantidad de barcos tan pequeña, que Luis se preguntó de dónde sacaba Manuel tanta desfachatez para llamar flota a aquellas ruinas y para prometer más embarcaciones en el futuro. Por desgracia, escribía el emperador, en aquel momento no podía prescindir de más.

Luis no tenía paciencia para esperar por más tiempo la ayuda de Manuel y decidió embarcar a su ejército, lo mejor que pudo, en aquellos barcos ridículamente pequeños. A mediados de marzo abandonaron el puerto de Adalia y navegaron rumbo a Siria.

Antioquía no sólo estaba emplazada a orillas del mar sino que se extendía también hacia el interior montañoso del país. Las casas blancas con forma de cúpulas brillaban al sol, los jardines en forma de terrazas se extendían hacia abajo por las laderas. A lo lejos se podía reconocer el monte Acre y aquel bastión de la cristiandad les pareció un oasis a los sufridos cruzados cuando, con la pareja real a la cabeza, bajaron a tierra en el puerto de San Simeón.

Como santo ejército de peregrinos fueron recibidos por el patriarca en persona, un aquitano de nombre Aimery de Limoges, que dio su bendición al rey y a la reina arrodillados. Pero de repente un murmullo de estupor corrió por la multitud cuando, de manera muy improcedente, la reina de Francia interrumpió la ceremonia de la recepción, se incorporó con rapidez y se arrojó a los brazos de un hombre rubio, delgado, que estaba entre los caballeros.

Leonor reía, sollozaba y no cesaba de gritar:

–¡Oh Raimundo, Raimundo, por fin!

El soberano de Antioquía la levantó, dio varios giros con ella en brazos y rió también con toda el alma. La sostenía tan apretada contra su cuerpo que Luis, todavía de rodillas delante del patriarca, cerró los ojos.

Él no sabía por qué, pero ni el largo y fatigoso viaje, ni la traición de Manuel, ni el ataque por sorpresa de los turcos, ni la humillante sensación de que desde su partida no había sufrido más que derrotas, nada de todo eso lo afectó tanto como aquella escena. Le había salvado la vida a Leonor, desde hacía diez años hacía todo para que ella fuera feliz, pero en aquel momento ella saludaba a un hombre, que era poco menos que un aventurero, como si fuese el arcángel Gabriel en persona.

Luis se incorporó y Raimundo de Poitiers, que como si fuese lo más natural del mundo había rodeado la cintura de Leonor con su brazo, caminó hacia él.

–Primo, me da mucho gusto veros aquí –lo saludó cordialmente–. Y espero que perdonéis la impetuosidad de vuestra esposa. Mi sobrina y yo hemos crecido juntos y no nos vemos desde hace una docena de años.

Luis tuvo que admitir que su comportamiento era intachable y su aspecto exterior se asemejaba a una de aquellas estatuas nobles que había visto en Constantinopla. Luis aceptó la cortesía y le devolvió el saludo. Mientras marchaban hacia el palacio, él y Raimundo conversaron tranquilamente sobre la travesía y otras futilidades.

Sin embargo notó que Leonor no le quitaba los ojos de encima a su tío, como si temiera que pudiese desintegrarse otra vez en el aire, y que Raimundo respondía a sus miradas con la misma intensidad. Se dijo una y otra vez que el cariño natural entre parientes y una larga ausencia justificaban aquella gran alegría. Sin embargo, el día se convirtió para él en una tortura aún peor de lo que habían sido las bromas de Leonor con Manuel, sobre todo cuando no sólo pasaron a intercambiar mensajes mudos sino también recuerdos en voz alta por encima de su cabeza.

–¿Te acuerdas aún de la cara que puso Aenor cuándo nos vio salir del bosque? ¡Pensé que me mandaría de vuelta a Poitiers de inmediato!

–Oh, no, ella no habría hecho eso... ¡si yo hasta tenía la íntima sospecha de que estaba más unida a ti que a mí! ¿Y te acuerdas de la fiesta de Pascua, aquella vez en...?

Así siguieron, sin interrupción, aunque por consideración a Luis no cayeron en la descortesía de hablar en su lengua de oc. Pero él percibió que les resultaba muy incómodo. Al mismo tiempo, de ninguna manera se le podía reprochar a Raimundo que no se comportara como un buen anfitrión: se ocupó personalmente del alojamiento y avituallamiento del ejército de Luis, envió sus médicos a los heridos, presentó a Luis a todo el clero y le mostró las reliquias que se encontraban en las iglesias de la ciudad.

En otras circunstancias Luis habría podido muy bien trabar amistad con Raimundo. En aquéllas, sin embargo, su presencia era una tortura para él y por eso finalmente decidió que durante su permanencia en Antioquía se mantendría lo más lejos posible de Raimundo, sin caer en la descortesía. Así no tendría que sufrir tan a menudo el humillante sentimiento de los celos. En cambio nunca se le ocurrió pensar en prohibirle a Leonor la compañía de su tío.

Leonor estaba apoyada contra uno de los olivos que crecían por todas partes en Antioquía. Sostenía una rama en la mano y examinaba distraída las hojas verde grisáceas, mientras Raimundo le cantaba una trova en su idioma natal:

–¿Hacia dónde va mi señora lejos de mí? ¿Hacia las hadas, a las que pertenece su sonrisa, hacia las estrellas, a las que pertenecen sus ojos? ¿Hacia dónde va mi señora lejos de mí?

Con eso se extinguieron los sonidos del laúd.

–Ésa no la conozco... ¿la compusiste tú? –le preguntó con voz risueña Leonor–. Entonces has hecho unos progresos gigantescos desde que Cercamón, horrorizado, te golpeó con su instrumento.

Las comisuras de los labios de Raimundo se contrajeron nerviosos.

–Eres una pequeña bruja, Leonor. Ya te he dicho que no deberías ser tan incisiva.

–Eso es francamente desagradecido por tu parte –replicó ella con fingido enfado–. Tú has sido el único en cuya presencia he refrenado más o menos mi lengua. Espera y verás.

Arrojó la rama al suelo y aspiró hondo la fragancia exuberante de las flores que crecían en aquel jardín, flores de un esplendor y una diversidad de colores desconocidos en el norte.

–¡Es maravilloso! –De repente cambió de tono y se puso seria–. Te he echado tanto de menos, Raimundo.

Él no contestó enseguida y ella lo observó. Pensó que el hombre que tenía delante le recordaba muy poco al adolescente que había visto la última vez. Percibió que él también la observaba y trataba de conciliar el recuerdo con el presente.

–Leonor..., yo también te he echado de menos –dijo por fin–, pero sería mejor que no habláramos de ello. Háblame de tu vida en Francia. ¿Eres feliz?

–Vaya pregunta –replicó a la ligera–, si le preguntases a los franceses entonces te enterarías de que para cualquier muchacha de un ducado apartado es una bendición inmerecida que se le permita emparentar con la familia real mediante matrimonio.

–No me has respondido.

–Raimundo, soy feliz ahora, en este viaje. Dejemos las cosas ahí.

En busca de un tema menos problemático, los dos al mismo tiempo empezaron:

–¿Te acuerdas...?

Eso hizo que se echaran a reír.

–Yo creo que ya hemos intercambiado demasiados recuerdos –dijo con pesar Leonor–, el pobre Luis se puso tan serio la última vez, como si tuviera dolor de muelas.

–Tal vez está preocupado también por la cruzada.

–Tal vez. Dios sabe que la cosa va mal –comentó, de pronto irritada–. Sea como fuere, siempre es así con Luis. Al final confía en que el Señor lo salve.

Leonor se quedó un momento callada. Después, arrepentida, añadió:

–No, soy injusta. Siempre y en todas partes, Luis ha dado lo mejor de sí y no es su culpa que él... ¿sabes que han tratado de envenenarme y él ni siquiera se ha dado cuenta? Yo tampoco se lo diré nunca, él no podría superarlo.

Entonces le habló de Suger y de su sospecha y encontró un alivio infinito al poder hablar por fin de ello con alguien que no la traicionaría.

–Y ahora yo tengo que ser siempre amable, desde hace muchos años, con un hombre que es muy posible que lleve a mi padre y a mi hermano sobre su conciencia y que a lo mejor también ha querido asesinarme a mí. Oh, yo sé que es una necesidad vital, pero hay veces en que creo... que no puedo más.

Brillaban lágrimas en sus ojos y salieron entre sus pestañas.

–Estoy cansada, Raimundo... ¡tan cansada!

Raimundo la abrazó y le rozó la frente con su boca, pero ella levantó la cabeza de repente y sus labios se encontraron. Durante toda la conversación habían sorteado aquel anhelo y sin embargo lo habían deseado. Se besaron, ávidos y apasionados, y Raimundo saboreó la sal de las lágrimas en sus mejillas. Allí estaba su piel cálida y suave, su cuello, en el que escondió la cabeza, y sus brazos que lo abrazaban.

Raimundo la apretó contra su pecho.

–Te amo –susurró ella–, te amo, siempre te he amado, Raimundo, ¿acaso no lo sabes?

Entonces él la soltó de repente y dio un paso atrás.

–Es imposible –dijo con voz bronca y respiración agitada–. Tú estás casada, yo estoy casado, ¡y tu padre era mi hermano!

Leonor movió con fuerza la cabeza.

–¿Crees que lo había olvidado? Pero no me importa, Raimundo, ¡entiéndelo!, no me importa. Estoy harta de guardar respeto a Dios y a Luis. ¡Mírame bien a los ojos y después di una vez más que es imposible!

En lugar de darle una respuesta, él volvió a besarla, esta vez con mayor fogosidad. Cayeron al suelo, sobre la blanda tierra del sur, con los cuerpos ardiendo, y bajo las sombras de un olivo Leonor conoció el amor... el primer gran amor de su vida.

Más tarde, ninguno de los dos sabía cuánto tiempo había transcurrido. Él la estrechaba en sus brazos y los cabellos de ella los rodeaban a los dos. Leonor creía no haber sido nunca tan feliz.

–... cuánto tiempo...

–... no digas nada, mi amor. Ay, Leonor, cuando te vi en el puerto, arrodillada a su lado, en ese mismo instante supe que no podía engañarme más tiempo pensando que sólo eras una hermana menor para mí... pero no lo quería reconocer.

–Yo nunca he visto en ti a un hermano, Raimundo, o a un tío.

–Lo sé. Ahora lo sé. Debería haberlo admitido antes y no venir aquí contigo.

–¿Lo lamentas? –preguntó Leonor, consternada.

Se incorporó, pero él tiró de ella otra vez.

–Sí, pero no como tú piensas. Lo lamento porque ahora he comprendido con toda claridad cuánto te amo y que nunca habrá un futuro para nosotros dos. Es...

Antes de que él pudiera decir «imposible» una vez más, ella lo silenció con un beso.

Luis presintió que había sucedido algo. Nunca en su vida, ni siquiera después del nacimiento de su hija, Leonor había estado tan radiante como en aquellos días; tan... tan fresca y satisfecha. Cuando él y sus capitanes se reunieron con Raimundo para ponerse de acuerdo sobre lo que harían, Leonor, tal como era costumbre durante la marcha, estaba presente. Pero esta vez su presencia tuvo un efecto diferente del de las anteriores discusiones estratégicas. Con su vestido azul verdoso de seda oriental, de femineidad fascinante, su presencia producía un efecto turbador en todos. Luis no podía tolerar más la tensión que se respiraba.

–Yo propongo que unamos nuestras fuerzas y reconquistemos Edesa –dijo Raimundo mientras extendía un mapa delante de ellos–. La ocasión es muy favorable ya que Zangi está muerto, asesinado por sus propios soldados, y su hijo Nur-al-Din todavía no tiene firme en sus manos la sucesión. Además, un navegante trajo ayer la noticia de que Conrado Hohenstaufen al fin logró reunir al resto de su ejército y se propone continuar su cruzada. –Hizo una breve pausa–. El ejército germano puede que ya no sea muy voluminoso, pero la sorpresa de tener ante sus puertas al emperador «y» al rey de Francia, podría ser decisiva para coger desprevenido a Nur-al-Din.

El murmullo de aprobación se hizo cada vez más fuerte. Raimundo miró a Luis.

–¿Qué pensáis?

–Pienso –respondió Luis con frialdad–, que he prometido marchar a Jerusalén y que tengo la intención de mantener ese voto... antes que otras conquistas.

A juzgar por las expresiones de sorpresa, parecía como si hubiera tirado una piedra a través de la ventana de una iglesia.

Su tío, el conde de Maurienne, olvidó todas las formalidades cortesanas.

–¡Por Dios, Luis! –exclamó–, el caso de Edesa fue la razón de la cruzada!

–Jerusalén no está ni sitiada ni ocupada –dijo Raúl de Vermandois–, pero con Edesa los infieles tienen en jaque a todo el territorio limítrofe y en cualquier momento pueden irrumpir en Antioquía o en uno de los otros principados cristianos y...

En aquel momento hablaban varios hombres al mismo tiempo. Raimundo ordenó silencio y Luis observó con fastidio que lo obedecían sin rechistar.

–Primo –dijo entonces el aquitano con voz serena–, respeto

vuestro voto; sin embargo, me parece que no lo habéis entendido. La conquista de Edesa es de decisiva importancia para vuestro objetivo.

–Querréis decir –replicó Luis con obstinación–, que es de decisiva importancia para vos.

Raimundo permaneció imperturbable.

–Por supuesto que lo es. Sin embargo, sólo por vuestra condición de cristiano no deberíais desear que quede en manos de los infieles una amenaza tan grande. Además, si le damos tiempo a Nur-al-Din para que vuelva a controlar a su gente, seguro que no se dará por satisfecho con Edesa sino que desde allí atacará también Damasco. Y entonces tendrá en sus manos no sólo el territorio limítrofe sino toda Siria. ¿Queréis que se llegue a eso?

Luis lo miró fijamente. En la barbilla le palpitaba un músculo.

–Habláis sólo de posibilidades, pero ¿me permitís que os recuerde que todavía soy el caudillo de esta cruzada, autorizado por el santo padre?

–Nadie lo pone en duda –empezó a decir Raimundo–, pero...

–Luis –dijo Leonor, que hasta entonces no había hablado–, permite que te recuerde también una cosa. Raimundo vive aquí desde hace muchos años, él puede juzgar la situación mejor que ningún otro, pero no se necesita la más mínima experiencia militar para saber que una peregrinación a Jerusalén sin conquistar Edesa sería algo por completo inútil y, además, peligrosamente tonto.

La cara de Luis se volvió de un rojo violento. ¿Cómo podía atreverse, casi sin disimulo, a tacharlo de imbécil delante de todos?

–¡Leonor –ordenó encolerizado–, retírate inmediatamente a tus habitaciones!

Leonor se puso de pie.

–Lo haré, esposo mío, pero antes déjame asegurarte que yo me quedaré aquí incluso más tiempo del que supones. Si persistes en esta increíble insensatez, me quedaré en Antioquía. Y no sólo yo, ¡conmigo todos mis vasallos! Tú puedes peregrinar solo a Jerusalén.

Luis se preguntó si el diablo habría entrado en su cuerpo. Por completo fuera de sí, se levantó y volcó su silla.

–¡Tus vasallos pueden quedarse dónde quieran! –gritó–. ¡Después de todo, no nos han causado más que problemas en esta cruzada! ¡Pero tú…!

–¡Cómo puedes atreverte a culpar a mis vasallos cuando tu propio tío, aquí presente, que tan bien como ellos…!

–¡Pero tú… –la dominó con la voz, fue hacia ella y la agarró por las manos–, tú vendrás conmigo!

Raimundo intentó intervenir para calmar los ánimos, pero vio que era demasiado tarde. Luis había desencadenado en Leonor la cólera legendaria de su familia, que era tan difícil de detener como el mar en un maremoto. Los otros hombres miraban atónitos a la pareja real.

La voz de Leonor, que sólo segundos antes había sido tan fuerte como la de Luis, de golpe sonó engañosamente suave.

–¿Y cómo lo harás, Luis? –preguntó.

Luis retrocedió un par de pasos. Ella, con su repentina serenidad, infundía más temor que si se hubiese apoderado del mapa y se lo hubiera arrojado a la cara. Sus ojos llameaban con un furor gélido que él nunca antes había visto; su inesperada sonrisa era… maligna. No encontró ninguna otra palabra para definirla. Era como si estuviese frente a una extraña.

–Te obligaré –dijo y se armó de valor–. Tengo todo el derecho a hacerlo, soy tu esposo.

–Entonces, mi amado esposo –dijo Leonor arrastrando las palabras–, harías muy bien en hacer que tu amada Iglesia te confirmara primero tus derechos conyugales. Porque, de acuerdo con el derecho canónico, estamos unidos por un parentesco demasiado cercano.

El silencio repentino que siguió a sus palabras no habría podido resultar más sorprendente ni en medio de una tormenta de arena. Raimundo fue el primero en reaccionar.

–¡Ya es suficiente! –dijo en tono enérgico–. Esto debía ser una discusión sobre planes estratégicos, no una querella conyugal.

Fue hacia Leonor, la tomó de la mano con tanta fuerza que le dejó moretones en la muñeca, y la llevó hacia la puerta.

–Leonor, hablaremos de eso más tarde.

Después de llevarla fuera, volvió hacia Luis, que seguía boquiabierto e inmóvil en el centro de la habitación, y levantó la silla volcada.

–Creo que será mejor que os sentéis, majestad.

Luis se hundió en la silla que le ofreció sin decir palabra. Miró hacia la mesa con el mapa, después, otra vez hacia la puerta cerrada y por último a Raimundo. Cuando empezó a hablar, apenas se podía reconocer su voz.

–Eso es exactamente lo que deseabais, ¿no? Bien, lo habéis conseguido.

–¿Qué demonios crees que has hecho ahí dentro? –preguntó Raimundo.

En aquel momento Leonor se desenredaba los cabellos y siguió haciéndolo con una lentitud provocativa.

–He intentado evitar que Luis cometiera la mayor estupidez de su vida; además de tratar de proteger a los cristianos de Edesa, a ti y tu principado –respondió con cierta ironía.

Raimundo se debatía entre la ira y la diversión.

–A juzgar por la expresión de la cara de Luis –comentó–, más bien has llevado al pobre hombre a querer declararme la guerra.

Leonor dejó a un lado el peine.

–Luis no es un hombre sino un monje.

–Leonor, esto no es asunto para bromas –dijo Raimundo en tono serio–. Con tu arrebato... ¿por casualidad no habrás tenido la idea de pedirle al Papa que anule tu matrimonio?

Leonor arqueó las cejas.

–¿Con el argumento «Por favor, santidad, separadme de mi primo para que pueda casarme con mi medio tío»? No. Ya me han acusado de muchas cosas, pero hasta ahora nunca de ser una ingenua. Eso es nuevo, Raimundo.

Levantó los brazos y se desperezó como una gata, de forma tal que sus pechos se destacaron con toda claridad debajo de la camisa de noche que llevaba en aquel momento.

–Y si además de mi noble intención de salvarlo he pensado que de esa manera puedo quedarme un tiempo más en Antioquía... ¿qué hay de malo?

Raimundo se inclinó sobre ella y la besó.

–Tú, pequeño diablillo. Leonor, ¿cuándo vas a aprender que el mundo no se parará por ti?

–Nos queda tan poco tiempo, Raimundo –murmuró ella con los ojos cerrados–, tan poco tiempo.

–Pues bien –dijo Thierry Galeran, caballero de la orden del Temple–, tal como yo lo veo, la situación está clara.

Dirigió la mirada hacia Luis, que tenía los ojos clavados en la oscuridad de la noche de Antioquía. Luis y la mayoría de los hombres de su séquito de franceses del norte se encontraban sobre la muralla de la ciudad, que cada treinta metros tenía una torre, y había sido elegida como lugar seguro y libre de oídos indiscretos por el caballero templario, que desde hacía algún tiempo figuraba entre los más íntimos consejeros del rey.

Galeran se volvió hacia el conde de Maurienne y habló en voz muy baja para que Luis no pudiera oírlo.

–Ella es poco más que una prostituta, pero lo peligroso de esto es que puede cumplir su amenaza. La lealtad de sus vasallos es lo que más le importa y el hecho de que Raimundo de Poitiers sea un aquitano, tampoco hace más fácil la obediencia al rey.

Maurienne alzó la vista a las estrellas.

–En el sentido estricto en que lo dijo, ella no estaba tan equivocada con respecto a Jerusalén –manifestó con incomodidad–. En realidad, sería mejor que marchásemos primero contra Edesa.

–No se trata de eso –replicó Thierry Galeran con brusquedad–, sino de una esposa que se opone abiertamente a su esposo y de una vasalla que desobedece a su rey.

El caballero templario era uno de los pocos adalides que no había sucumbido al encanto de Leonor. La odiaba con toda el alma, odiaba su carácter sarcástico, reflexivo, impropio de una mujer. Odiaba también su cuerpo hermoso, seductor, por él no podía sentir nada. Sobre todo por su cuerpo, ya que hacía tiempo que los musulmanes habían castrado a Thierry Galeran.

–Eso no se puede consentir –repitió esta vez–. ¿Estamos de acuerdo y cuento con tu respaldo?

El conde de Maurienne suspiró.

–Está bien. De acuerdo.

Se acercaron juntos a Luis, que en aquel momento contemplaba el negro azulado, aterciopelado del mar y escuchaba el canto continuo de las cigarras. Había tanta belleza allí. Y tanta desolación... ¿Cómo había podido Leonor hacerle aquello? Todavía resonaba en sus oídos su voz burlona: «... de acuerdo con el derecho canónico estamos unidos por un parentesco demasiado cercano».

–Majestad, tengo una propuesta que haceros –dijo Thierry Galeran–. Dado que la reina se mantiene firme en su postura desde hace días, no os queda más remedio que utilizar la fuerza. Si nos preparamos en secreto para la partida y nos ponemos en marcha durante la noche, a ella no le quedará más opción que acompañarnos y los aquitanos la seguirán.

Luis soltó una carcajada de amargura.

–¿Más opción que acompañarnos? Tú no la conoces, Thierry. Ella preferiría morir antes que permitir que la obliguen a hacer alguna cosa.

–Dejadlo de mi cuenta, señor –manifestó Thierry–. Os juro que mañana por la noche nuestro ejército abandonará Antioquía... con la reina.

A los aquitanos se les hizo creer que la partida secreta era necesaria para engañar a los espías musulmanes. Por supuesto, ellos habían oído lo de la pelea entre la reina y el rey. La noticia se había propagado por todas partes. Sin embargo, no sólo se les prometió que la reina estaba de acuerdo, además se les juró que el rey había cambiado de idea y en aquel momento iba al encuentro del emperador Conrado.

–Eso no me sorprende –opinó Raúl de Vermandois, al que por precaución tampoco habían puesto al corriente del secreto–. Cuando hay pelea entre el rey y la reina, yo siempre apuesto por la reina. ¡Alabado sea Dios!

Thierry Galeran dejó para el final a las camareras de Leonor. ¡Dios sabe que no le vendrían mal a ella, si no tenía ocasión de llevar consigo sus frívolos atavíos! Al anochecer, cuando todo estaba listo, irrumpió entonces en los aposentos de la reina, ordenó a las mujeres empaquetar sólo lo imprescindible y después se plantó frente a una encolerizada Leonor.

–¿Qué significa todo esto?

–Muy sencillo, señora –respondió él ásperamente–. Significa que partimos.

–Si os figuráis que yo...

–Yo no me figuro nada –dijo él con brusquedad.

Entonces se abalanzó sobre ella, le inmovilizó los brazos en la espalda y le puso su puñal en la garganta.

–Nos vamos de aquí –le susurró con voz amenazante–. Haced exactamente lo que os digo, señora. A mí no me importa nada que me castiguen por matar a una ramera, aunque sea con la muerte.

Leonor le creyó. El templario era un fanático de una frialdad aterradora y no había nadie que pudiera ayudarla a liberarse con la suficiente rapidez. «Algún día –pensó–, algún día.»

–Está bien –dijo entonces en voz alta–. Iré con vos, pero hagámoslo con dignidad. Me niego a dar un solo paso con un puñal en mi garganta. Igual podéis ponérmelo a la espalda –concluyó.

Las doncellas que lo habían observado todo estaban paralizadas de terror, pero no se habían atrevido a intervenir. En aquel momento, Denise se acercó a ella con paso vacilante.

–El abrigo, señora –dijo en voz baja.

Galeran la soltó y Leonor se echó la capa sobre los hombros.

–No os preocupéis –le dijo sonriendo al templario–, no es tan grueso como para que no pase un puñal.

Habría dado cualquier cosa por poder matarla. Era su hora de triunfo y lamentaba profundamente no haberla encontrado en la cama con su amante. Pero el no verla asustada o humillada en absoluto, como había imaginado, sino tan arrogante como siempre, echó a perder su victoria y aumentó el fuego de su odio.

–¡Vamos! –ordenó escuetamente.

Los cruzados abandonaron Antioquía la víspera del veintinueve de marzo. Medio año después, humillados y con las manos vacías, se encontraban en la situación degradante de tener que implorar ayuda al rey Roger de Sicilia. Luis vio Jerusalén, pero su ejército fue diezmado de tal manera por los ataques sorpresivos de los musulmanes, que tuvo que renunciar definitivamente a la cruzada, cosa que Conrado Hohenstaufen había hecho antes que él. Luis ya no podía regresar por tierra. Ya no le quedaban aliados, así que acudió al último soberano que le quedaba... Roger, el viejo enemigo de Raimundo.

De manera sorprendente, el rey Roger se mostró poco rencoroso y prometió una escolta, pero pasaron meses hasta que llegó. Meses en los que Leonor no habló una sola palabra con Luis y el ejército se quejaba en voz cada vez más alta de toda aquella insensata campaña militar. Por fin llegaron los sicilianos, pero Leonor ni siquiera subió al mismo barco que Luis, se embarcó en otro barco de vela.

Como si fuesen perseguidos por la desgracia, a la altura de Malea, la flota se encontró con viejos conocidos... Manuel Comneno les había preparado una recepción y los bizantinos lograron capturar el barco con Leonor y su séquito. Pero no en balde los normandos tenían fama de buenos navegantes y piratas y les arrebataron otra vez su presa a los griegos. Sin embargo, eso tardó algún tiempo. Semanas que Luis pasó en Calabria, preocupado y lleno de angustia porque se sabía culpable, hasta que recibió la noticia de que Leonor había llegado sana y salva a Palermo.

Viajó enseguida al encuentro de Leonor, y Roger les dio una generosa bienvenida en su corte, al ofrecer una ruidosa fiesta en su honor. Leonor todavía seguía sin hablar más de lo necesario con Luis, pero delante del rey de Sicilia se mostró muy amable.

–Me complace veros de tan buen humor, majestad –le dijo el normando–, sobre todo después de haber sufrido semejante golpe.

–Oh no, el secuestro fue muy corto para considerarlo un golpe –replicó Leonor–. Gracias a vuestra ayuda fue más bien una aventura, y muy divertida además, porque me divierte la idea de que Manuel sepa cómo fue engañado.

–Yo no hablaba del secuestro –manifestó Roger, sorprendido–, sino de vuestro pariente Raimundo de Poitiers, el príncipe de Antioquía.

El rostro de Leonor se puso ceniciento en el acto.

–¿Qué pasa con él?

Consternado, el normando se dio cuenta de lo que había provocado.

–Yo no podía suponer que no lo supieseis aún, yo pensé... pero claro, con todas las zozobras de los últimos tiempos, todavía no puede haber llegado hasta vos...

–¿Qué le ha pasado a Raimundo? –preguntó interrumpiéndolo Leonor.

Roger se aclaró la voz y, muy turbado, dijo:

–Cayó como un héroe con toda la gloria en la batalla contra Nur-al-Din. Podéis estar orgullosa de él. Hasta entre los infieles gozaba de tanto renombre y respeto que el califa de Bagdad ordenó que le enviaran su cabeza como recuerdo de un enemigo eminente. –Él, cuyos súbditos eran árabes en gran parte, veía eso como un consuelo y se apresuró a añadir–: Ése es un gesto de altísima consideración, majestad.

–No... –susurró Leonor–, no.

Aturdida, se dejó conducir unos pasos hacia fuera por Luis, entonces se desplomó y gritó con el gemido estridente que los druidas debieron de haber arrancado a sus víctimas.

Leonor estaba tendida en una cama en la abadía benedictina de Montecassino y escuchaba sin interés a su esposo. Lo miraba sin verlo en realidad.

–... hablar conmigo –concluyó él.

Luis estaba desesperado. Leonor nunca había estado enferma. Ni siquiera el alumbramiento de María o el aborto habían podido afectar a su salud y eso había dado pábulo a las habladurías sobre su ascendencia de una estirpe de hadas... lo cual, si se tiene en cuenta el hecho de que las hadas eran consideradas espíritus malignos, no era ningún cumplido.

Pero desde que se había enterado de la muerte de Raimundo, su estado de salud era preocupante. Apenas se alimentaba, estaba muy flaca y tenía fiebre. Luis fijó la mirada en su semblante blanco, transparente, miró las muñecas delgadas en las que en aquel momento se podía distinguir un trenzado de finas venas azules, y empezó otra vez a hablar, como lo venía haciendo desde hacía horas, sin recibir respuesta.

–Yo sé que me echas la culpa porque he marchado hacia Jerusalén. ¡Pero Leonor, créeme, yo nunca habría deseado su muerte! Fue una felonía darle tanta libertad a Thierry para que te tratara de esa manera, lo admito. ¡Leonor, lo siento mucho! –sollozó–. Yo no te pido que hables conmigo, sólo que comas algo... ¡Leonor, no debes empeorar, yo te necesito, yo te amo!

Entonces se quedó callado y cuando ya casi no lo esperaba escuchó su voz.

–Tu bondad es inagotable, ¿verdad? –preguntó con voz débil. Y en el tono se podía reconocer tanto el enfado como otro sentimiento indefinido–. Cualquier otro me odiaría, pero tú me amas. ¡Que Dios nos ayude a los dos!

Luis estaba tan conmovido porque ella había superado su duelo mudo, silencioso, que no prestó atención a lo que dijo.

–Todo volverá a ser como antes, mi amor –afirmó casi bajo juramento–. El santo padre en persona nos ha invitado a Túsculo antes de que regresemos a Francia y me escribe que quiere hablar con nosotros sobre nuestro matrimonio.

Aunque con dificultad, eso hizo que Leonor se sentara en la cama.

–¿Que él quiere...? ¡Por el amor de Dios, Luis! ¿Cómo se le ha ocurrido?

–Bueno, yo estaba... desde Antioquía yo me sentía tan desdichado, que escribí a Suger lo que dijiste con respecto a nuestro parentesco. Y Suger informó al santo padre.

–Qué... bondadoso de su parte –dijo Leonor sin ningún afectación en la voz.

Luis asintió con la cabeza.

–¡Yo también lo creo! Suger ha sido un verdadero amigo para ti, Leonor. Me aconsejó dejar en suspenso todas las decisiones sobre ti y sobre mí hasta que yo pudiera conversar con el Papa.

–¡Vaya!

Luis dio unas palmadas y pidió que le llevaran una copa de vino aromático caliente para la reina.

–Y ahora, ¿vas a volver a comer, Leonor, y te vas a esforzar para recuperarte?

–Claro –respondió, todavía sin ningún acento especial.

Miró a su esposo de arriba abajo. Luis era enternecedor, pensó, sólo que con eso podía volverlo a uno loco. Y Raimundo...

–Me pondré bien, Luis, y te agradezco todo lo que has hecho por mí. Pero ahora, por favor, déjame sola.

El Papa era la afabilidad personificada y aseguró a Luis, para su infinito alivio, que el parentesco entre él y Leonor era inofensivo. Su antepasado Roberto el Piadoso era el abuelo de la bisabuela de Leonor, Audearda, lo que de acuerdo con el derecho secular significaba un parentesco en noveno grado; según el derecho canónico, sin embargo, en cuarto grado. Si se regían por el derecho canónico, entonces el matrimonio no era válido. Pero el Papa, por precaución, les concedió dispensa y como señal de reconciliación los llevó en persona a la habitación que había preparado para ellos... en la que había una sola cama.

Leonor dedujo que o Suger o la Iglesia habían decidido que ella les serviría más como reina de Francia que como duquesa independiente de Aquitania. Pero ¿qué podía importarle ya todo eso? Cuando el día de San Martín del año 1149 entró con Luis en París, sólo sintió una incurable tristeza y una profunda resignación.

CAPÍTULO III

Enrique

Ellos son ladrones de la propia vida,
que no colma la medida del amor;
su medida es tal, si queréis saberlo,
que no quiere preservar la razón.

María de Francia

–¡Demonios! –exclamó Enrique Plantagenet–. ¡Si eso no parece amenaza de lluvia...! Mañana tendremos que chapotear en el fango hasta París.

El duque de Normandía, un joven de diecinueve años, miraba a lo lejos por encima del campamento que los hombres de su padre habían establecido unos cuantos kilómetros antes de la capital francesa. No es que no pudieran alcanzar París aquel mismo día, pero su padre y el rey francés estaban al borde de una guerra y aun tratándose del piadoso Luis habría sido insensato meterse en la boca del lobo.

Godofredo Plantagenet oyó a su hijo y soltó una carcajada.

–¡Y qué importa eso! No somos de azúcar, Enrique... ¡aunque para el buen Giraud será aún más desagradable!

Enrique no contestó. Alrededor de ellos reinaba una intensa actividad, ya que parte de los hombres todavía estaban ocupados en montar las tiendas, o avivaban fuegos para calentarse durante la fresca noche de verano. Olía a sudor, a polvo y a las fatigas de la larga marcha, pero Enrique no notaba nada. De momento pensaba en algo muy distinto.

–Padre –dijo por fin–, ¿consideráis prudente exhibir a Giraud encadenado? Es más que suficiente que Luis sepa que lo tenemos y...

–¡Tonterías! –Godofredo bajó un poco la voz–. Aquí no, Enrique... De todos modos, quería hablar contigo sobre eso. Cabalguemos un poco para alejarnos del campamento.

Les llevaron los caballos y poco después, a trote ligero, el conde de Anjou y su hijo dejaban atrás el montón de tiendas, caballos y soldados de infantería. Por fuera, no se les notaba ningún parecido en particular. Godofredo era de estatura mediana, tenía cabellos castaños y una cara ya muy marcada por la vida, mientras que Enrique tenía cabellos negros, era alto y robusto, muy musculoso, y se movía con agilidad juvenil. Se parecía a su madre, Maude, que llevaba ya casi veinte años disputándole la corona inglesa a su primo Esteban.

Se detuvieron cerca de un pequeño bosque y entonces Godofredo habló.

–Bien, Enrique, ahora explícame por qué estás tan preocupado por Giraud Berlai.

–Yo no estoy preocupado por él –dijo Enrique con cierto disgusto–, aborrezco al bastardo tanto como vos. ¡Demonios, al fin y al cabo hemos librado una guerra contra él durante tres años! Pero llevarlo de la manera que habéis planeado sería un gesto innecesario que no nos aportaría nada, ni por parte de Luis ni de sus adversarios. Al contrario, presentar a un mayordomo real encadenado ante el rey, es casi lo mismo que una abierta declaración de guerra.

–¿Y? –preguntó Godofredo con una serenidad peligrosa. Su rostro se había ensombrecido y parecía que estuviese próximo a uno de aquellos estallidos coléricos que lo habían hecho tristemente célebre entre los nobles franceses.

Sin embargo, el temperamento de Enrique igualaba al de su padre y siguió hablando sin alterarse.

–Y nada podría darle una mayor alegría a Esteban. ¿Habéis olvidado que él ya ha enviado a la corte francesa a su hijo, ese bastardo de Eustacio, para socavar ante Luis mis pretensiones sobre Normandía? ¿Para qué malgastar nuestras fuerzas armadas contra el rey de Francia, cuando nuestro verdadero enemigo es el hombre que en el presente se dice rey de Inglaterra?

Enrique estaba preparado para un estallido de su padre, pero no llegó. Por el contrario, Godofredo Plantagenet se relajó y le habló en tono mesurado.

–Hay verdad en lo que dices.

Varias veces en los dos últimos años, había llegado a la asombrosa conclusión de que su joven hijo no sólo se revelaba como un valioso militar, sino que también poseía la condición más importante de un capitán: conservar siempre la cabeza fría. En ocasiones, admitía Godofredo en secreto, Enrique era mejor que él en ese punto. Por eso no desechó de un plumazo las objeciones de Enrique sino que reflexionó sobre ellas.

–De todas formas –dijo por fin–, no lo considero un gesto innecesario y no creo que Luis vaya a la guerra por eso. De esta manera le dejamos bien claro que nosotros no reconocemos su autoridad sobre Normandía y que de ningún modo tú prestarás el juramento de fidelidad ante él. ¡Por todos los infiernos!, lo que durante cien años estuvo bien para los duques de Aquitania, tiene que ser también justo para el duque de Normandía.

Enrique tenía en la punta de la lengua una respuesta vehemente, pero la reprimió. Él también tenía algo en contra de subordinarse al rey francés como vasallo, pero no por razones de orgullo sino porque preveía dificultades para el futuro. Ya que mientras Godofredo Plantagenet esperaba desde hacía años ser rey de Inglaterra gracias a su esposa, su hijo sabía que él, Enrique, lo sería. Él pondría fin a aquella guerra eterna. Entonces se repetiría la inquietante paradoja: un rey de Inglaterra que, como duque de Normandía, al mismo tiempo estaría sometido como vasallo al rey de Francia.

Sin embargo, consideraba que era una insensatez aquella provocación innecesaria al rey de Francia. Por otra parte, no estaba muy seguro de que Luis fuese en realidad tan contrario a la guerra. Desde su regreso de Tierra Santa, hacía en aquel momento dos años y medio, no había mostrado el menor signo de debilidad. El hecho de que el conde de Anjou, que debía ser su vasallo, hubiera atacado y al fin sometido a su mayordomo real debido a una enemistad personal, podría empujarlo a cerrar una alianza con Esteban.

Esteban... Cuando Enrique era todavía un niño, Maude (a quien en Inglaterra llamaban «la emperatriz» por su primer matrimonio con el emperador alemán Enrique V), había logrado meter en prisión a Esteban por un tiempo y ser reconocida por el parlamento como «soberana de los ingleses». Pero un error imperdonable de su pariente y jefe supremo del ejército, Roberto de Gloucester, había dejado escapar otra vez a Esteban y la guerra continuó.

Aun cuando Enrique pensaba en ello muy a disgusto, sabía que uno de los motivos por los cuales todavía no habían vencido, residía en el hecho de que Maude y Godofredo Plantagenet, con quien su padre la había casado después de la muerte del emperador, se aborrecían. Por aquellos días el conde de Anjou tenía quince años y Maude veintisiete. Desde entonces, más de una vez se habían hecho la guerra abiertamente y en aquel momento sólo los mantenía unidos la animosidad común hacia Esteban.

Enrique había crecido en medio de una prolongada guerra, tanto familiar como nacional, y cuando, dos años antes, fue hecho duque oficialmente por su padre, (que gracias a su matrimonio con Maude se había convertido en regente de Normandía), se había jurado que jamás permitiría un despedazamiento semejante en su reino.

Reflexionaba sobre cómo podría convencer a su padre cuando le llamó la atención un jinete que desde cierta distancia parecía tomar rumbo directo a su campamento a galope tendido. Contempló admirado la total compenetración de jinete y animal y aplaudió mentalmente a aquella figura sin armas y con el cuerpo inclinado hacia delante. Pero al mismo tiempo se apoderó de él una fuerte sospecha. «¿Será un espía del rey francés?»

Espoleó a su caballo y se lanzó a una velocidad vertiginosa hacia el desconocido para cerrarle el paso. El jinete lo vio, cambió rápidamente de dirección e intentó escapar.

–No, así no.

Enrique se lanzó a una carrera alocada con los dientes apretados. El caballo que montaba había sido entrenado especialmente para la caza y no sólo era más fuerte sino también más agresivo y rápido que cualquier otro animal. Pero el supuesto espía tampoco estaba tan mal montado ya que la distancia entre ellos estaba lejos de acortarse tan rápido como Enrique habría esperado.

Se convirtió en una carrera desbocada en la que los dos dieron lo mejor de sí, hasta que por fin Enrique pudo dar alcance y acorralar a su presa. Cuando se encontró cara a cara con el jinete, se quedó sorprendido. Después soltó unas sonoras carcajadas.

–¡Dios todopoderoso..., una mujer!

–Me alegra que este pobre animal –dijo la mujer con voz glacial, señalando el caballo de Enrique– al menos no haya sido llevado al agotamiento por un ciego.

Cuando cobró aliento, él la examinó de la cabeza a los pies sin ningún disimulo.

–¿Cabalgáis a menudo con ropas de hombre, señora?

Pensaba que con su caballo y la túnica que llevaba, era imposible que pudiese ser una burguesa o una muchacha del pueblo.

–Sólo si voy a ser abordada por los salteadores de caminos –respondió someramente, sin mostrarse atemorizada.

Enrique tenía experiencia con las mujeres. Dos hijos ilegítimos y docenas de mozas de taberna, señoras de la nobleza y en ocasiones también rameras podían confirmarlo. Pero nunca se había tropezado con una mujer que respondiera a su mirada ponderativa con el mismo descaro. Sin disimulo, dejó vagar la mirada por sus líneas femeninas y se detuvo en el rostro acalorado. «Las sirenas deben de tener este aspecto», se dijo Enrique y volvió a reír. ¡Por Dios, aquello prometía ser divertido!

Sus ojos verdes brillaban burlones cuando se echó hacia atrás en la silla y se estiró.

–¿Sabéis lo que hacen los salteadores de caminos con las mujeres solitarias que caen en sus manos?

–En este caso –respondió la mujer con serenidad–, yo compadecería al salteador de caminos.

Enrique estaba fascinado. No era sólo una mujer con la que se podía pasar una hora placentera en la cama, además era una criatura con inteligencia y sin ningún temor en absoluto. Se congratuló por esta captura.

–Tal vez podáis... –intentó responder.

Pero entretanto su padre, que lo había seguido a menor velocidad, los había alcanzado. Godofredo echó una mirada a la prisionera de Enrique, después miró a su hijo, jadeó sofocado y se descolgó de su silla para arrodillarse.

–Perdonad, señora –se apresuró a decir–, no pensábamos encontraros por aquí.

–Me lo imagino –replicó ella y miró otra vez a Enrique–. Salí a dar un paseo a caballo. Sugiero, conde de Anjou, que le enseñéis mejores modales a este joven antes de llevarlo con vos a la corte. ¡Adiós!

Con estas palabras había girado su yegua castaña y se alejaba al galope, dejando atrás a los dos Plantagenet. Godofredo miró hacia su hijo y movió la cabeza de un lado a otro.

–¿Sabes quién era, Enrique?

Enrique le contestó sin apartar los ojos de la figura que se alejaba.

–Ahora puedo imaginármelo. ¿Hace eso a menudo? Quiero decir, ¿cabalgar de esa manera?

Su padre se encogió de hombros.

–Durante la cruzada lo hacía siempre y supongo que aquí no ha querido renunciar a hacerlo. Enrique, conozco esa mirada –el tono de su voz era esta vez admonitorio–. Olvídalo, esa mujer no es para ti.

Enrique expulsó el aire que había contenido.

–¿Por qué no? ¿Crees que es tan inaccesible?

–No se trata de eso –negó Godofredo–. Me atrevo a afirmar que durante la cruzada ha sentido placer en hacerle la vida difícil al pobre Luis. Por lo que pude observar allí... y yo tuve la inteligencia de regresar antes de esa insensata marcha a Jerusalén, de modo que apostaría a que no he visto ni la mitad de lo que habrá sucedido... No, no es que yo la considere muy casta. Pero ella es veneno puro, Enrique, para ti y para cualquier hombre. Es como uno de esos halcones salvajes que no puedes vencer ni domesticar, no importa lo que hagas.

En el semblante de Enrique reconoció de inmediato que le había estado hablando al aire. Sí, si había tenido intenciones carnales no podría haberlo expresado mejor.

–Veremos –murmuró Enrique mientras seguía con la mirada la pequeña, ya apenas perceptible nube de polvo–. Veremos.

La lluvia que caía con furia desde el cielo era menos hostil que la corte francesa al recibir al empapado conde de Anjou y a su hijo, el duque de Normandía. Los rebeldes Plantagenet no gozaban de grandes simpatías entre la nobleza francesa. El solo nombre «Plantagenet» era un apelativo burlón: significaba «brote de retama» y se lo habían puesto a Godofredo en los años de su juventud. A despecho de todos, Godofredo lo había adoptado y convertido en un nombre famoso. Y así, en todas las ocasiones posibles, llevaba un brote de retama en su yelmo.

El encuentro entre el rey de Francia y sus vasallos angevinos no tuvo lugar en la Île-de-la-Cité, sino en la abadía de Saint-Denis, donde en aquellos momentos agonizaba el abad Suger. Luis le había otorgado el título de Padre de la Patria y su decisión de encontrarse con Godofredo Plantagenet allí era un último homenaje a la importancia que Suger había tenido para él y para el reino.

Un murmullo de indignación se propagó entre los cortesanos cuando los Plantagenet entraron en la abadía con sus allegados y el encadenado Giraud en el séquito.

–Eso es más que una insolencia –comentó indignado Raúl de Vermandois a su vecino–. Godofredo fue excomulgado por haber atacado a un emisario del rey mientras su señor estaba todavía en la cruzada, y sin embargo siguió adelante con sus acciones hostiles hasta que venció a Giraud. Y si eso no fuera suficiente, ¡ahora tiene la impertinencia de presentarse en una casa de Dios y burlarse en público de la autoridad del rey!

Bernardo de Claraval, que a pesar de su avanzada edad había consentido en mediar entre el rey, la Iglesia y el proscrito conde de Anjou, mandó que se callaran.

–Godofredo Plantagenet, conde de Anjou –dijo entonces con una voz poderosa que llenaba todo el espacio–, arbitrariamente y en nombre de una vieja enemistad, habéis perturbado la paz del rey, habéis hecho prisionero a su emisario y además habéis incitado a vuestro hijo a que no preste juramento de fidelidad al rey. Sin embargo, se os perdonará y se levantará la excomunión que pesa sobre vos, si dejáis libre a Giraud Berlai como desea el rey.

Mientras Bernardo hablaba, Enrique dejó que sus ojos recorrieran el salón e identificó a las personas que había allí. El conde de Vermandois, un hombre con el que habían tenido que vérselas muchas veces y que era hábil como jefe del ejército, pero no lo bastante aventajado para ser un verdadero peligro; él siempre tendría que doblegarse ante uno más fuerte. Más de temer era el hombre que estaba a su lado, con la cruz de los caballeros templarios sobre su pecho. Enrique no lo conocía, sin embargo había oído hablar de él. Debía de ser

Thierry Galeran, un caballero del que se decía que no temía a la muerte, sino que más bien parecía buscarla por la temeridad con que combatía.

El enjuto asceta con la expresión ensimismada en el centro de los congregados, que se destacaba entre los caballeros a lo sumo por la sencillez de su vestidura, era el rey..., el esposo de ella, Luis, cuya religiosidad era tan conocida que había dado motivo a un chiste de doble sentido: «era una nueva prueba de la gracia del Dios que hubiera llegado a tener dos hijas».

Ella estaba a su lado y en aquel momento Enrique no sólo la veía con un vestido sino también con todos los atributos de Estado, le divertía el contraste con la amazona desgreñada de la tarde anterior. Llevaba los cabellos cubiertos con una toca profusamente adornada, y además de hilos de oro, numerosas piedras preciosas adornaban el vestido blanco plateado. Pero la cara era inconfundible, los pómulos altos, la boca generosa. Y cuando Enrique sintió sus ojos posados sobre él, supo que ella lo había reconocido en el acto. Él le sonrió y ella irguió la cabeza.

Pero la respuesta de su padre lo arrancó de sus observaciones.

–Me niego a dejar libre a mi prisionero. Si es un error mantener prisionero a un hombre vencido en una lucha honrosa, ¡no quiero ninguna absolución por ello! –proclamó Godofredo.

La consecuencia inmediata fue un cuchicheo escandalizado. Bernardo estaba furioso por el discurso blasfemo y Enrique maldijo en silencio. La excomunión era el menor de sus problemas comparado con la amenaza inminente de una alianza entre Esteban y Luis. Pero eso no significaba que debieran provocar también a la Iglesia. En todo caso, no en aquel momento. Más adelante, cuando las relaciones de fuerza estuviesen distribuidas de otra manera, ya se vería.

Pero su padre ya se había vuelto y lo cogió del brazo, y a Enrique no le quedó otra alternativa que seguirlo.

–¡Id con cuidado, conde de Anjou! –gritó Bernardo a sus espaldas–. ¡Seréis medido con el mismo rasero con que medís!

El griterío que se desencadenó entonces fue imposible de acallar. Giraud Berlai, al que agarraban dos soldados angevinos, se tiró al suelo.

–¡Bendecidme, padre Bernardo –imploró–, ya que ahora sé que voy a morir!

Bernardo respiró hondo y le dijo con voz tan potente que dominó el griterío de los cortesanos.

–¡No temas, ten la seguridad de que Dios te ayudará, a ti y a los tuyos!

–Y es de esperar que también el rey de Francia –comentó Raúl de Vermandois dirigiéndose a Thierry Galeran–. ¿Habéis visto alguna vez desvergüenza semejante?

–Sí, la vuestra, cuando con vuestro matrimonio llevasteis al reino al borde del precipicio –replicó en tono tajante el templario y Raúl se sonrojó–. No obstante, en esto tenéis razón. Una actitud semejante debe ser castigada. Es casi una declaración de guerra.

Leonor estaba sentada junto al lecho en que el Padre de la Patria, Suger, luchaba con la muerte desde hacía días, y oyó cómo se cerraba la puerta detrás de su esposo. Luis, con lágrimas en los ojos, acababa de terminar la visita a su padre de crianza. Entonces indicó al monje que hacía de enfermero que la dejara un momento a solas con el abad.

Cuando por fin estuvo segura de que nadie más que él podía oírla, le habló a media voz.

–Bien, padre, aquí estamos los dos. Vais a morir y yo sigo viviendo. Debéis saber que no le tengo ningún miedo a la muerte. Eso podría obedecer a que la he conocido demasiado pronto. Cuando mi madre murió no nos permitieron, a mí y a mis hermanos, estar presentes. Pero al poco tiempo también mi hermano enfermó... enfermo de muerte. ¿Tal vez ya sabíais lo de mi hermano, padre, lo de Aigret?

Se inclinó sobre él, escuchó atenta la respiración ronca del moribundo, pero los ojos debajo de los párpados entornados le decían que todavía podía entenderla muy bien.

–Anciano –continuó entonces con frialdad–, ahí fuera el pueblo os glorifica como pacificador y santo, y mi esposo nunca ha tenido motivo para pensar otra cosa. Pero a mí, a mí me debéis la verdad. Nadie más que yo se enterará jamás de ella, ya que de todos modos nadie la creería.

De pronto se apoderó de ella la cólera que a lo largo de tantos años había tenido que reprimir frente a Suger. Lo agarró por los hombros y lo sacudió.

–¿Lo hicisteis? ¿Vos asesinasteis a mi familia?

De golpe, asqueada, lo dejó caer otra vez en su lecho. ¿De qué podría servirle después de tantos años?

La respiración de Suger se hizo sibilante, pero lentamente brotaron las palabras.

–El muchacho... y vuestro padre... era necesario... para el reino...

Leonor se clavó las uñas en las palmas de sus manos. Ella lo sabía, siempre lo había sabido, pero expresado en voz alta, enterarse por fin por boca del asesino... Mientras tanto, Suger seguía hablando.

–Vos habéis sido... una digna adversaria..., el rey... que no sepa nada...

Leonor meneó la cabeza.

–No. Si él llegara a enterarse, se le rompería el corazón. Luis sólo puede creer lo bueno de aquellos a quienes ama.

Se puso de pie. En la celda miserable, en la que sólo una suntuosa cruz cubierta de rubíes y perlas delataba el amor secreto de Suger por el lujo, flotaba el hedor de la enfermedad y de la muerte.

–Así es –contestó Suger con voz ronca cuando menos se esperaba.

Pero si ella suponía que estaba atemorizado por la cercanía de la nada, se había equivocado. Con un ánimo que igualaba al suyo, siguió hablando con palabras cada vez más entrecortadas.

–Tampoco... de vos..., él nunca... creería la verdad sobre vos... ¿son... las dos niñas, son... de él?

«¡Bien, pues que así sea!» De todos modos, le gustaba más que su enemigo no fuese hacia la muerte como un anciano digno de compasión, sino como el hombre aborrecible que había sido para ella.

–¿Confesión por confesión queréis decir? –preguntó con cinismo–. Lamento mucho tener que causaros una desilusión,

María y Alicia son hijas de Luis. Pero para que vayáis desconsolado al infierno..., desde nuestro regreso de Tierra Santa he tenido varios amantes, sí, ¡y no me ha importado en absoluto! Y tengo aún otra confesión para vos, *padre*.

Se concentró. Una vez en su vida había logrado engañar a Suger, cuando era poco más que una niña, y precisamente por este motivo él la había subestimado. En aquel momento, él valoraba sus aptitudes y precisamente por eso iba a creer también la mentira que le había preparado. No era un plan elaborado como el de aquel entonces, sino una idea repentina que se le ocurrió cuando escuchó aquella aterradora y difícil respiración.

–También en esta confesión se trata de algo que ninguna persona creería... y sobre todo no lo creería un moribundo, por eso os lo puedo contar... como regalo. Tomadlo como mi regalo de despedida –esta vez le habló en voz muy baja–. Habéis sido un buen maestro, no sólo para Luis, también para mí. He tenido mucho tiempo para realizar investigaciones sobre Aigret y mi padre... hasta que supe qué hierbas se deben usar. ¿Entendéis lo que digo..., *padre mío*?

En su mirada estupefacta reconoció que le creía. Su respiración se hizo más rápida y ella supo que lo había vengado todo..., su matrimonio forzado, la muerte violenta de un niño de siete años, la muerte de su amado padre, y años llenos del temor de que ella pudiera ser la siguiente en morir de una repentina enfermedad. Como un ángel de la muerte, se inclinó sobre él y lo besó en la boca.

–Adiós, padre.

En los corredores de la abadía, donde Leonor buscaba a Luis, una mano fuerte y ardiente le agarró la muñeca. Se volvió y vio al hijo del conde de Anjou.

–Vaya, nuestro duque normando –dijo con voz sarcástica–. ¿Ensayáis otra vez el papel de salteador de caminos?

–¿En estos claustros sagrados? Sería un poco blasfemo –respondió Enrique Plantagenet–, sobre todo cuando nuestra reconciliación con la Iglesia nunca ha estado tan en peligro como ahora.

Como por casualidad, sus dedos se deslizaron suavemente hacia arriba por el brazo de ella.

–Sin embargo, creo que por vos, majestad, una vez más... me convertiría en salteador de caminos.

–Entonces meditad sobre ello y dejadme ir –replicó ella y se soltó.

–Tengo que hablar con vos.

–Pero yo no con vos.

–Oh, es por razones puramente prácticas –dijo Enrique con una lentitud jovial en la voz–, es decir, parece ser que somos, vos y yo, las únicas personas aquí que tienen el juicio suficiente para resolver este ridículo conflicto. ¿O acaso esperabais que tuviese alguna otra intención?

Leonor lo miró fijamente. No había nada que deseara más que abofetearlo, pero no quería brindarle la satisfacción de verla perder los estribos.

–Bien, hablemos –respondió fríamente–. Pero no aquí. Si os quedáis más tiempo en este lugar, mi esposo os hará coger como rehén.

Enrique se apoyó en una de las columnas del claustro.

–¿Vos lo lamentaríais... o seríais feliz de que me quedara cerca de vos? Aunque no creo que vuestro esposo hiciera algo semejante. Entonces, ¿dónde podemos encontrarnos?

–En la corte y en la ciudad es imposible, así que esta noche saldré otra vez con mi caballo. Y si entonces no habéis aprendido cómo se habla con una reina, ¡en los próximos meses podéis ocuparos de continuar vuestra estúpida guerra por el prisionero!

–Pero, pero... –dijo Enrique con tono de reprobación–, no deberíais perder la calma con tanta facilidad, señora. Eso es demasiado revelador –concluyó con una mirada intencionada a sus pechos.

Después esbozó una sonrisa maliciosa, inclinó la cabeza y desapareció a toda prisa.

Leonor agarró uno de los pequeños recipientes que había por todas partes para recoger el agua de las grietas permeables y lo arrojó contra la pared.

Todavía temblaba de ira cuando encontró a Luis en la capilla. Estaba arrodillado delante del altar lateral. Toda la iglesia y las nuevas construcciones inconclusas que Suger había empezado estaban totalmente iluminadas por las velas que ardían por el abad más prestigioso del monasterio. El aire era sofocante por el sebo quemado y el humo permanente del incienso, había cera pegada por todas partes y Luis, con su túnica marrón, casi no se diferenciaba de uno de los monjes del monasterio. Rezaba en voz baja.

–Luis –lo llamó con suavidad.

Él alzó la vista.

–Oh, Leonor... Leonor, ¿por qué tiene que morir ahora? Cuando nació nuestra Alicia, estaba tan seguro de que Dios me había perdonado por la malograda cruzada. Un segundo hijo... pero ahora me quita a Suger... Leonor, ¿por qué?

Leonor se arrodilló junto a él.

–Es un hombre viejo –contestó, un poco cansada–, y es la voluntad de Dios que los hombres mueran en la ancianidad, Luis.

¿Cuándo había sido la última vez que le había dicho a Luis lo que realmente pensaba? Con seguridad, hacía muchos meses. Y aquél no era el momento para empezar. Debía consolarlo como a sus pequeñas niñas cuando les pasaba algo. Luis, el eterno niño, en aquel momento lloraba sin disimulo.

–Lo sé –dijo entre sollozos–, pero yo lo he querido tanto. Ha sido como un padre para mí, siempre.

Leonor lo abrazó, le apoyó la cabeza contra su hombro y le susurró las viejas palabras mágicas que también le devolvían la calma a María y a la pequeña Alicia, de un año de edad.

–Todo va a estar bien otra vez, todo se arreglará, todo va a estar bien otra vez.

Enrique la esperó al borde del bosquecillo desde donde, junto con su padre, la había visto la primera vez. No llevaba armadura, sólo una espada en el lateral de su silla de montar, y sus cabellos negros estaban mojados y despeinados por la lluvia.

–Sabía que vendríais.

–Y bien, ¿qué tenéis que ofrecerme? –preguntó Leonor con parquedad.

–Ya que me lo preguntáis así...

–Si no os limitáis a vuestros asuntos, regreso inmediatamente.

Enrique se echó a reír.

–¿Y si yo no os lo permito? También vos seríais un rehén muy valioso, majestad. ¿Por qué suponéis que no lo he planeado todo para cogeros prisionera? Ha sido muy imprudente por vuestra parte venir sola hasta aquí.

–¿Por qué suponéis que estoy sola? –replicó en tono desafiante–. A lo mejor ahí arriba, detrás de esa colina, toda una partida de hombres espera mi señal para apresar a un joven muy poco inteligente.

Enrique llevó su caballo más cerca del de ella.

–No, allí no hay nadie –afirmó–, pero vos no tenéis ningún miedo, ¿verdad? En absoluto.

De pronto la tomó con fuerza de un brazo y la atrajo hacia sí hasta que sus caras casi se tocaron.

–Ahora que por una vez estamos solos, majestad, ¿nunca habéis pensado en lo que podría suceder? Nosotros, los normandos, tenemos cierta fama, ya lo sabéis.

Ella no se movió.

–No os atreveríais.

Enrique la atrajo más cerca y entonces, de repente, volvió a soltarla.

–Depende. Aunque creo que no será necesario. Bien, en principio nos limitaremos a lo práctico. Yo estoy en contra de que mi padre se levante en una rebelión innecesaria contra su señor. ¿Qué podéis vos ofrecer a cambio, si yo se lo impido?

Leonor sonrió con sarcasmo.

–Me parece que tenéis una idea un poco equivocada de la situación, duque. Sois vos y vuestro padre los que necesitáis ayuda urgente contra el rey inglés, por lo tanto, yo pondré las condiciones. Yo tampoco quiero que mi esposo tenga que dedicarse a reprimir una insurrección de dos normandos megalómanos...

–Mi padre es angevino.

–... por lo tanto os aconsejo –continuó ella sin hacerle caso–, que os ocupéis de que vuestro padre deje libre a ese pobre Giraud y se disculpe ante el rey. Naturalmente, eso sólo significa perdón, no apoyo contra Esteban.

En los ojos de Enrique había una divertida admiración.

–Regateáis como un sacerdote –dijo con voz pausada–. Es una suerte que no seáis la esposa de Esteban. Está bien, puedo ocuparme de la liberación de Giraud, pero la disculpa es imposible. ¿Y qué clase de alianza queréis?

Leonor se pasó la lengua por los labios.

–Lo formularé de esta manera: a cambio de la promesa de mi esposo de no hacer *ninguna* alianza con Esteban... vos prestaréis juramento de fidelidad por Normandía.

–¿Nada más? ¿Estáis segura de no querer también la luna y las estrellas?

–Completamente segura. Para el cielo sois poco competente, duque, ¿o no?

Enrique tuvo que contener su regocijo.

–Infernal y diabólica, de veras que lo sois... pero ahora, en serio, esto va demasiado lejos. Por Normandía necesito al menos un pacto de ayuda mutua.

Leonor torció la cabeza hacia un lado.

–Bien –dijo después de un rato, pensativamente–. Yo no puedo prometer nada, pero haré todo lo posible para que Luis os garantice su amistad en público... después de que vos lo hayáis reconocido como vuestro señor. ¿Estáis satisfecho?

Enrique se inclinó sobre el pescuezo de su caballo y la besó con fuerza en la boca.

–Yo nunca estaré satisfecho hasta que no estés en mi cama, Leonor... cosa que sucederá muy pronto.

–¡Sois el hombre más arrogante que he conocido jamás!

–Y tú eres la mujer más arrogante. Y también, la mujer más mentirosa porque, Leonor... ¿cuándo fue la última vez que lo pasaste tan bien como en este último cuarto de hora?

Leonor le lanzó una mirada furibunda. Entonces hizo girar de un tirón a su yegua y se alejó a galope tendido, los cabellos rojos flotando al viento detrás de ella. Enrique la siguió con la mirada.

–¡Qué mujer! –exclamó.

Después echó la cabeza hacia atrás y soltó una carcajada.

Dos días después, la corte y los ciudadanos de París se enteraron, para su gran asombro, de que Godofredo Plantagenet, conde de Anjou, sin ninguna explicación, había consentido en dejar libre al prisionero Giraud Berlai y de que su hijo Enrique, duque de Normandía, quería prestar el juramento de fidelidad ante el rey Luis. La única explicación que encontraba el pueblo era que debía de tratarse de un milagro del santo Bernardo.

Fue una fiesta de reconciliación de tal magnitud que habría dejado con la boca abierta al mismísimo moribundo Suger. El alivio por haber evitado una rebelión sangrienta enloqueció de alegría a las dos partes y Luis no vio nada malo en ello, cuando Enrique Plantagenet invitó a bailar a su esposa..., un nuevo gesto de reconciliación, como explicó el joven duque.

–Espero que hayas notado que durante ese aburrido juramento de fidelidad te he mirado a ti, Leonor.

–No he prestado atención. Por otra parte, tampoco recuerdo haberos dado permiso para hablarme con tanta familiaridad.

–Oh, sí, ángel mío, con tus ojos.

Las parejas danzantes se separaron. Cuando volvieron a juntarse, Leonor preguntó en tono mordaz:

–¿Cómo puedo haceros entender que yo no esperaba con impaciencia que un misericordioso destino os guiara por el camino hacia mí?

–No necesitabas esperar. En el mismo instante en que fuera necesario, yo estaría allí.

–¿En qué sentido necesario?

–Corazón mío, es más que evidente que vosotros, tú y tu pobre marido, sólo os hacéis infelices el uno al otro.

–Primero, eso no es asunto de vuestra incumbencia, Enrique Plantagenet. Segundo, es difícil que yo os considere capaz de juzgar cuestiones de matrimonio. Y tercero..., ¿creéis realmente que sois el único hombre en el mundo?

–Soy el único para ti, créeme.

La música terminó y mientras acompañaba a Leonor hasta su sitio, Enrique le susurró al oído.

–Si es cierto que estás tan segura de que me aborreces, tan por completo segura, entonces tampoco temerás que mañana nos encontremos otra vez en el bosque.

Ella no contestó. Habían llegado al alcance del oído de los ocupantes de la mesa y Leonor tomó asiento al lado de su esposo con estudiada lentitud. Su hermana Petronila, que de nuevo esperaba un hijo y charlaba en aquel momento con Godofredo Plantagenet, se dirigió a Enrique en tono cordial.

–Vuestro padre me estaba diciendo que él mismo no conoce muy bien Inglaterra, pero que vos habéis vivido allí desde que teníais nueve años. Habladnos un poco de ese país, yo no tengo ni la menor idea de cómo es. Aquí lo único que oímos es que en la isla siempre están en guerra.

–Oh, es un país hermoso –contestó Enrique amablemente–. Muy verde y casi por todas partes se saborea un poco de mar en el aire. Pero como bien habéis observado, la guerra ha causado gravísimos estragos.

–Sí, la paz es algo bueno –Luis tomó en aquel momento la palabra–, hasta los paganos romanos, pese a que conquistaron todo el mundo, lo sabían.

–Tal vez precisamente porque siempre estuvieron en guerra, igual que nosotros –dijo el conde de Anjou y todos rieron–. ¿No fue Virgilio –continuó– quien escribió una oda en la que exhorta a los romanos a la paz?

–Fue Horacio –dijo de improviso Leonor–, y en efecto, se adapta a la perfección a estos días. Yo la recitaría con mucho gusto, pero no sé si todavía la recuerdo toda. ¿Quizá si el duque quisiera ayudarme?

Enrique dejó a un lado la copa que tenía en la mano y la miró fijamente. Cuando le contestó saboreó cada una de las palabras.

–Con mucho gusto, majestad.

Ella empezó a recitar con una voz en la que había un poco de ironía, un poco de solemnidad y algo de desafío.

¿Adónde, adónde vais vosotros, enfurecidos?
¿Por qué se halla vuestra mano,
otra vez en la empuñadura de la espada?

Continuó Enrique:

No están todavía tierra y mar hasta el hartazgo
saciados con sangre latina,
ahora no hay que quemar...

Y Leonor, adaptándose a su ritmo, completó con una mirada significativa:

también salvajes británicos encadenados en el capitolio
llevándolos allí en triunfo.

Los oyentes rieron y aplaudieron con entusiasmo. Sólo el padre de Enrique había escuchado más de lo expresado con las palabras y frunció un poco el ceño.

–Bueno, esto sí que no lo esperaba, duque –comentó Luis en tono condescendiente–. Debo admitirlo. Es una prueba impresionante contra nuestros prejuicios hacia los normandos. ¡No quiero oír a nadie más decir que no tenéis cultura!

–Oh sí –añadió Leonor serenamente–, nuestro joven amigo ha recibido una educación en verdad excelente.

El verano por fin había llegado. Hacía calor y la lluvia había dejado tan limpio el aire, que por todas partes se podía sentir el olor agradable del trigo y del verde de los árboles bajo el sol. Sin embargo, todavía estaba húmedo el musgo en los troncos y la tierra mostraba las huellas de los días de lluvia.

–Como veis –dijo Leonor–, no me siento intimidada en absoluto por vos.

Había desmontado y, sin volverse, ataba su caballo a la rama colgante de un árbol.

Enrique bajó de un salto de la silla de montar.

–Entonces llámame por mi nombre y camina conmigo un tramo hacia dentro del campo.

Pasearon a paso lento entre el trigo a medio crecer. Enrique se agachó y recogió una espiga. Con ella le hizo cosquillas a Leonor bajo la barbilla.

–Muy segura, ¿eh?

–Completamente segura.

La espiga describió un círculo alrededor de su cuello, bailó sobre sus pechos y descendió hasta su cintura. Leonor se quedó quieta. Enrique se acercó a ella por detrás, apartó sus abundantes cabellos y le rozó la nuca con los labios. Lentas y acariciadoras, sus manos se deslizaron por sus hombros y desataron los cordones de su corpiño.

Ella ya no estaba serena, él podía sentir cómo le temblaba todo el cuerpo. Entonces echó la cabeza hacia atrás. Él le besó los párpados, las mejillas, por fin la boca y ella respondió a su beso con una vehemencia que él nunca había experimentado. Leonor se dio la vuelta y sus manos se deslizaron con una ligera vacilación por el torso de él. Enrique sintió su lengua en su cuello, sintió a Leonor en sus brazos. Aquella mujer lo volvía loco. Quién desnudó a quién, quién sedujo a quién y quién llevó al otro a una entrega incomparable, no lo supieron jamás. Sus cuerpos se integraron uno en el otro como si fuesen la única pareja del mundo.

Leonor echó una mirada a su hija mayor dormida. María tenía entonces seis años, era una niña despierta, llena de vida, que había heredado los rasgos de Luis, pero que ya mostraba el amor de su madre por la música y un asombroso dominio del lenguaje. «Nunca he conocido a una criatura que a su edad se expresara tan bien», pensó Leonor, y una vez más sintió un profundo agradecimiento porque María le había vuelto a tomar cariño rápidamente, después de su regreso de Oriente.

Su segunda hija, Alicia, todavía era demasiado pequeña para dormir sola y Leonor desistió de ir a verla esa noche. Sólo conseguiría despertar a la niña y complicarle la vida a la niñera. Salió de la habitación de María. Sus pasos resonaron en el siguiente corredor silencioso. En aquella parte del edificio casi no entraba ningún ruido del siempre activo palacio ni de la ciudad.

Sin tener ningún motivo en particular, se quedó inmóvil y se apoyó en la pared dura y áspera del corredor, apenas iluminado por la luz débil de una sola antorcha. De pronto dio un golpe contra la piedra con el puño.

¿Cómo había podido ser tan insensata?

Ella había amado a Raimundo, pero siempre supo que no había futuro para ellos. Y cuando comprendió, después de que el dolor de su muerte se hubo atenuado un poco, que él había despertado necesidades en ella que ya no podría negarse más, había engañado repetidas veces a Luis, pero prudentemente con hombres que, si bien encontraba atractivos, no amaba. Amar a un hombre como había amado a Raimundo sólo traía consigo dolor. Un dolor que ella no quería volver a sufrir. Ella ya no creía que Dios velara por todos ellos..., en caso de que alguna vez lo hubiese creído. ¿De haberlo hecho, le habría quitado a Raimundo? Ella habría regresado a Francia, pero siempre habría sabido que Raimundo pensaba en ella y que también la amaba. Pero Raimundo estaba muerto. Y ella, tan estúpida como era, una vez más había cometido el mismo error y se había vuelto a enamorar. No era como con los otros hombres que ella había utilizado, como los hombres que las mujeres utilizan desde los orígenes de la humanidad, se dijo para su justificación. Ella había cometido la imperdonable estupidez de enamorarse de Enrique Plantagenet.

Lo amaba. No sólo amaba su cuerpo sino también la manera en que la miraba y el modo de hablar, discutir, reír con él. Estar con Enrique era un permanente desafío, era amor y odio, el deseo de herir y el deseo de hacerlo todo por él, en un solo suspiro. Era, admitió a disgusto, incluso diferente de su amor por Raimundo, que había nacido de la adoración de una niña por un compañero de juegos mayor que ella y que desde el principio había estado marcado por su inminente final. Pero esta vez no estaba dispuesta a aceptar un final rápido. Su amor por Enrique se componía también de la necesidad de no perderlo, de vivir con él.

–Leonor –se dijo a media voz–, otra vez te dejas llevar por la autocompasión. Pero admítelo, tú tienes un talento especial para provocar semejantes situaciones. –Hizo una mueca irónica–. ¡Por el futuro!

–¿Cómo has dicho? –preguntó Leonor con incredulidad.

Enrique respondió con un encogimiento de hombros.

–Bueno, también podemos llevarlo a cabo con toda decencia y a la vieja usanza. –Con un gesto de exagerado dramatismo, Enrique se arrodilló a sus pies–. ¡Oh, señora, cuya belleza eclipsa a las estrellas! –exclamó–. Soberana, cuyas virtudes son tan famosas como incomparables..., ¿las menciono, puedo atreverme? Es amor lo que conmueve mi corazón, por eso concédeme la gracia de que solicite tu mano y...

Leonor le propinó un empujón que lo hizo caer. Enrique la arrastró con él y por unos instantes rodaron por el suelo forcejeando.

–Eres terrible, ¿lo sabías? –dijo por fin Leonor.

–Ni la mitad de lo que lo eres tú.

Cogió uno de sus pechos y lo besó. Entonces Leonor se incorporó.

–Enrique, tú sabes bien que no puede ser. Aunque Luis consintiera en pedir una anulación..., el Papa en persona nos ha otorgado una dispensa por cualquier clase de relación de parentesco.

–¿Y dónde queda tu espíritu de lucha, bruja?

Ella le dio un mordisco suave en el hombro.

–No confíes demasiado en eso. Y aunque yo fuese libre –dijo de pronto–, ¿por qué debería casarme justamente contigo? Las mujeres se casan en aras de la seguridad y del bienestar. Yo ya tengo las dos cosas.

–Algunas mujeres se casan por amor.

–Algunos hombres creen eso con gusto. Por otra parte, no me digas que no has pensado en Aquitania cuando me lo pediste..., la provincia más rica del continente sería para ti más que bienvenida, sobre todo después de que veinte años de guerra han exprimido tanto vuestras arcas.

–Quince años –la corrigió Enrique–. Y por supuesto que he pensado en Aquitania. Eso cambiaría de manera decisiva y de un solo golpe mi posición frente a Esteban.

–Así es –admitió Leonor–, siempre que yo consintiera. Pero ¿por qué debería renunciar a mi posición como reina de Francia para convertirme en duquesa de Normandía?

Enrique tomó un mechón de su pelo y lo deslizó entre los dedos.

–Porque entonces muy pronto serías también reina de Inglaterra, tesoro mío.

–Tesoro... En efecto, un tesoro muy bonito para ti. Y para mí un reino que, de acuerdo con todo lo que se dice, ha sido desangrado por vosotros los normandos.

–Nosotros los normandos somos buenos salteadores de caminos, ya te lo dije una vez. Pero no sería así por mucho tiempo... si una de esas insoportables, arrogantes aquitanas, gobernara conmigo. Leonor, mírame a los ojos y dime que esta idea te parece espantosa.

–Enrique, yo me casaría contigo encantada –admitió con un suspiro–, pero... ¿te has parado a pensar que soy diez años mayor que tú?

Enrique le dio un beso prolongado.

–¿Tienes miedo de la edad, amor mío?

–¿Miedo? Yo nunca he tenido miedo de nada. ¡Jamás! –replicó indignada.

–Leonor, mira a tu alrededor. A los veintinueve años, otras mujeres ya están gordas, viejas y feas. Y tú no pareces ni un solo día mayor que yo. Y así seguirá siendo, ya sé que has vendido tu alma al diablo... ¿o fue a las hadas?

Leonor frunció la comisura de los labios.

–Has escuchado demasiadas habladurías. Sé que la gente dice que desciendo de ellas.

Enrique esbozó una sonrisa maliciosa.

–Y de mi bisabuela se dice que se había acostado con el mismísimo diablo, que nosotros descendemos de él y que hacia él iremos. ¿No somos la pareja perfecta?

Con movimientos suaves siguió los contornos de sus piernas.

–Te has equivocado de oficio, Enrique –dijo Leonor con sorna–. Con tu facilidad de palabra tendrías muchísimo éxito como enviado papal en todos los países. Sea como fuere, ¿qué pasa con tu ambición dinástica? En la corte me han acusado durante muchos años de ser estéril, y ahora se dice que sólo puedo traer mujeres al mundo. Como rey necesitas hijos varones..., ¡mira lo que le ha sucedido a tu madre cuando su padre la nombró heredera de Inglaterra! Tu pueblo –en su voz se deslizó un poco de amargura– nunca reconocería a una mujer como soberana.

–Tomo buena nota de que has hablado de «mi» pueblo, a pesar de que todavía no he puesto un pie en suelo inglés. Lo tomo como una muestra de confianza por tu parte. Pero Leonor, ¡claro que tendremos hijos, varones y mujeres! Lo sé. ¡Piensa sólo en cuántos hijos vamos a tener!

–Todavía no he dicho que sí, Enrique –replicó Leonor con recelo–. Pero pienso que de todos modos voy a separarme de Luis. Sólo que no confíes en... –añadió provocativamente– ¡en que después me case precisamente contigo! En Aquitania se vive muy bien sola.

–Yo no confío en nada en absoluto, tampoco confío en ti. ¿Acaso tú confías en mí?

–En absoluto.

–Maravilloso ¡Qué vida!

De pronto soltó una carcajada.

–¿Sabes una cosa, Leonor? Aunque sea sólo por el escándalo que provocaría esto, deberías hacerlo ¡Piensa en la horrorizada cristiandad!

Suger había muerto y los dos Plantagenet se encontraban en viaje de regreso a Anjou, cuando Leonor habló por primera vez con su esposo sobre la anulación de su matrimonio. En aquel momento, Luis tenía tras de sí penosas horas de ejercicios de penitencia, estaba extenuado y lo había cogido por completo por sorpresa. En su semblante se manifestó una enorme perplejidad.

–Pero Leonor, ¡el Papa nos ha asegurado que nuestro matrimonio es válido!

–Sí –dijo ella con los ojos bajos y un tono de tristeza en la voz–, pero ¿cómo sabes que en eso tiene razón? Tú necesitas un hijo varón para tu reino, Luis. He reflexionado mucho sobre ello. ¿No podría ser que nuestro matrimonio sea un pecado a los ojos de Dios y que por eso no te regala un heredero al trono? Tú eres el hombre más piadoso que conozco, Luis, no puede ser por tu culpa. Debo de ser yo la culpable.

Luis la miró a los ojos.

–¡Pero yo te amo, Leonor! ¡No quiero divorciarme de ti!

Ella empezó a caminar de un lado a otro por su alcoba.

–Lo sé, Luis, pero no hay que darle vueltas, tú no eres un ciudadano común sino el rey de Francia. En nuestra posición no cuenta si hay amor en la pareja, cuentan los resultados. Y el resultado de nuestro matrimonio es que no podemos tener hijos varones y que permanentemente te hago muy desdichado.

–Eso no es cierto, Leonor, y...

–¡Por el amor de Dios, no digas que el consejo de la corona no ha querido convencerte ya muchas veces! ¡Sólo necesito mirar la cara de Thierry Galeran cuando lo veo hablando contigo!

Luis se sintió acorralado. Claro que lo acosaban, cada vez con más frecuencia, con que debía separarse de la reina y tomar a otra mujer por esposa.

–Es verdad –admitió–. ¡Pero yo nunca te abandonaría en virtud de sus consejos, Leonor!

Su esposa clavó en él una mirada escrutadora y suspiró.

–No, tú no harías eso. Pero ¿por qué quieres prolongar más tiempo un matrimonio que es aborrecible para Dios y para los hombres? Tú necesitas una nueva esposa, una mujer joven que te regalará hijos y te hará feliz y entonces, tal vez, también yo seré feliz.

Luis la vio cercana a la desesperación.

–Entonces, ¿eres muy desdichada, amor mío?

Ella se llevó a los ojos el delicado pañuelo de tul transparente que había traído de Oriente y él se sintió sacudido por un fuerte estremecimiento. Una sola vez había visto llorar a Leonor y eso había sido durante la crisis que siguió a la muerte de Raimundo.

–Todos los días tengo que comprobar –empezó a explicar Leonor mientras luchaba por contener las lágrimas– cómo me miran todos y se preguntan cuánto tiempo me queda todavía para concebir un hijo, ¡y ya no lo puedo soportar más! ¡No puedo aguantar más esta sensación, Luis, cada día se acentúa más!

Luis se puso de pie, la abrazó con cuidado y, poco hábil en aquellas lides, trató de consolarla. Para él era una situación fuera de lo común, desconcertante. No estaba acostumbrado a ver débil y desvalida a Leonor.

–Pero –empezó a decir en un último intento– ¿has pensado también en María y Alicia? ¡Si nuestro matrimonio fuese anulado, nuestras hijas serían ilegítimas!

–¡Ah, eso lo pueden arreglar tus obispos! –replicó entre sollozos, apretando la boca contra su hombro–. ¡Después de todo, ya lo han hecho otras veces! ¡Sencillamente se las declara legítimas a renglón seguido!

Ella parecía hacer un verdadero esfuerzo por serenarse. Luis no sabía qué decir ni lo que debía hacer. Sin quererlo, volvieron a su memoria muchas situaciones en las que sus consejeros lo habían presionado para que reflexionara una vez más sobre su matrimonio ¿Podía ser cierto que a pesar de la dispensa del santo padre, ellos vivieran en pecado?

Era el siete de septiembre y en el castillo del Loira, en Anjou, estaba agonizando Godofredo Plantagenet. El calor agobiante, pegajoso, después de un largo día de marcha, había inducido a Godofredo a bañarse en el río y aquella misma noche lo había atacado una fiebre de la que no pudo recuperarse.

Su capellán rezaba por él. Al menos había vuelto a ser acogido en gracia por la Iglesia. Aun en el delirio reconoció a sus dos hijos y pensó en lo ridículo que sería haber sobrevivido a décadas de guerra y a una cruzada para morir por culpa de un río francés. En medio de los tormentos, intentó hablar.

–Tú, Enrique no me has hecho caso, ¿verdad?

Su hijo mayor negó lentamente con la cabeza. Godofredo emitió un gemido.

–Pero ¿nunca lo has hecho? ¿Cuándo escucharás a alguien, Enrique? ¿Cuándo?

Su murmullo se hizo ininteligible y se perdió en las alucinaciones de la fiebre.

Pocas horas después estaba muerto y al día siguiente sus hijos se enredaban en una enconada disputa. Mientras los dos estaban de rodillas delante del cadáver, el menor, que llevaba el mismo nombre de su padre, preguntó con recelo:

–¿A qué se refirió cuando dijo que tú no le habías hecho caso?

–No es algo que te importe, Godofredo –respondió Enrique con frialdad.

También físicamente Godofredo era igual a su padre y poseía el famoso temperamento «bilioso» de los Plantagenet.

–¡Espero que se te haya ocurrido pensar que yo soy tan heredero como tú! ¡Por ley tengo derecho a la mitad de todas las posesiones!

–¡Por Dios, Godofredo! –replicó Enrique con furia–, hasta tú deberías tener la inteligencia suficiente para comprender que ahora no podemos llevar a cabo ninguna partición de territorio. ¡No con la espada de Esteban en la garganta!

Los ojos azules de su hermano resplandecieron encendidos de ira.

–Yo sabía que querrías apoderarte de todo. Estás avisado, hermano Enrique, por lo menos el condado me corresponde a mí. ¡Y si no consientes en ello, me apoderaré también de Normandía!

Enrique lo aferró de los hombros.

–¡Por mí, ya puedes intentarlo! ¡Y mucha suerte en la empresa! ¡Pero hasta entonces cállate la boca y por lo menos esfuérzate por hacer como si te doliera que él esté muerto aquí.

Dejó caer los brazos de Godofredo y lo hizo callar. Godofredo intentó hablar aún un par de veces, pero no dijo nada y sólo de tanto en tanto dirigía una mirada cargada de odio a su hermano.

El otoño tocaba a su fin cuando Leonor y Luis emprendieron un último viaje juntos a Aquitania, donde había empezado su matrimonio. Para Navidad la corte se trasladó a Limoges y los que no sabían nada pensaban que el rey nunca le había manifestado mayor devoción y amor a su esposa.

Pero ya durante el viaje a través de Aquitania, Leonor hizo que los franceses del norte fueran reemplazados otra vez por sus propios vasallos en las fortificaciones de su provincia. Luis y ella regresaron a la Isla de Francia, y el martes anterior al Domingo de Ramos de 1152 el rey mandó reunir un concilio en Beaugency, que estaba integrado por los obispos de Sens, Reims, Ruán y Burdeos.

Una vez más se sometió a un examen minucioso la sospecha de una consanguinidad demasiado cercana y por fin se declaró nulo el matrimonio entre el rey y la reina.

Un correo se encargó de transmitir a Luis con gran solemnidad la decisión de los obispos.

–¿Y ahora qué vas a hacer? –le preguntó entonces a Leonor.

La mayoría de las mujeres que eran abandonadas de aquella manera por sus esposos, tomaban los hábitos. Pero él no se podía imaginar a Leonor en un convento.

–¿No podrías, simplemente, quedarte aquí en la corte como mi prima?

–En realidad eso sería un poco inapropiado, ¿no crees? –respondió ella con una sonrisa–. No, regresaré a Aquitania.

Luis carraspeó y desvió la mirada, en un esfuerzo por conservar la serenidad.

–Yo... yo te echaré muchísimo de menos, Leonor.

Ella lo miró muy seria.

–Y yo a ti, Luis. Quince años no pasan sin dejar huellas.

El primer día de primavera abandonó a Luis y a su corte con sus hijas para, como manifestaba, retirarse a Poitiers. Raras veces un hombre había mostrado una postración semejante.

–Se diría que allí va la mejor y más fiel mujer que hay sobre la tierra –comentó indignado Thierry Galeran–, y no una simple ramera.

El conde de Maurienne también seguía con la mirada a Leonor y a su reducido séquito.

–La mejor mujer sobre la tierra –repitió arrastrando las palabras–. Vos podéis no entenderlo y dicho con toda franqueza, yo tampoco lo entiendo, pero para él lo era y no hay nada que se pueda hacer. Para él lo era.

Leonor sólo había llevado un pequeño séquito con ella. Viajar con más gente la habría retrasado innecesariamente. Además, ya no poseía la inmunidad inherente a la reina de Francia y no quería llamar la atención de bandidos y salteadores de caminos que podían acechar por todas partes.

La víspera del Domingo de Ramos, cuando se acercaban a Blois, envió adelante a algunos de sus hombres para que se informaran sobre las posibilidades de alojamiento. Allí residía el hijo menor del conde de Champaña, Teobaldo de Blois, al que el matrimonio de su hermana con Raúl de Vermandois había llevado a la insurrección en el pasado. De ser posible, ella renunciaría a aceptar su hospitalidad. Sin embargo dio indicaciones de pedirle albergue en caso de que no hubiera sitio en los conventos de la ciudad.

Algunas horas más tarde, sus servidores regresaron muy preocupados e informaron, no sólo de que el castillo estaría fuertemente armado, sino de que también se habían enterado, por medio de una conversación con un escudero, de que el hijo del conde se proponía apoderarse por la fuerza de Leonor y hacerla su esposa.

Leonor hizo una mueca y se rió.

–Así que ya se ha puesto en marcha el baile de los pretendientes –comentó entre dientes.

Claro que eso era de esperar. Quien se casara con ella tendría Aquitania en sus manos y para lograrlo, los nobles señores renunciaban fácilmente a todas las normas de caballerosidad y utilizaban otros métodos.

–Pues bien –dijo con el mejor humor–, entonces no me queda más remedio que desilusionarle. Señor de Rancon, dad la orden de rodear Blois y marchar durante la noche.

Si Teobaldo de Blois se había figurado que ella sería tan blanda como para hacer un alto por pura comodidad, se había equivocado. ¿Qué era para ella una noche en vela, aunque tuviera que pasarla a marchas forzadas, frente a las fatigas de una cruzada? Cuando despuntó el amanecer ya estaba muy lejos de Blois y se preguntaba qué cara pondría el joven Teobaldo cuando se enterara.

Entretanto, todavía no estaba ni con mucho en los límites seguros de su ducado. Si tomaba el camino más corto iría por el Creuse en Port-de-Piles. Pero eso también se lo habían imaginado otros nobles codiciosos de la calaña de un Teobaldo de Blois. Y en efecto, cuando todavía estaba a un día de viaje de distancia, sus vigías le anunciaron que también en Port-de-Piles la esperaban hombres armados.

–¿Bajo las órdenes de quién? –preguntó Leonor.

Ella estaba preparada para muchas cosas, pero aun así la respuesta la dejó estupefacta.

–Se trata del hijo menor del difunto conde de Anjou, señora.

Así que Godofredo, el hermano de Enrique. Podría ser un encuentro interesante, pero también el desconocido Godofredo se encontraría con la sorpresa del tramposo engañado.

–Una cosa es evidente –dijo después de reflexionar un poco–, no podemos cruzar el Creuse, pero tampoco podemos evitarlo... –se dirigió al hombre que la había informado de la trampa–. ¿El río Vienne también está tomado?

–No, señora, pero...

–Entonces cambiamos nuestro itinerario y tomamos un vado del Vienne antes de que desemboque en el Creuse.

Los hombres que la acompañaban pensaron que ella tenía madera de auténtico capitán.

–Cualquier otra mujer se habría dejado vencer por el miedo y habría regresado a toda prisa a Beaugency, si es que no se hubiese dejado apresar sin más ni más –opinó el conde de Rancon–. Pero ¡que el diablo me lleve!, por mucho que la respete como duquesa, no me gustaría tenerla como esposa. Es demasiado inteligente para ser una mujer.

Extenuada pero triunfante, poco antes de Pascua llegó por fin a Poitiers. Mientras tanto, entre los ciudadanos locales se había propagado la noticia del modo en que su duquesa había burlado a los dos desafortunados héroes y celebraron alborozados su regreso. Sin pérdida de tiempo, Leonor empezó a ordenar la administración, que a raíz de la sustitución de funcionarios del norte de Francia por aquitanos era un verdadero caos, dirimió conflictos y recibió a los muchos delegados y peticionarios de sus ciudades y pueblos que se presentaron tras su regreso.

Estaba otra vez en su tierra natal y a los miembros de su pequeña corte les parecía que rejuvenecía con cada día que pasaba. Sin embargo, ella parecía esperar algo.

Enrique llegó, si bien casi sin acompañamiento, ya que los dos tenían perfectamente claro que en ningún caso debía darse a conocer por adelantado lo que se proponían hacer. Como la mayoría de los nobles cuando no había alguna razón ceremonial, vestía ropa de caza. Su apresurado viaje la había dañado mucho y Leonor se echó a reír cuando lo vio.

–¡Yo sabía que vosotros los normandos no podéis ocultar lo que tenéis de bandidos!

–¿Te casarías conmigo si yo no fuese uno de ellos?

–¿Quién te dijo que me casaré contigo?

Enrique la tomó de la cintura y la mantuvo en alto.

–Si no lo haces, te arrojo por esta ventana ahora mismo y tus trovadores tendrán material para componer infinitas canciones fúnebres.

Leonor se defendió con manos y pies, y una vez más terminaron en el suelo.

–Está bien, me casaré contigo, bárbaro desalmado –dijo casi sin aliento–. Aunque no sea más que por los parientes que gano con ello.

El semblante de Enrique se ensombreció.

–Me he enterado de eso. Godofredo es un pequeño canalla codicioso y va a pagar por ello, te lo juro.

–Bueno, tampoco puedes tomarle muy a mal que él quiera tener lo mismo que tú ambicionas. Un rasgo de familia, diría yo. ¿Cómo era eso de la descendencia del diablo?

Disfrutaban de sus enfrentamientos verbales casi tanto como de sus noches, que una y otra vez permitían a cada uno de ellos descubrir cosas nuevas en el otro. Era como Enrique había dicho..., eran la pareja perfecta. «Dos seres tan egoístas, hambrientos de poder, impíos... –había dicho una vez Leonor y concluyó–: "Pobre Luis".»

Los preparativos para su boda transcurrieron bajo estricto secreto y ni Leonor ni Enrique enviaron invitaciones a todos sus vasallos, como en realidad habría sido de rigor, para que hicieran acto de presencia en Poitiers. En la mañana del dieciocho de mayo, sólo cinco semanas después de la anulación de su primer matrimonio, Leonor intercambió votos matrimoniales con Enrique Plantagenet en la catedral de San Pedro.

Era primavera y Poitiers parecía no haber estado nunca tan hermosa ni tan colmada de esperanzas. Sobre su lecho nupcial, un verdadero mar de lirios esperaba a Leonor.

–Lo consideré adecuado a las circunstancias –comentó Enrique–, es una flor virginal.

Los dos eran jóvenes, felices hasta la exaltación y estaban seguros de poder conquistar el mundo.

La noticia de los esponsales de Leonor de Aquitania con un Enrique Plantagenet diez años más joven puso en estado de agitación a todos los principados de Europa.

Los aquitanos veían en las segundas nupcias de su princesa una brillante jugada, a expensas del rey francés, que los afirmaba en su sentimiento nacional. «Esos franceses del norte, todos ellos con sangre de horchata y sin el menor talento para el amor», decían. Y compusieron canciones para la boda que pronto fueron cantadas en todas partes.

A la entrada de la alegre primavera...
para volver a encontrar la alegría
y fastidiar al celoso,
la reina nos revelará
que está muy enamorada...

Como era de esperar, de la corte francesa llegaron voces muy diferentes. Todo un mundo se había desmoronado para Luis cuando descubrió con qué malas artes habían jugado con él. Se negó a reconocer el matrimonio y exigió que los dos se presentaran sin demora ante él. Dio como argumento que él era su supremo señor y que ellos no tenían derecho a casarse sin su consentimiento.

Con la unión de Normandía y Anjou con Aquitania, todo el oeste, desde el Bresle hasta los Pirineos, estaba en manos de un hombre al que por lo visto no le importaba en absoluto la fidelidad a su señor, y de una mujer que evidentemente era menos previsible que todos los anteriores duques de Aquitania. De un solo golpe, el reino francés se había vuelto a reducir, sí, incluso más que antes, ya que en aquel momento carecía por completo de vasallos fuertes. El único príncipe que podría haberse medido con Normandía (de Aquitania era mejor no hablar), el viejo conde de Champaña, estaba muerto. Y sus dos hijos, Enrique y Teobaldo, peleaban por la sucesión.

Entonces llegó la noticia de que Enrique Plantagenet se proponía embarcarse rumbo a Inglaterra y encontrarse allí con su madre Maude, «la emperatriz». ¿Quién podía saber si el ambicioso joven, con Aquitania a sus espaldas, no conseguiría también arrebatarle la corona a Esteban?

En el camino al puerto de Barfleur, Leonor había acompañado a Enrique hasta el convento de Fontevrault. Allí permaneció también durante las semanas siguientes, no sólo porque estaba cerca del Canal sino también porque allí se sentía muy bien y se había hecho amiga de la abadesa, que era tía de Enrique.

Matilde de Anjou, con su aire de suave melancolía, le parecía la viva imagen de su madre Aenor. Matilde había crecido en Fontevrault y en realidad siempre había querido tomar los hábitos, pero a petición de su padre había consentido en casarse con el único hermano de la emperatriz Maude. Poco tiempo después, su joven esposo murió ahogado en el trayecto a Inglaterra y la esperanza de una sucesión masculina en línea directa se perdió para siempre, y empezó la disputa entre Maude y su primo Esteban. Matilde regresó entonces a Fontevrault y en aquel momento era la señora absoluta de un convento que no sólo pertenecía a los más respetados aquitanos, sino que también gozaba de una categoría sin precedentes: la orden admitía hombres y mujeres, que sin embargo sólo podían encontrarse en la iglesia. Matilde era abadesa de los dos sectores del convento.

La naturaleza serena de Matilde constituía un equilibrio reparador para la agitación de Leonor y las dos mujeres pasaban interminables horas juntas. Con excepción del breve encuentro con Eloísa, Matilde era la primera persona perteneciente a la Iglesia por la que Leonor se sentía atraída.

–¿Vos no creéis –preguntó–, que ya hace mucho que estoy condenada por Dios?

La cara de Matilde parecía divertida bajo el riguroso hábito.

–Hoy es el día de San Juan, ¿verdad? –preguntó Enrique de improviso.

El mensajero apenas pudo tartamudear la respuesta.

–Sí... sí, creo que sí, señor.

–Recordad este día –dijo Enrique en voz baja–. Recordadlo.

Enrique abandonó Barfleur sin demora. En aquel momento confirmaba las peores sospechas de sus adversarios. En una clara evaluación de las capacidades y de la importancia de su hermano, que por esto era tanto más insultante, clasificó a Godofredo como una amenaza de segundo rango, que sin el apoyo francés no tenía mucho valor. Por consiguiente, en primer lugar se volvió contra Luis.

Necesitó menos de seis semanas para volver a tomar Neufmarché, que había sido ocupada por las tropas de Luis, y después obligó al ejército del rey de Francia a retirarse hasta las ciudades fronterizas de Normandía. Dejó allí fuertes guarniciones y ordenó la construcción de una nueva fortaleza. Entonces se ocupó de Godofredo, que por cierto había esperado mucho más de la experiencia de Luis en la cruzada, y no contaba con una victoria tan rápida de su hermano y por eso no había hecho suficientes preparativos estratégicos.

Enrique necesitó sólo un mes más para someter Anjou y acorralar a su hermano hasta que por fin, después de algunas agotadoras semanas de asedio, a Godofredo no le quedó más remedio que rendir su castillo y pedir clemencia a Enrique.

Enrique estaba entre los estandartes leoninos de los Plantagenet. Llevaba la armadura completa, lo que Godofredo percibió como una provocación, tal como estaba previsto. Se puso rígido, sofocó el odio que le estrangulaba la garganta y habló con dificultad.

–Hermano, he venido para someterme, yo y los míos, a tu autoridad.

–Qué extraordinaria condescendencia de tu parte –replicó ásperamente Enrique–, sobre todo teniendo en cuenta que no te queda otro remedio. ¿Ya habéis empezado a comeros los caballos, Godofredo, o Luis os ha dejado un par de hostias como provisión para el viaje?

Su hermano se puso colorado como un tomate.

–¡Maldita sea, Enrique, somos hermanos!

–¿Cuándo lo has recordado, Godofredo?... ¿Hace cinco minutos? ¿De verdad crees que sólo necesitas apelar a mis sentimientos de familia y ya podemos representar la parábola del hijo pródigo? Tú me has traicionado, Godofredo, no sólo como hermano sino también como tu señor. ¡Y además has intentado raptar a mi esposa! Dime una razón por la que debería protegerte, «hermano».

La furia ciega hizo que Godofredo perdiera el miedo.

–¡Diablos, yo sólo quería lo que de todos modos me pertenece! ¡Yo tengo derechos sobre Anjou! ¡Tú eres aquí el traidor y el violador de la ley! ¡Y en cuanto a tu ramera, esa que has tomado por esposa, apuesto a que si yo hubiera logrado hacerla prisionera, habría abierto las piernas también para mí! Ella...

A Godofredo se le cortó la voz, porque la manopla de hierro de Enrique se había cerrado alrededor de su garganta. Con la otra mano empujó lentamente a su hermano hasta ponerlo de rodillas.

–Dime qué me impide matarte ahora mismo, Godofredo –susurró Enrique con siniestra frialdad–. Dímelo, Godofredo.

Su hermano hizo un intento desesperado por respirar y gimió.

–Fratricidio... la Iglesia... desarmado...

El puño de Enrique se cerró aún más, entonces lo soltó de repente y lo empujó hacia atrás.

–No –dijo ásperamente–. Es sólo porque tú no eres digno de que me ensucie las manos matándote. Lárgate de aquí, Godofredo. No voy a castigar a ninguno de tus hombres, aunque podría colgarlos por rebelión. Pero sería muy injusto hacerlos responsables de la insensatez de un loco, ¿no crees?

Godofredo quedó tendido en el fango mientras Enrique se alejaba. Sin darse cuenta en realidad, Godofredo se frotó la garganta.

–Esto lo pagarás...

Pero lo dijo en voz tan baja que Enrique no pudo oírlo.

Luis no tuvo más remedio que firmar un armisticio con Enrique y éste, como se acercaba el invierno, renunció de momento al viaje a Inglaterra y volvió con Leonor. La personalidad arrogante de Leonor se había ocupado de que ninguno de los codiciosos barones se atreviera a rebelarse después de la anulación de su matrimonio con Luis, o más adelante en ausencia de Enrique.

–¿No hay un beso para el héroe que regresa al hogar?

–Si el héroe que regresa al hogar me promete que después se bañará por lo menos una vez, entonces me lo pensaré...

Pasaron las fiestas navideñas en Poitiers y en enero del año siguiente marcharon juntos a Barfleur. Cuando Enrique se despedía de Leonor, que en su ausencia gobernaría no sólo sobre Aquitania sino también sobre Normandía y Anjou, ella hizo un esfuerzo y con un aire de fingida frivolidad, le dijo como de pasada:

–Ah, antes de que lo olvide, Enrique, tengo aún una sorpresa para ti.

Enrique se pasó una mano por los cabellos y luego la cogió en volandas.

–Te vas a una nueva cruzada.

–No.

–Me abandonas y regresas con Luis.

–No... pero tal vez lo haga si no me bajas inmediatamente, ¡asqueroso insoportable! Enrique...

Hizo una pausa significativa, ya que no podía resistirse del todo a dar dramatismo a aquel instante.

–¡Espero un hijo!

En lugar de responderle, Enrique giró varias veces con ella en brazos mientras se besaban y reían.

–De veras eres una gran desalmada –dijo por fin–. Tengo por delante una travesía que habría infundido miedo al mismísimo Ulises y ahora me haces aún más difícil abandonar estos tentadores Elíseos. Leonor –le levantó la barbilla–, esto sucede ya en el primer año de nuestro matrimonio, después de haber estado casada siete años con Luis sin quedar embarazada... ¡cómo es posible! Todos los santurrones se van a llevar una desilusión. ¡Dios Santo, la vida es maravillosa! –concluyó con los brazos en alto.

Hacía mucho tiempo que Enrique había comprendido la importancia de los gestos públicos. Por eso, cuando llegó a Inglaterra el día de Reyes, se dirigió inmediatamente a la iglesia más próxima y entró en el momento preciso en que empezaba el coro a cantar: «Ved, allí viene el rey, el vencedor...».

Por supuesto, la historia circuló de inmediato entre su ejército y los soldados se encargaron de que llegara a oídos del pueblo.

Esteban, que había confiado en que el conflicto con el rey francés mantendría a Enrique por bastante tiempo en el continente, no pudo reclutar tan rápido a sus tropas y tuvo que apoyarse en sus mercenarios flamencos, que envió a toda prisa a Wallingford, un burgo que defendía uno de los seguidores más importantes de Enrique.

Sin embargo, en lugar de dirigirse a Wallingford, Enrique marchó hacia Malmesbury, una de las guarniciones más fuertes de Esteban. Todavía llovía a cántaros y Patricio de Salisbury, un viejo amigo de Enrique en Inglaterra, profirió una maldición cuando abrió la lona de entrada a la tienda de su general en jefe para anunciarle que se habían realizado todos los preparativos.

–¡Maldita estación del año para una guerra!

Enrique sonrió con gesto irónico. Tenía un mapa enfrente de él y en aquel momento tomaba notas para descifrar las abreviaturas secretas.

–¿Qué pasa, Pat, te has vuelto delicado durante mi ausencia?

–Si entiendes por «delicada» una vida en la que uno no tiene que emprender algo nuevo cada cinco minutos, sino que de vez en cuando se toma un tiempo para descansar... –respondió Salisbury en tono mordaz–. Pero en serio, Enrique, esta lluvia incesante puede ocasionarnos muchas dificultades, sobre todo cuando se trate de cruzar ríos. Yo no pensaba que te empecinarías en hacer la guerra justamente ahora.

–Esteban tampoco –replicó Enrique–. Por eso lo hago. Bien, ¿qué hay? ¿Los hombres están en posición para el ataque de mañana?

–Lo están. Sólo espero que tengas razón con el efecto sorpresa. De lo contrario quedaremos inmovilizados aquí, mientras Esteban desangra Wallingford.

Enrique se puso de pie y extendió la mano hacia el aguardiente que habían dejado para él.

–¡Por Dios, los irlandeses sí que saben de bebidas! Qué dices, Pat, esto te calentará.

Su amigo movió la cabeza. Enrique tomó un trago más y luego señaló un punto en el mapa.

–Escucha, Pat, aquí venceremos. Y con eso tendremos en nuestras manos una de las fortalezas más importantes. En cuanto a Wallingford, el querido primo de mi madre ha confiado, por supuesto, en poder clavarme allí mientras recluta a su ejército. Y eso es precisamente lo que no va a suceder.

Patricio de Salisbury miró a su amigo con una mezcla de simpatía, disgusto y admiración. Enrique sólo tenía veintiún años, pero cuando uno lo oía hablar, podía creer que ya tenía mil batallas detrás de sí.

–Tú nunca crees que puedes equivocarte, ¿verdad, Enrique? ¿Y qué piensas hacer si tu amado hermano Godofredo se apodera entretanto de Anjou y Normandía?

Enrique meneó la cabeza. Parecía estar de muy buen humor.

–Esto no va a suceder. Créeme, si hay alguien que puede mantener a raya a Godofredo, ese alguien es mi mujer.

Salisbury le lanzó una mirada cargada de curiosidad. Ardía en deseos de saber algo sobre la legendaria Leonor de Aquitania, pero no sabía cómo debía formularlo.

Por fin se aclaró la voz en un esfuerzo por expresarse con tacto.

–Tu matrimonio ha levantado muchos rumores aquí. ¿Es cierto... es cierto que es muy bonita?

Enrique lo miró de arriba abajo y se rió a carcajadas.

–¿Bonita? Caerás de rodillas en cuanto la veas –dijo cuando recuperó el aliento–. Dicho sea de paso, amigo mío, ése es uno de los motivos por los que quiero terminar lo más pronto posible con Esteban. Una mujer semejante ejerce una poderosa atracción.

–¿No podrías hacer que ella viniera después? –sugirió Patricio de Salisbury.

Su amigo negó con la cabeza.

–Primero porque la necesito como regente en el continente, y segundo porque está embarazada. Y para satisfacer tu impertinente curiosidad –añadió con sarcasmo–, el niño llegará a finales de julio.

Con toda intención, Patricio contó en voz alta con los dedos.

–¡Qué lástima! –suspiró–. Me atrevo a afirmar que eso va a decepcionar a un gran número de personas.

Enrique le asestó un golpe en las costillas.

–El año que viene, por esta época –manifestó con petulancia–, con un poco de suerte, vas a poder visitar en Londres al rey y a la reina de Inglaterra junto con su heredero al trono. –Un trueno hizo temblar la tienda y Enrique frunció el ceño–. Es mejor que yo mismo examine todo una vez más para que mañana no cometamos ningún error, con lluvia o sin ella.

–Ya con la mitad del cuerpo fuera, giró otra vez la cabeza y le gritó a su amigo–: No obstante, no te preocupes por el tiempo, Pat. La lluvia ya me ha traído suerte más de una vez.

El cálculo de Enrique resultó acertado. Mientras el rey Esteban todavía mantenía el sitio a Wallingford, él tomó al asalto Malmesbury. Cuando Esteban recibió la noticia, era demasiado tarde para evitar un encuentro con el victorioso Enrique, que en aquel momento se dirigía a Wallingford con nuevos refuerzos. Pero la lluvia había hecho crecer tanto el Támesis a la altura de Wallingford que los dos ejércitos se mantuvieron en orillas opuestas durante días enteros sin que se llegara a combatir.

Resignado, Esteban decidió levantar el sitio y por el momento regresar a Londres para esperar allí a sus nobles y a las tropas inglesas prometidas. Enrique, mientras tanto, marchó hacia Oxford para conquistar la región central de Inglaterra, tan importante para el abastecimiento de productos agrícolas. Su fama como estratega le precedía gracias a sus éxitos, y cuando el conde de Leicester le rindió nada menos que treinta burgos al mismo tiempo, casi había logrado su objetivo. Después, Enrique dejó perplejos tanto a amigos como a enemigos cuando, contra todas las costumbres de la época, ordenó a sus tropas devolver a los campesinos todos los bienes que les habían sido saqueados.

–Yo no vine aquí para organizar incursiones de pillaje –anunció Enrique frente a todo el ejército y la población de Oxford–, ¡sino para proteger la hacienda de los pobres contra la rapiña de los grandes!

El pueblo había sufrido tanto tiempo en medio de la guerra y los saqueos, que estas palabras se propagaron rápidamente y creció hasta el infinito la admiración por el joven duque, al que la victoria parecía seguir como un perro fiel y que personificaba la tan deseada paz.

Esteban estaba viejo y enfermo. Toda su vida había luchado con su prima Maude, pero aunque la emperatriz era admirada por sus partidarios por su coraje y tenacidad, nunca había sido querida. Su hijo, por el contrario, con su estrategia, su juventud y sus singulares gestos de amistad para con la población, había ascendido a la categoría de ídolo para normandos y sajones por igual.

Mientras Enrique recibía la noticia de que Leonor le había dado un hijo varón, Esteban enviaba a su hermano, el obispo de Winchester, y al arzobispo de Canterbury para que entablaran negociaciones de paz.

En Oxford, los dos obispos fueron recibidos con júbilo por la población.

–Es por él, no por nosotros –dijo con enfado el arzobispo de Canterbury–. Digáis lo que digáis, él es quien domina el arte de la demagogia.

–Pero mi hermano todavía es el rey –replicó el obispo de Winchester–, y tiene la intención de seguir siéndolo. Este Plantagenet puede tener éxito por el momento, pero la población se dará cuenta muy pronto de que él tampoco es diferente de su madre. Y en veinte años Maude no ha podido imponerse como reina.

–No sé –comentó en tono escéptico el arzobispo–. ¿Qué opináis vos, Tomás?

El aludido permaneció callado y el arzobispo lo miró asombrado. Tomás Becket era uno de sus diáconos jóvenes predilectos, que ya muchas veces había dado pruebas de poseer una mente reflexiva y de cierta intuición en situaciones difíciles. Por eso el arzobispo lo había escogido como acompañante para aquella misión. Arqueó las cejas. Si otras veces había sido muy rápido para tener una opinión, y casi siempre daba en el blanco, ¿por qué vacilaba en aquel momento?

–Pienso –dijo por fin el joven de veintisiete años–, que sería mejor no subestimar a Enrique Plantagenet. Podría ser peligroso.

–¡Qué va! Un hombre que se entiende tan bien con la plebe y las prostitutas... –dijo con desprecio el obispo de Winchester.

–Un hombre que en pocos meses ha puesto de su lado a media Inglaterra, ilustrísimo obispo.

–Tomás –dijo el arzobispo de Canterbury–, sois un pesimista incorregible. De todos modos, tendré en cuenta vuestra advertencia.

Enrique vivía junto con sus capitanes en el convento de los agustinos. Los obispos fueron recibidos con gran reverencia por los monjes y casi sin ningún respeto por los soldados. Sin intimidarse, fueron conducidos hasta Enrique, que los recibió en camisa y apoyado con aire indolente en una ventana.

El arzobispo frunció el ceño. Enrique prefería la sencillez, pero no con la modestia de un asceta o de un santo, sino con la de un hombre que era capaz de sentirse tan cómodo entre los campesinos como en los fastos de Estado entre los nobles, y eso lo percibía la gente. «Tomás tiene razón –pensó el arzobispo–, este hombre es peligroso. ¿Hacia dónde vamos si la simpatía ayuda a un rey a conseguir la victoria?»

–¿A qué debo el honor? –preguntó Enrique en tono burlón–. Cuando me fue anunciada vuestra visita, casi no me atreví a alentar la esperanza de que aún quisierais discutir conmigo los detalles de la coronación, eminentísimo arzobispo.

El arzobispo tomó aliento pero no dijo nada. En su lugar habló el obispo de Winchester, el hermano de Esteban.

–La impertinencia no va a ayudaros, Enrique Plantagenet. Hemos venido porque a mi hermano, el rey, le parece que ha llegado la hora de mantener conversaciones sobre el estado de las cosas.

El sol del ocaso hizo que el color de los ojos de Enrique cambiara de verde a gris.

–El estado de las cosas es muy sencillo. Yo gano y él pierde.

–¿Estáis tan seguro de eso?

La pregunta la hizo el protegido del arzobispo de Canterbury, Tomás Becket. No lo preguntó indignado como el obispo de Winchester, sino curioso y con cierto sarcasmo.

Enrique lo miró. Había despertado su interés.

–¿Por qué no debería estarlo?

–Porque es imposible que vuestra buena racha continúe por mucho tiempo. El rey de Francia mantiene una posición de manifiesta hostilidad hacia vos, perderéis en cualquier momento Normandía y con ella el respaldo que tenéis en el continente y además, sabéis tan bien como yo que el favor del pueblo es tan cambiante como el clima en abril.

La risa contenida hizo aparecer pequeñas arrugas alrededor de los ojos de Enrique.

–Eminentísimo arzobispo, debo felicitaros por haber conseguido este acompañante –dijo–. No había contado con que este encuentro pudiera ser tan entretenido. Sin embargo, tengo que decepcionaros. Todos mis súbditos en el continente me son absolutamente fieles y estoy dispuesto a apostar cualquier suma por ello. ¿Y quién os ha dicho que yo me amparo sólo en el favor del pueblo? Aquí tengo cartas de ciertos señores de la nobleza que, por lo que parece, se sienten perjudicados bajo el reinado de mi tío Esteban y estarían entusiasmados con la idea de hacer una alianza conmigo.

–Si algunos traidores infames... –empezó a decir el obispo de Winchester.

Pero en una actitud de franca insubordinación, Becket lo interrumpió, lo que le acarreó una mirada reprobatoria de su arzobispo.

–Así no vamos a ninguna parte. Habéis afirmado que no queréis que los conflictos de los grandes hagan sufrir más al pueblo. Bien, el rey desea la paz. ¿También vos la deseáis, o vuestra ambición es mucho más fuerte? De ser así, señor, vuestra credibilidad podría menguar muy rápido.

Enrique abandonó su actitud provocativa y avanzó un par de pasos hacia el religioso. Lo observó con una mirada escrutadora. Tomás Becket tenía una cara que era una contradicción en sí misma: la boca sensual de un sibarita se enlazaba con los ojos hundidos de un místico temeroso de Dios, y la nariz aguileña, coronada por una frente ancha, aumentaba aún más la contradicción. Durante un par de segundos interminables se miraron. Por fin, Enrique se encogió de hombros.

–Yo también quiero la paz, pero bajo mis condiciones, no bajo las de Esteban –manifestó–. Pero ya se ha hecho tarde, propongo que sigamos mañana con esta conversación.

Con eso, de manera inequívoca, los despidió. Como si el joven Plantagenet tuviera ya la autoridad de un rey. Ensimismado, Enrique se mordió el labio inferior y los siguió con la mirada.

–¿Cómo os llamáis? –gritó detrás de ellos.

–Tomás Becket, señor.

–Becket, será bueno que no lo olvide.

La delegación eclesiástica del rey se decidió por el convento de los benedictinos como albergue. Durante una semana, los dos obispos y su acompañante mantuvieron agrias discusiones con Enrique, pero cuando fueron a verlo la mañana del séptimo día, él tenía una sorpresa para ellos.

–Eminentísimo arzobispo –empezó con exagerada seriedad–, será mejor que toméis asiento, ya que os espera una mala noticia.

–¿Qué pasa? –preguntó con recelo el arzobispo.

Enrique se cruzó de brazos.

–Para decirlo rápidamente... Eustacio, el hijo de Esteban, no parece estar precisamente entusiasmado con la idea de que nosotros estemos aquí para repartir su herencia. Y en lugar de hacer algo por su padre e ir a la guerra contra mí, se ha decidido por devastar vuestras tierras. Eustacio estaba convencido de que seríais mi amigo.

En efecto, el arzobispo de Canterbury tuvo que sentarse en la silla ofrecida. Sus pensamientos se agolparon. Maldijo a

Eustacio desde lo más profundo, no sólo por sus tierras sino también por las repercusiones desastrosas que aquel hecho podía tener sobre las huestes del rey Esteban que todavía quedaban. Si sus adalides caían uno sobre otro...

Pero Enrique no le dejó tiempo para reflexionar.

–Iglesias, conventos, cabañas de campesinos –enumeró en tono cordial–. Toda leña privilegiada para mis parientes. Con esto se está haciendo inmensamente amado por la población, ¿no es así? –concluyó en tono irónico.

El arzobispo soltó un gemido involuntario. En los ojos verdigrises de Enrique se reflejó un poco de compasión.

–Becket –dijo–, creo que deberíamos darle al eminentísimo arzobispo la posibilidad de que se serene y al ilustrísimo obispo la oportunidad de que lo conforte con caridad cristiana. A cambio de unas palabras contigo.

Tomás Becket titubeó. Entonces se unió al duque cuando éste abandonó la habitación. Caminaron en silencio hasta los jardines del convento. Una vez allí, Enrique se detuvo y le habló en latín, un idioma que dominaba a la perfección.

–Bien, Becket, vos no sois estúpido. Esto es definitivo, en el supuesto caso de que la causa de Esteban haya tenido alguna vez algún futuro, Eustacio le ha asestado el golpe mortal. Nunca lo van a reconocer como heredero al trono y rey. Y la mano de Esteban alrededor de la corona se afloja más cada día que pasa. ¿Por qué no nos hacemos todos un favor y terminamos esta guerra?

Becket le respondió también en latín.

–Tampoco vos sois tonto, señor. Todo eso está muy bien, pero sabéis que no es fácil que el rey pueda abdicar por amor a vos.

–¿Quién pide que lo haga? –preguntó Enrique–. Hablé en serio cuando dije que quiero la paz. Como sabéis muy bien, podría conquistar todo el reino ahora mismo, pero preferiría que Esteban me nombrara su heredero. Él es un hombre viejo y enfermo y yo aún soy joven. ¿Qué tengo que perder?

Tomás Becket respiró rápidamente. La propuesta le resultó sorprendente y sin embargo era tan lógica que le quitó el aliento. ¿Quién hubiera pensado hacía unos días, que él, el hijo de un comerciante normando, un simple diácono, estaría aquel día allí debatiendo sobre el futuro de Inglaterra con Enrique Plantagenet?

–¿Y Eustacio? –preguntó con cautela–. ¿De veras creéis que va a aceptar una solución semejante? En el supuesto caso de que el rey lo haga...

En la boca de Enrique se dibujó una línea delgada.

–Tendrá que hacerlo. No os preocupéis, dejad a Eustacio de mi cuenta. Vencer a un idiota semejante no tiene que ser demasiado difícil.

Leonor había roto el sello de la carta y recorría rápidamente las líneas. Petronila observó a su hermana y se quedó asombrada. Después de la muerte de su esposo, Raúl de Vermandois, Petronila había regresado a Aquitania y había encontrado a Leonor no sólo satisfecha sino también, por así decirlo, desbordante de felicidad y además, como señal visible de la gracia de Dios, embarazada. El nacimiento de su hijo no la había apartado de las tareas del gobierno más que un par de días. El nuevo heredero había provocado una alegría desenfrenada en Aquitania, el futuro estaba asegurado y era una nueva prueba de que Dios estaba de parte de su duquesa.

Leonor siempre había sido hermosa, pensaba Petronila, pero nunca tan radiante como entonces, cuando dejó caer la carta y respiró hondo. Con voz serena, que delataba el dominio que se imponía, se dirigió al mensajero.

–Me has traído novedades maravillosas.

Hizo una breve pausa y a continuación se dirigió a Petronila.

–El seis de noviembre, Esteban reconoció y adoptó a Enrique como heredero suyo, después de que Eustacio, el hijo de Esteban, enfermara repentinamente de fiebre tifoidea y muriera. Los barones ingleses dieron su beneplácito al reconocimiento de Enrique en Winchester, y Enrique y Esteban entraron juntos en Londres.

Petronila se quedó muda por la sorpresa, aunque ya debía estar acostumbrada a los éxitos imprevistos de su nuevo cuñado. «¿Quién lo hubiera pensado sólo hace dos años, cuando le prestó juramento de fidelidad a Luis en París?» Leonor seguía hablando con el mensajero.

–¿Has presenciado la entrada de mi esposo en Londres?

–Así es, señora –respondió el hombre con una amplia sonrisa–. ¡Qué día! El duque fue recibido por los ciudadanos de Londres como si fuese Nuestro Señor Jesucristo, en toda la ciudad repicaban las campanas y me atrevo a decir que todo el país estaba de rodillas para dar gracias aliviado, porque por fin el duque había puesto fin a la guerra.

Leonor sonrió.

–Un mensaje como éste merece una recompensa especial. Me ocuparé personalmente de que seas alojado como corresponde, pero antes acepta esto en agradecimiento.

Se quitó del dedo uno de sus anillos, un zafiro en el que estaba tallado su escudo heráldico y se lo entregó al emisario de Enrique.

El mensajero estaba fascinado, ya que ninguna señora que él conociera habría tenido un gesto semejante con un hombre de su condición.

–Lo llevaré siempre puesto, señora –balbuceó.

Ella le extendió la mano para el beso. Él había oído hablar de su belleza y la realidad no lo había decepcionado, y en aquel momento luchó contra el repentino impulso de jurarle que daría su vida por ella.

Una vez que el hombre abandonó el pequeño salón, Leonor se puso de pie, tomó a su hermana de las manos y como una niña traviesa empezó a dar vueltas vertiginosas con ella sobre el suelo de piedra, que en aquella época del año estaba cubierto con alfombras de Flandes. Hasta que Petronila, muerta de risa, exclamó:

–¡Basta ya, basta ya, me vas a matar!

Entonces volvieron a sentarse.

–Ese mensajero hablaba un francés extraño, incluso para un normando –comentó Petronila.

–No lo es –dijo Leonor–. A juzgar por su nombre, se trata de uno de los soldados anglosajones de Enrique.

Esto despertó la curiosidad de Petronila.

–¿De veras? Yo nunca he hablado con un anglosajón...

–Ya tendrás oportunidad de hacerlo –respondió regocijada

Leonor–. A más tardar cuando Enrique y yo hayamos ascendido al trono. ¿No es maravilloso, Petronila?

Tomó una vez más la carta, la leyó, y en sus mejillas aparecieron dos hoyuelos.

–Guillermo, duque de Aquitania, de Normandía... y rey de Inglaterra –dijo con voz pausada.

–¿Entonces Enrique está de acuerdo con que hayas dado a vuestro hijo el nombre de nuestro padre y nuestro abuelo?

Leonor asintió.

–También es el nombre del Conquistador, ya sabes. –Distraída, volvió a doblar la carta y con un aire soñador, añadió–: Enrique regresa.

Petronila se quedó callada. Era evidente que en aquel momento Leonor estaba a kilómetros de distancia con sus pensamientos.

Al cabo de algunos minutos, la más joven se atrevió a hablar, sin malicia pero con cierta reprobación en la voz.

–Lo amas, ¿verdad? Entonces tiene poco sentido mencionar que le has destrozado el corazón a Luis.

Leonor suspiró y dibujó una mueca.

–No lo menciones, tiene poco sentido. Luis me da lástima, pero ya me dio lástima desde el momento en que lo vi por primera vez. Y a la larga, eso es sencillamente insoportable. Además, también le habría destrozado el corazón si me hubiera quedado con él. Las personas como Luis están destinadas a que siempre las hieran. Y si te parece muy cruel lo que digo, ¡pues detente a pensar que tú no estuviste quince años casada con un hombre que sin cesar se esforzaba por convertirse en un segundo Bernardo de Claraval!

Petronila se debatía entre la censura y la risa. ¡Sólo Leonor tenía el talento para exponer sus errores de un modo tan divertido!

–¿Ya le has escrito a tu esposo contándole lo que has hecho con su hermano? –preguntó para cambiar de tema.

Las comisuras de los labios de Leonor palpitaron.

–No, ése es mi regalo sorpresa para él.

El incorregible Godofredo había creído por supuesto que, con Enrique en Inglaterra, no encontraría dificultades para apoderarse de Anjou y Normandía. Se preparó para un nuevo levantamiento, de lo que Leonor se enteró por los espías que había infiltrado. No emprendió una campaña contra él, sino que lo invitó a un torneo en su corte y su vanidoso cuñado, para su desgracia, la subestimó por segunda vez. Llegó, halagado por la invitación al «primer caballero en el país» y quizá también con intenciones adúlteras, y desde el mismo momento de su llegada permaneció como «huésped de honor» en un castillo muy custodiado del Poitou, echando pestes contra la perfidia de las mujeres.

–Por otra parte, no me hago ilusiones de que ya hayan terminado todas las dificultades con Godofredo –añadió Leonor–. Tarde o temprano tendremos que ponerlo en libertad, si no queremos convertirlo en mártir. Y los normandos tienen un derecho sucesorio tan absurdo, que él puede reclamarle a Enrique, con una cierta legitimidad, por lo menos una parte de las tierras de su padre..., lo que una vez más le hará ganar partidarios. ¡Qué vamos a hacer, nada es perfecto!

Petronila observó a su hermana y se preguntó cómo hacía Leonor para no someterse ni a las buenas costumbres ni a la decencia, sino siempre y únicamente a sus propias leyes, y sin embargo ganarse la admiración y el amor de tantas personas. Ella también amaba a su hermana, aunque no la comprendía en absoluto. Pero la espléndida, inquietante hermana mayor a cuya sombra había crecido, siempre había estado a su lado cuando fue necesario. También entonces, después de la muerte de Raúl, Petronila había abandonado de inmediato la corte francesa y acudido a Leonor. Se acordó de la visita de los dos Plantagenet a París, de la fiesta en que Enrique había bailado con Leonor y había citado cierta oda latina, y se preguntaba si ella, de participar otra vez en los acontecimientos de aquel día, esta vez lo habría presentido.

Cuando presenció la llegada de Enrique (Leonor había decidido que salieran a su encuentro en Normandía), estaba segura de ello. Era imposible no advertir la inmensa pasión que había entre aquellos dos seres. Claro que era habitual que una señora saludara a su esposo con un beso después de una larga ausencia, pero no había nada de habitual en la manera en que Enrique y Leonor corrieron a abrazarse.

Después de que Enrique viera a su hijo, no pudo apartar más los ojos de Leonor y la pareja no sólo escandalizó a Petronila sino a toda la corte reunida, cuando se retiró por un motivo más que evidente, sin siquiera ensayar una disculpa. Raúl de Faye, que estaba emparentado por línea materna con Leonor y Petronila y que había estado en Inglaterra con Enrique, quiso relajar la embarazosa situación.

–¡Bueno, qué otra cosa podríamos esperar de nuestra joven pareja!

Enrique y Leonor pasaron el año alternativamente en Normandía y en Aquitania. Celebraron las fiestas de Pascua en Ruán, donde en aquel momento residía la madre de Enrique, la emperatriz Maude, con su hijo menor, Gil. Maude había envejecido y en aquel momento se parecía de una manera en verdad siniestra a su primo Esteban. A los dos se les notaba la amargura que les habían dejado largos años de lucha.

Los sentimientos de Enrique por su madre eran muy dispares. Por una parte admiraba su valor y la tenacidad con que durante tantos años había defendido su herencia y la de él en un ambiente que le era por completo hostil. Maude, en otros tiempos emperatriz del Sacro Imperio Romano Germánico, nieta del Conquistador y esposa de Godofredo Plantagenet contra su voluntad, se ganaba el respeto hasta de sus enemigos, y haberla tenido como madre, desde el principio le había ahorrado a Enrique el error de ver en las mujeres un sexo débil. Por otra parte, ella no había luchado sólo por el reino, sino también con su esposo por la lealtad de sus tres hijos. Ya en la misma noche de bodas, Maude y Godofredo habían sostenido una pelea tan fuerte que al día siguiente Godofredo repudió a su esposa; sólo la necesidad de competir con Esteban y de tener herederos los había vuelto a unir. Durante su infancia, Enrique sólo había oído cosas malas sobre su padre de boca de su madre. Godofredo, en cambio, la mayor parte del tiempo se abstenía de hacer comentarios negativos sobre su esposa, por lo menos en presencia de sus hijos.

Durante los primeros años en Inglaterra, Maude había obligado a su hijo a presenciar un encuentro que él nunca llegó a perdonarle del todo, aunque ella lo hubiera hecho por pura desesperación...

Maude y Esteban acababan de acordar una nueva suspensión de las hostilidades, que sin embargo no prometía mantenerse por mucho tiempo. Así que ella junto con Enrique, por entonces de doce años, se dirigió a un encuentro con Esteban en terreno neutral. Enrique todavía recordaba muy bien la voz glacial con que lo había presentado a su rival.

–Primo, me gustaría que lo nombraras tu heredero. Entonces yo renunciaría a mis pretensiones.

–¿Y por qué debería hacerlo?

–Porque él no es hijo de Godofredo, sino tuyo.

La cara de Enrique se puso blanca como la cal y Esteban le lanzó una mirada fugaz.

–Eso es mentira, Maude, y tú lo sabes –contestó con un tono cargado de desprecio–. Eso pasó una sola vez. ¿Por qué le haces esto al muchacho? Yo siempre me he preguntado si habría alguna cosa ante la cual retrocederías para obtener el poder. Ahora tengo la respuesta.

Desde entonces, el sentimiento de Enrique por su madre estuvo marcado en buena parte por el odio. Cimentó toda su existencia sobre la convicción de ser hijo de Godofredo Plantagenet y no le pudo perdonar a su madre el haber despertado en él aquella duda secreta, a pesar de que aquella misma duda lo había llevado a una más fervorosa adhesión a su padre.

Por esa razón, la vida en Ruán, donde permanecieron hasta el verano, transcurrió no sin tensiones, pero en líneas generales feliz, sobre todo cuando un día Leonor le anunció a Enrique que otra vez esperaba un hijo.

–Esta vez yo también tengo una sorpresa para ti –respondió Enrique–. ¡Adivina!

–Le das Normandía y Anjou a Godofredo.

–Casi. Lo liberaré de tu hospitalidad y lo invitaré a Ruán. Pero ésa no es la verdadera novedad. Adivina otra vez.

Leonor se apoyó en un codo.

–En agradecimiento por tu victoria has hecho un voto de castidad.

–¿Qué dices? Escucha y asómbrate... Luis ha prorrogado

por dos años enteros la suspensión de hostilidades conmigo. Tiene que atravesar Aquitania para peregrinar a Santiago de Compostela y un pajarito me ha contado que su peregrinación tiene también un segundo objetivo.

–El rey de Castilla le ha ofrecido la mano de su hija.

En aquel momento le tocó a Enrique quedarse perplejo.

–¿Cómo sabes eso?

–Porque mis espías son algo más rápidos que los tuyos, amado mío..., lo que es perfectamente natural. Yo tengo, si lo prefieres así, mejores... contactos en la corte francesa.

–¡Maldito demonio! –concluyó Enrique sin el menor enfado y se rió–. ¡Sólo Dios sabe qué vacía y aburrida sería la vida sin ti, Leonor!

El dos de noviembre, cuando tenían la corte en Burdeos y casi un año después de la entrada triunfal de Enrique en Londres, llegó de Inglaterra un correo urgente del conde de Salisbury, con la noticia de que Esteban, rey de Inglaterra desde hacía dos décadas, había muerto el 25 de octubre de 1154. En el acto, Enrique y Leonor iniciaron los preparativos para el viaje.

Tomaron el camino de Ruán. Cuando Enrique fue a darle la noticia a su madre, ella se quedó un largo rato en silencio y por fin le habló en tono inexpresivo.

–Así que ahora eres rey de Inglaterra.

–El primero de la Casa Plantagenet –contestó él en tono también inexpresivo–. Y tengo que deciros algo que os causará alegría. Voy a poner en libertad a Godofredo. Estará presente en mi coronación, pero lo mismo que Gil, como hombre libre. Sería algo embarazoso que el hermano del rey inglés interpretara el papel del héroe prisionero.

Maude asintió con aire ausente.

–Voy a tratar de disuadir a Godofredo de sus insensateces, Enrique. Así, cuando nosotros asistamos a la coronación en Westminster...

–Ah, no –dijo Enrique en tono frío pero sereno–. No «nosotros». Vos no estaréis presente, querida madre.

Por primera vez se inyectó algo de color en la cara pálida de Maude.

–¿Qué quieres decir, Enrique?

–Quiero decir que no iréis a Inglaterra –respondió Enrique en tono tajante–. Nunca más en vuestra vida, madre. Podéis disponer de todos mis burgos y ciudades en el continente y seréis siempre una visita muy respetada allí..., pero no volveréis a poner los pies en Inglaterra.

El semblante de Maude se había puesto gris ceniza.

–Pero... tú no puedes hacerme eso.

–¿No? ¿De veras?

La emperatriz respiraba con dificultad.

–Durante toda mi vida he luchado por el reino, he luchado por ti, y ahora...

Enrique la interrumpió con voz incisiva.

–¿Por mí? Seamos sinceros, madre. Siempre y dondequiera que fuese, habéis luchado únicamente por vos. ¡Adiós, madre!

Maude se quedó sentada en su banco, deshecha. Sí, él le haría eso. Era la venganza perfecta por algo que había sucedido cuando él tenía doce años y que había sido casi olvidado por ella. Entonces empezó a llorar.

En Barfleur, la euforia de Enrique y Leonor se vio empañada de repente. Hacía ya días que reinaba el mal tiempo, pero en aquel momento se desencadenó una terrible tempestad que parecía no querer acabar nunca.

–Señor, tal como se ve, parece que por ahora estamos inmovilizados aquí –dijo resignado uno de los hombres del séquito de Enrique cuando ya amanecía–. Los hombres del mar dicen que podrían pasar aún dos semanas antes de que las aguas estén lo bastante tranquilas como para una travesía.

–Semanas en Barfleur –susurró Godofredo a su hermano Gil, mucho menor que él–. ¡Magnífico!

Enrique ni siquiera se molestó en girar la cabeza. Por el contrario, miró a Leonor. Ella sonreía. Él le hizo una seña imperceptible y entonces habló en voz alta.

–Que el diablo me lleve si yo me dejo atemorizar por una ridícula tormenta. ¡Partimos esta misma noche!

El vasallo lo miró atónito.

–¿Te has vuelto loco? –preguntó Godofredo–. ¿Con este

tiempo? Aunque tuviéramos que escapar para salvar nuestras vidas, no se justificaría una cosa semejante. ¡Y ahora menos que nunca! Tú no puedes...

–Mi querido hermano –lo interrumpió Enrique en tono mordaz–, el día que tenga que demostrarte qué puedo y qué no puedo hacer, no será un día muy agradable para ti. ¡Te lo juro!

Godofredo titubeó. Desde el día de la rendición de Montsoreau, cuando había sentido la mano de Enrique en su garganta, abrigaba un temor cargado de odio hacia su hermano. Pero si no quería morir también él, valía la pena valerse de cualquier argumento para disuadir a Enrique de aquella idea disparatada.

–Tu esposa está embarazada –dijo–, y si tú te obstinas en esto, ella perderá el niño.

Enrique pasó la mano alrededor de la cintura de Leonor.

–¿Tú tienes miedo, mi amor? –preguntó con una ternura que tenía mucho de burlona.

Ella le contestó en el mismo tono de voz.

–Por nada del mundo querría perderme la oportunidad de morir ahogada contigo.

–Entonces está decidido –afirmó Enrique.

Y acto seguido dio la señal de partida a sus incrédulos vasallos.

Cuando estuvieron a bordo, subió a la cubierta de proa, levantó la voz contra el viento y demostró una vez más su talento retórico.

–¡No tengáis ningún temor, buena gente! –gritó mientras la lluvia y el agua salada le azotaban la cara–. ¡Hoy es el día de San Nicolás y el patrono de los navegantes y viajeros nos protegerá! ¿Quién es aquí tan mal cristiano que dude de san Nicolás?

La niebla era tan densa que apenas se podía distinguir la mano delante de los ojos, las olas eran más altas que cualquier casa mediana, y los miembros de la comitiva real estaban tan mareados que ni siquiera podían mover un dedo. Sólo Leonor y Enrique, la irreverente pareja, permanecían en cubierta en medio de la furia de la tempestad, se ofrecían al viento aferrándose a las vergas, y parecían considerar la travesía como una simple aventura más.

–El santo patrono Nicolás... –dijo Leonor sacudiendo la cabeza.

En realidad, tuvo que gritar para hacerse entender y Enrique le contestó también a gritos, aunque estaba pegado a ella.

–Fue lo mejor que se me ocurrió..., ¡de lo contrario habría tenido que recurrir también a Satanás!

Estallaron relámpagos y Leonor exclamó:

–¡Es mejor que vaya a la cubierta baja para ocuparme de la nodriza! ¡No quiero imaginar qué será de Guillermo si ella se nos desploma aquí!

Toda una noche y un día navegaron contra el temporal hasta que bajaron a tierra en Southampton. La historia de cómo el nuevo rey había desafiado una de las peores tormentas del año para llegar a su reino, se propagó con la velocidad del viento e hizo aún más popular al legendario nuevo rey.

Doce días después de su llegada, Enrique y Leonor fueron coronados rey y reina de Inglaterra en la abadía de Westminster. Enrique tenía veintidós años, Leonor treinta y dos. Ella estaba en el séptimo mes de embarazo y no manifestaba el menor síntoma de cansancio.

En Inglaterra era costumbre que el rey y la reina se arrodillaran desnudos hasta la cintura mientras el arzobispo de Canterbury vertía el óleo consagrado sobre la cabeza, los hombros y el pecho. Cuando el arzobispo ungió a Leonor, la pareja real intercambió una sonrisa cómplice. Enrique apuntó con el mentón hacia el obispo y le guiñó un ojo. Contra todas las expectativas, contra enemigos y mareas y contra la época misma, ellos habían vencido.

El viejo palacio de Westminster estaba en pésimas condiciones y era casi inhabitable. Por esa razón, Enrique y Leonor de momento eligieron como residencia el Bermondsey, un palacio del centro de Londres. Bermondsey estaba a orillas del Támesis, frente a la Torre, y mientras Leonor esperaba el nacimiento de su hijo, podía observar las numerosas barcas y buques de vela que navegaban río abajo y llevaban a todo el mundo el producto de exportación más famoso de Inglaterra, el estaño.

El 28 de septiembre, Leonor trajo al mundo a su segundo hijo, que fue llamado Enrique como su padre. Ella había aprovechado los meses de ocio para informarse con detalle sobre las condiciones económicas de su nuevo reino y lo que escuchó era terrible, si bien no del todo inesperado. En el transcurso de las dos décadas de guerra civil, el poder central real había quedado muy reducido, cada barón se sentía su propio soberano y había aprovechado el tiempo para arrebatar y saquear tierras sin ser molestado; los impuestos no se pagaban desde hacía una eternidad y los funcionarios reales administraban sólo para su propio bolsillo.

Tres meses después de su coronación, Enrique y Leonor empezaron con los preparativos de un viaje por todo el país, en el que el administrador de cada condado sería llamado a rendir cuentas personalmente y cada poblado debía tener la oportunidad de llevar sus quejas ante la pareja real. Sin embargo, antes había que encontrar a un incorruptible, un canciller, un hombre que fuese tan hábil como inteligente, que pudiera tratar con el clero, que terminara con la arbitrariedad de la nobleza y que además fuese fiel al rey.

–Tendría que ser un segundo Merlín –comentó Leonor, resignada–. Habrá que reducir gastos...

Enrique negó con la cabeza.

–Al contrario. Creo que conozco un hombre así.

El religioso que había acompañado a los dos obispos, entretanto, había sido promovido a arcediano por su protector, el arzobispo de Canterbury.

–Bien, Becket, así que volvemos a vernos –dijo Enrique cuando el nuevo arcediano estaba arrodillado delante de él y ya había besado su anillo de la corona–. Parece que los dos hemos aumentado nuestra riqueza con un nuevo título.

–Y con una carga más pesada –replicó Becket con viveza.

Fue una agradable sorpresa para Enrique.

–¡Demonios, Becket! Sois demasiado inteligente para ser un religioso. Necesitáis con urgencia otro campo de actividades y yo necesito un canciller. ¿Sois capaz de asumir esa tarea?

–No hablaréis en serio –respondió Becket, inmóvil.

Enrique sonrió.

–Es mejor que no le reprochéis eso a un rey, o él terminará por confirmarlo. En serio, Becket –su voz ya no sonaba irónica–, me han contado que sois ambicioso y yo os considero el hombre más capaz en este reino. ¿Qué opináis?

El arcediano miró al joven pletórico de vida que tenía delante y sin querer recordó cómo el arzobispo de Canterbury le había hecho exactamente la misma pregunta.

Los ojos verdes de Enrique perforaron el azul claro de los suyos.

–¿Podréis ser mi hombre de confianza –preguntó entonces con voz pausada–, serme siempre fiel y estar dispuesto a hacer lo mejor para mi reino?

Para su perdición, ninguno de los dos pensó que en aquella pregunta se expresaban en realidad dos obligaciones. Enrique sólo veía enfrente de él a un hombre inteligente hacia el que se sentía atraído, y también Tomás Becket percibía la fuerza de atracción de aquel joven lleno de espíritu sarcástico y alegría de vivir, muy diferente de los prelados que constituían su cotidiano entorno.

–Sí, puedo serlo –respondió Becket con franqueza y de todo corazón.

Enrique le indicó a un paje que les sirviera el vino ya previsto y él mismo lo sirvió en dos copas. Era un borgoña, dulce y rojo como la sangre, llegado hacía sólo una semana a través del Támesis.

–Bebamos –propuso Enrique, animado–. Esto es un pacto. ¡Por el futuro!

De repente, Tomás Becket se echó a reír y se atragantó. Cuando terminó de toser explicó el motivo de su risa.

–Por regla general, sólo los obispos llegan a cancilleres. ¡El clero se horrorizará, mi señor!

Enrique le hizo un guiño.

–¡Precisamente por eso lo hago!

Vivir con Enrique tenía algo de aventura permanente. Estaba dominado por el mismo espíritu impaciente que Leonor. El control de sus funcionarios y las obligaciones de representación le proporcionaban la justificación perfecta para cambiar de lugar cada dos días. En el término de dos meses visitaron Oxford, Winchester y Wallingford, Ruán y Caen, así como Burdeos y Poitiers, sin dar muestras de cansancio. Desde el principio, Enrique le traspasó a Leonor una gran parte de la administración de justicia y de las finanzas, y esto no sólo en Aquitania sino también, y específicamente, en Inglaterra. Muchos de los documentos que debían solucionar los interminables conflictos de tierras llevaban su firma y su sello personal.

De todos modos, nunca y en ninguna parte lograban dejar de lado las preocupaciones por un reino gigantesco. (Más grande que cualquiera desde Carlomagno, había comentado una vez Enrique.) Podía suceder que en medio de un abrazo Enrique soltara de repente una maldición.

–¡Esos malditos escoceses! ¡Estoy convencido de que tienen la intención de hacer una alianza con los galeses!

O que le llamara la atención la mirada ausente de Leonor mientras la acariciaba.

–¿Qué tienes?

–Los impuestos..., todavía hay pocos que los paguen y tenemos tantos gastos...

–¡Por Dios, Leonor! ¿Nunca puedes dejar de pensar?

–No. ¿Acaso tú puedes?

–No –respondía el monarca con un suspiro–. Ése es nuestro destino.

Luis, a quien su nueva esposa le había dado otra hija, se mostró por fin dispuesto a reconocer el matrimonio de Leonor con Enrique y también sus derechos sobre Aquitania. Como contraprestación reclamó un nuevo juramento de fidelidad de Enrique y pidió que Leonor le enviara a sus hijas María y Alicia. Como Leonor sabía que él nunca se las quitaría para siempre, dio su consentimiento. Muy pronto llegó la noticia de que Luis había comprometido a María y a Alicia, a pesar de su corta edad, con los dos hermanos Blois, los condes de Champaña.

Los compromisos entre niños eran tan sólo gestos y antes de la boda todavía podían deshacerse y volverse a anudar una docena de veces. Pero aquel gesto demostraba que Luis quería asegurarse como aliados a los grandes rivales de los duques normandos. Teobaldo de Blois y su hermano parecían haber resuelto sus controversias, pero Godofredo Plantagenet encabezó una nueva rebelión en Anjou a principios del verano de 1156, cuando Leonor esperaba su siguiente hijo.

Mientras Enrique se trasladaba al continente, Leonor viajó por el sur de Inglaterra para atender las peticiones locales. Así por ejemplo, en Reading, tuvo que dirimir una disputa entre los monjes del convento local y uno de los barones residentes allí, que durante el reinado de Esteban se había apoderado de casi todas las tierras del convento. El barón se mostró rígido e inflexible, hasta que Leonor, cansada del autoritarismo del noble, le dictó a su notario: «Los monjes de Reading se han quejado ante mí de que en Londres les han quitado tierras sin ningún derecho... Yo os ordeno [...] devolver inmediatamente sus tierras a los monjes. De tal suerte que en el futuro no tenga que escuchar ninguna queja más sobre falta de equidad y justicia. No estoy dispuesta a tolerar que los monjes pierdan injustamente sus propiedades. Os saludo... etcétera, etcétera».

La pluma del notario rasgaba presurosa el pergamino cuando una de sus camareras entró rápidamente.

Disgustada por la interrupción, Leonor la miró con aspereza.

–¿Qué pasa?

–¡Oh, señora! ¡Es el príncipe Guillermo, señora! Tiene la fiebre...

A Leonor le pareció ver otra vez a su hermana frente a ella, como en aquel entonces en Poitiers. ¡Pero no, no podía ser que un hecho semejante se repitiera!

Veló días enteros junto a su hijo de tres años, escuchó la respiración jadeante y sintió, con cada hora que pasaba, cómo se acortaba el camino de su vida. Oh, sí, ella conocía la proximidad de la muerte. Pero mientras que aquella vez, hacía ya tantos años, sólo había sentido un poco de lástima por el niño moribundo, en aquel momento se sentía por completo impotente y con cada minuto que pasaba sentía un cuchillo en el corazón. «Tierras... –pensó con amargura mientras sostenía la mano de Guillermo–, soy excelente para luchar por las tierras, pero no puedo luchar por la vida de mi propio hijo.»

Por fin el médico que habían mandado buscar la tocó suavemente en el hombro y se atrevió a hablar.

–Todo ha terminado, señora. Quiera Dios dar paz a su pobre alma.

Entonces ella le lanzó una mirada tan terrible que el hombre retrocedió un par de pasos, espantado.

Sin embargo, enseguida recobró el aplomo.

–Por favor, señora –repitió–, ahora ya no podéis hacer nada por él y...

–¡Fuera!

–Señora...

–¡Dije fuera! ¡Dejadme sola! ¡Fuera de aquí!

El mismo día en que Guillermo era sepultado en Reading, Enrique, ignorante de la muerte de su hijo, aceptaba una nueva capitulación de su hermano.

–Mi querido Godofredo –dijo en tono sarcástico–, poco a poco tus rebeliones no son sólo molestas sino también tontas.

No estaba ni con mucho tan enfadado como en anteriores ocasiones, lo que al desmoralizado Godofredo le dio otra vez algo de ánimo.

–¿Qué esperas de mí, Enrique? –preguntó de mal humor.

–¿Qué crees tú? Yo quiero que firmes una declaración en la que renuncies de una vez y para siempre a tus pretensiones sobre Anjou. No es que yo le dé algún valor a tu palabra, que no lo tiene, pero podría resultar beneficioso para mí.

–Si tú crees... –respondió encolerizado Godofredo–, sólo porque me hayas vencido... que voy a dejar que me quites hasta la última camisa...

–Yo no creo nada en absoluto.

Lentamente, Enrique dejó deslizar su guantelete de una mano a la otra.

–¿Sabes? Tengo la opción de matarte o darte alguna cosa para ahorrarme futuras molestias... y sólo espero que no me obligues a hacer de ti un mártir.

Godofredo tragó saliva, nervioso, pero se había despertado su codicia.

–¿Qué quieres decir? ¿Qué vas a darme?

Enrique lo miró con desprecio.

–Eso te interesa, ¿verdad? Bien, hermano Godofredo, sucede que los ciudadanos de Nantes han iniciado en Bretaña una rebelión contra su chupasangre, el conde Hoel, y me han hecho llegar una urgente petición de ayuda. En realidad, yo no debería apoyar las rebeliones, eso está claro. Pero cuando me enteré de este suceso, enseguida se me ocurrió pensar en ti. En una palabra, ahora tú me acompañarás a Bretaña, venceremos al estúpido Hoel y a continuación convenceremos a los ciudadanos de que en agradecimiento te nombren su duque. ¡Pobre pueblo!

–Pero... –tartamudeó Godofredo, todavía completamente aturdido por el cambio brusco de las cosas– ¿por qué no te adueñas tú mismo de Bretaña?

–No es por amor a ti –contestó Enrique con voz gélida–. La cuestión es que por casualidad acabo de firmar un tratado de paz con Luis y si yo me apropio de otro de sus territorios vitales, entonces no sé cuánto tiempo se mantendrá esa paz. Si lo hiciera mi hermano, del que es bien conocido que está enemistado conmigo..., sería diferente.

Sus ojos reflejaban una fría premeditación.

–Para que no nos confundamos, Godofredo: si en Bretaña no actúas siempre y en todo momento como lo hubiera hecho yo, entonces habrás cometido un error del que te arrepentirás muy pronto.

La nueva iglesia de Fontevrault, con sus imponentes capiteles y sus altas ventanas ojivales y las cuatro cúpulas a través de las que penetraban majestuosos rayos de luz, que confluían sobre el altar como si el resplandor partiera de allí, era el gran orgullo de la abadesa Matilde.

–Debo agradecerte una vez más tu generosidad. Esto es también obra tuya. Por supuesto, primero tuvimos que dedicarnos a las obras del hospital y la casa de baños, pero hemos podido terminar también la iglesia que había sido empezada por mis antepasados.

Matilde miró con expresión sonriente a Leonor.

Gracias a Leonor siempre volvían a su memoria las historias de hadas de su juventud, ya que la reina no mostraba nada que delatara por cuántos partos había pasado ya. La maternidad ni siquiera había aplacado su impaciencia juvenil. En las conversaciones, era inevitable que Leonor empezara a jugar con sus manos o a caminar de un lado a otro, como si tratara de aprovechar al máximo el tiempo disponible. Enrique era exactamente igual, pensó Matilde con una íntima sonrisa. Siempre que el rey se detenía en Fontevrault, pocas veces era capaz de aguantar toda la misa sin levantarse. ¡Quién podía extrañarse de que ninguno pudiera apaciguar al otro!

–Yo nunca imaginé, tía –dijo Leonor refiriéndose al agradecimiento de Matilde–, que me llamarían benefactora de la Iglesia.

Lo dijo con un tono de cordial ironía, dado que a intervalos regulares Matilde intentaba convencer a Leonor de que tuviera una conducta algo más devota. Sin embargo, a pesar de que Leonor apreciaba no sólo a Matilde sino también la paz de Fontevrault que de vez en cuando llevaba algo de tranquilidad a su vida agitada, no hacía concesiones en ese sentido.

–Si sigues así, hija mía, aún te puedes convertir en una santa patrona –dijo con jovialidad Matilde.

Leonor se rió para sí.

–Para eso seguro que no tengo el menor talento.

No en balde Matilde era tía de Enrique y le replicó en tono burlón.

–Quién sabe..., en los últimos años has mostrado algunas habilidades insospechadas.

Entonces se colgó del brazo de Leonor y abandonaron juntas la majestuosa construcción.

–Seis años de matrimonio... ¿y cuántos hijos tienes ahora? ¿Tres? ¿Cuatro?

–Enrique, Ricardo y la pequeña Matilde, vuestra ahijada, y por supuesto, el que espero ahora –respondió Leonor, pero su rostro se ensombreció–. Me siento dichosa por mis hijos, tía, pero no os engañéis..., algunas veces Dios exige un precio demasiado alto por esa felicidad.

Desde la muerte del pequeño Guillermo habían transcurrido dos años, durante los cuales Leonor había traído al mundo otros dos hijos; y nunca más había mencionado a su primogénito. Sin embargo, en momentos como aquél, la abadesa percibía el dolor no cicatrizado detrás del caparazón de despreocupada animación.

–¿Y quiénes son los otros dos niños que viven contigo? –preguntó Matilde para cambiar de tema–. Uno es muy parecido a Enrique, y sin embargo...

Un ligero temblor apareció en las comisuras de la boca de Leonor.

–No, no son hijos míos. Y yo espero, os lo ruego, que os abstengáis de hacer cualquier insinuación en ese sentido a menos que queráis añadir una más a las tantas historias escandalosas que se cuentan sobre mí. Imaginaos –añadió, esforzándose por parecer lo más seria posible–, dos hijos ilegítimos con Enrique cuando todavía estaba casada con Luis..., eso sería terreno abonado para las habladurías.

Hizo una breve pausa para luchar, con éxito, contra un estallido de hilaridad.

–Son hijos de Enrique –aclaró entonces–, Will y Rafael, que crecerán con nuestros hijos.

No era inusitado, aunque de todos modos tampoco habitual, que los bastardos de un padre de elevada posición crecieran con sus hijos legítimos. Matilde no hizo ningún comentario al respecto, dado que Leonor no parecía estar celosa de aquellos niños (además, ¿por qué debería estarlo?), y hasta donde Matilde había podido observar, les dispensaba un trato cordial y bondadoso. Matilde preguntó entonces para cuándo era esperado el nuevo Plantagenet.

–Otra vez en septiembre, como Ricardo el año pasado. –En las mejillas de Leonor aparecieron los hoyuelos–. Tal vez sea el nacimiento del Hijo de Dios, siempre en invierno, lo que produzca un efecto tan excitante.

Matilde se esforzó por mostrarse escandalizada como correspondía a su dignidad de abadesa, pero no lo logró de manera convincente. Entonces desistió. Su amistad con Leonor, que sentía como un inesperado regalo de Dios en su existencia sin hijos, la había ablandado también a ella. Así como Leonor consideraba a Matilde un remanso de paz, Matilde encontraba a Leonor tan vivificante como una fuente de juventud.

–Es una lástima que tengas que irte tan pronto –dijo entonces con tristeza.

La más joven le acarició las mejillas.

–Sí, lo sé. A mí también me gustaría quedarme. Pero Enrique y yo nos encontraremos en Le Mans, donde queremos esperar la llegada del canciller.

–¿Tomás Becket? –preguntó Matilde con el ceño fruncido–. He oído hablar de él, todo muy contradictorio. Se dice que es el mejor amigo de tu esposo, su compañero permanente en las cacerías y, si no me lo tomas a mal, Leonor, tan amante de la ostentación como tú misma. Pero por otra parte, incluso en mi orden, se ensalza su caridad para con los pobres y se dice que se somete a los más rigurosos ayunos y ejercicios de penitencia.

–¿Acaso yo no soy también caritativa? –preguntó Leonor con afectuosa ironía–. Y en cuanto a los ejercicios de penitencia, yo no sé si Tomás Becket estaría en condiciones de traer al mundo un hijo cada año... ni si puede imaginarse lo que eso significa.

Aunque todavía hablaba en broma, había introducido un cambio inconsciente en el tono de su voz, que de inmediato llamó la atención de la sensible Matilde.

–¿Qué piensas tú de él?

Leonor se encogió de hombros.

–Muy inteligente, muy capaz y un agradable acompañante.

No era la respuesta que quería recibir Matilde, pero no preguntó nada más.

A Tomás Becket le había sido encomendada una misión difícil por su rey y, como todas las misiones difíciles, la superó con brillantez. El canciller de Inglaterra debía mantener negociaciones secretas con el rey de Francia; después de varias semanas de enfrentarse a la fuerza persuasiva de Becket, Luis terminó por ceder.

Después del término de las negociaciones, los dos hombres fueron a Saint-Denis para dar gracias a Dios y para rezar. Y por primera vez en su vida, Luis no se pudo concentrar del todo en sus oraciones, porque de pronto se sorprendía lanzando miradas de curiosidad y admiración al canciller inglés.

Raras veces había visto a un hombre tan ensimismado y tan entregado en sus oraciones desde... sí, desde que había muerto el santo Bernardo. Pero era absurdo querer comparar a Tomás Becket con el célebre abad de Claraval.

Becket, pensaba Luis, llevaba una vida tan fastuosa como humilde había sido la de Bernardo. La entrada del canciller en París había sido un espectáculo para toda la ciudad. Becket llevaba no menos de doscientos cincuenta pajes y escuderos en su séquito, sin contar a los numerosos cazadores, y los parisienses habían admirado la enorme cantidad de azores, gavilanes y halcones que llevaban consigo. No estaban acostumbrados a algo semejante de su rey. Sin embargo, eso no era todo. A los pajes y a los cazadores los seguía un gigantesco desfile de mercancías, detrás del cual venía otra vez un espectáculo de un fausto casi oriental..., doce mulos con arneses suntuosos, cada uno cargado con dos cofres y un mono que gritaba, que la multitud miraba con asombro.

Y sin embargo, pensó Luis, y sin embargo... aquel hombre mundano que se comportaba como un príncipe, era una de las criaturas humanas más creyentes que había visto jamás. Y no se podía tratar simplemente de un hábil hipócrita.

Después de que hubieron terminado sus oraciones, no pudo resistir el impulso de hacerle una pregunta:

–¿Cómo un hombre como vos puede servir al rey de Inglaterra, que...?

No terminó la frase, pero eso tampoco fue necesario, ya que después de veintiún años de reinado, Luis todavía no había aprendido el arte de la simulación.

–... ¿que tiene fama de ser tan impío, tan sacrílego y tan altanero frente a Dios y la Iglesia? –concluyó Becket. No daba la impresión de estar enfadado, aunque en general era difícil leer algo en su cara–. Creedme –continuó con aire distante–, entendéis mal al rey y hacéis demasiado caso de las habladurías de sus enemigos.

–Comprendo, sois su canciller y debéis contestar así.

Tomás Becket meneó la cabeza.

–Yo hablo con franqueza, señor, aunque podéis acusarme de parcialidad, ya que no soy sólo el canciller del rey sino también su amigo.

Luis se quedó callado. Había momentos en los que veía en Enrique al Anticristo y otros en los que se preguntaba con desesperación cómo Dios podía preferir de aquella manera a un hombre semejante. En seis años, Leonor le había dado tres hijos y una hija a su segundo esposo y por lo que se sabía, estaba por llegar un quinto. Si en los quince años de matrimonio ella le hubiese dado al menos un solo hijo varón, nunca la habría dejado ir, ¡aunque hubiese insistido! Él se había convertido en motivo de burla en las cortes de todos los principados..., él, el rey de Francia, que no era capaz de dar un heredero a su país.

–¡Vamos! –dijo bruscamente.

En los ojos impenetrables de Becket había una señal de simpatía.

–Como queráis, señor.

Enrique contemplaba a su esposa que, por el calor del verano, tomaba un baño. Sus dos camareras habían llenado la tina con agua fría y Leonor, con sus cabellos cobrizos flotando, parecía una ondina. El hecho de que a través de la superficie del agua no se pudiera distinguir su cuerpo embarazado, aumentaba aún más la ilusión.

–Gracias a que has obligado a los Blois a reconocerte como su señor y a rendirte tributo, ahora tenemos asegurada Champaña –comentó Leonor y se movió con satisfacción en el agua fría–. Ya no habrá más ataques desde ese rincón, que por lo demás es una tierra rica y fértil.

Enrique asintió con la cabeza.

–¡Me atrevería a asegurar que Luis pensará en eso cuando negocie con Becket! –exclamó–. ¿Qué piensas tú, cuánto tiempo necesitará Tomás para tener éxito?

Leonor contestó a su vez con una pregunta.

–Tú nunca dudas de que tendrá éxito, ¿verdad?

Después hizo una seña a la criada para que le alcanzara las toallas.

Enrique la miró un poco desconcertado.

–Tú no le tienes mucha simpatía, ¿eh? –dijo mientras la examinaba con atención.

Leonor echó hacia atrás sus cabellos mojados.

–Puede ser. En realidad no lo sé, Enrique. No es que yo dude de sus capacidades, él es un excelente canciller y estoy segura de que tendrá éxito con Luis.

–Lo que tú no puedes, vida mía, es soportar la idea de que haya un hombre en la corte que no esté a tus pies –manifestó Enrique y Leonor hizo una mueca.

Lo enigmático, lo inaccesible de Tomás Becket, que volvía locas a muchas de sus damas, curiosamente no le había atraído nunca, porque ella percibía algo detrás. Algo que quiso explicar a Enrique.

–Me parece muy... –se devanó los sesos en busca de una palabra apropiada, no encontró ninguna y a falta de otra mejor, concluyó–: muy falso.

Enrique soltó una sonora carcajada y ella le arrojó a la cara la toalla que sostenía en la mano.

–Ya sé –dijo indignada–, tú y yo mentimos con la misma facilidad con que respiramos. Pero no es eso lo que quiero decir. Por supuesto que engañamos, pero a nosotros nos gusta vivir, disfrutamos de nuestra existencia, y eso es precisamente lo que tu amigo no hace. Él sólo disfruta engañándose a sí mismo y a los demás.

Enrique se había puesto serio y pensaba. Por regla general, su esposa era la observadora más aguda que conocía y él valoraba su inteligencia. Pero lo que en aquel momento planteaba era tan turbador como imposible. Se acordaba de los tiempos en que él y Tomás salían de caza y galopaban uno al lado del otro con el fuego de la vida dentro de ellos. ¡Por supuesto que Tomás estaba allí con todo su corazón!

–Me parece como si él sólo representara un papel –explicó Leonor–, como si todavía buscara un verdadero objetivo en su vida. Y él representa ese papel con una perfección tal, que me intranquiliza pensar en todo lo que puede ser capaz de hacer cuando haya encontrado su objetivo.

Enrique indicó a la camarera que se retirara, se detuvo detrás de Leonor y colocó la toalla alrededor de su cuello.

–Tú estás celosa, mi amor, eso es todo –dijo y tiró de ella.

–¿Celosa? –Los ojos de Leonor relampaguearon–. Enrique Plantagenet, eres el hombre más presumido que he conocido.

¿Acaso crees que yo veo todo y a todos sólo en relación contigo?

–¡Espera! –alcanzó a decir y terminó en la tina, muerto de risa–. ¡Que me lleve el diablo, mujer, te aprovechas de tu embarazo de una manera desvergonzada! ¡Espera a que pueda vengarme!

–¿Vengarte? –preguntó Leonor con aire inocente–. ¿De una mujer desvalida y frágil? ¿Y qué es lo que harías entonces, héroe?

Enrique salió de la tina de baño como Neptuno de las olas.

–Pienso que entonces tendría dos posibilidades.

–Enrique, hoy es domingo –le reprochó Leonor con fingido espanto.

–Estoy seguro de que el Señor nos comprende y no lo tomará a mal.

Cuando su canciller llegó a Le Mans, Enrique acababa de recibir un mensaje inesperado pero trascendental. Su hermano Godofredo había muerto en un torneo en Nantes.

–Al menos murió como duque –le comentó Enrique a Leonor con cinismo.

Ninguno de los dos se molestó en aparentar tristeza por Godofredo. Habría sido pura hipocresía y además sin sentido, ya que no había nadie cerca a quien pudieran o quisieran impresionar.

–Debemos asegurarnos Bretaña –replicó Leonor con aire pensativo–, antes de que Luis se la otorgue a otro. Con Bretaña serás soberano sobre toda la costa atlántica.

–Es muy sencillo –dijo Enrique en tono despreocupado–, de todos modos, mis tropas están allí y yo le diré a Luis que me considero heredero de mi querido hermano. En caso de necesidad, todavía hay algunos antepasados que pueden presentarse como duques bretones.

Entonces entró un escudero y anunció la llegada del canciller. Enrique se puso en pie de un salto.

–¡Maldita sea, ya era hora! Ese bellaco no me ha hecho llegar ninguna noticia de París sobre el estado de las negociaciones. Apostaría a que sólo quería mantenerme expectante.

Dicho esto, salió deprisa de la habitación.

Leonor se quedó sentada. Si bien su salud era tan inquebrantable como siempre, su embarazo estaba tan avanzado que se cansaba con facilidad. Unos minutos después, Enrique regresó a la pequeña sala del brazo de su amigo.

–¡Lo ha logrado, Leonor! –anunció con voz triunfante–. Luis ha dado su consentimiento al compromiso matrimonial de su pequeña Margarita con nuestro Enrique.

Leonor cerró los ojos unos instantes. Los dos lo esperaban, pero había bastante incertidumbre. El compromiso de su hijo con la hija menor de Luis no sólo significaba una alianza con Francia, sino también que los dos niños podrían gobernar un día los dos reinos unidos, Inglaterra y Francia. En cambio, el Sacro Imperio Romano se extinguiría. Con alegría sincera sonrió a Tomás Becket.

–Son novedades en verdad magníficas. Espero... –dijo, burlándose del canciller sin poder evitarlo–, ¿vuestra condición de religioso os permite participar esta noche en un banquete por la victoria? –Enrique esbozó una sonrisa irónica–. En realidad, Tomás, esto nos crea serias dificultades. ¿Cómo podemos nosotros proponeros tal sibaritismo cuando en realidad deberíais ayunar?

–También para eso tengo una solución –reaccionó Becket con su acostumbrada presencia de ánimo–. ¿Qué tal si en lugar de eso, yo os propongo ayunar?

La sala se llenó con las carcajadas de los tres: satisfechos, animados y seguros de sí mismos.

En otoño, Leonor trajo al mundo a su cuarto hijo, que recibió el nombre de Godofredo por el padre de Enrique. Pero mientras en el continente parecía estar asegurada la paz por algún tiempo, gracias al compromiso del pequeño Enrique con Margarita, en la parte inglesa del reino empezaban a aparecer algunas dificultades.

La jurisdicción eclesiástica y la civil estaban separadas desde los tiempos de Guillermo el Conquistador, y cualquier religioso podía reclamar para sí el derecho de ser llevado ante un tribunal eclesiástico, sin importar en absoluto lo que hubiera hecho. Pero como en realidad se calificaba de religioso a cualquier copista o notario con algunos conocimientos de latín, una gran parte de la población podía hacer uso de ese derecho. Además de eso, los tribunales eclesiásticos también estaban facultados para decidir en «casos de conciencia», fuese quien fuese el malhechor.

–¿Y qué no es un caso de conciencia? –preguntó más de una vez Enrique, indignado–. Si se parte del hecho de que es muy posible que los testigos juren en falso, entonces, lisa y llanamente, todo se puede interpretar como caso de conciencia.

Por eso, el clero, que se había recuperado de los años turbulentos del reinado de Esteban, insistía en sus derechos, reclamaba para sí casi todos los procesos y también casi todas las multas. El arzobispo de Canterbury, en calidad de más alto príncipe de la Iglesia en el país, era el más ardiente defensor de esos derechos y más de una vez se produjeron acaloradas discusiones entre él y Enrique. Ninguna de las dos partes quería ceder, además, Enrique necesitaba con urgencia más dinero para subvencionar su último plan.

Por fin había decidido hacer valer sus derechos frente a Tolosa, el punto débil de los duques de Aquitania desde hacía décadas. Desde el casamiento del abuelo de Leonor con Felipa, ellos ostentaban el título legítimo de condes de Tolosa, pero entretanto se había proclamado conde un primo de una línea colateral y la población de allí, rebelde desde siempre, lo apoyaba. Pero Tolosa era de importancia enorme para la comunicación con el Mediterráneo y Enrique había logrado, mediante promesas, atraer a su lado a una parte de la nobleza de allí. Una nueva expedición militar estaba próxima.

Durante estos preparativos, sin embargo, Enrique y Leonor tuvieron su primer altercado realmente serio. Si bien ya antes habían tenido alguna pelea, sólo había sido un choque de dos temperamentos parecidos y había terminado tan rápido como se había producido. Esta pelea, sin embargo, tendría consecuencias más serias.

Empezó durante una velada en verdad armoniosa, cuando los dos estaban en Poitiers junto con sus cortesanos y escuchaban la interpretación del trovador preferido de Leonor, Bernardo de Ventadour. A Enrique le gustaba tanto la música como a su esposa, que le había revelado el nuevo mundo de las canciones y los poetas. Bernardo de Ventadour también estaba al servicio de Enrique como vasallo y, con la firme sensación de que gozaba de la simpatía de la pareja real (el «Señor de los vientos del norte» y el «Águila de oro», como él los llamaba), cantaba en aquel momento una balada del ciclo de leyendas del rey Arturo.

Pero aquel día Leonor no podía disfrutar tanto de la interpretación de Bernardo como en otras ocasiones. Estaba demasiado ocupada en vigilar el galanteo de Enrique con la condesa Avisa. Siempre había sabido que Enrique no le era fiel durante sus expediciones militares, pero aquel día sucedía ante sus propios ojos. Al principio se quedó sorprendida, después disgustada y por fin furiosa. Y en las ocasionales miradas burlonas que él le dirigía, sintió que él lo había notado muy bien. Cuando Enrique desapareció con Avisa, Leonor clavó con tanta fuerza las uñas en las palmas de sus manos, que brotó un poco de sangre de las medialunas encarnadas.

Cuando Enrique regresó con un excelente humor, su esposa se había retirado. Supuso que ella no quería mostrar en público la humillación que sentía por su conducta y aquella noche no la visitó en su cama para darle la oportunidad de que se recuperara del enfado.

Al día siguiente, sin embargo, ella se mostró amable con él de una manera tan inquietante, que cuando fue a verla aquella noche estaba preparado para el esperado estallido de furia. Leonor despachó a sus camareras que acababan de extender las sábanas de la cama grande y la habían ayudado a cambiarse de ropa para la noche. Con medida lentitud se hacía fricciones con el aceite aromático que usaba desde los tiempos de su cruzada y que en aquel momento se hacía traer de Oriente. Estaba sentada frente al espejo de bronce esculpido a martillo y Enrique, que veía su imagen, percibió el propósito de su demostración y una vez más se sintió atrapado por los fabulosos encantos de su mujer.

–¿Dónde estabas ayer por la noche? –preguntó Enrique como de pasada.

Leonor se volvió hacia él con una sonrisa radiante.

–Enrique, mi muy amado, ¿no lo adivinas? He pasado una noche muy satisfactoria con tu seductor vasallo el conde de Leicester.

El semblante de Enrique se transformó de golpe.

–¡Repítelo!

–Pero querido, no deberías sorprenderte. Me asombra que en realidad hayas notado mi ausencia, ya que tú estabas tan ocupado...

–¡Tú no lo has hecho!

En dos pasos estuvo junto a ella y la cogió de las muñecas. Los ojos castaños de Leonor, llenos de sarcasmo, bucearon en los suyos.

–Y ¿por qué no? Me conoces bien, Enrique. Piensa un poco. ¿Lo hice?

Enrique no imaginaba que Leonor pudiese desencadenar en él un ataque de furia tan incontrolable. La soltó y sin pensarlo dos veces, la golpeó en la cara. Leonor le devolvió el golpe sin vacilar, pero cuando él quiso agarrarla otra vez, tropezó con el banco en que ella había estado sentada y esta interrupción le permitió recobrar un poco la razón.

Respirando con dificultad y sin dejar de mirarse, se quedaron uno frente al otro.

–Duele, ¿verdad, Enrique? –preguntó Leonor en voz baja. Vio que la sangre coloreaba lentamente el rostro de Enrique–. ¡Sólo espero que te duela mucho y te humille tanto como tú me has humillado a mí!

Enrique apretaba los puños y los volvía a abrir.

–Eres el ser más sucio y desvergonzado que he conocido en la vida.

–Entonces mírate en el espejo, Enrique.

Él levantó la mano como si quisiera golpearla otra vez, ella la atrapó en el aire y de repente quedaron enredados en una lucha furiosa y silenciosa que terminó en el suelo.

–¿Te rindes? –preguntó él jadeando.

De pronto comprendieron la ridiculez de su comportamiento y los dos rompieron a reír a carcajadas.

–Santo Dios, como si fuésemos niños... –balbuceó Enrique. Se dejó caer junto a ella y la besó con fuerza en la boca.

–No vuelvas a hacerme esto, Leonor –dijo muy serio.

Ella correspondió a su beso.

–Enrique –susurró–, te lo advertí antes de nuestro matrimonio. Si me hieres, yo te heriré dos y tres veces más. Golpe por golpe.

Enrique se inclinó sobre ella. Sí, era cierto. Sabía que, exactamente igual que él, ella nunca perdonaba una ofensa. Pero hasta aquel momento sólo había podido presentir lo que significaba tener a su lado una mujer que podía medirse con él en todos los aspectos. No creía que ella fuese capaz de herirlo de aquella manera... y sin embargo debería haberlo sabido. Esbozó una débil sonrisa.

–¿Recuerdas lo que yo dije entonces? –preguntó–. Nosotros dos somos la pareja perfecta.

En la reconciliación fueron tan apasionados como en la pelea, pero ninguno de los dos pudo alejar de su mente la sensación de un peligro manifiesto que podía repetirse en cualquier momento... Un peligro que partía de ellos mismos.

Luis recordó de pronto que estaba emparentado por matrimonio con el conde de Tolosa y envió su protesta por escrito. Enrique se encontró dos veces con él, pero no se pudo llegar a un acuerdo. Mientras tanto, era demasiado tarde para una retirada, ya que en Inglaterra Tomás Becket había logrado reclutar a setecientos caballeros para la campaña militar y ya se había embarcado con ellos y hasta Malcolm de Escocia, en otros tiempos enemigo de Enrique, quería participar en la expedición.

El conde de Tolosa ya se veía perdido, cuando Luis anunció su llegada. Se había presentado disfrazado de peregrino, con muy pocos acompañantes y sin ejército. Si Enrique atacaba en aquel momento la ciudad, ello sería una abierta declaración de guerra, más aún, la captura violenta de su señor, que estaba sin protección. Era la primera vez que el rey de Francia imponía respeto a Enrique. Luis había puesto en juego la única arma con que Enrique no había contado..., su propia confianza en la invulnerabilidad del sistema de vasallaje y su debilidad.

Enrique solicitó una entrevista con Luis delante de las murallas de Tolosa. Luis se veía extenuado y tenso, pero de ningún modo atemorizado y Enrique comprendió en aquel momento lo que había querido decir Leonor cuando habló de «la obstinación de los justos» que caracterizaba a su primer esposo.

–Bien, señor –dijo en tono sarcástico Enrique–, parece que nos encontramos en una situación de empate. Yo no puedo entrar y vos no podéis salir.

Luis le respondió sin alterarse.

–Yo debo protección al conde de Tolosa, tanto como pariente cuanto como señor, y no abandonaré la ciudad hasta que retiréis vuestras tropas.

Enrique carraspeó levemente.

–Una decisión honorable pero muy imprudente, si se considera que tengo los medios para mantener el sitio aquí durante meses hasta que os rindáis por hambre. Además, yo puedo confiar en que mi reino permanezca tranquilo. ¿Vos también podéis? No quisiera ofender a vuestro consejo de la corona, pero sus nobles señores no son muy queridos, según se dice. Y además, dudo de que estén capacitados para defender París contra un asedio.

Eso sí logró sacar de quicio a Luis.

–¿París? –preguntó desconcertado.

–Si me obligáis a emprender la guerra contra vos –dijo Enrique en tono amable–, entonces es mejor que lo haga ante vuestra ciudad capital y no aquí. Eso nos ahorraría tiempo a todos, y a mí, además, la embarazosa situación de mostrar a la gente que se puede tomar prisionero a un rey ungido lo mismo que a los demás mortales.

Luis trató de mantener el dominio de sí mismo.

–No os atreveríais –replicó.

Enrique le hizo guiños pícaros.

–¿No? Quién sabe, señor… Sin embargo, tengo una proposición que haceros. Yo retiro mis tropas de Tolosa y como contrapartida me cedéis, también de manera oficial, Bretaña, que de todos modos ya me pertenece *de facto*. Además, casamos inmediatamente a nuestros hijos y me encomendáis a vuestra hija para que se acostumbre enseguida a la vida en mi corte.

Luis reflexionó con aire desdichado, después se le aclaró el semblante. En el fondo, todas aquéllas eran cosas que tarde o temprano habría tenido que hacer. ¿Qué importaba que se sometiera a las condiciones de Enrique, si a cambio tenía la satisfacción de haber expulsado de Tolosa al rey de Inglaterra sin combatir?

–Antes de que lo olvide –añadió de pasada Enrique, que observaba la expresión de Luis–, naturalmente espero que le deis una dote a vuestra Margarita...; nosotros dos viviremos todavía mucho tiempo, espero. Así que, ¿qué os parece el Vexin? Es una posibilidad, ¿no?

Desde hacía unos cien años, el Vexin estaba dividido en el llamado «Vexin normando» y el «Vexin francés», dado que estaba situado directamente en la frontera entre Francia y Normandía. Luis se puso tenso, ya que entregar como dote el Vexin francés, significaba tener las tropas de Enrique a sólo ochenta kilómetros de París.

Por encima de los hombros, volvió la vista atrás hacia la ciudad de Tolosa. Un asedio podía ser terrible y él había prometido la paz. ¿Y qué pasaría si Enrique cumplía su amenaza y marchaba hacia París?

–Está bien –dijo–. Así se hará.

Enrique sujetó su caballo que estaba muy inquieto.

–Entonces lo mejor que podemos hacer es regresar ahora mismo y transmitir a todos la feliz noticia –sugirió–. Sería indigno de cristianos seguir manteniendo en vilo a esas pobres almas, ¿no?

Luis se sintió incapaz de contestar o de conservar la sangre fría por más tiempo, giró su caballo sin decir una sola palabra y cabalgó en dirección a Tolosa.

Enrique galopó mucho más rápido hasta su campamento, al llegar bajó de un salto del caballo delante del expectante canciller y lo abrazó riendo.

–¡Se lo ha tragado, Tomás, realmente se lo ha tragado! ¡París! ¡Santo Dios, fue una idea sublime!

Tomás Becket se dejó arrastrar por el entusiasmo del joven.

–¿Y Bretaña?

–Bretaña, el Vexin, me lo ha concedido todo. ¡Hay que celebrarlo! –De pronto meneó la cabeza–. Pobre Luis. Sin darse cuenta se le ocurre la mejor estrategia de su vida, me pone en una situación de apuro infernal y en lugar de aprovecharla, permite que yo lo someta a una extorsión vergonzosa. Bueno, al menos una vez me derrotará... cuando muramos, él llegará sin rodeos al paraíso mientras yo viajo al infierno.

–Yo creo que incluso entonces lo venceréis –dijo Becket sonriendo–, sería realmente una broma que nosotros no pudiéramos engañar también al diablo.

–¿Nosotros? –preguntó Enrique con las cejas arqueadas–. ¿Vos no contáis con que os espera el paraíso de vuestra fe, Tomás?

–Como vuestro hombre de confianza –manifestó su amigo–, de ninguna manera puedo dejaros plantado después de la muerte.

–¡Así sea! –dijo Enrique y le dio unas palmadas en la espalda–. Y ahora vamos a decir a mis soldados que no atacaremos Tolosa porque... ¡mi señor se encuentra allí dentro!

Woodstock era la residencia preferida de Leonor en Inglaterra. Enrique había hecho construir el palacio especialmente para ella y había encargado pinturas murales artísticas que imitaban los mosaicos que ella había visto durante la cruzada. El castillo estaba rodeado por un parque magnífico trazado como un laberinto. En el otoño de 1161 la visitó allí su hija mayor, María.

María tenía entonces diecisiete años y hacía justo un año que se había casado con Enrique de Blois, el conde de Champaña. El enlace de su hermana menor, Alicia, con Teobaldo de Blois había tenido lugar el mismo día. El conde daba amplia libertad a María para ir y venir a donde quisiera. Ella ya había empezado a componer bellísimas poesías y canciones y amaba la vida animada en la corte de su madre.

Pasaba mucho tiempo con sus medio hermanos menores. A Enrique, Ricardo, Godofredo y Matilde en el último año se había sumado Leonor la Joven, a la que su madre, sin embargo, había dado el nombre de Aenor, por la esposa de Guillermo X muerta hacía muchos años. Enrique, entretanto, había sido encomendado a Tomás Becket, que debía ser su educador y maestro.

María tenía apego a todos sus hermanos, pero sobre todo al temperamental Ricardo que, como ella, había heredado la pasión de Leonor por la música y la poesía y que, embelesado, hacía que ella le contara historias interminables, las leyendas del rey Arturo, leyendas de caballeros y dragones, y combates y cuentos que ella misma inventaba. Estaba contándole algunas aventuras que habían vivido sus padres durante la cruzada, cuando Denise, la dama de honor de Leonor que no la había abandonado desde su época en Francia, avisó a María que la llamaba su madre.

–Oh, cuéntame qué pasó con el pérfido emperador –pidió Ricardo y María se rió.

–Más tarde, Ricardo, más tarde.

Caminaron juntos por los tortuosos senderos bordeados de setos hasta el estanque de peces dorados, añadido aquel año, y que había sido la sorpresa de Enrique para Leonor. Los peces dorados eran más que una rareza en Inglaterra, aunque muy populares en Aquitania, y también la fuente con la figura juguetona estaba hecha según el modelo del sur, una representación de la famosa Melusina, el hada de las aguas.

Leonor estaba sentada en un banco de piedra y sonrió a sus dos hijos al verlos llegar. María era demasiado alta para una mujer y no era ninguna belleza pero sí atractiva, ya que había heredado los rasgos suaves y la mirada soñadora de Luis. Ricardo tenía los cabellos rojos y los ojos de Leonor, pero por lo demás ya se veía que en aspecto físico iba a ser igual que Enrique. «Lo mejor de mis dos matrimonios», pensó Leonor.

Ricardo empezó a hablar a borbotones.

–Mamá, María me ha contado que estuvisteis en la cruzada, y que os enfrentasteis al perverso emperador de los griegos y después luchasteis con los turcos y...

Leonor se echó a reír.

–A María le gusta exagerar un poco –dijo y vio que su hija se ruborizaba–. Yo estuve allí durante un combate contra los turcos, pero no tomé parte en él. Eso es algo muy diferente, Ricardo.

Pero no había manera de contener el entusiasmo de Ricardo.

–Yo le he dicho a Hodierne –así se llamaba su niñera– que estuvisteis en la cruzada, pero ella no lo creyó. Afirmó que las mujeres no pueden hacer eso en ningún caso.

Enfrentado al difícil problema de creer a la niñera o a la madre, frunció el ceño.

–Hodierne no sabe que yo soy una excepción. Yo pude –dijo riendo Leonor y después se dirigió a su hija–. María, tu padre me ha escrito diciéndome que quiere verte otra vez en su corte para que conozcas a su nueva reina, que después de todo también es pariente tuya.

El año anterior, la segunda esposa de Luis había muerto durante el parto de otra hija. Esta vez sus consejeros lo habían apremiado a celebrar una nueva boda sin pérdida de tiempo, ya que la casa real seguía sin un heredero al trono. De modo que Luis se había casado con una Blois, Adela de Champaña.

María hizo un gesto de rechazo.

–No me gusta Adela –contestó malhumorada–. Y en Blois tuve tiempo suficiente para conocerla.

María amaba a su padre, pero la vida junto a él era monótona, mientras que la vida junto a su madre estaba marcada por cambios permanentes, llena de movimiento y emoción. María pensaba que debía odiar o por lo menos rechazar a su padrastro Enrique, pero no podía. Por el contrario, estaba fascinada por el matrimonio extraordinario que su madre formaba con él y que era muy diferente del suyo y de todos los que conocía.

Leonor siguió hablándole sobre Adela, la nueva reina francesa.

–Me temo que vas a tener que ser amable con ella –dijo–. Luis se sentirá bastante ofendido si tú le contestas que prefieres quedarte aquí. Podría pensar que Enrique y yo te retenemos.

–Pero eso no es... –empezó María, se interrumpió y suspiró resignada–. Tenéis razón, madre. Creo que tendré que hacer los preparativos para la partida.

Hablaban sobre la ruta de viaje cuando Enrique entró corriendo en el parque. Tomó a Ricardo en brazos, lanzó un par de veces al aire al pequeño y después se dirigió a su esposa.

–Leonor, prepárate para ver caminar a los paralíticos y oír a los sordos. ¡Me propongo hacer nada menos que un milagro!

–¿Un período de abstinencia con ejercicios diarios de penitencia? –preguntó Leonor y Enrique le pellizcó las mejillas.

–No, querida, pero sí tiene que ver con la Iglesia. He decidido ponerle fin a esta eterna disputa sobre la jurisdicción eclesiástica y la civil. Dios, con su infinita bondad, me ha regalado los medios para ello y ha llamado a su lado al viejo arzobispo de Canterbury. Eso significa que el lugar del más alto príncipe de la Iglesia está vacante. ¿Debo decir algo más?

Leonor respiró hondo.

–No querrás decir...

–¡Sí, exactamente eso! ¡Cielos, será divertido cuando los demás obispos se enteren!

María no sabía de qué hablaba el rey inglés, pero el semblante de su madre, que expresaba alegría, ensimismamiento y una cierta preocupación al mismo tiempo, hacía pensar que aquella novedad sería en verdad muy excitante.

–No hablaréis en serio.

Tomás Becket, de pie frente a su rey, lo miraba con gesto incrédulo y Enrique tuvo el placer, por una vez en su vida, de sorprender por completo a su canciller. En los ojos de Enrique bailaban chispas doradas.

–Ya os dije una vez, Tomás, que es mejor no imputar algo semejante a un rey.

Becket se esforzó por mantener el tono jocoso y sonrió a duras penas.

–¡Lo que buscáis es un bonito disfraz para vos a la cabeza de vuestros monjes en Canterbury! –Todavía aturdido, movió la cabeza de un lado a otro–. ¡No, no es posible que habléis en serio!

–Vamos, Tomás –dijo Enrique con voz pausada–, ¿tenemos que pasar por esto cada vez que os nombro alguna cosa?

–El arzobispo de Canterbury debe ser elegido –respondió

Becket, buscando desesperadamente una objeción–, y ellos no se someterán a vuestra decisión.

–Lo harán, ya que en caso contrario gravaré con impuestos tan altos a la Iglesia, que en un año el Vaticano prorrumpirá en fuertes lamentos y obligará a sus insubordinados servidores a negociar para que el dinero vuelva a fluir. Poco a poco deberíais saber, Tomás, que en este reino sólo hay uno que decide en última instancia. Y ése soy yo.

Tomás Becket lo miró con aire taciturno. Tenía cuarenta y dos años, sin embargo a veces parecía tan joven como su real amigo. Pero no en aquel momento.

–Majestad, os lo ruego, no lo hagáis.

Enrique tomó para sí una manzana y empezó a morderla con aire pícaro. No había nada más divertido que Tomás y sus extraños escrúpulos cuando se trataba de aceptar un cargo.

–Tomás, yo necesito como arzobispo de Canterbury a alguien en quien pueda confiar, y yo confío en vos más que en cualquier otro hombre vivo. ¿Acaso no queréis el arzobispado? Me han dicho que es el sueño de todo diácono –añadió en tono de afectuosa burla.

–No se trata de eso.

Becket no apartaba los ojos de sus manos fuertes, unas manos endurecidas y fortalecidas por la caza.

–Eso es exactamente lo que siempre he deseado para mí, sólo que hasta ahora no lo sabía. Habría sido mejor que no me lo hubierais revelado. Os lo ruego, dispensadme de esa tarea.

Enrique arrojó la manzana.

–Y yo os ruego a vos... –dijo enérgicamente–, no sólo como rey sino como amigo... ¡que seáis el arzobispo de Canterbury!

Becket guardó silencio un largo rato. Después le contestó sin ningún acento en su voz.

–Haré lo que queráis, pero antes es preciso que sepáis algo. Muy pronto me odiaréis tanto como hoy me queréis, ya que adquirís un derecho de decisión en cuestiones de la Iglesia que después no podré seguir tolerando. El arzobispo de Canterbury si no ofende a Dios, ofende al rey.

Enrique oyó sólo lo que quiso oír: el consentimiento. Loco de contento, le dio un golpe en las costillas a Tomás.

–¡Magnífico! –exclamó–. ¡Diablos, Tomás, no conozco a nadie que sea tan difícil de convencer de su suerte! Todos los demás me buscan a diario para pedirme cargos y dignidades, y vos os resistís a aceptar el obispado más rentable de mi reino como una vieja solterona ante el lecho nupcial. ¡Pero confiemos en Tomás Becket para dar la vuelta al curso del mundo!

Como era de prever, el clero reaccionó con un grito de rebeldía casi unánime. ¿El protegido del rey, su mejor amigo, aquel hombre amante de la ostentación, aquel arribista del sillón de canciller, como arzobispo de Canterbury? ¡Jamás!

Pero Enrique, con una sonrisa fría, informó a los representantes de los monjes y obispos sobre sus planes impositivos, y como tampoco llegó ninguna ayuda del Papa, con los dientes apretados terminaron por elegir arzobispo de Canterbury a Tomás Becket, hasta entonces arcediano y canciller de Inglaterra.

El domingo de Pentecostés de 1162 fue consagrado obispo y aquel mismo día le devolvió al rey el gran sello de canciller, con el argumento de que era imposible servir a dos soberanos. Repartió entre los pobres todas sus pertenencias, ropa, joyas, vajilla, todos los bienes y hacienda que correspondían a una residencia importante, y a partir de entonces se vistió con el hábito marrón de tela basta de los monjes agustinos.

La sociedad cortesana acogió con sonrisas burlonas la noticia del gesto de Tomás Becket y algunos dijeron que era fácil renunciar a bienes y hacienda cuando se domina sobre un obispado como el de Canterbury. Además, el nuevo arzobispo podría estar seguro de que recuperaría sus bienes en cualquier momento gracias a su amistad con el rey.

Sólo un año después, cuando Enrique y Leonor estaban en Ruán con toda la corte, llegó la noticia de que el arzobispo de Canterbury rechazaba como ilegal el último impuesto del rey. Enrique se sintió menos humillado que ofendido. Supuso, sin embargo, que con esto Tomás querría mostrar que, después de la presión que se había ejercido sobre los obispos en el último año, sería demasiado pronto todavía para poner en práctica una reforma impositiva.

Pero después de una semana se enteró de una nueva resolución contraria de Becket. Después de un año, Enrique quería resolver de una vez por todas su problema con los tribunales de justicia y había reclamado que en lo sucesivo y sin tener en cuenta su cargo, un religioso declarado culpable por el tribunal eclesiástico debía ser entregado a la justicia civil.

Cuando Enrique levantó los ojos de la carta que llevaba el sello del arzobispado, su cara estaba gris ceniza y Leonor se sobresaltó.

–Escribe –empezó Enrique en voz baja– que él nunca permitirá que un hombre sea juzgado dos veces por el mismo delito, que eso sería contrario a todo sentido de justicia. Y después... –alzó la voz hasta que se convirtió casi en un rugido–, después añade que los religiosos no pueden ser juzgados en absoluto por un tribunal real, al contrario, ¡que ellos serían los jueces para el rey!

Enrique estrujó la carta hasta que no era más que una pequeña bola y la arrojó al suelo.

–¡Cómo se atreve! –gritó.

Entre los nobles reinó un silencio total y Enrique volvió a mostrarse un poco más sereno.

–Pues bien, yo sabía que iba a lograr un milagro –dijo con cinismo–. Este de ahora deja muy lejos, en las sombras, al de la conversión de Pablo camino de Damasco.

Pero en aquel momento estaba herido. Si Becket había querido el bienestar de su Iglesia, pensó Leonor, entonces había elegido el camino equivocado. Herir a Enrique significaba desafiarlo peligrosamente, sobre todo cuando se sentía traicionado. Ella misma apenas podía creerlo y estaba indignada por aquella insolencia, pero nunca había sido amiga de Becket. ¡Para Enrique, en cambio, la decepción podría multiplicar por cien su ira!

Enrique retiró a su hijo mayor del cuidado del arzobispo. Había tomado una decisión. ¡En caso de que estallara una lucha por el poder entre el rey y la Iglesia, él no iba a retroceder atemorizado! Si Tomás podía traicionar de aquella manera su amistad, entonces él tampoco tendría ninguna consideración. Pero la amarga decepción por la marcha de los acontecimientos continuó y creció en su interior.

–Si se avecinan meses todavía más desagradables que los últimos nueve –le comentó Leonor a la abadesa Matilde–, renuncio a conocerlos.

Matilde comprobó que la reina parecía demasiado cansada y abatida, aunque había cierta justificación. Toda Europa fijaba su atención en la lucha por el poder entre Enrique II de Inglaterra y su arzobispo, Tomás Becket. Además, Leonor estaba otra vez embarazada y durante la ausencia de Enrique ejercía la regencia en Inglaterra.

–Bueno, ahora tienes por delante otros meses agotadores –dijo Matilde con una sonrisa alentadora.

Leonor hizo un ademán negativo.

–A eso ya estoy acostumbrada. Aunque espero de todo corazón que éste sea mi último hijo... ¡Después de todo, ya tengo cuarenta y dos años!

Aunque vivía en el convento, Matilde nunca había conocido a una mujer que hablara tan abiertamente de su edad. Por la confianza que tenía en sí misma, Leonor era una mujer que todavía estaba segura de su poder de atracción.

Matilde le ofreció a Leonor un poco del agua fresca que les había llevado una novicia.

–Hija mía, yo puedo entender que tu esposo se sienta traicionado y ofendido como rey –comentó–, pero por otra parte debo reconocer que también me resulta comprensible el argumento del arzobispo de que no se debería juzgar dos veces a una persona por el mismo delito.

Leonor bebió un trago de agua y después le replicó con palabras despectivas.

–¡Ése sería un argumento mejor si al menos los tribunales eclesiásticos dictaran sentencias adecuadas! Pero en realidad, de manera constante surgen casos tan inaceptables como el del año pasado, cuando un canónigo fue acusado de haber asesinado a un caballero, se exculpó bajo juramento ante el tribunal eclesiástico y salió libre y sin ninguna condena. Cuando el tribunal real lo exhortó a presentarse ante él, se negó apelando al arzobispo de Canterbury. Y todo lo que éste le escribió a Enrique fue que si se sentía injuriado debía presentarse ante el tribunal eclesiástico en Canterbury y se le haría justicia. ¡A tanto llega Tomás Becket!

–Pero no puede ser la ambición de poder lo que lo impulsa –dijo Matilde con escepticismo–. Ya como canciller tenía todo el poder que podía esperar.

Leonor se apartó los cabellos de la frente con un gesto de rechazo.

–No sé qué es lo que lo mueve, a menos que sea su afán avasallador de tener razón. Y a decir verdad, también me es indiferente saberlo. Sólo espero que, después de haber impuesto Enrique su voluntad en Clarendon, no tengamos más problemas con los tribunales.

A diferencia de Becket, la mayoría de los obispos eran terratenientes y pertenecían a la nobleza. Obligados a elegir entre un Tomás Becket que los ponía en evidencia apelando a la pobreza evangélica y del que todavía desconfiaban, y un enfurecido Enrique Plantagenet, cuya capacidad sin escrúpulos para imponerse conocían muy bien, en Clarendon se habían decidido por el rey y contra los intereses de la Iglesia.

En aquel entonces, la reforma de la legislación que llevó a cabo Enrique no tenía igual en Europa y fue objeto de acaloradas discusiones en los círculos eclesiásticos.

–¿Es cierto que de acuerdo con las nuevas constituciones todos los obispos deben prestar juramento de fidelidad a Enrique? –quiso saber Matilde.

–Así es –asintió Leonor–. Sé que eso no es de vuestro agrado, pero si lo pensáis bien, tía, veréis que los príncipes de la Iglesia, con sus inmensas posesiones de tierras, son tan poderosos como los barones y es muy razonable que ambos sean tratados como vasallos. Si la Iglesia insiste en tener posesiones terrenales, entonces también tiene que acostumbrarse a la justicia terrenal.

Matilde reflexionó sobre eso. Las constituciones también estipulaban que el rey era el único que podía decidir bajo qué tribunal debía llevarse a cabo un proceso. Pero sobre todo le causaba desazón otra prescripción que ella consideraba demasiado insolente y muy incorrecta.

–He oído decir que, entre otras cosas –comentó en tono titubeante–, las constituciones de Clarendon determinan que ningún religioso puede apelar ante el Tribunal Supremo en Roma o viajar por el continente sin el permiso del rey.

–Y creéis que un poder semejante no le correspondería al rey –manifestó Leonor.

La abadesa asintió. Su rostro delicado revelaba una honda preocupación.

–El santo padre no puede permitir algo semejante y me temo que todavía habrá tiempos muy difíciles para tu esposo y para ti.

Leonor hizo una mueca.

–Yo no creo que el Papa pueda ser más testarudo que Tomás Becket, y al fin y al cabo Becket ha firmado las constituciones.

–¿Entonces estás convencida de que con eso se terminó todo? –preguntó Matilde con escepticismo.

Leonor apoyó una mano contra la espalda dolorida.

–Eso espero, tía –respondió con aire ausente y el ceño fruncido.

Matilde parecía como si quisiera añadir algo más, pero desistió y para cambiar de tema preguntó por su ahijada.

Leonor sonrió.

–Tenemos la intención de comprometerla en matrimonio con el duque Enrique de Brunswick. Después del emperador Federico Hohenstaufen es el hombre más poderoso del Sacro Imperio Romano y como tal un aliado muy valioso.

Era, en efecto, el partido más brillante que podía tener una de sus hijas en aquel entonces, a menos que la joven Matilde se comprometiera con el mismísimo emperador. Al mismo tiempo era una decisión entre las dos grandes familias rivales en el Sacro Imperio Romano, los Welf o güelfos y los Staufen, que buscaban una alianza con Inglaterra. No era ningún secreto que el güelfo Enrique aspiraba a la corona real germana y a la del Imperio Romano.

Charlaron todavía un rato sobre Matilde y los otros niños,

pero los pensamientos de Leonor volvían una y otra vez a su esposo. Ella no podía imaginar que la pelea con su antiguo mejor amigo hubiese encontrado un final tan sencillo. Era cierto que Enrique le había atado las manos a Becket, sin embargo, intuía que a todos ellos les esperaba mucho más. No, la abadesa de Fontevrault tenía razón, aquello no era el final, todavía.

–Pues bien, estamos aquí reunidos para juzgar a un traidor perjuro –dijo Enrique en tono tajante.

Era el seis de octubre de 1164. El clero y los barones habían sido convocados en Northampton, después de que el arzobispo de Canterbury, al regresar a su obispado, declarara ilegales las constituciones de Clarendon y escribiera una carta indignada al Papa.

Enrique tenía un aspecto terrible. Era más que evidente que en los últimos meses había bebido mucho y dormido muy poco, sus ojos estaban inyectados en sangre y las venas resaltaban en su frente. Por si fuera poco, el manto púrpura de ceremonial intensificaba el efecto.

Tomás Becket, delante de él, con el hábito negro de los agustinos y rodeado de dignatarios de la Iglesia y de la nobleza, estaba en cambio muy pálido, pero ni un solo músculo, en su rostro pétreo como una máscara, delataba la menor docilidad.

–Yo no soy ningún traidor –replicó con voz serena– y me niego a permitir que me califiquen de tal.

–¿Por qué no rechazáis también la acusación de perjurio, eminentísimo arzobispo? –preguntó Enrique en tono cáustico–. ¿Es vuestra firma la que aparece al pie de las constituciones, o es una ilusión óptica mía?

Becket apretó con fuerza los labios.

–Esa firma fue obtenida mediante una extrema presión y contra mi voluntad. Admito que nunca debí haberla puesto, pero vos cargáis con una culpa más grave al haberme forzado a hacerlo.

Enrique empezó a caminar de un lado a otro como una fiera enjaulada.

–¿Yo cargo con una culpa? ¿Y quién sois vos para juzgarme, Tomás Becket? Si no me equivoco, ¡el óleo sagrado con que me ha ungido vuestro antecesor tiene por objeto, entre otras cosas, hacerme responsable únicamente ante Dios!

–¡Ante Dios y su representante en la Tierra, la Iglesia!

Ninguno de los presentes se atrevió a decir una sola palabra. Todos, como hechizados, se limitaban a observar al rey y al arzobispo. Becket siguió hablando como si no fuese él sino el rey quien estuviera frente al tribunal.

–Pero vos, desde el principio, habéis renegado de Dios y de su Iglesia. Estáis tan ávido de poder que impugnáis la autoridad de la Iglesia dondequiera que podéis y...

–¿Ávido de poder? ¿Y qué diablos sois vos? Desde que os hice arzobispo de Canterbury, os comportáis como si tuvierais que conducir en solitario una campaña de conquista en los asuntos de Dios. Si eso no es avidez de poder, ¿qué es entonces?

Los ojos zarcos de Becket echaban chispas.

–Yo nunca he deseado poder personal para mí... y lo que he hecho en mi arzobispado fue en honor de Dios y en defensa de su Iglesia... para defenderla de vos.

Enrique bajó la voz hasta un tono peligroso.

–La Iglesia que defendéis está ante vuestros ojos. ¿Alguno de los presentes querría decir algo en favor del acusado? ¿No?

Ninguno aceptó la invitación del rey.

–Muy bien, con eso queda todo dicho. Estáis condenado por perjurio, Tomás Becket, y alegraos de que os haya concedido aquí también un tribunal eclesiástico. Todavía no sé qué haré con vos, pero por lo pronto no podéis abandonar Northampton.

Pasó delante de Becket y de los príncipes, se volvió una sola vez, muy breve, para soltar de paso una frase hiriente.

–Además, quisiera que me hicierais llegar enseguida un informe de rendición de cuentas sobre vuestro período como canciller, con todos los detalles.

Con eso desapareció del lugar, pero había logrado arrancar por fin un sentimiento en la expresión marmórea de Becket.

Aquella misma noche, el arzobispo de Canterbury huyó a Francia, donde Luis lo recibió con gusto y le ofreció asilo en la abadía de los cistercienses de Pontigny. Desde allí y sin la menor vacilación, Becket excomulgó al mismo tiempo a treinta obispos ingleses y a los consejeros del rey.

Enrique no había estado nunca en toda su vida en una situación tan desgraciada. Primero fue la respuesta que obtuvo de Luis a su exigencia de extradición de Becket, que de todos modos había presentado sin grandes esperanzas. Luis sólo le había preguntado a sus emisarios cómo era posible que un prelado fuese destituido y condenado por un rey, algo que él, también rey por la gracia de Dios, jamás se habría atrevido a hacer. Poco tiempo después, se cruzó en la vida de Enrique la hija de Gualterio Clifford, Rosamunda.

Gualterio Clifford era uno de los caballeros normandos que en la frontera de Gales libraban batallas permanentes con los nativos galeses. Había acudido a su rey con la esperanza de recibir ayuda y como era hombre sin escrúpulos y conocía el temperamento fogoso del rey, se hizo acompañar por su joven hija. Enrique hizo suya a Rosamunda, como había hecho con innumerables mujeres, pero pronto descubrió que empezaba a concebir sentimientos hacia ella.

Rosamunda, una rubia e inmaculada Virgen, como él la llamaba (a ella le escandalizaba la comparación), era diferente de Leonor en todos los sentidos: suave, complaciente, nunca rebelde, sino por el contrario obediente a cada uno de sus caprichos y con una calidez serena, mientras que Leonor era fuego. En pocas palabras, ella era exactamente lo que él necesitaba en aquel momento. De momento decidió mantener a su lado a Rosamunda.

Entretanto Leonor, que no sospechaba nada de todo aquello, en Angers daba a luz a una niña, Juana. Poco antes de que empezaran sus dolores de parto llegó la noticia que ya nadie esperaba: la tercera esposa de Luis le había dado por fin un hijo varón, que fue bautizado con el nombre de Felipe y aclamado en toda Francia con fiestas triunfales.

Con eso se frustraban los planes de un reino anglofrancés unificado, pero Enrique, para contrarrestarlo, concertó una nueva unión después del casamiento de su hijo mayor y homónimo con Margarita. La cuarta hija de Luis, Alais, fue comprometida en matrimonio con Ricardo y para reconciliar a la población bretona con su reinado, Enrique también comprometió a Godofredo con la última heredera indirecta de los duques bretones, la joven Constanza. En vista de la edad infantil de los prometidos, la única consecuencia directa que tuvieron los compromisos fue que enviaron a Alais a vivir en la corte de Leonor.

Leonor y Enrique pasaron el invierno en Poitiers y los primeros meses de la primavera en Inglaterra (de Rosamunda no se hablaba en absoluto), pero hacia la Pascua, Enrique partió para conducir una campaña militar contra Gales.

Leonor esperaba nuevamente un hijo y cada vez más sentía su estado como una carga. Aparte de eso, era consciente de que un parto podía ser muy peligroso para una mujer de su edad. Abrigaba la esperanza de alcanzar pronto una edad en la que no podría concebir más hijos.

Leonor permanecía en Oxford cuando sus dos hijos mayores, que habían acompañado a su padre en la campaña, regresaron envueltos en un silencio extraño en ellos. Por primera vez rehusaban hablar de su experiencia, a veces se interrumpían en medio de una frase y esquivaban la mirada interrogante de Leonor.

Después de algunos días, ella decidió ir al fondo de la cuestión de una vez por todas.

–Y bien, ¿qué ha sucedido? –preguntó resueltamente cuando Enrique el Joven y Ricardo quisieron eludir otra vez el tema–. ¿Qué habéis hecho ahora o es que se os ha venido el mundo abajo?

–No –dijo Enrique, cohibido–, es sólo...

Ricardo le dio un pisotón. Enrique el Joven enmudeció, pero enseguida lo pensó mejor. Tenía once años y día a día se parecía más a Raimundo, sólo que no tenía su paciencia y en cambio era tan impetuoso como su madre.

–Ella debe saberlo –le dijo bruscamente a su hermano. Entonces clavó los ojos en las puntas de sus pies y empezó a murmurar sin mirar a Leonor–. Nuestro padre os ofende, madre, y ofende a toda nuestra familia al convivir abiertamente con su ramera.

En su vocabulario se notaba que no había vivido en vano bajo la tutela de Becket.

–No es sólo que cometa el pecado de adulterio, él la trata como si fuese la reina y nos ha exigido que también nosotros la tratásemos así. Y además, la ha alojado en vuestro palacio, madre, y eso desde hace ya casi un año.

–¿Dónde? –preguntó Leonor sin ninguna inflexión en la voz.

Podría haber estado hecha de madera seca como las figuras de la feria anual, que en aquel momento se encontraban por todas partes, dado que había sido inaugurado el gran mercado en Oxford.

–En Woodstock.

Ricardo estaba furioso con el joven Enrique porque le había hablado a su madre de Rosamunda Clifford, aunque se habían hecho la promesa recíproca de no decir nada. Él presentía que aquello heriría a su madre, sin embargo no estaba preparado para lo que veía en aquel momento. La luz en sus ojos pareció extinguirse, las pupilas se contrajeron hasta puntos diminutos y ella parecía fría y muerta.

–¡Madre!

–Estoy bien, Ricardo –balbuceó ella–. Por favor, dejadme sola, los dos.

Los muchachos estaban tan asustados por el cambio repentino que se había operado en ella, que obedecieron sin rechistar. Se quedó sin moverse, en la pequeña habitación a la que había llevado a sus hijos. Sintió un movimiento dentro del cuerpo y automáticamente se llevó una mano al vientre. Sí, el niño. El hijo de ella y Enrique. De repente soltó una risa burlona y fría. ¿En qué clase de hijo se convertiría éste, después de haber sido concebido en un momento lleno de traición?

–Que Dios te condene, Enrique –susurró–. Que Dios te condene a las profundidades del infierno.

Si Enrique hubiese estado allí en aquel momento, quizás habría cambiado de manera decisiva el futuro de los dos. Pero así, el dolor, la furia encendida y el odio podían consolidarse y solidificarse como el hielo. Ya un año entero, un año. «Entonces el amor ha alcanzado dimensiones casi legendarias», pensó con cinismo. Y en su palacio, en su palacio favorito, que era un regalo de Enrique y siempre un lugar para la alegría y el descanso, un lugar muy especial. Si no hubiera estado embarazada habría abandonado Inglaterra en el acto. Así, en cambio, aquel hijo no deseado la maniataba y mientras se informaba cada vez más sobre la amante de Enrique, Rosamunda Clifford, en aquel momento también por medio de los rumores, dentro de ella empezaban a gestarse planes lentos, pero seguros.

En diciembre, poco antes de Navidad, llegó al mundo su hijo Juan. Enrique se reunió con ella para la fiesta y en cuanto estuvieron solos, él notó que algo había cambiado. Ella llevaba un vestido azul bordado con hilo de plata y más que nunca le llamó la atención su atractivo.

–Juan es un buen nombre –dijo para iniciar la conversación.

–Claro que Jesús sería más apropiado para estas fechas –replicó Leonor en tono neutro–, pero no creo que tú sirvieras para el papel de José.

–No –dijo Enrique y se relajó–. Tengo buenas noticias, Leonor. Con la anulación de su matrimonio, el muy apreciado conde de Tolosa ha deshecho también su parentesco y su alianza con Luis, y ahora teme que yo vuelva a acosarlo. Me ha ofrecido reconocerme como su señor y a partir de ahora administrar Tolosa como parte del ducado de Aquitania. ¿Tú qué opinas?

–Opino que es más que excelente para ti, Enrique –contestó, escogiendo cada palabra con cuidado–, dado que te permitirá tener más tiempo para tu pequeña compañera de alcoba. Después de todo, ella se debe de aburrir mucho sola ya que, según se dice, ni siquiera sabe leer.

Enrique no se mostró enfadado.

–Eres una bruja –dijo–. ¿Sabes que los celos te sientan muy bien? Eso ya lo he comprobado en varias ocasiones.

–No estoy celosa, Enrique. Sólo te presento un ultimátum. O envías a tu muy amada Rosamunda a Gales, adonde le corresponde, o te abandono. –Y dominada por la cólera, añadió–: ¡En Woodstock, Enrique, en mi propio palacio!

Enrique soltó una carcajada.

–Sí –dijo y con una mano le levantó la barbilla–, en tu propio palacio. Eso es lo que más te duele, ¿no es así, querida? ¿Y qué se supone que quiere decir eso de que me abandonas?

Ella le apartó la mano de un golpe.

–Eso quiere decir que nunca más viviré contigo, que estaré siempre allí donde tú no estés, y que me llevaré a mis hijos.

«Ninguna otra mujer en el mundo –pensó Enrique–, hablaría jamás de esa manera con su señor y dueño aunque fuera una mujer repudiada o cayera en desgracia.» Sus carcajadas volvieron a llenar la habitación.

–Eres increíble, Leonor. Te adoro.

–¡No y no! –replicó Leonor con violencia–. ¡Así no!

En aquel momento la ira empezó a hervir dentro de Enrique.

–Te comportas como si ésta fuese la primera vez y además, ¿hasta qué punto te has ceñido tú al voto del matrimonio?

–Yo sólo me he tomado el mismo derecho que tú –replicó con voz gélida–, y al contrario que tú, lo mío nunca fue de mal gusto. Sabes, Enrique, con tu conducta en realidad deberías pensar un poco más en la corte. Si tus caballeros te imitan, ninguna moza de cocina estará a salvo.

Todo rastro de hilaridad había desaparecido del semblante y de la voz de Enrique cuando la interrumpió y le dijo con frialdad:

–Creo que será mejor que te calles.

–Pero ¿por qué? Si empezábamos a divertirnos un poco. ¿Acaso se siente mal nuestro insigne monarca?

Todos aquellos meses ella había tenido que imaginarse lo bien que él lo pasaba en Woodstock con la desconocida Rosamunda y si en aquel momento podía devolverle aunque fuera una pizca de lo que había tenido que sufrir, ¡mejor!

Enrique se acercó un paso y ella pudo sentir su aliento en la cara cuando le habló con voz pausada.

–¿Así que quieres hablar de conductas de mal gusto, Leonor? Bien, entonces empecemos mejor con una mujer que se acuesta con su medio tío y que en la primera oportunidad que tiene se arroja a los brazos de un hombre diez años menor que ella.

Observó con satisfacción que se ponía pálida. En algún lugar en su interior se agitó una voz que preguntaba por qué quería herir tanto a su esposa, pero reprimió rápido aquel sentimiento y se entregó por completo a la inesperada embriaguez que le causaba herir a Leonor. Cuando la miró a los ojos, encontró reflejado allí, de una manera inquietante, el mismo anhelo.

–Siempre me da mucho placer sondear en los misterios de la naturaleza –murmuró con voz sedosa Leonor–. En tu caso, cada día me pregunto más qué es más fuerte..., el afán de dinero, la sed de poder o la necesidad conmovedora de olvidar en brazos de mujeres siempre distintas todos tus errores y sobre todo el hecho de que debes el reino a mujeres, en primer lugar a mí y a tu madre. ¿Te sientes tan inferior frente a nosotras? Tú siempre te las arreglas para asombrarme, Enrique. Tu Rosamunda, por ejemplo, ¿qué diablos encuentras en ella?

–Bien, ángel mío. En primer lugar es joven. Segundo, al contrario que tú, entiende a la perfección cómo apartarme de mis preocupaciones y sabe cuándo tiene que cerrar el pico. Tercero, es una persona cariñosa, lo que tú nunca serás. Y cuarto, ¡no espera permanentemente un hijo!

En aquel momento a los dos se les había escapado por completo de las manos el control de la conversación. Leonor no pensaba más en la fría dignidad que se había propuesto, no pensaba más en su intención de mostrar sólo un frío sarcasmo. En aquel momento sólo vivía para el odio intenso que llenaba todo su ser.

–No te preocupes más por los embarazos, Enrique. Desearía no haber tenido nunca un hijo tuyo y créeme, yo me ocuparé de que tú también lo desees. Regreso a Aquitania y sólo espero que logres ampliar un poco el vocabulario de la pequeña Clifford, ya que de lo contrario bien pronto podrías aburrirte mucho.

Enrique la cogió de las muñecas.

–¡Que quede claro –gritó–, tú no me abandonarás! ¡Termina con este disparate! Si me gusta tratar a mi amante igual que a ti, ¡lo hago!

–¿Y cómo quieres obligarme a permanecer a tu lado? –preguntó ella con dureza–. ¡A estas alturas ya deberías saber, Enrique, que nadie podrá obligarme jamás a algo así!

–Eso lo veremos –replicó él.

La agarró y la arrojó al suelo. Leonor luchó como una fiera, pero fue inútil. Enrique era mucho más fuerte que ella. Fue una caricatura cruel del amor que los había unido, un monumento al odio, y cuando el acto de aquella violación terminó y Leonor, vejada y humillada, yacía sobre las baldosas frías, ninguno de los dos se sintió capaz de mirar al otro. Enrique estaba apenas un poco menos turbado que ella, ya que era la primera vez que había perdido el control de esa manera. Y lo peor era que lo había hecho con plena conciencia, quería verla destruida, por completo humillada. Ella era la culpable, ella lo había impulsado a hacerlo. Sólo podía ser culpa de ella. Sin decir una sola palabra, se precipitó hacia la puerta y salió.

Leonor no estaba en condiciones de levantarse. Lo que por fin la hizo volver en sí fue una voz, la que menos hubiera esperado allí, la voz espantada y consternada de su segundo hijo.

–¿Madre?

Se incorporó a toda prisa.

Ricardo estaba allí y la miraba con unos ojos que ya no eran los de un niño. Ella se vio reflejada en ellos, humillada y con los ojos amoratados.

«No –rezó en silencio–. No, por favor, no. ¿Cuánto tiempo llevará aquí?»

Se levantó y apretó la manga contra sus labios partidos y ensangrentados. Le dolía todo el cuerpo y cada paso que daba le producía dolor, pero tenía que sacar inmediatamente al niño de allí.

–Está bien, Ricardo –dijo por fin con esfuerzo–. Está bien. Ya estoy bien.

Pero en la mirada de Ricardo vio que éste había comprendido muy bien lo que había sucedido allí. Él hizo un movimiento como si quisiera lanzarse tras Enrique. Ella lo sujetó con fuerza y sacudió la cabeza en silencio. Los dos temblaban.

Más tarde, cuando Leonor estaba sola (se había lavado como una posesa y había atendido sus heridas porque no habría soportado que alguien más la viera así), buscó un punto determinado en la pared y de repente gritó:

–¿Crees acaso que esto es el fin y que me has destrozado?

Pero cuando esto termine, te lo juro, Enrique Plantagenet, entonces tu pelea con Tomás Becket va a parecer un interludio pacífico.

Era el gran día de Ricardo, el día en que sería investido como duque de Aquitania. Tenía doce años y Leonor había hecho con él una gira por toda Aquitania para presentarlo a su pueblo. Ella había decidido elegir Limoges y no Poitiers como lugar para su investidura. Limoges era la ciudad más importante en la ruta de comunicación entre la Aquitania meridional, con Burdeos como centro, y la Aquitania septentrional, el Poitou, con Poitiers como centro. Y una vez Limoges había sufrido una medida punitiva muy severa de Enrique, (el pago obligado de una multa elevada), una medida que en aquel momento Leonor derogó con motivo de la celebración de la investidura de Ricardo.

Desde el punto de vista formal, ella tenía todo el derecho a investir a Ricardo como duque de Aquitania, dado que un año antes Enrique, en compañía de sus tres hijos mayores, había renovado su juramento de fidelidad al rey y en aquella ocasión, Enrique el Joven había jurado por Normandía, Anjou y Maine, Godofredo por Bretaña y Ricardo por Aquitania. Ella sólo esperaba que Enrique, con su inquebrantable convicción de que era invencible, no se percatara de lo que ella se proponía al ligar Aquitania a Ricardo y Ricardo a Aquitania.

Era la fiesta de Pascua de 1170 y la catedral de Saint-Étienne estaba llena hasta los topes cuando un excitado Ricardo atravesó el pórtico. Tres obispos estaban al frente del grupo de sacerdotes que lo recibieron. Bajo el canto jubiloso del coro, impartieron la bendición al joven y lo cubrieron con una túnica de seda. Ricardo había recibido una minuciosa preparación para aquella ceremonia, no cometió un solo error y cuando el obispo de Poitiers le ofreció la lanza y el obispo de Burdeos el pendón de guerra, (las insignias de los duques de Aquitania), tomó los dos con mano firme. Sus ojos se encontraron con los de su madre y él le sonrió radiante.

En aquel momento venía la parte de la ceremonia de investidura que había sido idea de Leonor. El obispo de Limoges se adelantó y como símbolo de su matrimonio espiritual con Aquitania, puso en la mano de Ricardo el anillo de santa Valeria, la santa patrona de Limoges y legendaria personificación de Aquitania.

Durante el viaje, Ricardo se había enamorado del país igual que su madre lo había hecho en su infancia y, como ella, estaba convencido de que tenía para siempre un derecho sobre Aquitania. Con doce años, tenía edad suficiente para comprender la trascendencia del momento cuando sintió en su dedo el anillo de la santa. La lealtad de los aquitanos le pertenecía en aquel momento a él, a él y a su madre, y ya no más a su padre. Pero los sentimientos de Ricardo hacia Enrique, antes una mezcla de reverencia, amor y quizá también un poco de celos por un ideal inalcanzable, se habían transformado bruscamente en odio en el mismo instante en que había visto tirada en el suelo, delante de un Enrique que se levantaba lentamente, a su adorada y maravillosa madre, en otras ocasiones tan perfecta. Desde entonces, Leonor no hablaba nunca de su esposo, no necesitaba hacerlo. Ricardo había comprendido lo que ella planeaba.

Caminó hacia el altar seguido por los obispos y sacerdotes, depositó en el suelo el pendón y la lanza, y recibió allí la corona de los duques de Aquitania. Al mismo tiempo, el condestable del ducado, Saldebreuil de Sanzay, le entregó la espada y las espuelas de la orden de caballero. La cara de Ricardo ardía de emoción. Siempre había deseado ocupar el puesto de los caballeros con cuyas leyendas había crecido. En aquel momento, en la catedral de Limoges, con la mirada de su madre sobre él, estaba listo para asumirlo.

«Cristo es el rey, Cristo es el vencedor», cantaba el coro.

Los festejos de la investidura se prolongaron durante varios días y en los torneos tomaron parte él y su hermano mayor Enrique el Joven, junto con su común amigo Guillermo Marshall, que hacía dos años, durante un ataque por sorpresa de los Lusiñán, había salvado la vida a Leonor. El propio Guillermo había sido hecho prisionero, pero Leonor lo había liberado de inmediato y lo había recompensado con generosidad.

Ricardo era alto para sus doce años y ya se había evidenciado que no sólo poseía el talento de los trovadores aquitanos, sino también las altas dotes de los Plantagenet para el arte de las armas. Derribó de la silla a varios adversarios hasta que le llegó el turno a él mismo.

Durante el solemne banquete nocturno, la mayoría de los hijos de Leonor estaban reunidos alrededor de ella. Faltaban cuatro. Alicia, la segunda hija de Leonor y Luis, que había tomado los hábitos después de la muerte de su esposo Teobaldo de Blois y estaba recluida en Fontevrault. Leonor la Joven, llamada Aenor, que estaba casada con el rey de Castilla, y Matilde, casada con el duque de Brunswick. Leonor había acompañado a Matilde un largo trecho del camino y la echaba de menos. A quien no extrañaba, sin embargo, era a su hijo menor, Juan, que sin más ni más había dejado en Inglaterra. Ella no podía mirar a Juan sin pensar en los meses de embarazo, (durante los cuales se había enterado del engaño imperdonable de Enrique), o sin pensar en Enrique y Rosamunda o en el día terrible de la llegada de Enrique a Oxford.

La menor de sus hijas, Juana, jugaba con la prometida de Ricardo, Alais, la hija de Luis que con sus diez años se educaba en la corte de Leonor. No pudo evitar una sonrisa cuando observó con qué paciencia se ocupaba Alais de la pequeña Juana. Alais era una niña encantadora y había heredado las mejores prendas de Luis, y a veces ella olvidaba que no era hija suya.

Junto a Alais y Juana, que conversaban animadamente sobre el torneo, estaba sentado Godofredo, al que en general le faltaba la inquietud tan característica de los hijos de Leonor. No hablaba mucho, pero lo que decía siempre era bien meditado. Godofredo sabía lo que quería y cómo podía alcanzarlo con sólo un par de palabras bien dichas. No compartía el entusiasmo de Ricardo por los torneos. Leonor miró a Ricardo, que estaba sentado entre Enrique el Joven y María, y que todavía no mostraba la menor señal de cansancio. Ella no sabía por qué y se esforzaba por no manifestarlo, pero la verdad era que Ricardo era su hijo predilecto y aquel día a Ricardo le había hecho el mayor regalo al que era capaz de aspirar, el que le importaba más que todo lo demás: Aquitania.

–Una canción para nuestra reina –dijo Bernardo de Ventadour y se inclinó ante ella con aire festivo–. Esta vez no es ninguna de mi inspiración, sino una que escuché de los germanos que recibieron a la duquesa Matilde. Según parece, tu fama ha llegado también hasta ellos.

Entonces hizo una seña a los músicos que lo acompañaban a todas partes.

–Intentaré cantarla en su idioma.

Were diu werlt alle min
von dem mere unz an den Rin
das wolt ih mih armen
wan die künegin von Engellant
lege in minen armen.

Sus oyentes rieron y aplaudieron con entusiasmo.

–¿Y cómo se dice eso en la lengua de oc? –preguntó Ricardo.

Bernardo, que había viajado mucho, tradujo sin vacilar:

Si todo el mundo me perteneciera,
desde el mar hasta el Rin,
renunciaría a él con gusto,
si la reina de Inglaterra
en mis brazos estuviera.

María opinó que eso demostraba que los germanos no eran tan bárbaros como siempre se decía. Y entre carcajadas, en aquel momento cada uno intentó improvisar algo nuevo con una palabra de la canción. Ése era uno de los pasatiempos preferidos en la corte de Leonor, y no sólo ella y sus hijos sino también sus nobles estaban ejercitados en ello, ya que la duquesa de Aquitania no toleraba ninguna pereza mental en sus allegados.

Enrique, mientras tanto, se había enzarzado en un altercado con el Papa.

Éste exigía, en aquel momento con firmeza, la rehabilitación de Tomás Becket, y como Enrique se negó, por primera vez lo amenazó con la excomunión. Enrique comprendió que le esperaba una nueva lucha por el poder y decidió dejarlo claro desde el principio. Llamó a su hijo mayor, Enrique el Joven, que estaba en Aquitania, y lo hizo coronar rey de Inglaterra. Era una reafirmación de su autoridad al saltar por encima de la prerrogativa del arzobispo de Canterbury de ungir a los reyes ingleses. Aparte de eso, le parecía una jugada perfecta contra la investidura de Ricardo en Aquitania.

El Papa estaba tan encolerizado por el suceso que anunció que excomulgaría de inmediato a Enrique y dictaría sobre su país el entredicho, si el arzobispo de Canterbury no recuperaba en el acto sus prerrogativas. Enrique analizó la situación. Esta vez, una parte de los obispos se había manifestado sin reservas a favor de Becket y en realidad tampoco podía confiar en la lealtad de los nobles. En caso de excomunión, Becket sería un arma en extremo eficaz en manos del rey francés. Y tenía la inquietante sospecha de que Leonor se proponía algo más que la sucesión con Ricardo como duque de Aquitania. Claro que ¿qué podía hacer ella en aquel momento? Ni siquiera podía reclamar la plena soberanía sobre su ducado en tanto ellos dos estuvieran casados y, en eso era terminante, aquel matrimonio no sería anulado.

Sin embargo, la situación se le presentaba demasiado insegura para arriesgarse, como hacía seis años, a una abierta confrontación con la Iglesia. En aquel momento le faltaba, admitió con disgusto, el respaldo firme y el apoyo que siempre le había brindado su esposa como regente. Así que dio su consentimiento a una reunión con Becket propuesta por Luis.

Los dos habían cambiado a lo largo de los años, pero cuando Enrique vio ante sí a Tomás Becket, de nuevo se despertó en él el viejo dolor, la cólera por la traición a la amistad que los había unido.

–Bien, eminentísimo arzobispo –dijo con tono pétreo–, parece que tendréis la oportunidad de coronar a vuestro antiguo discípulo por segunda vez. El muchacho se va a alegrar. Eso no le sucede a muchos reyes.

Luis intervino antes de que Becket pudiera contestar.

–En efecto –se apresuró a afirmar–. Y yo tengo que exigir

que esta vez sea coronada también mi hija Margarita. Tiene derecho a ello. Al fin y al cabo está casada con vuestro hijo.

–¿Eso quiere decir que deseabais que hubiera sido coronada por tres prelados para los que nuestro eminentísimo arzobispo, aquí presente, reclama en público la excomunión? –preguntó Enrique con sarcasmo–. Reflexionad, majestad, así habéis conseguido ver consagrada a vuestra hija por el arzobispo más extraordinario que Inglaterra ha tenido. Por un auténtico santo, ¿verdad, Becket? –concluyó mirando a su ex canciller.

–Yo procederé a la coronación de vuestro hijo –replicó Becket sin alterarse–, si reconocéis mi autoridad como arzobispo de Canterbury.

El semblante de Enrique se endureció.

–Lo haré. Y ahora, como contraprestación, sed tan amable de jurarme el reconocimiento de los derechos públicos.

Sin vacilar y sin pensar que, a los ojos de Enrique, los derechos públicos incluían también las constituciones de Clarendon, Becket dio su respuesta.

–Lo juro.

Él quería poner fin de una vez por todas al exilio y en aquel momento le parecía posible firmar la paz con el rey sin ofender el honor de Dios. No es que no dudara en su fuero interno: «¿Enrique Plantagenet un hijo fiel y sumiso de la Iglesia?». Pero por los motivos que fuesen, lo cierto es que Becket juró.

–Esta reconciliación os honra a los dos –manifestó Luis, aliviado–, y por fin restablecerá la paz interior en el país. Y ahora intercambiad uno con otro el signo de la paz.

Con un breve chispazo de humor negro, Enrique pensó que Luis era en realidad un monje frustrado. Pero entonces centró la atención en el verdadero sacerdote que tenía delante. ¿El signo de la paz, el beso de la paz con el que también el señor, durante la prestación de juramento, se obligaba a proteger a sus vasallos con su vida?

–No, lo considero innecesario –replicó Enrique sin más explicación.

Luis parecía defraudado. Tomás Becket observó largo rato a Enrique. Se acordaba del joven duque de Normandía que lo había atraído con su hechizo hacía ya casi veinte años.

–Regresaré a Inglaterra –dijo entonces con una voz un poco apagada–. Adiós, majestad. Tengo el presentimiento de que nunca volveremos a vernos en esta tierra.

Con eso se volvió y se fue. Consternado, Luis corrió detrás de él y cuando hubo alcanzado al arzobispo las palabras brotaron atropelladas de su boca.

–Quedaos en Francia, os lo ruego. ¿No sabéis acaso lo que significa que él se haya negado al beso de la paz, que es tan sagrado como el sacramento?

–Oh, sí –respondió Becket–. Lo sé.

El primero de diciembre de 1170, el arzobispo de Canterbury bajó a tierra en Sandwich. Lo recibió una numerosa multitud y la catedral de Canterbury estaba tan engalanada para su ingreso, como si fuera a darle la bienvenida al Papa.

Pocas semanas después de su regreso, Becket recibió del santo padre las bulas de excomunión de los tres prelados que él mismo había pedido y las leyó en público.

Enrique se enteró del proceder de Becket durante las fiestas de Navidad que celebraba en Lisieux. Tuvo un terrible ataque de cólera porque, primero, iba en contra de las constituciones establecer contacto con el Papa sin su consentimiento; segundo, en Fréteval había dado por supuesto que con el regreso de Becket estaba incluida también la renuncia a la excomunión, y tercero, esa noticia le indicaba que en aquel momento empezaba de nuevo el conflicto con Becket.

–¡Al diablo con él! –gritó–. ¡A ese hombre lo he sacado de la nada y lo he abrumado con mi benevolencia, y como agradecimiento ahora me ridiculiza delante de todo mi pueblo! ¿Es que no hay nadie aquí que me libere de ese cura miserable?

Reinó un silencio de muerte. Ninguno de los nobles y de los obispos dijo nada. Pero aquella misma noche, cuatro de los barones de Enrique abandonaron Lisieux.

El veintinueve de diciembre, sobre los escalones de su propio altar en la catedral de Canterbury, mataron a golpes a Tomás Becket.

–Majestad –dijo Saldebreuil de Sanzay–, es el crimen más grande desde la crucifixión.

Leonor reprimió la respuesta cínica que tenía en la punta de la lengua, porque sería además la mayor estupidez. Enrique había cortado de un solo tajo todos los lazos entre él y la Iglesia.

Ya se había sobrepuesto a la conmoción que, como todos los demás, había sentido cuando se enteró del asesinato y estaba en condiciones de prever las consecuencias. No le extrañó que el Papa hubiera dictado la excomunión inmediata de Enrique y sus barones y hubiera hecho caso omiso de sus enviados. Pero no era sólo la Iglesia, todo el pueblo estaba indignado y dos días después de la muerte de Becket se oyeron anécdotas sobre los primeros milagros que se producían frente a su tumba. Ciegos, paralíticos, todos peregrinaban a Canterbury.

Leonor movió la cabeza. Tal vez era aquello lo que Tomás Becket había buscado desde el principio y en aquel momento, por fin, lo había encontrado: la perfección de un mártir. Pensó en Enrique. Cuando le llegó la noticia el día de Año Nuevo, él se había encerrado varios días en sus habitaciones y había rechazado todo alimento. Después había vuelto a aparecer en público, sombrío y ensimismado, anunciando que en aquel momento pondría en práctica su plan largamente acariciado de conquistar Irlanda.

Como siempre, Enrique conseguía desencadenar en Leonor un torbellino de sentimientos encontrados. Por una parte estaba contenta de verlo sufrir de esa manera. Por la otra, podía entenderlo mejor de lo que él suponía. Sus hijos habían sentido un enorme espanto por el crimen, especialmente Enrique el Joven, educado durante años por Becket; ella, en cambio, durante un instante irreal se había sentido tan cerca de Enrique como si estuviera de su parte. Él se había vuelto contra Becket en su furia, en el odio nacido del amor traicionado. Oh sí, pensó Leonor, ella comprendía perfectamente a Enrique y conocía muy bien el motivo de su repentina campaña de Irlanda: necesitaba algo que pusiera otra vez de su parte a su pueblo y un éxito que ayudara al mundo a olvidar el asesinato.

–¿Señora?

Se sobresaltó al ser arrancada de sus pensamientos. ¡Eso es! Saldebreuil acababa de leerle la carta de Enrique y le había aconsejado no hacer caso de su esposo, por lo del asesinato de Becket.

–Si Enrique quiere que celebremos una Navidad juntos cuando vuelva de Irlanda –dijo serenamente–, pues lo haremos. Becket o no Becket.

El condestable estaba irritado. Hasta entonces, la reina siempre había evitado encontrarse con su esposo y en aquel momento que el destino le ofrecía una oportunidad de oro de librarse de él...

Leonor lo observó divertida. Saldebreuil de Sanzay era un hombre capaz y su condestable en Aquitania desde el principio de su vida matrimonial con Enrique. Pero era demasiado ingenuo para seguir el curso de los pensamientos de Leonor. Tal como Enrique había pedido, ella llegaría a Chinón después del término de su campaña de Irlanda. Un consentimiento semejante era aceptable y garantizaba que él se quedaría en Irlanda y no tendría oportunidad de descubrir sus preparativos secretos en Aquitania. Con un poco de suerte, sería la última celebración de la Navidad juntos.

–Pero antes haré otra visita a Inglaterra –dijo en voz alta.

La gran sala de Woodstock había experimentado muy pocos cambios y la familiaridad con todos los objetos le produjo un dolor punzante. Los mismos tapices, la misma decoración, el mismo mobiliario. Como si la mujer joven que estaba en aquel momento frente a ella no se hubiera atrevido a hacer valer su propio gusto. En efecto, como comprobó Leonor sin envidia, Rosamunda Clifford era una belleza. Con su vestido rosa pálido parecía un ángel. A Leonor le pasó por la cabeza el mote injurioso que uno de sus trovadores había acuñado para la amante de Enrique: Rosamunda... «Rosa inmunda».

–Bien, supongo que sabéis quién soy, ¿no?

Rosamunda asintió tímidamente. Se le notaba en la cara que tenía miedo de la reina.

–No existe ningún motivo para tener miedo de mí, yo no

muerdo –dijo Leonor con sarcasmo–. En lugar de eso, ¿qué os parecería si tuvierais un poco de reverente temor de Dios?

Una mirada a la cruz que Rosamunda llevaba colgada de su cuello, y la conmovedora inocencia en los ojos de la joven, le habían sido suficientes.

Inmediatamente Rosamunda rompió a llorar.

–¡Oh, no habléis de Dios! –dijo entre sollozos–. Desde que me enteré de la muerte espantosa de santo Tomás, espero la venganza del Señor.

–¿Por qué el Señor debería vengarse en vos?

Y para sí, Leonor se dijo que todo iba a ser aún más fácil de lo que se había imaginado.

–Porque yo no me he apartado del rey con horror, como debería haber hecho. Después de la excomunión, ni siquiera debería hablar con él...

–Y porque él vive en pecado –completó con afabilidad Leonor.

Rosamunda asintió y se tocó ligeramente los ojos.

«Santo Dios, Enrique –pensó Leonor–, ¿por esto? Por el pecado... Es increíble. Yo no te habría abandonado. Al infierno con la Iglesia y las personas horrorizadas.»

–En efecto, es un gran pecado vivir en adulterio y por añadidura con un hombre que ha sido expulsado de la comunidad de los creyentes por un asesinato... Si de verdad sois tan piadosa como se dice y mantenéis encendida una sola chispa de amor por el rey, entonces intentad reconciliarlo otra vez con Dios.

Rosamunda parpadeó sorprendida. Ella no esperaba escuchar palabras como aquéllas de la boca de su rival.

–Pero yo lo he intentado, he tratado de persuadirlo –balbuceó en voz baja–, pero él no me hace caso.

–No es de extrañar –replicó con ironía Leonor–. Mi querida niña, cuando hablé de reconciliación no quise decir que podáis continuar con vuestro pecado. ¿Cómo podría el rey creer en vuestra piedad religiosa? No... ¿Nunca habéis pensado en expiarlo, por él y por vos, en un convento?

Con la boca medio abierta, Rosamunda la miró perpleja. No contestó nada y cuando Leonor le tendió la mano, hizo una reverencia y la besó sin rechistar.

–Que os vaya bien –dijo Leonor.

Y Rosamunda, como una criada despedida, desapareció de la sala del palacio que Enrique le había transferido en propiedad.

De excelente humor, también Leonor se volvió para abandonar otra vez Woodstock. Podía intuir cómo afectaría todo eso a la muchacha. Claro que Rosamunda no iba a tomar de inmediato una decisión como aquélla, pero la semilla estaba echada. De repente echó la cabeza hacia atrás y soltó una carcajada. ¡Qué divertido era imaginarse la cara de Enrique cuando a su regreso encontrara a su amante en un convento!

Enrique logró conquistar Irlanda en un tiempo relativamente corto. En gran parte porque los campesinos y los caballeros de allí no tenían ni un gobierno central ni nada que pudiera oponerse al ejército bien equipado y combativo que conducía el mejor estratega militar de Europa.

La Iglesia, sin embargo, estaba más irritada que nunca y en aquel momento también el pueblo había hecho suya la causa del mártir de Canterbury. Para procurar la paz y ganar tiempo, Enrique consintió en anular las constituciones de Clarendon, pero se reservó la decisión en la elección de abades y obispos. Eso calmó un poco los ánimos del clero pero no los de la opinión pública. La estancia navideña de Enrique en Chinón prometía ser agitada.

–Déjame adivinar. Has venido porque quieres verme viajar excomulgado al infierno.

–No, Enrique. Yo sólo quería verte bailar sobre tu tumba.

–Lo sabía. ¡Bienvenida a Chinón, Leonor!

Chinón era uno de los castillos más grandes del continente y en los últimos años se había convertido en una de las residencias preferidas de Enrique. Esta vez había elegido Chinón muy a conciencia y también la fiesta de Navidad (celebrada con estilo pomposo) tenía como propósito demostrar fuerza. Enrique y su esposa se trataban como dos felinos encerrados en una misma jaula..., se acechaban el uno al otro y de vez en cuando intercambiaban zarpazos.

Leonor tenía en aquel momento cuarenta y ocho años, pero aunque su pelo estaba cubierto por canas grises y se habían formado arrugas alrededor de los ojos y la boca, no daba la impresión de ser la madre de diez hijos. Su cuerpo era esbelto y flexible como siempre.

–¿Qué es lo que te mantiene joven? –preguntó Enrique–. ¿La sangre de niños recién nacidos, o son las danzas de invocación a la luz de la luna?

–Oh, no, es muy sencillo. Yo no podría perdonarme jamás no sobrevivirte.

–Cierto, siempre debemos vivir con el pensamiento puesto en el futuro. A propósito, ¿estarás presente en la segunda coronación de Enrique o partirás inmediatamente después de la fiesta?

Leonor arqueó las cejas.

–¿Enrique puede ser coronado? Pero ¿por quién?

–El obispo de Winchester no está excomulgado –contestó Enrique–, y yo le he hecho una proposición a la Santa Sede que no puede rechazar.

Leonor mostró auténtico interés. Enrique la miró por encima de su copa de vino.

–¡Por ti!... Aquí está mi sorpresa de Navidad para ti. Voy a hacer un acto público de contrición que es tan humillante que no podría ser superado ni por los cristianos de la arena romana.

Hizo una breve pausa para respirar hondo.

–Iré como peregrino a Canterbury y me haré azotar en público por los monjes.

Permanecieron callados unos minutos.

–¡Eso sí que es bueno! –dijo Leonor con sincera admiración.

Sólo a Enrique podía ocurrírsele un gesto como aquél, que le haría recuperar la simpatía y la compasión de la población de un solo golpe. Una flagelación se ajustaba a la perfección a la profunda religiosidad del pueblo y en los últimos tiempos, además, se había destacado una y otra vez la conducta del rey francés, que ya había peregrinado varias veces a la tumba de

Becket en Canterbury. Sí, era una jugada magistral que, si bien podía provenir en parte del arrepentimiento de su esposo por el asesinato, mostraba que Enrique se había quitado de encima las sombras.

Por otra parte, esto también ponía de manifiesto que Leonor tenía que darse prisa.

–Me imaginé que sería de tu agrado –dijo Enrique–. Por casualidad, ¿no te gustaría estar presente? El espectáculo satisfará las necesidades de tu corazón.

–No, mejor no. Sería algo improcedente, ¿no te parece?

Dos meses después, Enrique reunió a sus barones en Montferrand para celebrar el compromiso matrimonial de su hijo menor, Juan, con la hija del conde Hubert de Maurienne. Dado que después del juramento de fidelidad a Luis se daba por supuesto que el título de rey, Normandía y Anjou corresponderían a Enrique el Joven; Aquitania, a Ricardo, y Bretaña, a Godofredo, el conde preguntó con cierto fundamento qué herencia podía esperar entonces Juan.

–Los castillos de Chinón, Loudun y Mirebeau –respondió en tono complaciente Enrique.

Un murmullo de asombro se instaló entre sus vasallos, ya que aquellos castillos, situados en puntos estratégicos de intersección, eran los más importantes de todos en el reino de Enrique. ¿Aquellos castillos para su hijo menor?

–¡No podéis hablar en serio, padre!

Nadie había contado con la protesta de Enrique el Joven. Enrique frunció el ceño.

–¿Y por qué no?

–Ceder esos castillos a un niño no es más que una artimaña para retenerlos vos una docena de años.

Enrique lanzó una ojeada escrutadora a su hijo mayor. Visto por fuera, rubio y de rasgos nobles, no había dudas de que el joven venía de la familia de Leonor. Pero en aquel instante sintió que le recordaba con pasmosa claridad a su hermano Godofredo y la noche en que los dos habían discutido ante el féretro de su padre.

–Por supuesto que retengo esos castillos –replicó ásperamente–. Pero eso lo haría de todos modos, los transfiera ahora a Juan o no.

Enrique el Joven era irascible como todos los Plantagenet, pero le faltaba la fría moderación que se imponían sus padres en la mayoría de los casos.

–¿Y qué pasa con mi coronación? –preguntó en tono acalorado–. ¿Fue sólo una mascarada? Soy un hombre, padre, no un niño. Si soy el rey de Inglaterra, quiero tener ahora mismo el poder que me corresponde, por lo menos una parte. Me habéis hecho prestar el juramento de fidelidad por Normandía, pero ¿alguna vez Margarita y yo hemos recibido rentas de Normandía, o hemos podido al menos disponer de ellas? Nosotros ni siquiera tenemos nuestra propia corte, vivimos en la corte de mi madre o en la vuestra. Entendedlo de una vez, quiero tener mi herencia, sea Inglaterra, Normandía o Anjou.

–Yo creo que te has vuelto loco –dijo Enrique en tono muy pausado–. Tú recibes lo que yo te doy y cuando no tenga ganas de darte nada en absoluto, entonces así será.

Enrique el Joven parecía que fuese a pegar a su padre allí mismo, pero su hermano Will, uno de los hijos prematrimoniales de Enrique que había crecido con sus medio hermanos, le puso una mano en el brazo, le habló rápidamente en voz baja y consiguió aplacar al joven rey.

–Como queráis, majestad.

Dicho esto, el joven se alejó de allí.

Dejó tras sí un rebaño espantado de barones y a un muy pensativo Enrique.

Will, a quien después de la muerte de Patricio de Salisbury Enrique había transferido su condado, se había librado de heredar el temperamento de los Plantagenet.

No así su medio hermano Rafael. A diferencia de Will, nunca se había llevado bien con los príncipes y princesas, a los que envidiaba su origen legítimo. Pero ¿qué significaba legítimo después de todo? El Conquistador mismo había sido un bastardo. La pelea pública entre su padre y Enrique el Joven le había causado una profunda satisfacción y se dirigió a Will con muy buen humor cuando cabalgaban hacia Chinón en el séquito de su padre.

–¿Crees que Enrique se comportará como un loco otra vez? Si lo hace, seguro que nuestro padre lo deshereda.

Will lo miró con severidad.

–Enrique no puede ser desheredado, es un rey ungido. Aunque a decir verdad, yo tampoco sé qué mosca le ha picado. Desde Montferrand, nuestro padre no le ha quitado los ojos de encima y hasta insiste en que duerman en la misma habitación.

Rafael hizo una mueca irónica.

–¡Qué situación tan agradable, cuando de todos modos casi no se hablan! –reflexionó unos instantes y por fin dijo–: Esa cacería en la que participó nuestro padre después de que Enrique tuviera su arrebato de ira..., tú estuviste allí. ¿Fuiste sólo a levantar el vuelo de los halcones?

Will parecía triste y preocupado.

–Ha enviado correos para que sus castillos se preparen para la guerra, pero no se lo digas a nadie –suspiró–. Sólo espero que Enrique no haga ninguna locura.

En Chinón, Enrique el Joven logró escapar de su padre dormido la misma noche de su llegada. Huyó a través de Normandía en dirección a la frontera francesa. Enrique salió en su persecución de inmediato, pero se hizo evidente que el joven debía de tener un colaborador poderoso, ya que en todas partes tenían listos caballos frescos para el joven rey. Logró alcanzar tierra francesa sin ser molestado. De inmediato se dirigió a París.

El gran salón del palacio ducal de Poitiers estaba plenamente iluminado aunque era a altas horas de la noche y las antorchas dibujaban sombras inquietantes sobre los rostros de los hombres que estaban reunidos allí. Delante de ellos, muy erguidos, estaban Leonor y sus dos hijos Ricardo y Godofredo.

–Bien, ha llegado la hora –dijo ella con voz pausada.

Durante años, con mucho cuidado y en el mayor secreto, había convencido cada vez a más vasallos para su causa y había logrado poner de su parte a los nobles más poderosos.

Aquella noche estaban allí, entre otros, los condes Guillermo de Angulema, Gil de Parthenay, Godofredo de Rancon y Guy de Lusiñán, junto con ella, para llamar a la insurrección contra el rey.

–Liberaremos Aquitania del dominio inglés y seremos otra vez un país libre –manifestó Leonor–. El rey de Francia está de nuestra parte y apoyará los derechos de mi hijo Enrique en Inglaterra.

–¿Podemos contar también con su ayuda militar? –preguntó el conde de Rancon.

Leonor asintió.

–De todos modos Ricardo y Godofredo se trasladarán a París, ya que de lo contrario tal vez pase demasiado tiempo antes de que un jefe militar francés conduzca a las tropas hasta aquí.

Guy de Lusiñán carraspeó.

–¿Qué hay del conde de Champaña? Si él mantiene su alianza con el ex rey de Inglaterra, podría cercar la Isla de Francia con él.

Guy de Lusiñán, como la mayoría de su familia, era codicioso y estaba dispuesto a cualquier traición (algunos años atrás había matado a Patricio de Salisbury durante el intento de secuestro de Leonor), pero en aquel momento era muy poderoso y la necesidad obligó a Leonor a aceptarlo como aliado. Es cierto que no podía confiar en él en absoluto, pero de todos modos había hecho una observación muy correcta.

–El conde de Champaña también se ha aliado conmigo –respondió ella–, de modo que no tenemos que preocuparnos. Ahora ha llegado el momento de vuestra partida y de que defendáis vuestras tierras contra el antiguo rey.

Los hombres se acercaron a ella y una vez más juraron fidelidad a ella y a sus hijos. Y mientras salían, Ricardo se dirigió a su madre en voz baja.

–¿Afecta en algo que Enrique se haya precipitado?

Leonor negó con la cabeza. Estaba muy enfadada con su hijo mayor, que con su exigencia tonta e innecesaria había despertado la desconfianza de Enrique demasiado pronto y la había obligado a poner en marcha una peligrosa acción de salvamento para él. Pero por otra parte, había tenido tiempo suficiente para sus preparativos y si la rebelión debía empezar en aquel momento, pues bien, que empezara.

–Está todo en orden, Ricardo –respondió, lo abrazó y después abrazó a Godofredo–. Ahora idos.

La llamada de Leonor a la rebelión convocó a toda Aquitania. También Bretaña y Anjou se unieron a ella, hasta que a Enrique tan sólo le quedó Normandía. Él ya no recibía más rentas, sus funcionarios fueron perseguidos y sus vasallos le negaron obediencia cuando los llamó a las armas. Escocia proclamó que sólo Enrique el Joven tenía derecho, como rey ungido, a forzar una alianza; Luis hizo saber a Enrique que el rey de Inglaterra estaba con él y también en Inglaterra empezó a sublevarse la gente. Los condes de Leicester y Norfolk manifestaron abiertamente su apoyo a la reina y el obispo de Durham se unió a ellos.

Enrique estaba fuera de sí; lo que más le enfurecía era que él debería haberlo previsto. Había contado con una insurrección de Enrique el Joven, de poco alcance, que aunque triste era comprensible. Por supuesto que su hijo quería el poder, todo futuro rey debía quererlo o de lo contrario no sobreviviría más adelante. Enrique también había incluido en sus cálculos la posibilidad de que Leonor lo apoyara. Pero una rebelión gigantesca como aquélla, capitaneada no por Enrique el Joven, sino por Leonor... sencillamente no había pensado en eso y en aquel momento se lamentaba con furia por su estupidez.

Ah sí, ella pagaría por eso. Si en aquel momento la tuviera en sus manos, ella pagaría por eso de una manera que la haría desear no haber nacido nunca... Ella, que se había atrevido a soliviantar en contra suya no sólo a uno sino a todos sus hijos. A todos excepto a Juan. Juan, su hijo menor, que no había sido educado por Leonor, que, todavía niño, sólo conocía a su padre. En aquellos días sombríos empezó a querer más a Juan que a todos sus otros hijos.

Pero aquél no era el momento para juramentos de venganza. Ella quería la guerra... pues la tendría. Enrique se decidió a contratar mercenarios de Brabante y para este fin empeñó el tesoro de la corona inglesa, incluso la espada de diamantes de la coronación. En aquel momento no se podía permitir el lujo de andar con remilgos, ya que cuanto más tiempo le diera a Leonor, tanto más amenazado estaría su trono.

En siete días, Enrique llevó a su nuevo ejército de mercenarios de Ruán hasta la frontera franco-normanda y con un golpe de mano derrotó a los pocos barones normandos que también se habían levantado contra él. Entonces dio orden a uno de sus prelados, que habían permanecido fieles a él, que enviara una carta a Leonor.

> Todos nosotros deploramos que vos, una mujer tan inteligente como no hay otra, os hayáis separado de vuestro esposo... Lo que es peor aún, hayáis instigado contra su padre a los frutos de vuestro vientre, hijos vuestros y del rey... Oh, ilustre reina, regresad con vuestro esposo, nuestro soberano... Antes de que los acontecimientos se precipiten en un final espantoso, regresad con vuestros hijos al lado de vuestro esposo, al que debéis obedecer y con el que debéis vivir... En caso contrario, nos veremos obligados a proceder contra vos de acuerdo con el derecho canónico.

Cuando la carta ya estaba en camino, a Enrique le asaltaron serias dudas sobre si una carta como aquélla podía conseguir algo de Leonor. Al menos, causaría el efecto deseado sobre el pueblo.

Raúl de Faye parecía nervioso y muy preocupado cuando entró a ver a Leonor.

La reina levantó la cabeza.

–¿Qué hay, primo?

Raúl se mordió los labios.

–El rey –habló con voz entrecortada y no se dio cuenta de que había omitido el «ex»–, después de haber repelido la invasión de vuestros hijos a Normandía, ha entrado en el Poitou.

–No soy ni ciega ni sorda, primo –dijo con voz burlona–. Ya me he dado cuenta de ese hecho.

Raúl de Faye deseaba haberse ahorrado aquella situación.

–Mis vigías me han informado de que se encuentra en camino hacia aquí, señora –pudo explicar por fin y entonces su voz adquirió un tono desesperado–. ¡Faye-la-Vineuse no puede resistir un asedio de ese ejército colosal!

Él ya tenía visiones espantosas de los mercenarios de Brabante frente a su pequeño castillo, entonces ¿por qué se había sentido tan orgulloso de hospedar allí a la reina? La mirada de Leonor era impenetrable cuando le preguntó:

–¿Creéis que conoce mi lugar de residencia?

–No..., o mejor dicho, eso no tiene ninguna importancia ya que de todos modos lo va a averiguar –respondió con profunda tristeza Raúl de Faye–. Señora, ¿qué debemos hacer ahora?

Leonor se puso de pie.

–Si no podéis defender el castillo, y en eso os doy la razón, pues partid hacia París y uníos a mis hijos.

Raúl de Faye se sentía demasiado aliviado como para ocultarlo.

–Pero ¿y vos? ¿Qué será de vos, majestad?

Leonor se encogió de hombros.

–Yo también intentaré llegar a París, pero es mejor que no viajemos juntos. De esa manera es mayor la probabilidad de que pasemos inadvertidos a los espías de Enrique.

–Ellos van a prestar especial atención a una mujer –dijo De Faye.

–¡Por el amor de Dios, hombre! ¿Por qué clase de tonta me habéis tomado? ¿Suponéis acaso que yo viajaría como mujer, y a ser posible, también con gran pompa?

Entonces reflexionó. No era correcto mortificar así a aquel vasallo fiel, y se sintió avergonzada por la falta de autodominio, algo que necesitaba tanto en aquel momento.

–Todo saldrá bien, primo –dijo sonriendo para darle ánimo–. Deberíamos empezar, tranquilamente, a prepararnos.

De repente pensó que después de tantos años volvería a ver París... y a Luis.

–Sea lo que fuere –dijo con suavidad Leonor–, el destino tiene sentido del humor.

Rafael, el menor de los hijos ilegítimos de Enrique, levantó la mano para protegerse del sol que se ponía. Estaba un poco malhumorado, ya que rastrear el camino a Chartres en busca de soldados insurrectos le parecía una misión poco honorable, más bien una que podía desempeñar cualquier simple explorador, y él quería mostrarse ante su padre como ayudante imprescindible. ¡Qué golpe de fortuna era para él aquella rebelión, qué inesperado golpe de fortuna!

Regresó uno de los de Brabante que había enviado en avanzadilla y le anunció con un acento apenas comprensible:

–Ahí delante cabalga un pequeño grupo, no más armado que viajeros comunes. Parecen ser inofensivos.

–¿Son gente del Poitou? –preguntó Rafael de mal humor.

El hombre asintió.

–Entonces apresadlos de todos modos. ¡La provincia se compone casi sólo de rebeldes!

En efecto, el grupo que sus hombres traían a rastras era muy pequeño. Un sacerdote que, para su protección, se hacía acompañar por tres escuderos. Rafael se rascó la nuca. ¡Maldición, aquellas marchas continuas lo habían llenado de pulgas! ¿Valía la pena hacer prisioneros a aquellos hombres?

Entonces posó su mirada en la figura delgada de uno de los escuderos y se le cortó la respiración. ¡No era posible! Conocía aquella cara dominante, tan célebre, conocía el gesto con el que en aquel momento pasaba el dorso de la mano por la frente, lo había visto muy de cerca durante años. La sangre le retumbaba en los oídos. Rafael recuperó la serenidad.

–Sed bienvenida, señora –dijo en tono distendido.

En lugar de asustarse, ella sonrió.

–¡Rafael! ¡Qué placer inesperado en este atardecer tan encantador! Debo decir que no es muy halagüeño para mí que justo ahora hayas hecho memoria, mi muchacho. ¿Tengo un aspecto tan espantoso? Pero no, por favor, no necesitas ponerte de rodillas.

Rafael, que no había dado muestras de querer hacerlo, se puso colorado como un tomate y no contestó nada. Sus hombres todavía no habían comprendido qué captura habían hecho y el vigía que había enviado antes preguntó con impaciencia:

–¿Qué hacemos ahora con ellos?

Rafael volvió en sí.

–¡Al rey! –gritó–. ¡Por Dios, llevadlos inmediatamente al rey!

–Me atrevo a afirmar que Enrique te agradecería que le evitaras verme así –comentó Leonor.

Se volvió y echó una ultima mirada al camino hacia Chartres. Haber estado tan cerca de la frontera francesa... Junto con el sol se desvanecieron también sus esperanzas.

CAPÍTULO IV

El cautiverio

Ante semejante poder a menudo me invade el temor
de no ver nunca más el sol de la libertad,
olvidado aquí y por tanto tiempo sepultado.
Pero no debe vencerme todavía la duda,
de que son sólo espejismos que me engañan,
lo que la dulzura de la esperanza me anuncia...
Mi corazón temeroso no debe acobardarse todavía.

Enzio von Hohenstaufen

La cara de Enrique, sucia de polvo por un largo día de marcha, expresaba perplejidad, satisfacción y un tercer sentimiento indefinido cuando Rafael le llevó a su reina. La mirada curiosa de sus capitanes iba de él a Leonor, sin saber si el rey quería que se quedaran o si debían irse.

–Y bien, aquí la tenemos –dijo por fin Enrique–. Leonor de Aquitania, rebelde y traidora contra su esposo y rey... completamente fracasada.

–Eso ya se verá –dijo Leonor tranquilamente.

Enrique soltó una breve carcajada, pero no había ni la más mínima chispa de humor en ella. Entonces, con estudiada lentitud le rodeó las sienes con las dos manos y las cerró.

–Estás derrotada, querida esposa, admítelo. Ahora yo podría aplastarte el cráneo o matarte aquí mismo y todos calificarían como justo el castigo. Pero ¿sabes, Leonor?, se me ha ocurrido algo mucho mejor.

La soltó de repente con la esperanza de que ella retrocediera y tropezara, pero Leonor mantuvo el equilibrio.

–Te mantendré prisionera, mi amor, tanto tiempo como me plazca. ¿Comprendes lo que eso significa, Leonor? Ya no más conspiraciones, no más reinar, ni viajar, ni recibir visitas, ninguna canción y ningún trovador más..., yo me ocuparé de ello. Serás para siempre como uno de esos pájaros enjaulados que se pueden comprar en la feria..., mi prisionera para el resto de mi vida.

Los ojos verdes y castaños se quemaban unos a otros. Ella lo sabía, sí, sabía que él no se había equivocado al encontrar lo peor que podía hacerle, peor que la misma muerte..., ser enterrada viva. Así como su rebelión había sido lo peor que ella podía haberle hecho a él. Delante de ella se extendía un infinito agujero negro de años vacíos y por un instante cedió a la desesperación. Pero entonces se irguió. «Nada de autocompasión ahora, nada de autocompasión y muy en especial no delante de Enrique y sus hombres.»

–«Tu vida» y «siempre», Enrique, son ideas opuestas.

Él la miró fijamente.

–¿Cuándo dejarás de tener esperanzas? –preguntó bruscamente–. ¿En dos años? ¿Diez años? ¿Veinte años? ¿Qué piensas tú, cuánto tiempo va a pasar?

–Mientras yo respire, Enrique. Y no digas que preferirías otra cosa..., así es mucho más entretenido para ambos.

Por el momento y mientras él empezaba a pacificar el Poitou, Leonor fue trasladada a Chinón. Luis y Enrique el Joven todavía estaban ocupados en lamerse las heridas que él les había infligido con el fracaso de su invasión a Normandía. A Ricardo, sin embargo, la noticia de la captura de su madre lo estimuló a seguir luchando solo con la firmeza que le daba la desesperación. Tenía dieciséis años y en aquel momento debía medirse con un hombre que era considerado uno de los mejores estrategas de Europa.

Ricardo le puso sitio a La Rochelle, una de las pocas ciudades fieles al rey en el Poitou y de importancia fundamental para Enrique como centro de comercio y abastecimiento. Había montado su cuartel general en la cercana Saintes, una ciudad que era la mayor rival de La Rochelle en el comercio y que por eso tomó parte en la rebelión con entusiasmo.

Enrique quería obligar a Poitiers a caer de rodillas y tenía mejores herramientas que Ricardo, el mayor ejército, la mayor experiencia y, lo que era más importante de todo, él había tomado prisionera a Leonor, la persona a la que los aquitanos se sentían ligados y en la que confiaban. Es cierto que Ricardo también era querido, pero de él se sabía sólo su edad y nada sobre sus aptitudes en la guerra. Apenas le había llegado a Ricardo la noticia de la toma de Poitiers, cuando Enrique ya estaba a las puertas de Saintes y tomaba la ciudad por asalto. Ricardo, con un par de sus vasallos, llegó justo a tiempo para abrirse paso hasta el castillo de Taillebourg, de Godofredo de Rancon.

A diferencia de Saintes, Taillebourg contaba con una fortificación extraordinaria, de manera que Enrique no hizo ningún intento de perseguir a su hijo, sino que dejó una guarnición en Saintes y decidió regresar a Inglaterra para encargarse allí de los rebeldes.

Ordenó que llevaran con él a la reina.

Un fuerte temporal de viento y lluvia se desencadenó cuando se hicieron a la mar en Barfleur. Inmóvil en cubierta, la pareja real hizo frente a la tormenta. Cuando bajaron a tierra en Southampton, Enrique hizo realidad el homenaje prometido tanto tiempo atrás. Vestido con un sencillo hábito de penitente y sin llevar ningún alimento consigo, marchó directamente a Canterbury.

Tomás Becket había sido canonizado el año anterior por el Papa y Enrique pasó la noche solo junto a su sepulcro. En el profundo silencio de la bóveda, aquella noche fue más dolorosa para Enrique de lo que le esperaría al día siguiente. En la catedral vacía no sólo resonaba cada uno de sus movimientos sino también el eco del pasado. Tomás Becket había sido su mejor amigo y su mayor enemigo... aparte de Leonor. Aquellos dos, Leonor y Becket, se habían vuelto contra él y habían pagado por ello. Pero el asesinato de Tomás Becket, aunque en aquel entonces no parecía haber ninguna otra salida, lo había perseguido durante tres años y medio y tal vez lo perseguiría por el resto de su vida.

Por la mañana, el rey asistió a la celebración de la misa con los monjes, después se despojó de su hábito y, completamente desnudo, se hizo azotar por setenta agustinos ante los ojos de una enorme multitud.

En realidad nadie había creído que lo haría. No Enrique Plantagenet, la arrogancia en persona. Y el asombro, como también el respeto de la población, eran considerables.

Al día siguiente, el rey anunció que el santo Tomás ya había realizado un milagro para él..., durante la noche había llegado la noticia de que el rey de Escocia había sido vencido por su juez de paz, Glanville. Con eso, el pueblo, maravillado, se ponía de su parte; tanto los anglosajones como los normandos. Era evidente que santo Tomás apoyaba al rey, lo que significaba que su causa era justa. Poco tiempo después, sus condes y barones rebeldes tuvieron que rendirse.

Mientras tanto, en el continente, también Luis estaba convencido de haber cometido un grave error, quizás hasta un pecado, al haber apoyado a la familia del rey inglés contra su soberano. Si de hecho Dios y santo Tomás...

Propuso a Enrique mantener conversaciones de paz. Enrique el Joven y Godofredo no tenían la intención de seguir luchando contra un padre demasiado poderoso y el ocho de septiembre Luis y Enrique firmaron un armisticio. Alguien no fue incluido en este acuerdo: Ricardo.

Enrique, sin otras distracciones, podía concentrarse en Ricardo y en el término de pocas semanas había puesto contra la pared al último de sus hijos que todavía oponía resistencia. Por fin Ricardo consintió en encontrarse con Enrique.

Era el veintitrés de septiembre cuando Ricardo, pálido y tenso, se presentó ante su padre. Enrique le ahorró la humillación de someterlo en público. Le indicó que lo siguiera a su tienda e hizo un gesto de rechazo cuando su séquito, antes que ningún otro Rafael, quiso seguirlo.

En la enorme tienda vacía habría cabido toda la corte sin ningún problema y la intención era clara. Ricardo sintió una breve oleada de gratitud, que sin embargo se extinguió muy pronto. ¿Se agradecía a un torturador que utilizara sus instrumentos a solas en lugar de hacerlo delante de otros?

Enrique se sirvió un poco de vino.

–¿Y bien? –preguntó en tono distendido–. Debo decir que eres el que más me ha sorprendido en esta guerra. Nunca habría pensado que se te ocurriría la idea de atacar La Rochelle. Tienes aptitudes, muchacho.

–Yo nunca habría pensado que Tomás Becket realizaría un milagro tan extraordinario y oportuno –dijo Ricardo con frialdad.

Un movimiento convulsivo contrajo las comisuras de los labios de Enrique.

–En efecto, muy conveniente.

Ricardo no pudo contenerse más.

–¿Dónde está? ¿Qué pensáis hacer con ella?

El rostro de Enrique parecía petrificado.

–En principio hice que la llevaran a Winchester, pero eso es provisional. No te equivoques, Ricardo. Ella sigue prisionera. En tu lugar, yo me preguntaría mejor qué pasará contigo.

Ricardo lo miró fijamente, pero se quedó callado. En aquella tienda sentía todo con mucha claridad: el peso repentinamente agobiante de la cota de malla que llevaba, la atmósfera caliente y sofocante, la figura poderosa de su padre. Su padre, que en su infancia había sido un ideal inalcanzable y que después se había convertido en un enemigo profundamente odiado, primero con la exhibición pública de Rosamunda y después cierto día espantoso, poco después del nacimiento de Juan.

–¿Qué queréis de mí? –preguntó secamente.

Enrique se cruzó de brazos.

–Como ya dije, tú posees aptitudes y las voy a aprovechar. Quiero que me prestes el juramento de fidelidad y que te sometas por completo a mí. Yo te haré llegar la mitad de todas las rentas de Aquitania y además retendrás el título. Cuando se vea que puedo confiar en ti, recibirás también el gobierno. En retribución, espero que todos los castillos del ducado vuelvan al estado en que estaban antes de la rebelión y si ciertos señores nobles llegan a negarse, entonces quiero que conquistes sus castillos para mí. Ésas son mis condiciones.

Se quedó callado y observó al joven. Ricardo prometía ser un buen jefe del ejército, quizás incluso el único de sus hijos que había heredado su talento de estratega. Podía ver cómo el desafío que encerraban sus palabras actuaba contra el deseo desesperado, a pesar de la absoluta inutilidad de seguir luchando por la madre. Bueno, Ricardo ya aprendería, él comprendería que la realidad exige compromisos. En aquel momento el joven debía tener claro que como rebelde no tendría otra oportunidad de salir tan favorecido.

Enrique observó la cabeza pelirroja e inclinada de Ricardo. De repente su hijo la alzó.

–Está bien –dijo–. Acepto.

Enrique tomó una segunda copa y le sirvió vino.

–¡Brindemos por ello!

Enrique había organizado minuciosamente la vida de Leonor. Sus guardianes cambiaban con regularidad. Unas veces era Renulfo de Glanville, que había vencido al rey de Escocia; otras era Rafael Fitz-Stephen. La mayoría de las veces Leonor vivía en la torre de Salisbury, pero Enrique consideró conveniente trasladarla de vez en cuando también a otros castillos.

Aquellos viajes de un castillo a otro, de una prisión a otra, eran para ella una breve tregua para respirar aire puro. De no ser así, la asfixiaría la estrechez de la torre redonda que a veces se le antojaba como un huso que giraba y giraba sin interrupción alrededor de ella y la aislaba de todo lo que era digno de ser vivido.

Para que Enrique se creyera seguro, Leonor esperó adrede algunos meses antes de poner en marcha su primer intento de fuga. Era una empresa más que difícil porque no podía contar con la ayuda del guardián principal, que se caracterizaba por la absoluta lealtad a su rey. Los guardianes del pueblo con los que entraba en contacto eran reemplazados con regularidad, igual que las dos criadas. Pero debía haber un camino, ella no se daría por vencida tan fácilmente. Encerrada así, cuando antes había sido la más inquieta de todas las mujeres, tenía que ocuparse en alguna cosa para no volverse loca y los planes de fuga eran una distracción excelente.

–El almuerzo, señora –dijo el guardián con nerviosismo y se esforzó por esquivar el resplandor que bailaba sobre su cara.

–Os lo agradezco –dijo Leonor con voz serena–. La semana que viene dejamos Berkshire y el muy honorable Glanville me llevará otra vez a la torre de Salisbury, ¿no es así?

–Yo... creo que así es, señora.

Leonor se quitó el brazalete y lo hizo girar de un lado a otro entre los dedos.

–Será un viaje muy largo..., qué lástima que deba dejar atrás esta hermosa comarca cuando apenas he tenido oportunidad de admirar su paisaje. Eso es desaprovechar la ocasión, ¿no os parece?

El guardián, inquieto, se pasó la lengua por los labios.

–Bueno...

–Yo mostraría una gratitud extraordinaria a alguien que me enseñara algo más de Berkshire. Sabéis..., tengo tantas alhajas innecesarias que me pregunto qué hacer con ellas. –Lo miró sonriendo y añadió–: Y mi hijo Ricardo, según me informan, necesita con urgencia soldados valientes en el Lemosín, adonde lo ha enviado el rey... Estoy segura de que él sería muy generoso...

El pobre guardián soportaba los más duros suplicios de conciencia. Se le ofrecía la oportunidad de escapar de una vez por todas de la vida miserable de soldado y de hacerse más rico que cualquiera de sus antepasados.

–¿Qué deseáis? –preguntó en tono impetuoso.

La reina se levantó y como sin querer dejó el brazalete junto a las fuentes del almuerzo.

–Ahora no tenemos tiempo suficiente –dijo en voz baja–, pero dentro de cuatro días, cuando os toque venir la próxima vez, lo haréis en compañía del joven de cabellos rojos, ¿verdad?

Siempre iban dos guardianes, de los cuales uno se quedaba con la guardia normal delante de la puerta de su alcoba.

–Sí –contestó asombrado–, pero cómo...

–Eso no tiene importancia ahora –ella le cortó la palabra–. Lo que importa es lo siguiente: llamaréis a vuestro camarada con cualquier pretexto..., por mí, podéis decir que estoy diciendo que habéis tomado algo de mi comida..., entonces lo sometéis, yo me pongo sus ropas y vos me lleváis fuera de aquí lo más rápidamente posible. Esto... –señaló el brazalete de oro–, es una bagatela frente a lo que os espera si tenemos éxito.

Ella no imaginaba que las horas podían transcurrir con tan obstinada lentitud, como si cada minuto fuese todo un mundo que había que atravesar. Hasta que el hombre pelirrojo cayó a sus pies, Leonor murió mil muertes. Sin embargo no vaciló ni un segundo, sino que de inmediato empezó a desatar los cordones de su vestido y no se preocupó por las miradas del guardián. Con una celeridad febril se puso el jubón que él le sostenía. Dentro de él pudo guardar con facilidad las pocas cosas que quería llevar consigo.

–Bien –dijo por fin con voz trémula–, vamos.

La guardia la dejó pasar sin comentarios..., debía agradecer a Dios la capucha de su capa. Cada paso a través del corredor retumbaba en los oídos de Leonor como un trueno. Pero todavía no estaban fuera del alcance visual de su alcoba, cuando le salió al paso Renulfo de Glanville con un par de soldados.

–Lo lamento, señora –dijo en tono sarcástico–, pero debo rogaros que volváis sobre vuestros pasos.

El guardián, a su lado, intentó la fuga hacia delante, pero sus camaradas lo volvieron a atrapar con facilidad. Leonor no se movió. Se quedó allí sin habla, casi sin vida.

–Señora, debéis saber –comentó Glanville con exagerada amabilidad– que nuestro señor, el rey, ha ofrecido el doble de la suma que vos habéis prometido a cada soldado que le informe de una tentativa de soborno por vuestra parte. Ese estúpido todavía no sabía nada de eso y buscó apoyo para la huida. Pero supongo que ahora será de dominio público.

Leonor contuvo la ira.

–Pobre Enrique –dijo con suavidad–, ¡qué despilfarro de los fondos recaudados! –Extendió las manos y continuó con premeditada altanería–: Supongo que vos mismo no tenéis necesidad de mejorar vuestra situación de ese modo, ¿verdad? Entonces sed amable y devolvedme la joya que le habéis quitado al guardián.

Del semblante del noble de Glanville desapareció de golpe todo sentimiento de superioridad.

–Por Dios, podéis estar contenta con que os deje alguna cosa –replicó–. Cambiad el tono, señora, os lo aconsejo de buena fe.

Leonor arqueó las cejas.

–¿Y por qué debería? ¿Seré enviada a la cama sin comer si no obedezco, o me encerrarán en el sótano?

Renulfo de Glanville tenía en la punta de la lengua una réplica vehemente, pero entonces reconoció que ella tenía razón. Prisionera o no, era la reina y no había ninguna medida punitiva real con la que él pudiera amenazarla. Glanville hizo que la acompañaran de regreso a su alcoba y maldijo en silencio a todas las mujeres arrogantes.

En la torre de Salisbury no estaba limitada exclusivamente a unas pocas habitaciones, ya que el edificio en sí era mucho más seguro que un simple castillo. Pero Leonor descubrió pronto que no había ninguna diferencia en la amplitud de cada prisión. No sabía qué era peor, si la soledad absoluta o el hecho de que la hubieran alejado de toda actividad. Debía encontrar algo para ocupar su mente, o todos sus sentidos se embotarían con el tiempo. Leonor decidió escribir de memoria todos los versos, poemas épicos y anécdotas que pudiera recordar, aunque estaban en los libros que ponían a su disposición.

Una de las primeras cosas que recordó fueron las estrofas de Safo que la habían impresionado tanto en su adolescencia. Los versos de Safo podían aplicarse con tremenda ironía a su situación y adquirían un sentido completamente nuevo para Leonor.

Sumergida está la luna
y las Pléyades con ella;
en medio de la noche pasan las horas,
pero yo yazgo sola...

Las cartas que recibía eran abiertas por su guardián de turno y a veces faltaban párrafos enteros. Un día le llegó una copia del sermón de un monje de Poitiers, Enrique se la había hecho enviar con el comentario de que ella la encontraría divertida.

«Dime, águila..., dime: ¿Dónde estabas tú cuándo tus pichones volaron del nido y se atrevieron a dirigir sus garras contra el rey del viento del norte? Tú fuiste (lo sabemos) la que los impulsó a levantarse contra su padre. Por eso fuiste sacada a rastras de tu patria y llevada a tierra extraña...

»Tú tenías riqueza en abundancia y tus jóvenes compañeras cantaban sus delicadas canciones al son del tamboril y la cítara. Tú te extasiabas con el canto de las flautas...

»Regresa, oh prisionera, regresa a tus tierras cuando puedas... ¡Dónde están todos los de tu familia, dónde están tus jóvenes damas de compañía, dónde están tus consejeros!... El rey del viento del norte te mantiene sitiada...

»Grita con los profetas, no te canses, levanta la voz como

una trompeta para que tus hijos la escuchen. Llegará el día en que serás liberada por tus hijos y volverás a tu patria.»

Estaba sola, tan sola como nunca lo había estado en su vida, y la soledad la alentaba a evocar lo que había perdido. Pensaba en los años dorados de su juventud, llenos de risas y música; en las personas que había perdido en su vida: Raimundo, los tres Guillermos, su madre Aenor, en aquel momento también Petronila y en el último año la abadesa Matilde. Sus otros hijos estaban lejos, desaparecidos como si también hubieran muerto, incluso la pequeña Juana, a la que después de su captura Enrique había comprometido en matrimonio con el rey Guillermo de Sicilia, el sucesor de Roger.

En una fría tarde de invierno, cuando no oía nada aparte del crepitar del fuego en la chimenea y los gritos de los cuervos alrededor de la torre de Salisbury, perdió por primera vez el control: se dobló en dos, se abrazó a las rodillas y lloró, lloró con fuerza y desesperación.

Una de las muchachas que le habían asignado la rescató de aquel estado. Entró, vio a Leonor y balbuceó cohibida:

–¡Oh, perdón, señora!

Leonor estaba casi tan asustada como la jovencita que nunca había visto así a la reina y se incorporó con rapidez. ¿Qué demonios hacía ella ahí? ¿Cómo había podido permitir que la encontraran así, anegada en lágrimas como una novia antes de la noche de bodas?

–¿Qué pasa? –preguntó con una voz algo temblorosa pero ya a punto de sonar más segura.

–Sir Rafael Fitz-Stephen os hace saber que es hora del paseo diario, señora.

La muchacha quiso echarle un abrigo sobre los hombros, pero Leonor lo rechazó bruscamente.

–Todavía no soy tan vieja como para no resistir un poco de aire fresco.

El frío repentino le produjo una conmoción y la hizo entrar otra vez en razón. Sentía el suelo de piedra de la torre firme bajo sus pies y disfrutó de cada paso, aspiró el aire frío como si fuese el aliento mismo de la vida y alzó los ojos hacia el cielo gris. Las nubes se amontonaban y anunciaban nieve.

¿Cómo podía abandonarse a la desesperación de esa manera? Eso era pura autocompasión. Ella había luchado por el poder con Enrique y había perdido, había conocido el riesgo. Si alguna vez quería volver a ser libre, entonces no debía darle a Enrique la satisfacción de verla deshecha, no debía acunarse con lamentos fatuos sino que debía planear el futuro. Siempre habría un futuro.

Se volvió hacia su guardián, que la acompañaba en sus paseos por pura cortesía ya que allí eran en verdad imposibles los intentos de fuga.

–Sir Rafael, exijo que de ahora en adelante las cartas me sean entregadas sin abrir. ¿Cómo puede ayudarme a huir la lectura de las cartas, cuando vos utilizáis todos los medios imaginables para impedirlo? Además, podéis escribir al rey que me gustaría tener algunos libros más.

Rafael Fitz-Stephen estaba tan confundido por el tono de evidente autoridad, que antes de volver a tomar conciencia de su situación, contestó instintivamente:

–Sí, señora.

Leonor sonrió y caminó un par de pasos más. A sus pies se extendía el valle envuelto en la niebla en el que, con tiempo despejado, a veces se distinguía Winchester.

–¡Soy Leonor de Aquitania –gritó hacia el valle–, y no hay nada que no pueda soportar!

En el tercer año de su cautiverio, Enrique había suavizado las restricciones para Leonor hasta el punto de que pudo recibir una visita que su guardián, en aquel momento Renulfo de Glanville, calificó como segura. Se trataba de Will, conde de Salisbury.

Leonor mostró una sincera alegría al verlo, ya que de los dos hijos ilegítimos de Enrique siempre había sentido predilección por el prudente Will. El conde de Salisbury era en aquel momento un hombre joven, de unos veinticinco años, seguro de sí mismo, que sonreía a su madrastra.

–¡Will!

–¿Cómo está mi reina?

–Me estoy entrenando para una competición de graznidos

con los cuervos, lo que ahora ya no me resulta tan difícil. ¿Y tú? He oído que estuviste con Enrique durante las negociaciones de Nonancourt.

Will titubeó y Leonor se adelantó a aclarar, divertida.

–Es tema prohibido, ¿eh, Will? Puedes hablarme de eso con tranquilidad, de todos modos ya lo sé.

El conde de Salisbury se ruborizó. Él no esperaba encontrarla con tanta alegría de vivir.

–Se trató el compromiso de Ricardo con Alais –explicó en tono titubeante–, el rey francés dijo que ellos deberían casarse ya.

–Háblame de Alais –dijo Leonor–. Ahora que Aenor, Matilde y Juana están casadas y muy lejos, Alicia muerta y María en Champaña, ella es la única hija que todavía está cerca de mí..., bueno, un poco.

Will estaba en un apuro terrible.

–Ella está muy bien –dijo y enseguida se lanzó a describir las negociaciones con Luis–. Mi padre quería que Bourges fuese la dote del rey Luis para Alais, dado que el Vexin ya estaba en la dote del matrimonio de Margarita con Enrique el Joven, el rey de Francia se negó y dijo que nadie podía garantizar que al rey de Inglaterra no se le ocurriera conquistar también Francia, pero al final mi padre logró convencerlo de que hicieran un nuevo pacto de no agresión.

Leonor bajó la mirada a sus manos cubiertas de anillos.

–¿Con qué condiciones?

Will se aclaró la voz.

–Los dos han prometido emprender una nueva cruzada.

La reina estalló en sonoras carcajadas.

–¡Una cruzada! –exclamó cuando recuperó el aliento–. Oh, Will, eso sólo se le podía ocurrir a Enrique y sólo Luis se lo podía tragar sin más ni más. No pongas esa cara tan compungida, imagínate... ¡Enrique en una cruzada!

Por fin también se disipó la cara seria de Will y charlaron un rato sobre las novedades de todo el mundo hasta que Will, mirándola inseguro, preguntó:

–¿Os habéis enterado de la muerte de Rosamunda Clifford, señora?

El semblante de Leonor era insondable.

–Sí, lo sé. El año pasado en el convento de Godstow. –Hizo un movimiento melodramático con el brazo como para abarcar toda la torre–. Hasta aquí se ha corrido la voz de que Enrique les ha hecho una donación formidable a las monjas de Godstow en su honor. Pero no creo que por tristeza haya hecho también voto de castidad.

Will desvió la mirada por segunda vez durante la conversación y Leonor comprendió de golpe.

–¿Alais? –preguntó con voz pausada–. ¿La pequeña Alais?

Will habría preferido que se lo tragara la tierra y se apresuró a sacar a colación otro asunto.

–Enrique quería peregrinar a Santiago de Compostela, pero mi padre lo consideró un pretexto para... pues bien, de todos modos se lo prohibió y en lugar de eso lo envió a que se uniera a Ricardo en Aquitania. Pero, si no me lo tomáis a mal, os diré que Enrique no tiene ningún talento como conquistador y después de que Ricardo tomara el castillo más importante de Angulema en sólo catorce días y él no hubiera hecho nada todavía, se marchó de allí. De todos modos, podéis estar orgullosa de Ricardo, majestad, se habla por todas partes de su valía como soldado y eso que sólo tiene veinte años.

Will se dejó llevar por un impulso y añadió lo que no había querido mencionar en absoluto.

–Por enésima vez le ha pedido al rey vuestra liberación.

–Lo sé –dijo ella–. Y también Juana lo ha hecho, y Matilde, Aenor, María y media docena más..., ellas me escriben como si tuvieran que disculparse por ello. Pero no tiene ningún sentido, Will. Él nunca me dejará salir.

El conde de Salisbury miró al suelo y Leonor se encogió de hombros.

–Ya puedes dejar de compadecerme, Will. Yo vivo muy bien aquí y tu visita me ha dado mucha alegría.

Will se puso de pie.

–Yo no puedo decir que no censuro lo que habéis hecho –dijo en tono serio–, pero nunca he visto a un prisionero que sobrelleve su destino de la manera en que vos lo hacéis.

Leonor estaba muy lejos de resignarse a su destino. Poco después de la visita de Will emprendió un nuevo intento de fuga.

Una noche pidió a su criada que pusiera todas las velas sobre la mesa delante del gran espejo de plata. A la luz fuerte, despiadada, de las llamas examinó su rostro y su cuerpo. Tenía cincuenta y cuatro años pero parecía por lo menos diez años más joven. En ninguna parte se encontraba la menor huella de la edad, resultado de una férrea disciplina con la que se imponía moderarse en las comidas y bebidas y tomar un baño de agua helada cada mañana.

«No está mal –pensó–, pero ¿por cuánto tiempo más? Uno debe utilizar sus armas mientras sean efectivas todavía. Y si yo quiero salir de aquí, no me puedo permitir andar con remilgos.»

Aprovechó la libertad de movimiento que le permitía deambular por varios lugares y por fin encontró al hombre que había buscado: el capitán responsable de la vigilancia del puente levadizo, que en aquel preciso momento venía de dar su informe nocturno a Rafael Fitz-Stephen.

Leonor llevaba un vestido azul oscuro, casi negro, y el capitán se sobresaltó cuando la vio salir tan de improviso de las sombras.

–¡Señora! –la saludó paralizado.

–¡Oh, qué alegría me da encontraros, capitán! Seguro que me podéis decir si tendré éxito con mi petición a sir Rafael. ¿Qué opináis, es posible que a partir de ahora pueda dar mis paseos por la noche?

El hombre se mostró receloso de inmediato.

–¿Por qué motivo?...

Leonor hizo un gesto alzando los brazos que le mostró al asombrado capitán que la reina, (que hasta en aquel momento había visto sólo en ropajes de estado o trajes de viaje), tenía una figura muy femenina con aquel vestido sencillo. Desvió rápidamente la mirada mientras ella le explicaba.

–Es verano y mis criadas me dicen que tenemos luna llena. Me gustaría tanto ver las estrellas desde las almenas...

El capitán se devanó inútilmente los sesos tratando de descubrir hasta qué punto aquella petición podía esconder la preparación de un intento de fuga. Le habían advertido de que la reina era peligrosa, pero lo único que él veía era una mujer hermosa que con la voz contenida expresaba una locura enternecedora.

–Bueno –dijo conmovido–, en realidad no creo que sir Rafael tenga nada que objetar.

–Oh, espero que tengáis razón. Iré ahora mismo a verlo. Gracias por vuestro estímulo, capitán.

Con un contoneo gracioso pasó delante de él, pero resbaló en la escalera que conducía a la alcoba de Fitz-Stephen y si él no la hubiera agarrado se habría caído. Leonor se quedó en los brazos del capitán un segundo más de lo necesario, después se soltó y lo miró con una sonrisa insinuante.

–¡Oh, qué torpeza la mía! –exclamó–. Podéis estar seguro de que ahí arriba le contaré a nuestro severo señor qué rápido sois para ayudar cuando se os necesita. Una vez más, gracias de todo corazón.

Ella se había ido y el capitán se quedó allí, un poco aturdido. Todavía sentía el aroma suave que en aquel momento parecía estar impregnado en su ropa y que lo perseguiría en los días siguientes. Ni él mismo sabía por qué, pero una semana después lo arregló de tal manera que fuese él quién acompañara a la reina en sus paseos nocturnos.

Esta vez fue ella la que en principio se quedó más tiempo callada. El sol del verano había caldeado el aire, incluso ahí arriba, y en verdad era muy agradable caminar así. Los ruidos de la noche no llegaban tan alto y a pesar de que la guarnición estaba completa, bien podrían estar solos.

Leonor se reclinó contra un mirador y puso la mano sobre la piedra áspera.

–Curioso, qué caliente está todavía –dijo ensimismada y levantó la cabeza–. Y las estrellas son tan claras esta noche..., qué extraño, si uno piensa que son las mismas estrellas que observé entonces en Oriente, durante la cruzada. A veces creo que sólo las estrellas permanecerán para siempre. –De repente cambió de tema–. Pero ¿no es una noche encantadora, capitán?

En los últimos minutos el capitán había observado menos las estrellas que la mano de Leonor, que como sin querer se deslizaba arriba y abajo a lo largo del contorno de la almena. Él asintió sin saber qué le había preguntado y la reina hizo una mueca. Sería aún más fácil de lo que había pensado, pero por Dios, el hombre tenía que tener un poco de inteligencia, de lo contrario no habría llegado a capitán... y no podría ayudarla en un intento de fuga. De repente deseó tener enfrente a alguien un poco más inteligente, alguien cuya conquista hubiese sido un auténtico desafío. No se podía tener todo. Suspiró con expresión melancólica.

–¿Habéis estado alguna vez en Aquitania, capitán, en mi patria?

–Dos veces, majestad, pero por muy poco tiempo. Yo soy normando.

Leonor cruzó las manos detrás de la cabeza, lo que otra vez le dio la oportunidad al capitán de admirar su figura.

–No lo dudo –comentó Leonor en un tono un poco burlón–, vuestro acento no suena precisamente como el de un anglosajón. Pero olvidemos eso, habladme de vuestras visitas a Aquitania. Hace tanto tiempo que no sé nada de mi patria.

El capitán no había encontrado en su vida a una oyente tan atenta como ella. Por lo general encontraban desmañada y aburrida su manera de expresarse, pero los ojos atentos de la reina fijos en él, le dieron por primera vez en la vida la sensación de ser un narrador bueno y cautivador. Podría haber seguido hablando hasta el infinito de no haber sido porque una lechuza levantó vuelo por encima de ellos. La reina se asustó y sin pensarlo dos veces se estrechó contra él y él sintió su cuerpo tembloroso.

–¡Oh, decid rápido una oración! ¡Siempre he tenido miedo de estas malas señales!

El capitán se sintió fuerte. Nunca había conocido a una criatura tan desvalida y encantadora.

–No tengáis ningún temor, señora. Yo encenderé una vela por vos en la capilla. Y ahora bajemos –concluyó a su pesar–, se terminó el tiempo.

–Por desgracia tenéis razón. Lo he pasado tan bien con vos. ¿Creéis que podréis acompañarme otra vez?

–Sí..., seguro, con gusto –tartamudeó.

Pues bien, todo iba de maravilla y Leonor planeaba dar

otro paso adelante cuando experimentó una desagradable sorpresa. No sólo porque el indulgente Rafael Fitz-Stephen fuera sustituido otra vez por Renulfo de Glanville, sino también porque en el primer paseo posterior a la llegada de Glanville comprobó que, casi sin excepción, habían cambiado a todos los soldados dentro de la torre por algunos ancianos. Hasta donde se podía distinguir, los guardias externos eran más bien jóvenes, pero de los que ella veía ninguno tenía menos de cincuenta y cinco años... y el capitán había desaparecido sin dejar rastro.

Enrique escribió que consideraba mejor que ella, a su edad, no fuese molestada más por jóvenes maleducados. Leonor se debatió entre la furia, la decepción y la diversión.

«Según veo –contestó a su marido–, todavía nos entendemos a la perfección. Oigo decir que en los últimos tiempos te quejas de dolores de espalda...»

Enrique había desbaratado sus planes una vez más. Cómo lo había sabido, le era indiferente, quizá también sólo lo había presentido en un mal momento. «Pero algún día, Enrique, algún día te engañaré. Lo logré una vez y lo lograré una vez más», se juró a sí misma.

En el otoño de 1180, cuando Leonor llevaba ya seis años en cautiverio y estaba alojada en un castillo del condado de Nottingham, recibió la noticia de que Luis había muerto el dieciocho de septiembre en Saint-Port, un monasterio cisterciense. Su hijo Felipe de quince años, que sólo unos meses antes había sido ungido como sucesor al trono en una ceremonia solemne y que en la misma ocasión había recibido también el juramento de fidelidad de Enrique el Joven y de Ricardo, ascendió al trono de Francia con el nombre de Felipe II.

La muerte de Luis afectó mucho a Leonor. ¿Era posible, pensaba, que ella hubiese estado casada quince años con aquel hombre piadoso, apacible, que nunca había perdido del todo su ingenuidad en el trato con los hombres y al que le había dado dos hijas, de las cuales una ya estaba muerta? Alicia había muerto en Fontevrault, sin un gran padecimiento, igual que su padre, al que se parecía tanto.

Con más frecuencia de la que había creído, le afligía el recuerdo de su boda con Luis, aquel tímido sucesor al trono que habían sacado de un convento y aquella duquesa de Aquitania de quince años, tan segura de sí misma y cuyos sentimientos fluctuaban entre la ira por el casamiento obligado y la compasión por el futuro esposo.

Pero también se preguntaba cómo seguiría la lucha por el poder ahora que un nuevo soberano había pisado la arena. ¿Qué clase de aliado, qué clase de adversario sería Felipe?

Godofredo Plantagenet, duque de Bretaña, observaba complacido a su hermano mayor. Enrique el Joven, que se había encontrado con él en Grandmont, estaba muy alterado y maldecía en voz alta.

–¡Una vez más me ha denegado el dominio sobre un principado! ¡No me mires así sonriendo! ¡Es infame e injusto! Tú tienes Bretaña, Ricardo tiene Aquitania, ¿y qué tengo yo? ¿Crees que él me va a reconocer, aunque sea un poco, el derecho de intervención en Normandía o en Inglaterra? ¡Es como si no me diese absolutamente nada!

En tono tranquilizador, Godofredo le dio palmaditas en la espalda. Ya hacía mucho que había descubierto cómo se podía manipular a otras personas para los propios fines y en este sentido consideraba a su hermano, de lejos, el más susceptible por ser el miembro más irreflexivo de su casa.

–Estoy de acuerdo –dijo con cierta indolencia–, no es justo para ti. Sólo que, Enrique, yo me preocuparía más bien por Ricardo, no por nuestro padre.

Enrique se puso furioso.

–¿Qué pasa con Ricardo? ¡Poco a poco me estoy hartando de oír incesantes alabanzas de sus conquistas!

Se encontraban en una taberna y Godofredo, que notó que habían despertado la atención de los parroquianos, puso una mano sobre el brazo de su hermano para calmarlo. Los dos eran fáciles de catalogar como nobles aunque no necesariamente como príncipes, ya que Godofredo le había aconsejado a Enrique que acudiese con ropas lo más sencillas posible. Sólo que la ropa sencilla no era suficiente para hacer de Enrique un ciudadano común. Godofredo maldijo su vanidad. De todos modos, aquella vanidad tal vez le permitiría alcanzar su objetivo.

–Sin embargo, deberías prestar atención a las historias sobre Ricardo –dijo en voz baja–. ¿Para quién hace todo eso? ¿Para nuestro padre? Eso es sencillamente ridículo. Lo hace para él mismo, Enrique. Él fortalece su poder en Aquitania y si tú supones que a la muerte de nuestro padre te va a dejar ascender sin más ni más al trono como soberano, estás ciego. ¿Por qué crees que hizo reconstruir y fortificar de nuevo el castillo de Claraval en su frontera, aunque ya no perteneciera a su parte del reino?

Enrique parecía algo confundido y Godofredo suspiró.

–Ese castillo está emplazado enfrente de Chinón –explicó pacientemente– y no necesito entrar en más descripciones sobre la importancia de Chinón como cámara del tesoro real.

Poco a poco, Enrique pudo seguir las explicaciones de su hermano.

–Él no se atrevería... –se enfureció.

–¿No? –lo interrumpió Godofredo con aspereza–. ¿Con las tropas que tiene detrás de él?

Enrique dio un puñetazo sobre la rústica mesa de madera.

–¡Maldición, yo le voy a enseñar! Yo seré rey y él se someterá a mí o...

–Seguro –afirmó afablemente Godofredo–, seguro. Pero eso no le cae a uno del cielo, Enrique.

Entretanto, una de las taberneras les había llevado vino y algo de pan y queso. Imperturbable, Godofredo cortó una rebanada y la mordió con fruición. Enrique lo observó mientras masticaba.

–¿Qué me aconsejas, Godofredo? –preguntó por fin–. ¿Qué podemos hacer?

Godofredo sonrió.

–Hasta donde yo sé –respondió–, los nobles del Lemosín no estaban en absoluto entusiasmados por la represión de Ricardo durante su insurrección.

Aquel año, Enrique decidió celebrar las navidades con la corte en Caen y pidió a sus tres hijos mayores que estuvieran presentes. Juan, el menor, vivía con él. También su hija mayor, Matilde, tomaría parte en la fiesta de Navidad, dado que su esposo, el duque Enrique, había perdido su lucha encarnizada por el poder contra Federico Barbarroja y había sido desterrado del Imperio Romano.

Además, Enrique ordenó que su reina fuese llevada allí para las fiestas. Era el undécimo año de su cautiverio.

Alais, la segunda hija de Luis de su matrimonio con Constanza de Castilla, tenía en aquel momento veintidós años y estaba perdidamente enamorada de Enrique Plantagenet. Era una figura hermosa, atractiva, que con seguridad habría sido apetecible aun sin su origen real. Amar a Enrique significaba un permanente sube y baja de tristezas y alegrías, y significaba un temor atroz por el futuro, ya que estaba comprometida con su segundo hijo, Ricardo. El hecho de que Leonor fuera a participar en aquella corte navideña la desconcertaba aún más. Leonor era la única madre que ella había conocido y sólo podía reprimir su torturante sentimiento de culpa mediante la constante afirmación de que Leonor misma había sido la causante de su destino.

Estaba allí rígida y callada cuando Leonor entró en el enorme patio del castillo de Caen y Enrique la bajó del caballo como si se tratara de un juego.

Leonor se inclinó con una reverencia irónica.

–Mi señor y soberano –dijo–, creo que no nos hemos visto en mucho tiempo.

Su voz todavía poseía aquel timbre cálido, grave, que Alais recordaba tan bien, y no causaba la más mínima impresión de ser infeliz o de estar vencida.

–Sí, deben de haber pasado un par de semanas –dijo Enrique y la observó.

Sesenta años..., ¿no era increíble? El barboquejo y el velo ocultaban el cuello de Leonor, lo único que habría podido delatar su edad.

–Espero que me perdones por haberte molestado durante tu estancia en el campo.

–Por supuesto, Enrique. Es conmovedor que siempre tengas consideración conmigo.

Él había envejecido mucho más y más rápido que ella. Su

cara estaba marcada por la vida y había perdido la agilidad de su juventud. Sin embargo, todavía irradiaba una vitalidad tal, que por un instante la subyugó. Entonces se dirigió a la muchacha que esperaba detrás de Enrique y la abrazó.

–Bien, Alais, los años han hecho de ti una verdadera belleza. ¿Cómo estás, mi niña?

Alais dio una respuesta trivial y vio cómo Leonor se volvía hacia la mujer joven que en aquel momento bajaba las escaleras del gran vestíbulo.

Matilde reía y sollozaba cuando se arrojó en brazos de su madre, a la que no había visto desde hacía ya quince años. Leonor necesitó tiempo para calmarla. Por encima de la cabeza de su hija, sus ojos se encontraron con los de Enrique.

–¿No es el sueño de todo cristiano reconciliar a toda la familia para Navidad? –preguntó él–. Qué lástima que todavía no estén aquí los muchachos.

Leonor sonrió.

–En efecto. Pero sabes que debemos limitarnos a los días de fiesta. De lo contrario, tanta reconciliación resultaría agotadora.

Juan se arrodilló junto a uno de los grandes perros de caza de Enrique y le acarició mecánicamente la cabeza mientras observaba a su madre, que conversaba con Matilde y su esposo. Él no conocía a Matilde, dado que se había casado el mismo año de su nacimiento, y tampoco sentía mucha curiosidad por su hermana mayor.

Lo que a él le interesaba era su madre, la reina. Toda su vida había escuchado historias sobre ella..., todos conocían a Leonor de Aquitania. Se hablaba de ella ya con admiración ya con total repugnancia, se enaltecía su inteligencia, su valor, su belleza, o se la acusaba de impudicia, la llamaban inhumana y perversa, pero a nadie dejaba indiferente. Sabía, sobre todo, que ella lo había abandonado inmediatamente después de su nacimiento y tenía la firme decisión de mostrarse lo más esquivo posible frente a ella. Sin embargo, más de una vez se sorprendió a sí mismo observándola en secreto y escuchando con viva atención cuando ella hablaba con su padre. Nadie más hablaba de esa manera con su todopoderoso padre, el rey.

Él tenía muy claro que su padre lo prefería a sus otros hijos y le irritaba un poco que esta realidad no se reflejara en la repartición de territorios. ¿Por qué aquellos otros tres, que se habían rebelado en contra de Enrique, debían heredar ducados y hasta la corona mientras que él, en el mejor de los casos, no recibiría nada más que un condado? Eso no era en modo alguno justo.

Matilde hablaba en aquel momento de su vida en Múnich, la ciudad que su esposo, Enrique, había elegido como residencia.

–Yo era feliz allí –decía–, pero es maravilloso estar otra vez aquí. ¿Crees que mi padre apoyará a Enrique?

–Eso espero –dijo su esposo y añadió sombrío–: ¡Por Dios, la sola idea de que Barbarroja ahora se bañe en su triunfo me produce náuseas! ¡Que el diablo se lleve a todos los Staufen! Entre su familia, los Güelfos, y los Hohenstaufen imperaba desde hacía años una hostilidad sangrienta que había alcanzado su cenit con la lucha entre Federico y Enrique.

Leonor dio una respuesta no comprometedora y para sí pensó que consideraba más que imprudente a su yerno. Él parecía simpático, pero tendía a las actitudes rimbombantes y a la fanfarronería. Ya antes de que el rey se retirara, todos ellos habían tenido que escuchar los infinitos planes de venganza del yerno Enrique. En aquel momento miró a su hija y estuvo a punto de mover la cabeza por compasión. «Pobre Matilde..., ¡qué vida era ésa si tenía que soportar eso a diario!» Pero Matilde era de carácter alegre y fácil de complacer y siempre había tenido talento para adaptarse sin quejas a las nuevas situaciones, tal como hacía en aquel momento, en que ya no hablaba más de su pasado sino que exclamaba jovial:

–¡Oh, madre, estoy contenta por volver a ver a Enrique, Ricardo y Godofredo! Yo sólo los conozco como niños..., ¿cuánto habrán crecido?

En Caen hacía mucho frío en invierno por estar tan cerca del mar, pero los altercados entre los hijos del rey hicieron olvidar la falta de calor. Enrique el Joven inició la discusión cuando le reclamó a Ricardo el castillo de Claraval, dado que estaba en una parte del territorio que su padre había reservado para él.

Pero Ricardo se negó. Él era en aquel momento un soldado experimentado y renunciar al poder que poseía le era tan extraño como el resto de la familia.

–¡Ni pensarlo! –dijo con brusquedad y miró con total antipatía a su hermano mayor–. Yo he hecho reconstruir Claraval con mis propios medios y me quedaré con él.

–Tú tienes que estar subordinado a mí y no yo a ti..., ¡soy el mayor! Yo seré rey, querido hermano, en realidad ya lo soy y tengo todo el derecho a...

Leonor bebía a sorbos de su vaso de agua pura. Enrique alzó su copa y brindó por ella.

–¡Bienvenida a la familia! –dijo con sarcasmo.

Leonor asintió con la cabeza.

–¿Por qué sencillamente no los envías a todos a la cruzada y tú sigues reinando solo aquí?

Entretanto, Godofredo había tomado cartas en el asunto.

–Padre, aquí se trata de una cuestión de principios. Después de vuestra muerte, Enrique reinará sobre Ricardo y sobre mí, como vos lo hacéis ahora, y si no queréis que sus pretensiones sean ridículas, debéis apoyarlo. Yo, por mi parte, de buen grado estoy dispuesto a prestarle juramento de fidelidad. Y si Ricardo hace lo mismo, no tendremos más dificultades, porque un vasallo puede conservar sin más ni más los castillos para su señor.

Sus padres lo miraron con aprobación. Era la primera proposición sensata en aquella tonta discusión. Pero Ricardo no pensaba lo mismo.

–No veo por qué debo convertirme en vasallo de Enrique. Tengo exactamente el mismo rango que él y...

–¡No lo tienes! ¿Quién es el rey ungido aquí?

–Hasta ahora, tu título de rey no le ha aportado ningún tipo de beneficio a nadie y los duques de Aquitania...

Enrique se puso de pie.

–¡Es suficiente! –su voz cubrió la de ellos–. Vosotros parecéis olvidar que todavía soy el rey y «yo» decido sobre vuestras pretensiones de territorio. Ahora largaos de aquí y cuando esta noche volvamos a vernos, sabréis lo que he decidido.

Abandonaron la habitación uno detrás del otro hasta que sólo quedaron Enrique y Leonor.

–¿Y ahora? –Enrique hizo una mueca–. No me quedará más remedio que seguir el consejo de Godofredo, él tiene razón. Si Enrique debe hacerse cargo del gobierno después de mi muerte, entonces no debe haber ningún duque que se asigne su mismo rango. Ordenaré a Ricardo que le preste el juramento de fidelidad.

Leonor miró hacia la ventana cubierta con una capa de hielo.

–Bajo las condiciones dadas, es correcto. Pero ¿alguna vez te has detenido a pensar que Ricardo sería mejor rey?

Enrique soltó una carcajada.

–Eso te vendría bien, ¿no es así? ¡Rey Ricardo! Pero no ocurrirá, Leonor. Enrique fue coronado y eso también seguirá así. Primero porque una coronación no se puede anular y segundo... porque así lo quiero.

Aferró con las dos manos los brazos del amplio sillón en que estaba sentada Leonor y se inclinó sobre ella.

–¿Es tan solitaria la vida en Salisbury que no puedes renunciar a pasar el tiempo conspirando?

Ella le devolvió el golpe.

–¿Está tan amenazada tu autoridad que ves conspiraciones por todas partes?

–Es misión de un soberano distinguir las sombras en la negrura de la noche.

–Oh... –se lamentó Leonor con voz dulce–, ¿ya no puedes hacer ninguna otra cosa durante la noche? Pobre Enrique, estás viejo...

Enrique la miró fijamente y entonces se dibujó una amplia sonrisa en su rostro.

–¡Por Dios, todavía estás en forma! ¿Cómo puedes mantener fresco tu veneno por tanto tiempo, tesoro mío?

–Tú me mantienes joven, Enrique, siempre lo has hecho.

Ricardo había cambiado mucho. Era poco comunicativo, los últimos años lo habían hecho más duro y desconfiado.

–¿Por qué te resistes tanto a ese juramento de fidelidad? –le preguntó Leonor mientras daban un paseo juntos–. Lo de Claraval lo entiendo, pero ¿ese juramento? En caso necesario no significa absolutamente nada, tú lo sabes.

Ricardo se quedó inmóvil y la miró con seriedad.

–Ya sé –dijo con voz inexpresiva– que un juramento no significa nada para vos.

–¿Qué quieres decir?

Ricardo soltó la respuesta con los dientes apretados.

–Entonces no lo veía así, pero ¡por Dios, me habéis utilizado, madre, me habéis utilizado como una herramienta para consumar la venganza contra vuestro esposo!

Con aquello echó fuera por fin el reproche que anidaba desde hacía tiempo dentro de él. Leonor parecía afectada pero no dijo nada; continuó andando y él la siguió en silencio.

–Es verdad –admitió ella de improviso–, pero no lo he hecho sólo por mí, Ricardo. Lo he hecho también por ti, porque yo quería verte como duque de Aquitania independiente y eso es lo que quiero también ahora. –Se volvió hacia él y lo asió de la mano–. Y para eso es necesario que ahora escuches mi consejo –continuó–. No debemos volver a cometer los mismos errores de entonces. Préstale juramento de fidelidad a Enrique, la cuestión de Claraval la puedes solucionar fácilmente. Traspasa su dominio, no a tu hermano Enrique, sino a tu padre. Él nunca le concederá a tu hermano Enrique más de lo que deba ser absolutamente indispensable, y con toda seguridad no uno de los castillos nuevos más poderosos del país. De este modo, Enrique el Joven no podrá seguir diciendo que te has adueñado de Claraval de manera ilegítima. –Su mirada se volvió ausente, casi dispersa–. Sólo me pregunto... –continuó con voz pausada– por qué Godofredo está tan dispuesto a apoyar sin más ni más a tu hermano Enrique.

Por fin Ricardo, aunque a regañadientes, decidió entregar Claraval a su padre y prestar el juramento de fidelidad a Enrique el Joven. Pero Leonor todavía no había llegado a la torre de Salisbury cuando llegó la noticia de que Enrique el Joven se había negado de golpe a aceptar el juramento de Ricardo y hasta había anunciado que apoyaría a los barones en el Lemosín contra Ricardo.

Godofredo, el genio inspirador que estaba detrás de Enrique el Joven y los barones, había colocado bien sus piezas de ajedrez. Con lo que sin embargo no había contado era con una fuerza armada unificada de Ricardo y Enrique que aniquiló una a una y sin interrupción a las figuras rebeldes. Mientras Godofredo todavía se afanaba por conseguir la ayuda del rey francés, Enrique el Joven cayó repentinamente enfermo, aquejado de una fiebre devastadora.

Enrique Plantagenet el Joven, rey de Inglaterra, murió el once de junio. Tenía veintiocho años.

Leonor lloró por Enrique, el tercero de sus hijos que moría. No por el hombre vanidoso e irreflexivo que había visto la última vez en Caen, sino por el niño que ella había amado..., aquel niño que llevaba en su vientre cuando cruzó por primera vez el Canal al lado de Enrique. Aquel niño rubio, encantador, que se parecía a Raimundo.

Matilde obtuvo el permiso para visitar a su madre.

Pero Leonor no tenía intención de resignarse con el llanto. En aquel momento era más importante que nunca mantener una cabeza fría. La insurrección en el Lemosín había terminado con la muerte de Enrique el Joven; Enrique y Ricardo casi no necesitaron tomarse la molestia de aceptar la capitulación de los barones. Pero la pregunta que ella se hacía en aquel momento, era... ¿quién asumiría la sucesión de Enrique como heredero al trono? Era de prever que Enrique no dispusiera otra vez una coronación anticipada, pero él nombraría un heredero y en aquel momento había tres príncipes que estaban a su disposición.

Leonor sabía que Enrique desconfiaba de Ricardo, él amaba a Juan y Juan era un ilustre desconocido. Con toda certeza, Enrique no incluiría en aquella estrecha elección al ambicioso Godofredo. Cuando Renulfo de Glanville le transmitió el mensaje de que el rey quería verla en el palacio de Westminster el día de San Andrés, estaba segura de una cosa: Enrique se proponía algo. Pues bien, luchar con Enrique era siempre un placer excitante... y ella estaba firmemente decidida a que Ricardo fuera rey.

En su momento, Westminster había sido restaurado en pocas semanas por el entonces nuevo canciller Tomás Becket. Enrique miró hacia el Támesis: una barca llevaba allí a la reina.

–El rey de Francia ha sido tan amable que me ha dicho que, por la muerte de Enrique el Joven, la dote de Margarita, el Vexin, volverá otra vez a él –informó irónicamente a su hijo Juan–. Cuando le hice saber que consideraría al Vexin como dote de Alais, no se mostró muy entusiasmado. Exigió una vez más que case a Alais con Ricardo o que le devuelva el Vexin. –Se encogió de hombros con resignación–. Esto se está convirtiendo en la ceremonia mensual de mensajes con los reyes de Francia.

–Pero vos no lo consentiréis, ¿verdad? –preguntó Juan con inquietud–. Si Ricardo se casa con Alais, nunca me dará Aquitania porque él...

–No, no. ¿Cuántas veces tengo que decírtelo?

Enrique suspiró. Quería mucho a Juan, pero a veces le molestaba ver que también en éste, su hijo menor, estaba latente la sed de poder. De todos modos, el poder pertenecía a la esencia misma de un príncipe, era su propia fuente de vida y Juan nunca lo traicionaría.

Enrique se volvió.

–¡Ah, ahora será divertido! Ella ha llegado.

Sonrió para sí. Estaba ansioso por saber qué se proponía hacer Leonor para que Ricardo fuese rey. Entonces corrió a su encuentro para recibirla.

Se encontraban en uno de los gabinetes que impresionaban por la majestuosidad de su decorado. Godofredo estaba detrás de Juan junto a la ventana, Ricardo caminaba inquieto de un lado a otro de la habitación, Leonor estaba sentada con los brazos cruzados y la expresión serena en un cómodo sillón, y Enrique apoyaba la espalda contra la pared. En cuclillas delante del fuego, Alais habría preferido irse a llorar. Allí también estaba en juego su futuro, pero en aquella habitación nadie pensaba en ello. En lo único que pensaban todos era en quién transferiría qué poder a quién. Furiosa, se frotó los ojos con la mano y pescó al vuelo una mirada compasiva de Leonor. Pero ella no quería compasión. Lo único que quería era no ser tratada como una prenda de cambio.

–Queridos míos –dijo Enrique–, tenemos que llegar a un acuerdo. Ricardo, si tú asumieras la sucesión de tu hermano, entonces sería muy razonable que Juan recibiera Aquitania.

Ricardo detuvo de golpe sus pasos inquietos.

–¡Nunca entregaré Aquitania a nadie! –afirmó en tono vehemente–. ¡Yo no he administrado el país durante estos años y luchado por él para que ahora lo reciba ese niño!

–¡Yo ya no soy un niño!

–Enrique –intervino Leonor–, puedes dejar de tomarnos por idiotas. Tú no sólo quieres Aquitania para Juan, también quieres legarle todo el reino.

–Está bien, así es –reconoció su esposo–. Pero mientras nosotros nos peleamos aquí, el buen Felipe insiste en que debo casar a Alais o devolverle el Vexin.

–¿Y tu solución sería?

Enrique paseó la mirada de ella a la princesa francesa.

–Casaré a Alais con Juan.

–Felipe nunca aceptará eso –dijo Ricardo con tal vehemencia que provocó una mirada intrigada de Godofredo.

El tono de Ricardo no producía el efecto de alguien que pone de manifiesto una sospecha y Godofredo recordó que su hermano estaba en amistosas relaciones con el joven rey.

Entretanto, Ricardo hablaba en aquel momento con un tono más sereno.

–Padre, siempre habéis dicho que queréis lo mejor para vuestro reino, que no lo queréis ver desmembrado y dividido. ¿Hay alguna razón para suponer que yo no estaría capacitado para gobernarlo bien?

–Tú serías un monarca excelente –contestó Enrique en tono serio–. Ésa no es la cuestión. Si yo te proclamara ahora mi heredero, en el término de un año intentarías apoderarte de tu herencia igual que lo intentó Enrique. Y yo no quiero tener que luchar otra vez contra un hijo.

–¡Fue Enrique quien os traicionó, no yo! –replicó irritado Ricardo–. ¡Después de que insistierais en que le prestara el juramento de fidelidad!

–Pero tú fuiste el que se rebeló una vez contra nuestro padre y ya no puede confiar en ti –dijo el menor de los Plantagenet. Todos miraron sorprendidos a Juan, que hasta aquel momento se había mantenido fuera de la discusión–. Nuestro padre es el rey y él decide –concluyó.

Ricardo lo miró de arriba abajo, divertido.

–Él puede proclamarte diez veces como su sucesor –dijo en tono despectivo–, pero eso no te servirá de mucho. ¿Crees en serio, hermanito, que tú podrías luchar contra mí y ganar?

–Sí, lo creo y...

–Una pregunta... –dijo Godofredo–. ¿Qué es en realidad lo que os desagrada a todos vosotros de la idea de que yo sea rey?

–Para resumirlo en un solo punto... todo –respondió su padre.

La crudeza de la respuesta hirió muy hondo a Godofredo, que se creía curtido contra todo.

Ricardo y Juan, entretanto, estaban próximos a perder por completo el control.

–Tú te consideras un genio extraordinario por tus conquistas y las canciones que escribes de vez en cuando –dijo Juan en tono mordaz–. Pero al final ya veremos quién es el mejor. ¡La única vez que te enfrentaste con un rey, fracasaste!

–Enrique –dijo de repente Leonor–, ¿por qué no mandas fuera a los muchachos para que podamos hablar con tranquilidad?

–Es una idea excelente.

Para los tres príncipes reales era muy humillante ser tratados como niños, pero al final se resignaron.

Alais le lanzó una mirada suplicante a Enrique. «Pobre pequeña Alais», pensó él. Un fuego reconfortante en el frío y la soledad de su vejez. No sería fácil para ella.

Una vez que todos se habían ido, Enrique suspiró aliviado.

–¡Dios Todopoderoso! –exclamó–. Soy demasiado viejo para dirimir semejante disputa.

–Nosotros la hemos provocado –replicó Leonor, de golpe exasperada.

–Sí, nosotros lo hemos hecho. Sobre todo tú..., ¡él era todavía un niño, Leonor, cuando ya le metías en la cabeza la idea de la rebelión!

–¿Y Juan? ¿Quién es responsable de Juan?

–Si tú no me hubieses traicionado entonces, ¡hoy no nos enfrentaríamos todos como enemigos!

Leonor respiró profundamente, asombrada.

–¿Yo te he traicionado? ¡Tú me has traicionado y muchas veces, una y otra vez! ¿Qué esperabas, Enrique? ¿Que yo tolerara lo que me hacías y dijera sí y amén a todo?

–Con eso has... –empezó a decir él.

–En aquel entonces, cuando tú... –dijo ella al mismo tiempo.

Se interrumpieron, se miraron y se echaron a reír.

–Habíamos empezado con Aquitania, ¿o no? –dijo por fin Enrique con sentido práctico–. Entonces mantengámonos objetivos.

Leonor asintió.

–Con total objetividad, Enrique... Aquitania nunca le pertenecerá a Juan. Y Ricardo será rey.

–Lo veremos.

–No, esposo mío, yo lo veré. Y ése es exactamente el punto esencial. Tú estarás muerto cuando uno de ellos ascienda al trono. Y yo no.

–En cuanto a eso –comentó Enrique con sarcasmo–, espero que no me dejes demasiado tiempo solo en el infierno.

Leonor se levantó y caminó hacia el hogar encendido, donde antes había estado agachada Alais, y sin mirar a Enrique dijo:

–Cuando se hacen pedazos todas las esperanzas, Enrique, y quedan sepultados todos los sueños, entonces por lo menos nos queda una esperanza..., que el diablo nos haga viajar al mismo tiempo al infierno..., si es que tiene un mínimo sentido del humor.

–Sí, eso es lo que nos queda –dijo Enrique con voz pausada–. Y si ahí abajo no tienen idea del arte de gobernar, nos confiarán el regimiento.

La familia se separó sin ponerse de acuerdo. Enrique no nombró a ninguno de sus hijos su heredero, Ricardo persistió en su negativa de entregar Aquitania y la animadversión de Juan contra Ricardo, hasta entonces infundada, creció poco a poco hasta convertirse en odio.

Después de Enrique el Joven, para Godofredo fue un juego de niños comprometer para sus propios fines también al hermano menor. Y lo siguiente que Leonor supo de sus hijos en la torre de Salisbury, fue que Godofredo y Juan habían atacado el Poitou y que a raíz de eso Ricardo había invadido Bretaña. Ella obtuvo permiso para viajar a Winchester, donde vivía su hija Matilde, para asistirla en el parto.

–Alguna cosa debe haber tomado un rumbo equivocado en nuestra familia, madre –manifestó Matilde en el mismo momento del saludo–. No conozco ninguna otra cuyos miembros se lancen unos sobre otros de esta manera. Alguna cosa no está bien en nosotros.

Sus hermanos, mientras, no compartían los escrúpulos de Matilde y cuando Ricardo hizo retroceder paso a paso a Godofredo y Juan, el propio Enrique empezó a emplazar un ejército en Normandía. Se sentía viejo y cansado, había luchado durante casi toda su vida. Pero por lo menos quería arreglar su sucesión de manera que no hubiera ningún litigio más. El medio al que echó mano para eso en Caen fue tan desconcertante como inesperado para todos los involucrados.

Una vez más mandó llamar a su esposa de Inglaterra y le envió un mensaje a Ricardo con el que lo exhortó a entregar otra vez Aquitania a la legítima duquesa. Era el decimotercer año del cautiverio de Leonor.

El castillo de Caen, construido como fortaleza para los tiempos de guerra, nunca se había distinguido por una especial belleza. Pero en el interior, un ejército de mayordomos, criadas y siervos se habían esforzado por crear un marco que fuese digno de una residencia real. La luz fría de la primavera que se filtraba por las ventanas todavía guarnecidas con flores de escarcha, hacía resaltar los colores brillantes de los tapices de las paredes. Allí estaban el rojo intenso del púrpura, el azul profundo del añil, que describían la historia de Merlín, al que la hechicera Nimue había cautivado con un ramo de espino blanco.

Los magníficos tapices constituían un contraste evidente con los muebles gastados, con la silla deteriorada en que estaba sentado Enrique, con la mesa cuya madera había sido estropeada por manchas oscuras de vino y grasa. Leonor estaba junto a la ventana.

–Enrique, ¿por qué crees tú que Ricardo debería obedecerte? –preguntó en tono burlón–. Es difícil esperar que tú me mates si no lo hace, o que me dejes libre si lo hace. Tu toma de rehenes descansa en pies de barro.

–Por lo que se refiere a eso –replicó Enrique Plantagenet, en aquel momento con cincuenta y tres años–, tú lo sabes y yo lo sé. Pero ¿lo sabe también Ricardo? Por más que uno le asegure que nunca hará algo así, las personas como Ricardo nunca dejan de tener esperanzas.

–Las personas como nosotros tampoco, esposo mío.

–Sí, pero nosotros adaptamos nuestras esperanzas a la realidad. Yo nunca te dejaré libre, Leonor. Eres demasiado peligrosa.

Leonor caminó hacia él. Sus pasos apenas podían oírse sobre las pieles que cubrían el suelo de piedra.

–Claro que sí –dijo ella–. A propósito, se me ocurre que para Ricardo también hay una razón de mucho más peso para venir a Caen.

Enrique asintió satisfecho.

–Sí, a los ojos de tus aquitanos no se vería muy bien que él le negara abiertamente el ducado a su madre.

Por unos instantes la observó con las cejas fruncidas.

–Conozco esa mirada –dijo entonces–. Tú tramas alguna otra cosa, ángel mío.

–Naturalmente, Enrique, es muy sencillo –dijo en tono amable–. Yo estoy de acuerdo en que Ricardo me devuelva

Aquitania, pero ¿alguna vez te has detenido a pensar que no hay nada en el mundo que pueda llevarme a darte otra vez Aquitania, y mucho menos a dársela a Juan? Tú seguirías gobernando en mi Estado, pero eso no es lo mismo. En nuestro negocio vendría muy bien un poco de legitimación por medio de una pequeña firma, ¿no es así?

Enrique sonrió.

–Eres una bruja. Por Dios, Leonor, hay momentos en los que te echo de menos.

–Como se echa de menos la guerra en medio del aburrimiento de la paz –contestó rápidamente.

–No –dijo lentamente–, como se echa de menos a la única persona que es más yo mismo de lo que he sido nunca.

Leonor lo miró fijamente. Su voz sonó un poco insegura cuando por fin le contestó.

–Sí, en efecto, somos dignos uno del otro.

Ninguno de los dos supo después cómo había sucedido, pero de repente estaban abrazados. Con cautela, él apoyó los labios en su boca y ella respondió a su beso con una ternura que le había faltado por completo en su antigua pasión.

–Todavía quiero Aquitania para Juan.

–Eres tan modesto como siempre, Enrique. Tú quieres todo el reino para él. Pero si Aquitania tiene que ser el principio, no.

El rey se echó a reír.

–La vida sería tan aburrida si tú no lucharas contra mí, Leonor. Pero yo ganaré la batalla. Siempre he ganado.

–Lo veremos, mi señor y soberano, lo veremos. Si yo he aprendido algo en mi prisión, es a tener paciencia. Y ahora tengo paciencia suficiente para hacerte esperar mil años por Aquitania.

Todos los miembros de la corte se cruzaban miradas en parte asombradas, en parte divertidas, mientras Ricardo, apoyándose en su espada, se arrodillaba delante de sus padres y con semblante inexpresivo declaraba:

–... con esto entrego mis armas, castillos y vasallos otra vez a mi madre Leonor, duquesa de Aquitania.

Con una voz que sonaba un poco a decepción, el hombre que llevaba el emblema de canciller inglés sobre su toga guarnecida de pieles le susurraba algo a su vecino.

–En realidad nunca habría pensado que lo hiciera, ¿y vos? Por lo general, Ricardo tiene tanto orgullo como Lucifer.

–¿Quién de ellos no lo tiene? –preguntó Guillermo Marshall, antaño compañero de torneos de Enrique el Joven, y después uno de los caballeros de mayor confianza de Enrique–. Debe de estar en la sangre de la familia.

Su observación tenía un segundo sentido, ya que el canciller no era otro que Rafael, el hijo ilegítimo de Enrique. Pero Rafael se supo dominar y no se mostró ofendido.

–Yo conozco una excepción –dijo–. Godofredo.

–Correcto –asintió Marshall–, nuestro sabihondo Godofredo. ¿Qué hará él ahora?

Rafael señaló a la pareja real y a su hijo, que en aquel momento parecían estar inmersos en una animada conversación.

–Yo me pregunto cuánto tiempo va a durar la paz –dijo el canciller–. ¿Por qué habrá consentido Ricardo? ¿Qué pensáis vos?

Guillermo Marshall se aclaró la garganta.

–¿Qué tiene que perder? Todo el mundo sabe que es el hijo preferido de la reina y que ella no le dejará Aquitania a nadie más que a él. Por lo demás, no entiendo qué tenéis en contra de Ricardo. Puede tener defectos como cualquier ser humano, pero siempre es mejor que Godofredo y, si me apuráis, mejor que Juan.

La cara del canciller inglés se volvió inexpresiva como una máscara.

–¿Cómo se os ocurre pensar que yo pueda tener algo contra Ricardo o contra cualquiera de mis propios hermanos, Marshall? –replicó Rafael en tono amable, pero con un ligero matiz de amenaza–. Sería muy insensato por vuestra parte pensar así.

Guillermo Marshall se encogió de hombros. Tenía espíritu aventurero, pero al mismo tiempo era capaz de la más profunda sumisión y lealtad y el señor que había elegido para sí era el rey de Inglaterra. Pero su lealtad no se extendía a Rafael, encontraba al canciller demasiado simple, demasiado acomodaticio a cualquier humor que pudiera tener su padre. Para escapar de la compañía de Rafael, caminó lentamente hacia la familia real.

–... ésas son mis condiciones –decía Enrique en aquel momento–. Tú le transfieres Aquitania a Juan, o tu prisión volverá a ser igual que al principio. Ninguna visita más para las fiestas, nada en absoluto. Va a ser muy agradable, Leonor, ahora que has vuelto a conocer un poco de libertad.

Las comisuras de los labios de Leonor se contrajeron hacia abajo.

–¿Crees en serio que puedes acobardarme con esta amenaza?

–No de inmediato –respondió Enrique con voz suave–, pero sí en los próximos años. ¿Cuántos años te quedan todavía? ¿Cinco? ¿Diez? ¿Veinte? Tu tiempo se termina, Leonor, y sería una verdadera lástima que tuvieras que pasarlo en la torre de Salisbury sin ninguna visita en absoluto.

–Sois el más ruin... –intervino Ricardo, al que se le había subido la sangre a la cabeza.

Pero su madre le tapó la boca con una mano.

–No, por favor –dijo sonriendo–, ya nos hemos dicho suficientes cosas. Enrique, mi muy amado, como ya te dije..., tú esperarás mil años por mi firma. Y tu tiempo también transcurre. Mírate de vez en cuando en el espejo para variar. Te lo recomiendo, es un ejercicio muy instructivo. Tú mueres un poco cada día, anciano, y cuando estés muerto, ¿crees que Juan podrá ocupar tu lugar? Yo te hago una contrapropuesta, Enrique. Ahórranos a todos otras guerras y nombra a Ricardo tu sucesor. Él lo será de todos modos.

Ricardo observó a su padre y a su madre que se miraban fijamente. La escena le produjo una ira muy singular y lo desconcertó. Ellos se odiaban, tenían todos los motivos imaginables para odiarse y la mayor parte del tiempo se comportaban también así, pero hasta el odio parecía ser tan personal, tan íntimo, que cualquier intromisión en una de sus discusiones equivalía a una violación de sus secretos.

En el fondo, Ricardo era poco complicado. Los hombres eran sus enemigos o sus amigos y los trataba conforme a esa circunstancia. Pero reír con el enemigo a quien odiaba, como había visto reír a sus padres sólo segundos antes de que se echaran en cara las peores atrocidades, se le antojaba tan antinatural y deshonroso como utilizar un lance mortal durante un torneo o cometer un asesinato con veneno.

Por fin llevó a Guillermo Marshall a un lado para hablar con él sobre el rumor que desde hacía algunas semanas había llegado hasta Occidente. Se decía que Saladino, el soberano de Etiopía y Siria, planeaba atacar la misma Ciudad Santa, el reino de Jerusalén, que entonces gobernaba Guy de Lusiñán. Enseguida se enredaron en una discusión apasionada sobre la posibilidad de una nueva cruzada, sin prestar más atención al rey y a la reina. Enrique y Leonor se estudiaban con una mirada fija, muda, como si se tratara de obligar al otro a bajar primero los párpados.

–De acuerdo. Por una nueva vuelta a nuestra idílica vida matrimonial –dijo él por fin y con una sonrisa irónica se llevó la mano de ella a la boca–. Yo te adoro, reina mía, pero por desgracia debo renunciar a volver a verte hasta que hayas puesto tu firma al pie de este pequeño contrato.

Leonor inclinó la cabeza.

–Muy bien, Enrique..., hasta el próximo milenio entonces. Yo siempre he querido saber si viviré el tiempo suficiente para comprobar con mis propios ojos cuándo nuestro Señor Jesucristo se decide a hacer su segunda aparición en la tierra.

–Bien –dijo Godofredo–, eso cambia un poco la situación, ¿verdad?

–Un poco –respondió Felipe.

Se encontraban en una habitación con una decoración más que generosa en el castillo real de París. El palacio sobre la Île-de-la-Cité había cambiado mucho desde la muerte de Luis. Habían desaparecido los numerosos altares, las cruces, y también la pobreza monacal que Luis había impuesto a sus reinas.

En lugar de eso, en aquel momento comían capón estofado en vajilla repujada en oro y el vino brillaba oscuramente en copas de cristal que se habían traído con mucho cuidado desde la lejana Bizancio. Felipe era, con mucho, exactamente lo contrario de su padre. Era de baja estatura, bien parecido, y le faltaba por completo la bondad de Luis y su curiosa inocencia en la fe en Dios y en los hombres.

Felipe II creía sólo en sí mismo, la postura rígida de su cuerpo expresaba una inflexible vigilancia y la mirada gris con la que examinaba a Godofredo apuntaba directo al blanco y era fría. Godofredo siguió hablando sin dejarse impresionar en absoluto.

–Como Ricardo ha cedido Aquitania, ahora ha vuelto a gozar del favor de mi padre y Juan no está ni un pedacito más cerca ni de la provincia ni del trono.

–¿Y?

–Considero que el momento es propicio para presentar por fin mis propias pretensiones. El poder de Ricardo está debilitado y Juan es un niño que no cuenta y que además confía en mí.

Una ligera mueca frunció los labios de Felipe.

–¿Estáis seguro, Godofredo? Sea como fuere... ¿por qué, de los hijos de Enrique, tendría yo que ayudaros precisamente a vos? Quizás olvidáis que Ricardo está comprometido con mi hermana.

Godofredo se echó a reír.

–Señor, seamos sinceros..., sabéis tan bien como yo que Ricardo no tiene la menor posibilidad de casarse con Alais mientras mi padre viva todavía y dudo mucho que lo haga después de su muerte.

–¿Y mi amistad con Ricardo? –preguntó Felipe con sarcasmo.

–Los hombres no conciertan alianzas en aras de la amistad –respondió con serenidad Godofredo.

El joven rey de Francia tosió levemente.

–Sois tal y como me habían dicho. Bien, dejemos ahora este juego y vayamos al grano. Dadme un motivo razonable por el cual deba brindaros mi apoyo.

Godofredo decidió curarse en salud.

–Yo no digo que me case con vuestra hermana. Sabéis que no puedo hacer anular el matrimonio con mi esposa, no con dos hijos y con Bretaña, sobre la que ella tiene derecho. Pero de vuestras cartas a mi padre deduzco que, o queréis ver casada a vuestra hermana o el Vexin pasará otra vez a manos francesas. Pues bien, conmigo como rey tendríais asegurada la segunda posibilidad... Yo os prometo el Vexin.

–Las promesas son gratuitas.

Godofredo sintió la garganta seca.

–El Vexin, incluida la fortaleza de Gisors, en un pacto celebrado por escrito. Por mí, también prestaré un juramento en presencia de testigos y además, en caso de mi muerte, os confirmo la tutela como supremo señor sobre mis hijos y con eso sobre Bretaña.

–Bretaña la tengo de todos modos –manifestó secamente Felipe–. Pero el Vexin me interesa mucho. Creo, Godofredo, que podríamos llegar a un acuerdo.

Godofredo se permitió sólo un ligero suspiro para exteriorizar sus sentimientos. Por fin la corona que resplandecía inaccesible delante de él desde hacía tanto tiempo, se acercaba al alcance de su mano.

–¿Qué tal sería, para empezar, el título de mayordomo real de la Casa de Francia? –preguntó con una sonrisa.

La permanencia de Godofredo en la corte francesa tuvo un brusco final algunos meses después. Era un día tormentoso de agosto cuando, delante de toda la corte y también de su media hermana María, condesa de Champaña, el recién nombrado mayordomo recibió una patada mortal de un caballo durante un torneo. Fue sepultado en la catedral de Notre-Dame. La pregunta de cómo podía haberse producido aquel accidente a pesar de las reglas estrictas de los torneos, fue motivo para infinidad de rumores, tanto más cuanto que, inmediatamente después de los funerales, María dejó la corte de Felipe y regresó a Champaña. Nadie sabía por qué Godofredo, que después de todo nunca había sido un combatiente de torneos, aquel día había combatido justamente contra uno de los más diestros caballeros franceses. La muerte de Godofredo era tan impenetrable como su vida.

Felipe reclamó de inmediato la tutela sobre las dos pequeñas hijas de Godofredo y sobre el hijo que la en aquel momento viuda duquesa de Bretaña dio a luz en París poco tiempo después de la muerte de su esposo. Esto dio origen a negociaciones rápidas y laboriosas entre Inglaterra y Francia, ya que si bien Felipe tenía en su poder a la familia ducal, Enrique tenía Bretaña en poder de sus tropas. Sin embargo, al rey inglés no se le escapó de ninguna manera el hecho de que en aquel momento también su hijo Ricardo se dejaba ver otra vez con frecuencia al lado de Felipe en París. Durante la permanencia allí de Godofredo lo había evitado en todo lo posible y, según se decía, la amistad entre ellos era en aquel momento más estrecha que nunca.

Pero tanto las negociaciones como las suspicacias de Enrique fueron eclipsadas por un acontecimiento que una vez más puso en estado de alerta a toda la cristiandad. El sultán Saladino había infligido una derrota aplastante a Guy de Lusiñán, el rey de Jerusalén, la Santa Cruz estaba en manos de los musulmanes y los caballeros templarios que sobrevivieron a la batalla habían sido ajusticiados. Como los templarios eran considerados los soldados más sobresalientes de la cristiandad, esta noticia provocó especial terror en Occidente. Muchos veían en Saladino por fin la llegada del Anticristo, otros, sobre todo los soldados como Ricardo, veían en él el mayor desafío que podía haber para un capitán cristiano.

En el otoño de aquel año, sin antes pedir el permiso de su padre, Ricardo Plantagenet cogió la cruz en la catedral de Tours. Con esto, las negociaciones empezaron a entrar en una nueva fase. Ya que Ricardo, a pesar de todo el entusiasmo por la buena causa, no estaba dispuesto a abandonar la patria sin su confirmación como heredero de Aquitania, y para mayor seguridad, exigió que Juan lo acompañara.

Argumentó que en su momento el propio Enrique había prometido a Luis conducir una cruzada y hasta había decretado un impuesto extraordinario por ese motivo. Bien, si Enrique era imprescindible como rey, ¿por qué Juan no podía cumplir entonces la promesa de su padre en su lugar?

Felipe exigió como prenda de paz indispensable que Ricardo se casara con Alais antes de su partida.

El dieciocho de noviembre de 1188 se reunieron en Bonsmoulins el rey de Francia, el rey de Inglaterra y su hijo Ricardo. Cuando al final del tercer día Felipe expuso una vez más sus condiciones, todos estaban extenuados.

–Primero, el matrimonio entre Ricardo y Alais debe consumarse –dijo Felipe con firmeza–. Segundo, acto seguido Ricardo debe recibir el poder real sobre Aquitania; tercero, Juan debe coger la cruz, y cuarto, los barones de Inglaterra y del continente deben jurar fidelidad a Ricardo como heredero del trono antes de su partida.

Enrique sentía el frío en los huesos como nunca antes lo había sentido, sentía en su cuerpo las fatigas del viaje hasta Bonsmoulins y la presión de las negociaciones que giraban una y otra vez en un círculo vicioso. De modo que su respuesta fue concisa.

–Podríais muy bien exigir de mí la ciudad de Jerusalén. El resultado sería el mismo: me es imposible estar de acuerdo con vuestras exigencias.

Se sorprendió cuando Felipe no contestó nada.

En lugar de eso, Ricardo avanzó un paso hacia él y mirándolo fijamente le preguntó muy serio:

–¿Me reconocéis como vuestro heredero, padre?

Enrique parpadeó y se quedó callado. El silencio pareció prolongarse hasta el infinito.

Entonces Ricardo apartó la mirada de su padre.

–Está tan claro como el agua lo que yo había considerado imposible hasta ahora –manifestó sin ningún acento en la voz.

Dicho esto se quitó el tahalí, lo depositó a los pies de Felipe, se arrodilló y en la posición y de la manera tradicional con que un vasallo juraba fidelidad a su señor, rodeó con las suyas las manos del soberano francés.

–Yo juro, majestad –dijo con voz fuerte y clara–, fidelidad por mis tierras, Aquitania, Normandía, Maine, Berry y todos los territorios que he conquistado en vuestro país. Juro además fidelidad contra todos vuestros enemigos, con excepción... –titubeó un poco– de mi padre, el rey de Inglaterra. Juro todo esto y que Dios me castigue en cuerpo y alma si no mantengo mi juramento.

–Bien, ya no quedan muchos aquí –comentó Rafael con una mirada despectiva al gran salón casi vacío de Chinón.

Guillermo Marshall asintió en silencio.

Después del juramento de fidelidad de Ricardo a Felipe, Enrique había exigido su regreso inmediato a la corte y declarado la guerra a su hijo después de su negativa. Habían pasado ocho meses desde Bonsmoulins, ocho meses en los que la salud del rey se deterioraba cada vez más a la vista de todos y Ricardo conquistaba una ciudad tras otra al lado del rey francés. En la corte navideña había tomado parte menos de un tercio de la nobleza invitada y en aquel momento eran todavía muchos menos.

–De todos modos nos habéis prestado una ayuda muy valiosa, Marshall –continuó Rafael en tono incisivo–, al negaros a matar a Ricardo aunque lo tuvisteis directamente bajo la punta de vuestra lanza.

Guillermo Marshall lo miró de arriba abajo. Después del caso de Le Mans, cuando Enrique había tenido que emprender la fuga, un pelotón de persecución encabezado por Ricardo casi habría alcanzado a Rafael si Guillermo Marshall no hubiese intervenido.

El caballero había girado y lanzado al galope su caballo con la lanza apuntando a Ricardo. Pero cuando comprobó que Ricardo, que había creído que sólo sería una persecución, no llevaba ningún escudo ni coraza y que por lo tanto estaba por completo desarmado, en el último momento bajó la lanza, y atravesó con ella al caballo en lugar de a Ricardo y así, de una vez, logró detener a los perseguidores del rey.

–De verdad, eso fue muy caballeresco –comentó Rafael.

Marshall ya no se pudo contener más.

–¿Se puede saber qué importa eso en realidad? ¿Queréis ver muerto a Ricardo a cualquier precio? Dicho con toda franqueza, hasta dudo de que el rey lo desee. Pero si vuestro odio hacia Ricardo es tan profundo, entonces cabalgad vos mismo hasta su campamento y desafiadlo a un duelo. ¿O sois demasiado cobarde y queréis que otros hagan el trabajo sucio por vos?

El rostro de Rafael enrojeció.

–¡Ya es suficiente, Guillermo Marshall! Yo os diré lo que pienso... No habéis matado a Ricardo porque queréis convertiros en el favorito del próximo rey. Además, tal vez nunca hayáis interrumpido la amistad con Ricardo..., ¡quién sabe!, quizás hasta os metéis en secreto debajo de una manta con él.

–¿Habláis en serio? –preguntó Marshall con una tranquilidad siniestra.

Rafael recordó, justo a tiempo, que se encontraba frente a uno de los mejores combatientes del reino y que tendría escasas probabilidades de sobrevivir a un desafío. Pero la llamada oportuna de un hombre joven de cabellos oscuros lo sacó del apuro de dar una respuesta.

–¡Rafael, Marshall! ¿Dónde está mi padre?

–Aquí viene el motivo de todos estos disgustos –murmuró Guillermo Marshall con una voz apenas audible.

Rafael contestó a su hermano de mal humor.

–En la cama por supuesto, ¿dónde si no? ¡Apenas puede hablar, mucho menos caminar! ¿Cuándo has llegado, Juan? Deberías estar en Normandía.

–Pensé que él me necesitaría aquí –replicó.

Involuntariamente, con eso se ganó el respeto de Marshall. Parecía que Juan respondía por lo menos al amor con que su padre lo había colmado y que haría feliz al rey ver de nuevo a Juan, sobre todo después de que tantos nobles que le habían jurado no sólo fidelidad sino también amistad se hubieran pasado hacía mucho a las filas de Ricardo.

Los dos acompañaron a Juan a la alcoba de su padre.

Juan se quedó petrificado cuando vio yacer en la enorme cama imperial el cuerpo poderoso de su padre sacudido por la fiebre. El gigante indestructible había caído, el estratega invencible se encontraba en retirada. Se acercó más y siguió el rastro de las moscas que en el calor del verano acechaban por todas partes, las sintió sobre su nuca y vio cómo se arrastraban sobre la cara bañada en sudor y sobre los hombros de Enrique.

–Padre –dijo con tono vacilante–, soy yo, Juan.

Enrique abrió los ojos con esfuerzo.

–Juan..., bien, muy bien..., pero debes volver a Normandía, Juan, tú debes reclutar tropas por mí...

–Sí, lo haré –dijo apresuradamente Juan–. Lo más pronto posible. Inmediatamente.

Enrique torció la boca en una sonrisa cruel.

–Pobre Juan..., una carga demasiado pesada, ¿no es así? Como con César..., cada uno se irá al diablo a su propia manera y yo siempre supe que él me...

–Eso no tiene ningún sentido –dijo Rafael–, lleva demasiado tiempo así.

Cuando Juan se volvía para marcharse, la mano ardiente de su padre le atrapó la muñeca. El recuerdo de aquel repentino apretón y de la voz enronquecida de su padre que sólo susurraba «Juan...», le perseguiría por el resto de su vida.

Juan se soltó y abandonó la habitación casi a paso marcial. Dio orden de que su escolta se preparara para seguir la marcha. Una hora después abandonaba Chinón. Como en aquel momento disponía de caballos frescos y había ordenado la mayor celeridad, llegó al campamento de Ricardo, emplazado entre Le Mans y Tours, en mucho menos tiempo del que él mismo había pensado.

En realidad, Ricardo no se mostró sorprendido cuando le anunciaron a su hermano. Justo en aquel momento deliberaba con Felipe sobre el ataque a Tours que sería decisivo, ya que Tours era el punto de unión de todos los caminos y rutas del reino.

–Dejadlo entrar –ordenó.

Cuando Juan se quedó en la entrada de su tienda, de manera que su cara permaneciera en la sombra, Ricardo le preguntó:

–¿No es prematuro ser traidor con sólo veintiún años?

–Tú has empezado a serlo a los quince –respondió Juan, furioso. Eso era muy característico de Ricardo, pensó, hacerle sentir con la mayor claridad posible la humillante situación–. Ya no tiene ningún sentido luchar contra ti –manifestó con frialdad–, de modo que me pongo a tu disposición junto con mis hombres.

–¿Y por qué debería aceptar yo tu proposición?

–Vete al infierno –exclamó su hermano– cuando tú...

Felipe intervino en tono apaciguador.

–Cada aliado significa una batalla menos y con eso también menos hombres que mueran sin necesidad. Sed bienvenido, Juan –dijo y añadió en voz baja–: La cruzada, Ricardo.

A Juan no se le escapaba de ninguna manera que Felipe esperaba algo con su intervención. Había sido bien calculada y seguro que no por simpatía hacia Ricardo o hacia Juan. Interesante...

–¿Cómo está él? –preguntó Ricardo cuando menos se esperaba.

La pregunta tomó desprevenido a Juan.

–¿Nuestro padre?

–Claro que nuestro padre –respondió en tono impaciente Ricardo–, ¿o acaso crees que me intereso por la salud de Saladino?

Juan vio otra vez ante sus ojos la habitación del enfermo, sintió la mano que se aferraba a él.

–Se está muriendo... –dijo en voz muy baja.

Los dos se quedaron callados hasta que otra vez intervino Felipe.

–Bien, eso significa que debemos apresurarnos si todavía queremos tener vuestro reconocimiento oficial como heredero, Ricardo. ¿No me equivoco si supongo –añadió con una sonrisa maliciosa– que ya no tenéis nada en contra, Juan?

Juan decidió seguirle el juego.

–¿Por qué debería? Es mejor que se lo preguntéis a nuestro hermano... Rafael.

–Sí –dijo Ricardo con el ceño fruncido–, él podría convertirse en un problema.

Felipe parecía intrigado. Juan dedujo con satisfacción que todavía había algo que había escapado a la atención del rey francés.

–Ya una vez nuestro padre quiso nombrar a Rafael obispo de Lincoln, pero Rafael se negó –dijo Juan–. Y sólo los que no lo conocían se preguntaron por qué había dejado escapar un cargo tan suculento.

Felipe arqueó las cejas, intrigado.

–¿Y bien?

–Un sacerdote no puede ser rey –respondió Ricardo–, y yo me acuerdo de que, ya durante nuestra infancia, mi hermano

Rafael repetía hasta el cansancio que también el Conquistador había nacido bastardo.

–Ahora él ya habla de sueños en los que una diadema de oro descansa bajo su almohada –comentó Juan.

Ricardo se encogió de hombros.

–Rafael es un obstáculo, sí, pero no demasiado grande. Yo sugiero, mi pequeño hermano, que hagas montar tu tienda... cerca de los otros señores nobles de Chinón. Aquí hay una aglomeración demasiado grande de gente. Eso me recuerda un proverbio sobre barcos y ratas, pero en este momento no me acuerdo bien de cómo era.

Juan apretó los dientes. Se le movieron los músculos maxilares, pero por lo demás no dio ninguna señal exterior de la ira que bullía dentro de él. «Ya veremos, Ricardo, ya veremos», pensó.

Ricardo conquistó Tours el tres de julio y un día después se encontró con su padre por última vez. Enrique apenas se podía mantener sentado sobre su caballo, pero trató de participar en las negociaciones. El resultado fue que Ricardo debía casarse con Alais después de su cruzada, fue reconocido por Enrique como heredero al trono, y Enrique prometió ordenar a sus súbditos que juraran fidelidad a Ricardo.

A continuación fue llevado de regreso al cercano castillo de Chinón en parihuelas. Enrique había acordado con Felipe que se enviarían uno al otro los nombres de los traidores durante la guerra, pero el funcionario que debía leerle la lista de Felipe a Enrique, en aquel momento incapaz de leerla él mismo, no pasó más allá del primer nombre. Era el de su hijo menor, Juan.

Enrique le ordenó silencio al funcionario cuando quiso continuar.

–Has dicho suficiente.

Enrique Plantagenet, el primero de su Casa que llegó al trono inglés, murió el seis de julio del año del Señor de 1189. Fue sepultado en el monasterio de Fontevrault.

Rafael tenía [illegible] que también [illegible] conquistado [illegible] nada [illegible].

—[illegible] habla [illegible] una diadema de oro [illegible] en [illegible] —comentó [illegible].

Ricardo se encogió de hombros.

—[illegible] es [illegible], sí, pero no demasiado grandes. Yo sugerí a mi pequeño hermano, que [illegible] montar su tienda [illegible] cerca de [illegible] nobles de [illegible]. Aquí [illegible] remuneración [illegible] de gente. Eso me recuerda un proverbio sobre barcos y ratas, pero en este momento no me acuerdo bien de cómo era.

[illegible] los dientes. [illegible] los [illegible] por [illegible] exterior, de la [illegible], Ricardo [illegible].

Ricardo conquistó [illegible] después se [illegible] con su padre por última vez, aunque apenas se podía mantener [illegible] sobre su caballo [illegible] de participar [illegible]. [illegible] que [illegible] debía [illegible] por [illegible] Fernando [illegible] presentó [illegible] su [illegible].

[illegible]

Chinon [illegible] después se [illegible] más [illegible].

[illegible]

[illegible]

[illegible]

CAPÍTULO V

Ricardo

–La corona del diablo. –Ricardo la sostuvo en alto contra la luz: era la magnífica corona de Anglia cubierta de rubíes y también de gotas de sangre–. Así la llamaba siempre mi padre [...]

–No se os adherirá nada malo –aclaró Alf y se atrevió a tocar una punta de la corona con el dedo.

–Y a ella tampoco –añadió, aunque sentía el poder de la corona...

Judith Tarr, *La isla de cristal*

–Entonces, en Fontevrault, el rey me encomendó que viajara de inmediato a Inglaterra y os liberara, señora –concluyó Guillermo Marshall.

Miró a la mujer de sesenta y siete años que estaba sentada enfrente y reprimió una sonrisa. Debería haber sabido que la voz correría más rápido que él y que Leonor de Aquitania no iba a esperar en la torre de Salisbury a que la liberaran. Ella había ordenado a sus guardianes que la pusieran en libertad en el acto y también en el acto la habían obedecido...; ¿quién podía saber lo que pasaría ahora que el rey estaba muerto? Guillermo Marshall había encontrado a Leonor al llegar a Winchester, donde estaba junto a su hija Matilde, gravemente enferma.

–El rey... –dijo Leonor muy despacio y dejó que la palabra se extinguiera–. ¿Ricardo hizo enseguida las paces con vos, Guillermo Marshall?

–Cuando él llegó a Fontevrault me mandó buscar y me pidió explicaciones de por qué había querido matarlo. –Una ligera mortificación se reflejó en la cara del caballero por un instante–. Yo le respondí que jamás yerro mi blanco y que si de veras lo hubiese querido, nada ni nadie podría haberme impedido hacerlo. Él se echó a reír y dijo que no me guardaba ningún rencor y me concedió todo lo que... me había prometido el viejo rey. Además, hizo también lo mismo con los otros que habían permanecido fieles a su padre hasta la hora de su muerte.

Leonor asintió en silencio.

–¿Estuvisteis allí a la hora de su muerte? –preguntó de repente–. ¿Cómo murió?... –no pudo pronunciar el nombre–. ¿Cómo murió él?

Marshall carraspeó incómodo.

–Majestad, tardó mucho en morir y fue terrible –respondió con franqueza–. Después de recibir la lista con los nombres de los traidores el rey ya no dijo mucho más. –Titubeó unos instantes y añadió algo que todavía no le había dicho a ninguna otra persona, ni siquiera a Ricardo cuando le había hecho una pregunta parecida–. Él sólo preguntaba por vos, majestad.

–¡No es cierto, no hizo eso! –replicó bruscamente Leonor–. Eso lo habéis inventado, Marshall, sólo porque creéis que es lo que querría oír una mujer vieja.

–Señora, yo no miento –respondió en tono serio Marshall–. Además, considero que sois una de las pocas personas que nunca tienen necesidad de cuentos que las reconforten.

Leonor se puso de pie y le dio la espalda. Marshall se quedó en silencio y contempló la figura delgada de la mujer cuyo cautiverio había terminado en aquel momento después de dieciséis años. Al cabo de un rato, ella se volvió otra vez y le habló con una débil sonrisa.

–Bien, os agradezco el cumplido. Sois un buen y fiel vasallo, y sé que así seguiréis siendo. Es una verdadera lástima que no podamos representar el cuento del caballero y la princesa cautiva, ya que vos sois muy apto pero yo soy demasiado vieja y habéis llegado demasiado tarde para un papel como ése. Pero os agradezco la buena intención, Guillermo.

Después de meditarlo un poco, se quitó del dedo uno de los tres anillos que llevaba. Tenía una expresión extraña en los ojos.

–Aceptad esto como prueba de mi agradecimiento –dijo en voz baja–, una sola vez he recompensado así a un mensajero y se me ocurre que es muy apropiado.

Guillermo se arrodilló y le besó la mano.

–¡Dios dé una larga y sana vida a mi reina!

–Lo hará –replicó ella–, lo hará. Él siempre ha satisfecho todos mis deseos. Eso es lo más irónico de todo esto, ¿sabéis? –Bajó la mirada hacia el caballero–. Ahora idos, os lo ruego. ¿Permaneceréis en Winchester?

Guillermo Marshall se incorporó.

–Por desgracia no, señora –respondió con pesar–. Vuestro hijo me ha concedido la mano de Isabel de Clare, la heredera de Pembroke y Leinster en Irlanda, y yo he prometido ir a visitarla inmediatamente después de vuestra liberación.

–Hacedlo –dijo la reina–. Y mis mejores deseos para vuestro matrimonio.

Cuando él se hubo ido, Leonor empezó a caminar inquieta de un lado a otro por la habitación. Le esperaba una gran cantidad de tareas que cumplir ya que era necesario preparar la llegada de Ricardo a Inglaterra. Él era poco menos que un desconocido en el país y había que apaciguar a los partidarios del antiguo rey. Pero sus pensamientos volvían una y otra vez a Chinón, a la alcoba de un hombre moribundo que había llegado a saber que también su hijo menor, al que había amado y protegido más que a ningún otro, lo había traicionado.

–Oh, ésta es una de las tuyas, Enrique –dijo a media voz–, tú no puedes morir si al mismo tiempo no me hieres una vez más.

De repente se quedó inmóvil, se apoyó en la pared y apretó la cara contra la piedra áspera.

–¿Por qué, Enrique? ¿Por qué las cosas terminaron así entre nosotros?

Desde hacía treinta y ocho años su amor más intenso y su odio más violento habían estado dedicados sólo a aquel hombre y en aquel momento la muerte se lo había quitado para siempre..., una muerte semejante. Sí, en efecto, la muerte era una liberación y hacía posibles muchas cosas, como por ejemplo que era la primera vez que se atrevía a expresar sus sentimientos en voz alta.

–Te amo, Enrique –susurró–. Que Dios nos perdone a los dos, pero yo te he amado durante todos estos años y no sé si alguna vez dejaré de amarte. Espero que estés realmente en el infierno y que volvamos a vernos allí.

En Inglaterra se propagó la noticia de que la reina Leonor viajaba por todo el país, de ciudad en ciudad, de castillo en castillo, y administraba justicia en nombre de su hijo. Liberó a todos los prisioneros que habían sido encarcelados sin un procedimiento judicial, sólo en virtud de una orden del rey o de sus jueces. Y también a aquellos que podían presentar un fiador ante el tribunal si se planteaba otra vez su proceso. Como escribió Leonor en una proclama: «... Porque yo sé por propia experiencia lo maravilloso que es ser puesto en libertad».

Restituyó a sus dueños las propiedades confiscadas arbitrariamente por la corona y atendió todas las quejas que le presentaban en cada condado sobre los representantes de la corona. Dondequiera que llegara, se reunía una enorme multitud para verla y Leonor tomaba el juramento de fidelidad en nombre de Ricardo de acuerdo con sus jurisdicciones. Introdujo también otras reformas sobre las que había reflexionado durante su cautiverio y que si bien no llamaban tanto la atención como la liberación espectacular de los presos, en cambio eran más eficaces. Una de las primeras fue la reglamentación de una medida de capacidad estandarizada para cereales y líquidos y de una moneda común. Sólo así podrían desarrollarse en aquel momento un comercio floreciente y una actividad saneada en Inglaterra. Los años de cautiverio en los que había escuchado con atención las reclamaciones de sus guardianes y criadas, daban en aquel momento sus frutos. Su comprensión de los problemas de justicia y administración era muy amplia y cuando Ricardo pisó tierra en Portsmouth el trece de agosto, ya se notaba el efecto del paso de Leonor por todo el país: su llegada fue saludada como si fuese el regreso del rey Arturo. Una de las trovas que se cantaban decía:

Vuelve la edad de oro,
el mundo se renueva,
aplastado ahora el rico,
el pobre se levanta.

También Rafael, que había perdido su puesto de canciller, había regresado a Inglaterra.

–Se puede decir lo que se quiera –comentó ácidamente–, pero esta mujer es una experta en demagogia popular. Ya nadie se acuerda de que Ricardo estuvo en guerra con su padre durante años.

Leonor habría disfrutado mucho más de su obra si su hija Matilde no hubiese muerto antes de la llegada de Ricardo. En aquel momento había sobrevivido ya a la mitad de sus hijos.

Después de la muerte de Matilde había vuelto a ver a Alais en Winchester. La princesa francesa, toda vestida de negro, tenía profundas ojeras alrededor de los ojos enrojecidos. Alzó la mirada cuando entró Leonor.

–¿Y bien? –preguntó en tono desafiante.

Leonor no dijo nada.

–¡Nunca me casaré con Ricardo! –manifestó Alais con vehemencia–. Yo sólo quiero tener paz. ¡Entendedlo, paz! ¡Vosotros sois una familia de lobos a los que les divierte abalanzarse unos sobre otros!

Leonor caminó hacia ella y la abrazó. Alais se derrumbó y lloró, la cabeza hundida en los hombros de Leonor.

–¡Oh, madre! Que él tuviera que morir así, tan... tan solo... Yo podría haber estado a su lado, si sólo me hubiese llevado con él... pero dijo que en una campaña militar como ésa yo sería sólo... sólo una carga comprometedora... y entonces murió, tan...

Leonor acarició los cabellos de Alais.

–Lo sé, criatura, lo sé.

Entonces a Alais le pasó por la cabeza que también Matilde había muerto en aquel mes y expresó sus condolencias con la voz entrecortada. Ella apenas había conocido a Matilde, pero sabía que Leonor quería mucho a su hija. Conversaron aún un buen rato y Alais le formuló a su madre adoptiva todas las preguntas que había reprimido durante muchos años.

–¿No me odiáis?

–¿Por qué motivo odiar, pequeña? El odio se agota, sabes, y en los últimos años yo he gastado todo mi odio en Enrique... y en Rosamunda, hasta que me di cuenta de que ella era más digna de compasión que de odio. Sería imposible que yo pudiera odiar a uno de mis hijos, y tú lo eres.

–¿A Juan tampoco?

–Tampoco a Juan.

Alais se mordió los labios.

–¿Por qué tuvisteis que estar en guerra permanente, vos y...? ¿Fue sólo por Rosamunda y después por vuestra rebelión?

Leonor la observó y sin embargo miraba más allá de ella.

–En aquel entonces pensaba que ésa era la razón –dijo con una voz casi imperceptible–, pero ahora creo, sencillamente, que él y yo nos conocíamos demasiado bien. Sabíamos demasiado bien cómo podíamos herirnos el uno al otro..., y como tú has dicho, Alais, somos una familia de lobos.

Era necesario aclarar el destino de Alais, pero antes había que resolver otros problemas.

–¿Ya has pensado qué hacer con Rafael? –preguntó Leonor a su hijo cuando estuvieron juntos en Westminster.

Ricardo besó a su madre en las mejillas. Irradiaba felicidad y ánimo emprendedor y tampoco se tomaba ninguna molestia por ocultarlo.

–No os preocupéis, se me ha ocurrido una solución perfecta –dijo de buen humor–. Guillermo Marshall me contó que... el rey, aun en su agonía, expresó el deseo de que Rafael recibiera un episcopado. Así que yo cumplo los deseos de mi padre... y nombro a Rafael arzobispo de York.

Leonor se echó a reír.

–¿Él ya lo sabe?

–Sí, y se resiste por todos los medios. Pero la elección la han hecho los canónigos de York y también me la ha confirmado el enviado papal. En septiembre, entonces, en un trámite rápido, mi querido hermano será hecho sacerdote e instalado en su nuevo cargo.

Ricardo se levantó y buscó su laúd. Su madre estaba libre, había desaparecido todo distanciamiento entre ellos, él era rey, y los años se extendían delante de él como un dorado campo fértil. Tocó para Leonor su nueva canción y ella le sonrió. En aquel mismo momento tenía deseos de escuchar música y Ricardo, más que ninguno de sus hijos, poseía el don de adivinar sus estados de ánimo. Lo amaba tanto y estaba tan orgullosa de él, que se dejó convencer para unir su voz a su canto cuando él pasó a interpretar una entrañable balada aquitana.

–El cielo nos castigará –dijo riendo Leonor cuando terminaron–. Con este sonido, el mismo Dios debe de haberse caído del trono del susto. ¡Ay, Ricardo, me gustaría tanto escuchar más música! Pero todavía tenemos que discutir muchas cosas. ¿Cómo has quedado con Felipe?

–Yo mantengo mis conquistas y le pago veinte mil cuatrocientos marcos de plata. Y él me acompañará a la cruzada.

–Cierto, la cruzada –balbuceó Leonor sin mucho entusiasmo.

Aquél era un rasgo en Ricardo que le era desconocido: su entusiasmo por ideales caballerescos y cristianos. En su tiempo, ella había cogido la cruz llevada sobre todo por el anhelo de conocer países lejanos, no con el objeto de ayudar a la cristiandad, y dudaba de que la decisión de Ricardo de cumplir con su voto lo más rápidamente posible fuese muy inteligente. Por otra parte, sabía muy bien que él no se dejaría detener por nada ni por nadie..., era tan testarudo como ella.

–Antes de la cruzada debemos aclarar qué sucederá con Alais –dijo.

Ricardo se veía aterrado.

–Madre, me es imposible casarme con Alais. Eso sería..., a mi modo de ver, eso sería algo parecido al incesto. Todavía por algún tiempo yo puedo prometerle a Felipe que lo haré, para que por el momento las cosas queden como están en la cuestión del Vexin, pero casarme realmente con Alais...

–Yo creo que ella también lo prefiere así –dijo someramente–. Pero tú debes casarte y procurar tener un heredero antes de empezar esta cruzada. Si no es con Alais, con alguna otra princesa..., a ser posible una cuyo padre se las arregle con Felipe.

Ricardo clavó la mirada en sus manos.

–Lo sé.

La mirada inquisitiva de Leonor le obligó a alzar la vista y encontrar otra vez sus ojos.

–Yo sé muy bien que debo casarme, pero...

Leonor lo interrumpió. Había confesiones que ella no quería escuchar y le cortó la palabra con una pregunta.

–Ricardo, lo que importa aquí es sólo una cosa: ¿estás en condiciones de engendrar hijos?

Ricardo se ruborizó un poco.

–Sí. Tengo un hijo bastardo. Pero... cómo os lo puedo explicar, madre..., me cuesta mucho..., y además ese niño fue más bien un accidente.

Leonor le puso una mano sobre el hombro. «De acuerdo –pensó–, entonces es verdad lo que dicen los rumores.» Sentía una profunda compasión por él, pero como rey no tenía derecho a ceder a sus inclinaciones personales.

–Todo saldrá bien, hijo mío –susurró con dulzura.

El tres de septiembre de 1189, Ricardo fue coronado rey de Inglaterra. Durante la entrada solemne a la catedral, Guillermo Marshall llevaba el cetro, y entre el séquito de Ricardo se encontraban sus tres hermanos: Juan, que llevaba la espada ceremonial; Rafael, el arzobispo de York, y Will, a quien Ricardo ya había prometido más tierras.

El banquete solemne que siguió a la misa de coronación se prolongó hasta bien entrada la noche. Todos los dignatarios de la nobleza y de la Iglesia estaban invitados y se sirvió una cantidad y variedad de manjares que el viejo rey habría calificado de derroche pecaminoso.

Era de noche cuando Juan, que se había retirado de la fiesta y estaba sentado en su habitación frente al fuego de la chimenea, oyó que llamaban a su puerta. No contestó, la puerta se abrió suavemente y alguien entró en el cuarto.

–¿Qué queréis? –preguntó bruscamente, sin darse la vuelta.

Y enseguida, más enfadado todavía porque de manera indirecta había admitido que la reconocía por sus pasos, añadió:

–Hoy es vuestro gran día, madre, ¿por qué no seguís homenajeando al perfecto Ricardo?

Leonor caminó hacia él, se sentó y lo examinó con atención.

–Y tú, ¿por qué no estás ahí abajo? –le contestó con otra pregunta–. La coronación no puede haber sido tan amarga para ti, si piensas que Ricardo te ha cedido media docena de condados... Cornwall, Devon, Dorset, Somerset, Nottingham, Derby y Mortain en Normandía, si la memoria no me falla.

–Por supuesto –manifestó Juan con cinismo–, mi hermano, el héroe, debe ser heroico también en su generosidad. Sólo que él ha olvidado, junto con los condados, darme también los castillos más importantes de esas tierras..., ésos quedan bajo la custodia de su gente. ¿Fue idea vuestra, madre?

Leonor lo miró con serenidad, sus ojos no delataban nada.

–Y ¿qué esperabas? ¿Absoluta confianza?

–No –respondió Juan, irritado–, pero estoy harto de ser tratado de esta manera, como si fuese Judas Iscariote en persona. Aquí, en este palacio, casi no hay una persona que no lo traicionara, pero todos me miran a mí como si fuese un monstruo. ¡Hipócritas! ¿En qué medida la traición de ellos, o la vuestra, o la de Ricardo, es diferente de la mía?

Leonor entrelazó los dedos.

–Bien, no esperes de mí ningún reproche de esa clase –dijo con voz burlona–, no estoy de humor para hablar con emoción de Enrique Plantagenet, no después de dieciséis años de cautiverio.

Juan tragó saliva. Se sentía inseguro en presencia de su madre y aquella sensación le irritaba.

–¿Por qué habéis venido aquí? –preguntó una vez más, en un esfuerzo por aparentar la mayor indiferencia posible.

Leonor inclinó un poco la cabeza hacia un lado.

–Para hablar contigo, ¿por qué si no? Tú sabes que apenas te conozco.

–En efecto, señora, así es. ¿Cuál es la causa? Hasta una gata se queda más tiempo que vos junto a su cachorro. Para vos siempre existía sólo Ricardo, Ricardo, Ricardo. ¿Qué queréis ahora? ¿Una reconciliación con muchas lágrimas?

–Una conversación, como ya he dicho –respondió Leonor–. ¿Qué quieres oír de mí, Juan? ¿Que todo sucedió así porque después de tu nacimiento Enrique y yo empezamos a hacernos la guerra, primero en secreto y después abiertamente? ¿Que siento más cariño por ti del que imaginas? De todos modos, no me creerías.

–No, no os creería –contestó rápidamente.

En los labios de Leonor se dibujó una débil sonrisa.

–Entonces vayamos al grano –manifestó–. Por tu propio bien, Juan, no deberías intrigar contra Ricardo sino ayudarle lo mejor que puedas. No olvides que tú eres su sucesor y no puede interesarte nada recibir un reino arruinado.

Juan hizo una mueca de disgusto.

–Yo soy su sucesor hasta que él tenga un hijo –dijo–, y aun cuando ése no sea el caso por ahora... todavía está Arturo, el hijo póstumo de Godofredo.

Leonor sacudió la cabeza, impaciente.

–Pero Juan, ¿es que no te das cuenta de que ése es precisamente el punto esencial? Arturo es sólo un lactante y está bajo la tutela del rey francés. Y hay pocas cosas peores que yo pueda imaginar para el futuro de un reino que un rey niño que sea la marioneta de otro monarca. ¿Por qué crees tú que Ricardo no insiste más en que lo acompañes a su cruzada? Él no quiere correr el riesgo de que muráis los dos porque entonces sólo quedaría Arturo.

–Protegido por su amigo Felipe –comentó Juan con sarcasmo.

–Ninguna amistad llega tan lejos, Juan, y eso tú lo sabes muy bien.

Juan observó la cara de su madre al resplandor débil del fuego, escuchó el crepitar de la leña seca y por fin se escuchó a sí mismo.

–Bien, puedo seguir el rumbo de vuestros razonamientos. Seré el hermano leal de Ricardo... ¿Satisface eso vuestros deseos?

Antes de que Leonor tuviera oportunidad de contestar, irrumpió a toda prisa el escudero de Juan, lívido de espanto.

–¡Señora –exclamó jadeando–, el rey reclama vuestra presencia de inmediato! ¡Ha sucedido algo terrible! –tomó un poco de aliento–. Son los judíos. Parece que algunos de ellos querían entrar en el palacio para entregar regalos al rey, pero la multitud ahí fuera perdió los estribos al verlos y se abalanzó sobre ellos. Hay disturbios en toda la ciudad, el barrio comercial está en llamas y todo judío que se deja ver por las calles es asesinado.

Era uno de esos incidentes que parecen surgir de la nada y que sin embargo habían estado latentes bajo la superficie durante mucho tiempo. Por una parte, la ciudad se encontraba en plena fiebre por la cruzada y por otra, en estado de euforia, provocado por la cerveza que se repartía gratis por todas partes para celebrar la coronación. Las dos cosas juntas determinaron que al grito de: «¡Ahí va un par de canallas de los que crucificaron a Nuestro Señor Jesucristo!», estallara una violencia que desde hacía más de medio siglo no se había visto en Londres.

Todos odiaban a los judíos. Era tan fácil odiarlos e imputarles todas las iniquidades de la vida cotidiana. Ellos habían crucificado a Cristo, se sabía que en ceremonias secretas sacrificaban niños pequeños y profanaban hostias y, además, todos ellos eran usureros que cuando podían le sacaban hasta la última camisa a un cristiano honrado. Eso era lo que se contaba por todas partes, lo que todos creían de buen grado. Pero nadie prestaba atención al hecho de que el oficio de prestamista era casi el único que no le estaba prohibido a los judíos. Mientras los miembros de la guardia, también borrachos, y los soldados enviados a toda prisa por Ricardo que apenas se encontraban en un estado mejor, intentaban en vano tomar otra vez el control de la situación, la población de Londres se entregó durante toda la noche a los saqueos y asesinatos. Sólo sobrevivió un pequeño grupo de judíos que logró abrirse paso hasta el palacio del arzobispo.

Ricardo estaba fuera de sí ya que los judíos estaban bajo su protección personal, como había ocurrido con los anteriores reyes de Inglaterra..., no porque ellos fueran especialmente tolerantes sino porque consideraban a los judíos como una provechosa fuente de ingresos por los impuestos.

La coronación del rey cruzado había sido sellada con sangre.

Mientras Ricardo se esforzaba por reunir dinero para su cruzada a lo largo y ancho del país, llegó la noticia tranquilizadora de que al menos ya estaba en camino un soberano cristiano..., el emperador Federico I Hohenstaufen, el antiguo adversario del duque Enrique.

En diciembre, los reyes de Inglaterra y Francia se encontraron en Nonancourt para adoptar medidas para el tiempo que durase su ausencia. Cada uno de ellos juró proteger los bienes de todos los cruzados y ayudar al otro a defender sus tierras en caso de que alguien osara aprovecharse de la cruzada. Al mismo tiempo, los barones ingleses y franceses juraron cumplir con su deber como vasallos leales y no suscitar ningún conflicto entre ellos en tanto sus soberanos estuviesen fuera del país.

Una vez en el continente, Juan y Rafael fueron exhortados por su real hermano a prestar juramento de que no volverían a poner los pies en Inglaterra durante tres años y, de buen grado o por la fuerza, no les quedó más remedio que consentir en ello.

De todos modos, los planes de Ricardo y su madre seguían adelante.

–Si tú te casas con alguna otra que no sea Alais antes de tu partida, Felipe quedará liberado y se retirará de la cruzada –dijo Leonor–. Pero nosotros no podemos confiar en que Juan se mantenga firme en su juramento por mucho tiempo si en verdad se considera el único heredero. Así que tienes que casarte antes de que lleguéis a Tierra Santa.

Ricardo hizo una mueca.

–¿Y cómo queréis arreglarlo?

–Veamos –respondió sonriendo Leonor–. Si no puede suceder antes de la partida y no debe suceder después de la llegada, entonces queda una sola posibilidad, ¿o no?

El dos de julio de 1190, las fuerzas armadas de Ricardo y Felipe se unieron cerca de Vézelay. Los dos monarcas juraron que todo lo que conquistaran en tierras, botín y gloria durante aquella campaña militar lo repartirían en partes iguales entre ellos. El gigantesco ejército, encabezado por el antiguo pendón de los cruzados bajo el cual ya había marchado Luis a Oriente, partió dos días después. Había empezado la Tercera Cruzada.

–Es tan agradable como sorprendente veros aquí, majestad –comentó Sancho VI–. Pensé que vuestro hijo os había investido como regente.

Leonor tomó agradecida el brazo del rey de Navarra, mientras él la conducía al salón donde debía tener lugar una pequeña fiesta en su honor. Al cabo de dos años cumpliría setenta y a pesar de su edad había disfrutado mucho del viaje por los Pirineos.

–Así es –dijo tranquilamente– y después de mi regreso me haré cargo también de esa tarea. Pero por el momento Inglaterra está en buenas manos con Guillermo Longchamp como canciller y yo tengo motivos para venir a esta corte.

–No lo dudo –dijo el rey de Navarra.

Navarra lindaba con Aquitania y él estaba muy bien enterado de la historia de la mujer que lo visitaba. Sancho era consciente de que su nobleza y todo su entorno sólo podían producir una impresión provinciana en Aquitania, pero eso no le molestaba. Después de todo, ella quería algo de él, de lo contrario no habría ido a verlo inmediatamente después de la partida de Francia de su hijo.

Ella se mostraba amable con su séquito y muy cordial con su familia y fascinaba a todos con las historias que contaba y con su vitalidad inquebrantable. Pero a Sancho le llamó la atención que mostrara especial interés por su hija Berenguela. Cuando a la noche se retiraron todos, él ya estaba preparado para hablar a solas con Leonor.

–Y bien –dijo con cautela–, ¿quizá tenéis alguna proposición concreta para mí, señora?

Leonor sonrió.

–Claro que sí. Sois un hombre inteligente y no tiene ningún sentido que yo os haga creer otra cosa. Además sería malgastar un tiempo precioso. Quiero pediros la mano de vuestra hija en nombre de mi hijo Ricardo.

Sancho levantó las cejas con aparente sorpresa.

–Pero ¿no está comprometido ya el rey de Inglaterra con la hermana del rey de Francia?

–Sospechaba que lo sabríais –contestó Leonor con ironía–. Pero quedaos tranquilo, ese compromiso está disuelto.

–No para el rey de Francia.

–Pero sí para el rey de Inglaterra.

Sancho se acarició el bigote negro.

–Me siento muy honrado, señora, sólo que..., cómo puedo expresarme..., si yo pudiera estar seguro de que el enlace se llevará a cabo, sería muy feliz. Pero ¿de qué manera puedo saber si el rey sobrevivirá a la cruzada o si después de ella cambiará de parecer? Cuando uno deshace un compromiso matrimonial, también puede deshacer un segundo.

–Por lo que se refiere a eso –respondió Leonor–, yo tengo una solución para vuestros temores. En caso de consentimiento, vuestra hija no tendría que esperar hasta que Ricardo regresara. Yo viajaría de inmediato con ella a Sicilia, donde mi hijo pasará el invierno.

Había conseguido dejar perplejo al rey de Navarra.

–¡Pero eso significaría que tendríais que cruzar los Alpes en pleno invierno! –exclamó.

Leonor se encogió de hombros.

–¿Y qué?

Sancho tuvo que sentarse.

–¿Esperáis que envíe a mi hija a la buena de Dios a través de media Europa –dijo muy lentamente–, para casarla con un hombre que ha prometido en público casarse con otra?

Alrededor de los ojos castaños de Leonor se formaron mil minúsculas arrugas de risa, el único signo visible de su regocijo.

–No –respondió–, yo espero que caséis a vuestra hija con el soberano del reino que, junto con el Sacro Imperio Romano, es el más importante de Occidente, un hombre que además ya ha adquirido gran fama como estratega, un hombre en fin, que como regalo de boda cederá a vuestra hija sus bienes personales en Gascuña.

La mirada de Sancho se petrificó.

–¿En Gascuña? –preguntó muy interesado.

Leonor asintió.

–Y podéis contar con que florecerán y prosperarán las relaciones comerciales con Aquitania.

Con mucho trabajo, Sancho consiguió contener su entusiasmo.

–Pero ¿por qué lo hacéis? –preguntó con desconfianza–. Vuestro hijo podría casarse con cualquier princesa en Europa.

Leonor le hizo un guiño.

–Lo sé, señor, pero nosotros somos vecinos y naturalmente cuento con que intervendríais de inmediato con vuestros soldados en caso de que, en ausencia de Ricardo, se preparase una rebelión, una conspiración o algo parecido.

El rey de Navarra murmuró algo para sí y se puso de pie.

–Mañana seguiremos hablando sobre eso –dijo en tono pensativo.

–Sí, lo haremos –asintió Leonor.

Sicilia, con su tierra negra y fértil, los viñedos y la población tan singular, compuesta en parte por normandos y griegos, en parte por sicilianos italianos y árabes, a la mayoría de los cruzados les parecía la antesala de Oriente. No obstante, Ricardo no se sentía muy contento por tener que detenerse en Mesina a causa de los vientos contrarios del otoño.

De todos modos, inesperadamente ayudó a salir de una situación difícil a su hermana menor, Juana. Después de la muerte del rey de Sicilia, su primo ilegítimo Tancredo había tomado prisionera a Juana. Tancredo se había apoderado del trono que también pretendía para sí el nuevo emperador Enrique VI.

Sin embargo, el espectáculo del gigantesco ejército de cruzados de Ricardo bastó para determinar a Tancredo a sacar a Juana de Palermo y enviarla a Mesina con su hermano. Ricardo no había vuelto a ver a su hermana desde que ella tenía once años y los dos se saludaron con alegría.

–Tancredo es un individuo mediocre y repugnante –dijo ella indignada mientras le hablaba de su cautiverio–. Si no fuese porque los sicilianos recelan de los germanos, aquí nadie lo aceptaría como rey.

–Yo me ocuparé de que te otorgue tu renta de viuda –contestó decidido Ricardo y suspiró–. Ay, Juana, éste es un hermoso país, pero pronto no podré soportar estar aquí con los brazos cruzados mientras la situación en Tierra Santa es tan desesperante.

–Cuéntame lo que ocurre –dijo su hermana–. Durante mi cautiverio me he enterado de pocas novedades.

–Desde que Saladino ha puesto en libertad a Guy de Lusiñán, la situación no va ni para adelante ni para atrás. Conrado de Monferrato, el hombre que había defendido Tiro frente a Saladino, no quiso ni entregar Tiro a Guy de Lusiñán ni reconocerlo otra vez como rey de Jerusalén. En vista de ello, Guy hizo algo tan insensato como valiente..., con un grupo insignificante de partidarios empezó a poner sitio a Acre. Todos pensaron que entre los musulmanes de Acre y el ejército de Saladino lo aniquilarían, pero logró establecer un campamento fortificado, de manera que ahora asedia Acre mientras Saladino, a su vez, lo asedia a él. Por su valentía, Guy recibió muchos refuerzos de los cristianos que todavía se encontraban en el país, y el resto del ejército germano que no volvió sobre sus pasos después de la muerte del emperador Barbarroja también se unió a él.

–¿Entonces está triunfando? –preguntó Juana.

–No –dijo Ricardo–. Es cierto que tiene hombres suficientes para aislar Acre, pero Saladino abastece a la ciudad por mar. Y además continúa con su asedio sobre Lusiñán. –Una arruga profunda se abrió entre sus cejas–. Siento gran admiración por su valentía y su resistencia en esta situación. Dios sabe que cuando luchábamos juntos en el pasado no lo podía soportar, pero ahora...

–Llegarás a tiempo todavía –lo alentó Juana.

Ricardo le sonrió.

–Pero primero me ocuparé de hacer sudar un poco a Tancredo.

Ricardo no sólo exigió a Tancredo la renta de viudedad de Juana sino también el legado que su esposo le había dejado a su suegro en el testamento..., una herencia considerable en oro y galeras de guerra. Como heredero de Enrique, Ricardo reclamó el dinero y las galeras para la cruzada. La situación era más que tensa, sobre todo porque una vez más no se había podido llegar a un acuerdo con la población sobre los precios de los comestibles..., el eterno problema de los cruzados.

En octubre, Ricardo, Felipe y los gobernadores sicilianos de Mesina estaban justo en medio de las negociaciones sobre los precios, el legado y la renta de viudedad de Juana, cuando el debate tuvo un final precipitado. Uno de los sicilianos perdió los estribos y atacó al vasallo de Ricardo, Hugo de Lusiñán, un pariente del asediado Guy.

–Es suficiente –dijo Ricardo.

Abandonó al instante las negociaciones, ordenó a sus hombres que se armaran y tomó por asalto Mesina «en un tiempo más corto del que necesita un cura para una oración matinal», como más tarde cantó triunfante uno de los compositores que acompañaban la cruzada.

En aquel momento tenía en sus manos un medio de presión y menos de una semana después Tancredo se manifestó dispuesto a pagar a Juana veinte mil onzas de oro como compensación por su viudedad y la misma suma a Ricardo. Tancredo había llegado a la conclusión de que para él era mucho mejor ver en el belicoso rey un posible aliado contra Enrique de Hohenstaufen y no un enemigo. Recuperó Mesina y la situación empezó a normalizarse un poco. Ricardo aprovechó el ocio obligado para hacer construir máquinas de guerra para los asedios y hasta para visitar los lugares característicos del país. En el camino hacia allí había subido al Vesubio en Nápoles y en aquel momento era el turno del Etna. Hasta podría haberse sentido contento de no ser por las noticias que indicaban que los sitiados de Acre se habían visto obligados entretanto a comerse sus propios caballos.

–¡Bien, aquí estamos en Nápoles! –exclamó Leonor.

Abrió los brazos como si quisiera abrazar la mansión imponente que habían puesto a su disposición. Era a mediados de febrero, reinaba una agradable temperatura cálida y sus camareras habían vuelto a guardar con el mayor esmero en los baúles sus pieles y las de Berenguela. Leonor llevaba un vestido de una tela ligera en color turquesa y en aquel momento, con un gesto despreocupado, desataba el lazo bajo la barbilla que sujetaba su cofia. Desde su llegada, hacía un par de días, Leonor había insistido en visitar las ruinas romanas en las inmediaciones de la ciudad y en ir de compras al mercado.

–¿No os cansáis nunca, señora? –preguntó con timidez su futura nuera–. ¿No queréis descansar un rato?

–Mi querida niña –respondió Leonor–, he tenido dieciséis años para descansar. Es suficiente para el resto de mi vida.

Soltó sus cabellos todavía abundantes pero en aquel momento completamente blancos y disfrutó la sensación de la brisa suave sobre su cabeza. Caminó hacia la ventana desde donde se veía el Vesubio y aspiró hondo el dulce aire italiano impregnado de aroma de azahar.

Cantaban las cigarras y la princesa de Navarra se sumergió en ensueños. Nunca en su vida había tomado parte en algo tan emocionante como el viaje con Leonor de Aquitania, la marcha a través de los Alpes, que habían cruzado por el paso de Mont Genèvre..., y al final la esperaba una boda. Sabía del amor poco más que el tañido del laúd y un beso y no se le ocurría pensar que pudiese encontrar a su prometido de otro modo que no fuese atractivo. Él era todavía joven, era un rey imponente y poderoso, y además el caudillo del santo ejército de peregrinos. ¿Qué más podía pedir?

Llamaron a la puerta y Berenguela despertó sobresaltada de sus pensamientos. Mientras Leonor se dedicaba con pesar a sujetar otra vez sus cabellos, ella corrió hacia la puerta de madera clara. Entró una camarera y anunció al conde de Flandes, que acompañaba a Leonor y Berenguela en su viaje al encuentro de Ricardo.

–Señora –empezó el conde sin rodeos–, las galeras que vuestro hijo ha enviado en respuesta a vuestro mensaje han llegado...

–¿Pero? –preguntó Leonor.

–Pero el rey de Sicilia os niega el permiso de embarque. A mí me lo permite. Señora, no lo entiendo y...

Nápoles pertenecía al reino del rey Tancredo. Leonor interrumpió al conde, cuyo semblante reflejaba una gran confusión.

–¿Mencionó alguna razón en especial?

–Sí, mandó decir que de todos modos Mesina ya estaba abarrotada de gente y que en lugar de hacia allí sería mejor que viajaseis a Brindisi.

El semblante de Berenguela mostraba aún más consternación que el del conde. Sus grandes ojos negros se ensancharon y de repente parecía muy joven con sus cabellos negros y los rasgos suaves. Leonor notó su espanto y reprimió un suspiro. Berenguela era una muchacha encantadora y de ninguna manera tonta, pero a veces echaba de menos en ella un poco de la fogosidad de Alais o del ánimo de Juana. La princesa de Navarra tenía una necesidad de protección en verdad enternecedora, que sin embargo era un poco molesta en momentos como aquél, ya que Leonor tenía que consolar a la muchacha antes de poder dedicarse a cosas más importantes.

–No te preocupes por nada, pequeña –dijo mientras pasaba un brazo por la cintura de Berenguela–, iremos a Mesina. –Después se dirigió al conde de Flandes–. Lo mejor es que embarquéis de inmediato. Así podéis llevar un mensaje para mi hijo. A nosotras no nos queda otro remedio que hacer lo que nos aconseja el rey.

Ordenó que le llevaran papel y pluma y escribió con rapidez algunas líneas para Ricardo. Mientras tanto ya le habían calentado un poco de cera para sellos, dobló su nota y apretó el anillo con su emblema personal sobre la pasta que se enfriaba rápidamente.

–Eso será suficiente.

El todavía irritado conde prometió que inmediatamente después de su llegada informaría al rey Ricardo de aquello y le entregaría su carta. Y se marchó a toda prisa.

Después, Leonor se quedó sentada frente a la mesa y golpeó la madera con la pluma, meditabunda.

–Pero ¿qué puede significar todo eso? –preguntó, confundida, Berenguela.

–No lo sé –respondió Leonor con aire pensativo–, pero no puedo librarme de la sospecha de que la elección entre el conde de Flandes y nosotras no fue arbitraria. En realidad, para Tancredo no puede significar nada que estemos aquí, en Brindisi o en Mesina. Pero el hombre para el que sí podría ser importante es el supremo señor del conde.

–¡El rey Felipe! –exclamó Berenguela.

Leonor le lanzó una mirada de satisfacción. La muchacha tenía una mente rápida, después de todo.

–Sí –confirmó–. Felipe, el querido amigo de Ricardo y compañero de la cruzada.

Debajo de los cabellos rojizos, los ojos de Ricardo estaban helados como el mar del Norte y más o menos igual de amenazantes.

–¿Qué demonios os proponéis con esto? –preguntó.

Tancredo habría deseado estar a miles de kilómetros de distancia de Catania. Su situación se hacía cada vez más difícil. El nuevo emperador Enrique VI estaba ya en suelo italiano y sólo esperaba su coronación imperial para apoderarse de Sicilia en nombre de su esposa.

En aquel momento, juntando todo el valor que podía, explicaba:

–Fue una medida defensiva. Me han informado de que planeáis quitarme mi reino y si uno considera vuestros actos hasta ahora...

–¿Quién es «uno»? –Ricardo le cortó la palabra.

Tancredo eludió la respuesta.

–¿Os atrevéis a desmentirlo? Yo tengo razones para suponer que habéis hecho una alianza con Enrique Hohenstaufen.

–¿Cómo? –preguntó Ricardo con incredulidad.

El rey siciliano montó en cólera.

–Vuestra madre, la misma que me exigís que permita llegar hasta vos, vuestra madre, ¿se ha encontrado o no el veinte de enero en Lodi con Enrique y su esposa?

–¡Por Dios! –exclamó Ricardo–. Él estaba de camino a su coronación y no era fácil para ella evitarlo sin que fuera un insulto innecesario a un hombre tan poderoso, ¿o no? Por favor, no os pongáis en ridículo por causa de Enrique Hohenstaufen. Los Staufen son los enemigos naturales de mi familia. ¿Acaso no sabéis que mi hermana Matilde estuvo casada con el mayor enemigo del emperador Enrique, el duque Enrique de los Güelfos?

La respuesta sonó tan natural y sincera y con un ligero matiz despectivo que Tancredo se sintió inclinado a dar crédito a Ricardo. ¿Tal vez había disgustado sin necesidad a un aliado?

–Bien –dijo inseguro–, admito que suena convincente lo que acabáis de decir.

–Si todavía no habéis notado que sólo tengo prisa por marcharme de aquí, es que estáis ciego. Y si yo estuviese tan loco como para buscarme problemas no sólo con vos sino también con Enrique Hohenstaufen, que de seguro tendría algo en contra de una conquista por mi parte, entonces me quedaría sentado aquí para toda la eternidad, y Tierra Santa, mientras tanto, acabaría en ruinas.

Esta ducha fría hizo entrar en razón a Tancredo de modo más contundente de lo que hubiera podido hacerlo una petición de confianza y credibilidad.

Entonces Ricardo dio un paso hacia Tancredo, con una expresión que hizo que éste retrocediera instintivamente.

–Ahora, decidme la verdad –continuó Ricardo–, ¿cómo sabéis el día exacto en que mi madre encontró al Staufen? ¿Y quién os ha instigado contra mí? Tiene que ser alguno de mis hombres importantes, de lo contrario no habríais tragado con tanta facilidad sus mentiras. ¿Quién fue?

Un ligero temblor agitó los labios de Tancredo.

–El rey de Francia –soltó por fin, aliviado por haberse quitado aquel peso de encima.

Ricardo lo miró fijamente.

–Vaya –dijo sin acento en la voz–, ya comprendo.

Felipe se reclinó contra un almohadón. Estaba tendido en uno de los divanes orientales que abundaban en la decoración del palacio que Tancredo había puesto a su disposición.

–¿Y qué esperabas? –preguntó en tono sarcástico, sin tomarse ninguna molestia en desmentirlo.

Por dentro, sin embargo, maldecía a Tancredo por su falta de dignidad. Debería haber sabido que Tancredo metería el rabo entre las piernas a la primera confrontación con Ricardo.

–Tu madre no ha cruzado los Alpes sola, ¿verdad? ¿Entiendes en realidad que para la corona francesa es una afrenta intolerable que mi hermana haya estado comprometida contigo por más de veinte años y que ahora sea descartada sin más ni más?

Ricardo, en aquel momento obligado a ponerse a la defensiva, estaba preparado. Era cierto, él había engañado a Felipe al haber aparentado que quería casarse con Alais y en secreto ya había consentido en casarse con otra. Pero, pensó y retornó su cólera, eso todavía no era ningún motivo para calumniarlo de esa manera ante Tancredo y atacarlo por detrás, y se lo dijo también en voz alta.

–¡Faltó poco para que me declarara la guerra y entonces toda nuestra cruzada habría estado amenazada!

–¿Por Tancredo? ¡Eso debe de ser una broma!

–Si a ti te son indiferentes los hombres que están encerrados entre Acre y Saladino, muriéndose lentamente de hambre y que sólo pueden confiar en nosotros... ¡a mí no! –replicó con vehemencia Ricardo.

Felipe cruzó los brazos detrás de la cabeza.

–Por supuesto que no me son indiferentes –dijo en tono apaciguador–. Pero el hecho concreto sigue en pie: has faltado a tu palabra ante mí y ante Alais.

–Alais nunca ha querido casarse conmigo –manifestó Ricardo con frialdad–. Y en cuanto a ti...

–Te lo advierto, Ricardo, tu madre aún no está aquí. Todavía tienes la oportunidad de evitar una violación de contrato.

En la voz de Felipe se insinuaba un ligero asomo de amenaza.

Ricardo permaneció imperturbable.

–Yo no quiero dejar abandonada a Alais. En tanto ella lo desee, puede quedarse en mi corte como respetable pariente. Pero me es imposible hacerla mi esposa. Si sigues insistiendo en ello –concluyó con la misma dureza–, me veré obligado a apelar a la ayuda de la Iglesia.

Por primera vez, el rey de Francia estaba un poco desconcertado y se incorporó.

–¿La Iglesia?

–Si un hombre se casa con una mujer que ha sido la amante de su padre, la Iglesia lo considera incesto –dijo Ricardo.

Entonces observó cómo se transformaba poco a poco el aire de superioridad de Felipe.

–¡No te atreverías a hacerlo!

–Puedo presentar testigos, Felipe. ¿Y qué pasaría entonces con el honor de la corona francesa?

Los dos permanecieron en silencio un rato. Aunque hervía por dentro, la cara de Felipe seguía inexpresiva. Había estado tan seguro de poder manipular y desbaratar el juego de Ricardo. Sentía como una terrible humillación estar en aquel momento en la posición más débil frente a Ricardo. Sobre todo porque sabía que Ricardo conservaría el Vexin, dado que ya hacía mucho que estaba en manos normandas como para que eso se pudiera cambiar. Al menos no por el momento.

–¿Y el Vexin? –preguntó con aparente indiferencia.

Ricardo se encogió de hombros.

–Sabes tan bien como yo que lo conservaré. Estoy dispuesto a pagarte una suma como compensación si me libras de una vez y para siempre del compromiso con Alais. Además –añadió en tono conciliador–, propongo que celebremos un contrato que prevea que el Vexin pasará a poder de mis sucesores varones y si se diera el caso de que yo no tuviese ningún heredero legítimo, recaería otra vez en ti y en tus herederos. ¿Qué te parece? ¿Es aceptable?

–Lo pensaré –respondió Felipe sin comprometerse y entonces soltó una carcajada–. Eres un caballero incorregible, Ricardo, ¿no es así? La posibilidad de que tu pequeña novia te dé un heredero es tan escasa, que me permite volver a alentar esperanzas. Yo debería agradecerte tan generosa oferta.

Ricardo, que según su costumbre había caminado inquieto de un lado a otro durante toda la conversación, se paró en seco.

–Vete al diablo... –dijo ya sin recursos.

La carcajada irónica de Felipe resonó otra vez.

–Sí, si yo no lo supiera mejor que nadie..., ¿no es así, Ricardo?

Ricardo lo miró y Felipe respondió a su mirada.

Ricardo había descubierto bastante pronto la verdad sobre su condición y aunque había luchado en contra con desesperación, a los veintitrés años se había enamorado del joven rey de Francia. Siempre había presentido que se podía confiar tan poco en Felipe como en su hermano Godofredo, que era un error terrible sentir algo por un hombre que por su sola posición era un posible enemigo, pero nunca había sido capaz de reprimir los sentimientos que lo invadían.

Y mientras comprendía con absoluta claridad que Felipe tramaba algo, una vez más no pudo hacer otra cosa que someterse a él, corresponder a su abrazo y besarlo.

–Antes de que llegue esa chiquilla –dijo Felipe.

Berenguela no podía apartar los ojos de su prometido. Con un poco de maliciosa compasión pensó en la princesa francesa que, en lugar de con Ricardo, se había contentado con su anciano padre.

Pronto se hizo amiga de su cuñada Juana, que tenía un gran parecido con su madre. Con excepción de los ojos verdes de Enrique, la joven de veinticinco años era el vivo retrato de Leonor. Juana, Leonor y Ricardo intercambiaron recuerdos y anécdotas de los tiempos de Poitiers, pero también hablaron del futuro.

–Por desgracia, no estaré presente –comentó Leonor–, debo emprender el camino de regreso y Ricardo tampoco tiene ningún motivo para quedarse por más tiempo.

–¡Pero, madre, hace sólo dos días que estáis aquí! –protestó Juana.

Leonor sonrió y le pasó la mano por la cabeza.

–No puedo dejar el gobierno en manos de Guillermo Longchamp para siempre. Él es un buen hombre, pero no confío en los juramentos de ciertos nobles «leales» que hay allí.

–¿Os referís a Juan? No deberíais decir eso, madre –replicó Juana con un dejo de censura–. Después de vuestro cautiverio pasé dos años con Juan antes de que mi padre me casara con Guillermo. Y puedo afirmar que él es tan capaz de amar y guardar fidelidad como nosotros.

–Es justo lo que temo –contestó Leonor y Juana se rió.

–¡Oh, madre, os he echado tanto de menos aquí, entre todos estos normandos! ¡Os lo ruego, retrasad un poco más la partida!

–Podrías acompañarme –dijo Leonor.

Esta vez le tocó a ella sonreír ante el gesto turbado de Juana.

–Lo sé, pequeña, tú prefieres marchar con tu hermano. En tu lugar, yo también desearía lo mismo. Después, cuando termine la cruzada, tendremos todo el tiempo del mundo para nosotras. Además, si vinieras conmigo, ¿quién cuidaría de nuestra Berenguela?

Berenguela sintió latir la sangre en las mejillas.

–Mi esposo cuidará de mí –susurró con timidez.

–Será un placer, señora –dijo Ricardo mecánicamente.

Juana le hizo un guiño a su madre.

–Ya veo, nuestra pareja de novios quiere librarse de mí –comentó divertida.

Pero Berenguela se apresuró a protestar.

–¡Oh no, Juana, a mí me complace mucho vuestra compañía!

–Yo tengo otro motivo para mi partida inmediata. El Papa ha muerto y su sucesor va a coronar al Staufen y a su esposa. Podría ser beneficioso asistir a esa coronación.

–¿Qué impresión tuvisteis en Lodi, madre? –preguntó Ricardo con el ceño fruncido.

Leonor pensó unos instantes.

–Enrique me recordó a una de esas serpientes que he aprendido a reconocer durante la marcha por Anatolia..., frío, alerta y siempre listo para morder. En un combate entre él y Tancredo yo no vacilaría en apostar por Enrique. Su esposa Constanza, hasta donde pude ver, es una mujer extraordinaria, muy inteligente, muy temperamental y odia a su esposo. No me extrañaría que ella quisiera Sicilia para sí, sin el Staufen.

–Incluso si él venciera a Tancredo –comentó Ricardo–, sus derechos sobre Sicilia se extinguirían con Constanza. Se dice que ya es demasiado vieja para poder tener hijos... y hasta ahora no ha tenido ninguno.

Leonor hizo un gesto de rechazo con la mano.

–Cada vez que escucho a la gente afirmar eso, más convencida estoy de lo contrario. Y hablo por propia experiencia. Cuando nació el menor de mis hijos yo tenía cuarenta y tres años, y Constanza es más joven.

Ricardo le tomó la mano.

–Yo también desearía que no tuvieseis que partir, madre –dijo en tono muy serio.

Leonor no necesitó seguir la mirada de Ricardo hacia Berenguela para comprender qué quería decir. Entonces le apretó la mano.

–¿Has olvidado lo que siempre te prometía cuando eras niño? –dijo en voz baja.

Leonor llegó a Roma el Domingo de Resurrección. Toda la ciudad estaba en pie, ya que aquel día no sólo había sido ungido papa Celestino III, sino que también habían sido coronados emperador y emperatriz del Sacro Imperio Romano Enrique VI Hohenstaufen y Constanza de Hauteville, la última heredera directa viva de Roger II.

Leonor fue a ofrecer sus respetos tanto al Papa como a la egregia pareja.

–Me alegra escuchar que la causa por la que mi padre dejó la vida sigue adelante –dijo el nuevo emperador y la miró fijamente con sus extraños ojos claros–. También me gustaría conocer algún día a vuestro famoso hijo. Tal como supongo, ¿habéis gozado de la hospitalidad del usurpador Tancredo?

–Fue inevitable –respondió Leonor con frialdad.

–¿Cómo están las cosas en Sicilia? –preguntó de pronto Constanza de Hauteville–. ¿Y cómo está mi primo?

El esposo la miró furioso pero ella no le hizo caso. Leonor tomó nota de que Constanza había dejado claro hacia dónde apuntaban sus simpatías. Con toda certeza no hacia Enrique.

–A vuestro primo no lo he visto, ya que me detuve sólo unos días en la isla –contestó afablemente.

Enrique preguntó con tono glacial por su tocayo, el yerno de Leonor, Enrique, el Güelfo, que ahora que su viejo adversario Barbarroja estaba muerto, planeaba volver a su ducado. Leonor respondió con cortesía que debido a su viaje no había tenido ningún contacto con su yerno y por lo tanto no tenía idea de sus planes. Quedó claro que el nuevo emperador no la creyó.

Felipe ya se había hecho a la mar pocas horas antes de la llegada a Mesina de Leonor y Berenguela, de modo que en aquel momento la flota de Ricardo tenía que defenderse sola. El tercer día de la travesía los cruzados se encontraron con una violenta tempestad. Cuando el diecisiete de abril llegaron al punto de reunión acordado en Creta, para gran desasosiego de Ricardo se constató que faltaban unos veinticinco barcos, entre ellos, aquel en que habían embarcado su hermana y su prometida.

Envió varias galeras para que fueran en su busca y pronto se supo que las naves perdidas habían buscado refugio en las costas de Chipre. Allí reinaba Isaac Ducas Comneno, un miembro de la familia imperial de Bizancio como aquel Manuel, fallecido hacía mucho, y muy parecido a éste también en su carácter.

Sin la menor vacilación encarceló a los cruzados, que habían pisado la isla con la esperanza de encontrar ayuda. Sólo Juana, acordándose de las vivencias de su madre con un emperador bizantino, había tenido la suficiente precaución de quedarse a bordo de su barco junto con Berenguela. La invitación de Isaac Comneno para que fuesen a su castillo en calidad de huéspedes suyos fue rechazada sin más trámite por las dos mujeres. A partir de entonces el barco fue rodeado por embarcaciones chipriotas, en la costa aparecían cada vez más tropas y se fueron terminando las provisiones, pero Juana insistió en que debían mantenerse firmes. Después de una semana llegó por fin el alarmado Ricardo a las puertas de la fortaleza de Limassol, rescató de la difícil situación a Juana y Berenguela, y cuando Isaac se negó a dejar ir a los restantes prisioneros, conquistó toda la isla con un asalto relámpago.

Mientras Isaac Comneno era hecho prisionero en su propia fortaleza, el arzobispo de Évreux casó a Ricardo y a Berenguela en la capilla de San Jorge, considerado el santo patrono de los británicos, y acto seguido coronó a Berenguela como reina de Inglaterra. Con la conquista de Chipre, Ricardo también se había procurado una base segura de abastecimiento para Tierra Santa. Ya no tendría que padecer problemas logísticos como todos los cruzados que lo habían precedido. Cuando el cinco de junio dio la señal de partida a sus naves, estaba seguro de haber dado un gran paso hacia el triunfo.

Ricardo estaba delante de una torre de asalto con ruedas que en aquel momento estaban reparando y observaba Acre. La torre, que podía alojar en varios pisos a los arqueros, era una de sus armas más poderosas en la lucha por Acre. Desde la plataforma superior también se podía descolgar un puente levadizo para facilitar un asalto rápido. Pero además, la torre despedía un olor nauseabundo ya que para protegerla contra el «fuego griego» con el que se defendían los árabes, la habían revestido con pellejos impregnados de orina.

–¡Maldito país! –exclamó Felipe.

Tenía motivos para estar furioso. Había llegado más de dos semanas antes que Ricardo, había enfermado y durante aquel tiempo no se había ganado el respeto entre los sitiadores como se lo había ganado Ricardo en pocos días. Entre otras cosas, eso obedecía a que Ricardo pagaba mejor a sus soldados y también a que siempre participaba personalmente en los ataques. En aquel momento los dos llevaban cerca de un mes a las puertas de Acre en medio del calor abrasador del verano y la ciudad no había capitulado todavía.

Justo entonces se desmoronó otra parte de la muralla de la ciudad con un enorme estrépito.

–No durará mucho más –dedujo Ricardo–. Desde que nuestras flotas bloquearon la ruta marítima, ellos ya no reciben ningún reabastecimiento y con Saladino sólo pueden ponerse en contacto por medio de palomas mensajeras.

En aquel momento, los árabes de Acre empezaron a golpear con fuerza sus tambores: era la señal para que Saladino iniciara un ataque sobre el campamento de los sitiadores.

Ricardo hizo una mueca.

–Tenemos suerte de que Saladino no esté en condiciones de hacer entrar en acción a su caballería –comentó.

–No creo que sea tan mortífera como se dice –dijo el rey francés con cierta indiferencia.

Ricardo movió la cabeza con vehemencia.

–¡No te engañes! Aquí, detrás de nuestras fortificaciones, estamos seguros, pero en campo abierto…

–Por el momento, no es Saladino el que me preocupa, sino Conrado de Monferrato y Lusiñán –dijo Felipe y levantó una mano para protegerse los ojos del resplandor del sol.

–No sería un problema tan grande si no apoyaras abiertamente a Conrado de Monferrato.

–Él está en su derecho. ¿Quién defendió Tiro contra Saladino mientras Guy de Lusiñán perdía Jerusalén?

–¡Cielos, Guy ha hecho aquí más que suficiente para volver a recuperarla! Además, él es el rey ungido de Jerusalén.

Por unos instantes distrajeron su atención los gritos alborozados de los árabes que acababan de rechazar a un grupo de asalto franco, que quería penetrar por la nueva brecha de la muralla.

–Pero –dijo después Felipe en tono hosco–, Guy de Lusiñán no fue rey por derecho de nacimiento sino gracias a su casamiento con la heredera del reino. Y ella ahora está muerta.

–Y Conrado se casó con la hermana menor de ella –añadió Ricardo, inflexible–, de una manera que es más que discutible. Eso traerá más problemas cuando hayamos tomado la ciudad. Además, admiro a los infieles..., hace casi dos años que defienden su ciudad con una valentía digna de una causa noble.

–Ricardo, eres incorregible –replicó Felipe–. Primero haces todos los esfuerzos posibles por aniquilarlos y a continuación los encuentras dignos de admiración. No me extraña nada que te entendieras bien con Saladino. Según nuestros espías, Saladino ha declarado que él te colocaría sin más ni más por encima de los mejores hombres de su reino, aunque con tu cabeza clavada en una lanza.

Ricardo quería contestarle cuando le llamó la atención un movimiento en la muralla de la ciudad. Expectante, tomó del brazo a Felipe.

–¡Dios Santo, Felipe –susurró–, creo que ya está! Ahí delante viene un grupo con una bandera blanca.

Los dos se lanzaron a la carrera hacia la primera línea de combate. Allí se había producido una gran agitación entre los sitiadores y cuando Ricardo llegó, vio de inmediato el rostro sombrío y macilento del hombre que la guarnición de Acre había enviado para anunciar la capitulación.

Las negociaciones sobre las condiciones de la rendición se prolongaron tres días. Al final se acordó que, contra el pago de doscientos mil dinares y la devolución de mil quinientos prisioneros cristianos y de la Santa Cruz por parte de Saladino, se respetaría la vida de los defensores de Acre. Cuando Saladino se enteró de estos celebrados acuerdos quedó muy consternado. Él estaba tan comprometido con la idea de la *yihad,* la guerra santa contra los cristianos, como Ricardo con la idea de la cruzada.

Los cruzados hicieron su entrada solemne en Acre el diecisiete de julio, y casi enseguida surgió un problema. El duque Leopoldo de Austria hizo levantar su estandarte junto al pendón de los reyes de Inglaterra y Francia. Ricardo y Felipe intercambiaron miradas significativas cuando se les informó de ello. Leopoldo pertenecía a la pequeña parte que quedaba del ejército de Federico Barbarroja, que había llegado allí con los restos mortales del emperador (la intención era darle sepultura en Jerusalén), y se comportaba como si fuese el viejo emperador en persona.

Dejar plantado su estandarte ahí donde estaba significaba reconocerlo como jefe de un ejército con los mismos derechos a una participación en el botín, lo que parecía más que ridículo, porque Leopoldo y su pequeño grupo ya debían nutrirse de ellos.

Felipe asintió en silencio y Ricardo ordenó que el estandarte de Leopoldo fuera arriado de inmediato. Poco después estaba frente a él, echando espumarajos de ira, el duque de Austria.

–¡Exijo que los soldados que me han hecho este ultraje sean castigados en el acto!

–Ellos actuaron por orden mía –dijo secamente Ricardo.

Leopoldo boqueó en busca de aire.

–Os atrevéis a... Yo he luchado por Acre como todos los demás y mucho más tiempo que vos... ¡Tengo derecho a enarbolar mi estandarte al lado de los vuestros!

–Si cada caballero que hubiera luchado de nuestro lado reclamase ese derecho, Acre estaría llena de banderas –dijo serenamente Ricardo–. Además, debido a ciertas circunstancias –echó una rápida mirada a Felipe–, el mismo Guy de Lusiñán ha preferido renunciar a ello. Así que, ¿por qué deberíamos dispensaros más honor a vos que a él?

La cara del duque de Austria se había puesto completamente colorada.

–Guy de Lusiñán es vuestro vasallo, pero yo no lo soy –le echó en cara a Ricardo–. ¡Y me niego a permitir que me traten como tal!

–Pues seguid negándoos –dijo Ricardo y se volvió para marcharse.

Leopoldo resolló furioso.

–¡Os arrepentiréis de esto! –le gritó al rey inglés a sus espaldas–. ¡Por Dios, lo lamentaréis tanto que os hará maldecir el día de vuestro nacimiento!

–Y bien, Ricardo –dijo en tono sarcástico Felipe mientras observaban la ocupación de Acre–, eso no ha sido muy amable de tu parte.

–Lo sé –admitió Ricardo sin arrepentimiento–, pero ¡ese hombre es tan pedante!

–No es probable que tengas que preocuparte más tiempo por él. Así, ofendido como está, supongo que abandonará Acre en el acto. Lo cual, dicho sea de paso, es lo que pienso hacer también yo.

Ricardo lo miró perplejo.

–¿Qué?

Felipe se encogió de hombros.

–Bueno, qué quieres..., hemos tomado Acre, este miserable país no me sienta bien, así que regreso a Francia.

–Pero –balbuceó consternado Ricardo–, tú no puedes así como así quebrantar tu juramento de cruzado...

–¡Demonios! –exclamó Felipe sin ocultar su impaciencia–. No actúes como si nunca hubieras roto un juramento. ¿Qué me dices de Alais? ¿O del juramento que los dos hemos prestado en Vézelay de que todas las conquistas serían repartidas en partes iguales entre nosotros? ¡Todavía estoy esperando mi mitad de Chipre!

–Ese acuerdo se refería sólo a las conquistas en Oriente –contestó Ricardo, irritado–. ¡Tú tampoco piensas darme la mitad de Artois ahora que el conde de Flandes está muerto y la provincia te pertenece!

–Artois es una de mis razones para dar por terminada la cruzada por mi parte –dijo el rey de Francia–. Quién puede saber si los herederos del conde de Flandes tienen intención de respetar su última voluntad. Yo tengo que tomar posesión del dominio personalmente, de lo contrario no lo tengo asegurado.

Ricardo agarró a Felipe por los hombros.

–¡Olvídate de Artois! Felipe, tú tienes la oportunidad de entrar en Jerusalén, de libertar la Ciudad Santa... ¿y te preocupas por disputas de provincias?

Felipe movió la cabeza de un lado a otro.

–Sí, Jerusalén. Ricardo, tú no serás feliz hasta que no entiendas de una vez que en este mundo hay otras cosas que importan.

Ricardo dejó caer los brazos.

–Tú nunca lo has dudado, ¿eh? –dijo inexpresivo–. Supongo que no tengo que recordarte que nos hemos jurado proteger mutuamente nuestras tierras.

–¡Lo sé! –dijo Felipe.

El otoño había cubierto Ruán con su belleza melancólica y Leonor anheló poder cabalgar con la misma agilidad y resistencia que en su juventud. El aire frío, punzante, y el sol pálido de septiembre, las hojas rojas y amarillas que se arremolinaban por el viento eran una directa invitación a hacerlo. Suspiró y se inclinó sobre la almena de la torre, con la barbilla apoyada en las manos.

–¿Estáis otra vez ansiosa por viajar, majestad? ¡Pero si hace sólo tres meses que estáis aquí!

Alais se veía más feliz y relajada de lo que había estado jamás en los últimos años. Se había liberado del temor de verse obligada a un matrimonio con Ricardo y mientras no estuviese bajo la autoridad de su hermano, nadie podía obligarla a un casamiento.

Antes de que Leonor pudiera contestar, apareció un sirviente y anunció que el arzobispo de Ruán, Walter de Coutances, solicitaba mantener una conversación con ella. El arzobispo era uno de los consejeros de mayor confianza de Ricardo, que había acompañado al rey hasta Sicilia y regresado después con Leonor. Cuando ella entró en la pequeña sala parecía muy preocupado y empezó a hablar enseguida.

–Señora, tengo malas noticias. El arzobispo Rafael de York ha intentado regresar a Inglaterra, pero como eso iba en contra de su juramento, el canciller dio orden de que lo arrestaran de inmediato. Rafael buscó refugio en una abadía de Dover y Longchamp ordenó sacarlo de allí por la fuerza. Tuvo que ser llevado a rastras desde el altar. Señora, el pueblo está indignado y Juan ya habla de Tomás Becket.

Las comisuras de los labios de Leonor se contrajeron en una sonrisa.

–No dudo de que Juan lo haya considerado una brillante ocurrencia, pero comparar a Rafael con Tomás Becket...

Walter de Coutances quería poner fin a aquella serenidad que le parecía fuera de lugar.

–¡Señora, puede ser peligroso!

La reina suspiró.

–Sí, lo sé. También creo que Longchamp ha cometido un error..., además, durante mi ausencia Juan ha intentado sin cesar poner en su contra a los barones y que ahora haya vulnerado el asilo..., eso puede costarle perder mucho apoyo.

El arzobispo de Ruán estuvo de acuerdo.

–¿Tenéis noticias del rey Felipe, señora?

–Aparte de que se encuentra en camino de regreso a Francia, no.

Walter de Coutances respiró hondo.

–Dios lo va a castigar por esta traición a la santa causa.

Leonor parpadeó.

–No hay duda, pero se tomará tiempo para eso y mientras tanto nuestro piadoso Felipe se acerca cada vez más. Yo he dado instrucciones de ocupar los castillos en nuestras fronteras. Confío más en las profecías de la sibila de Cumea que en la amistad del rey de Francia.

–¡No se atreverá a violar la propiedad de un cruzado! –exclamó el arzobispo, escandalizado–. Eso no sólo sería contrario al juramento que ha prestado, sino también a todas las costumbres y leyes cristianas.

–Que Dios conserve vuestra fe en las costumbres y leyes cristianas, eminentísimo arzobispo.

Walter de Coutances no contestó nada. Admiraba a la reina, pero ella conseguía hacerlo dudar una y otra vez de si en realidad era una cristiana. De todos modos, tenía razón, era bueno confiar en Felipe de Francia, pero era mucho mejor ser precavido.

En los días siguientes, el inminente regreso del rey francés pasó a un segundo plano frente a la agitación que provocó la violación de Longchamp del derecho de asilo. Una asamblea convocada de urgencia en la catedral de San Pablo lo destituyó sin más ni más y a Longchamp no le quedó más remedio que huir precipitadamente de Dover disfrazado de mujer y cruzar el Canal. Pero antes de que sus enemigos pudieran sacar provecho de su caída, a la cabeza de todos Juan, que odiaba al canciller, Leonor designó de inmediato un nuevo canciller, Walter de Coutances.

Un correo desde Tierra Santa le trajo a Leonor una carta de su hijo en la que escribía que esperaba reconquistar Jerusalén en el término de veinte días después de Navidad. Mientras tanto, durante la marcha de Acre a Jaffa, había ganado su primera batalla campal contra Saladino y esto había asestado un duro golpe a la fama de invencible del legendario sultán, sobre todo después de la caída de Acre.

–Fue una batalla que pasará a la leyenda, majestad –afirmó el mensajero mientras le contaba lo ocurrido–. El rey marchó siempre a lo largo de la costa, porque de esa manera su flanco derecho estaba protegido por el mar y por la flota que nos acompañaba. ¡Demos gracias a Dios por la flota! Antes de que llegáramos nosotros, Saladino había ordenado devastar todos los pueblos y quemar los campos. Sin los barcos, no habríamos tenido nunca la menor oportunidad de descansar ni de procurarnos víveres.

El hombre hizo una pausa y se pasó la mano por la frente.

–Los infieles, el diablo se los lleve, nos disparaban sin cesar con arcos y flechas. Debéis saber que ellos llevan armas mucho más ligeras que las nuestras y por eso consiguen una velocidad formidable con sus caballos. Pero nosotros teníamos orden del rey de permanecer muy juntos y no dejarnos tentar para emprender un ataque.

Leonor sabía que en eso residía la gran diferencia entre la marcha de la guerra musulmana y la cristiana. Con sus armaduras, los caballeros cristianos estaban mucho mejor protegidos y eran algo menos vulnerables aunque más lentos, mientras que el poder efectivo de los musulmanes no estaba en la lucha cuerpo a cuerpo sino en las cargas de su caballería y el disparo de flechas a distancia.

–De esa manera, ¿no estaba siempre expuesta a los ataques una parte del ejército? –preguntó.

El mensajero negó con la cabeza.

–El rey cambiaba de manera permanente a los soldados de infantería que caminaban del lado de la tierra. Cuando dejamos atrás el bosque de Arsuf, la lluvia de flechas era tan compacta que no veíamos el sol. Los caballeros hospitalarios, que cabalgaban en la retaguardia, no cesaban de pedir autorización para el contraataque, pero el rey se negaba porque decía que primero había que esperar a que la caballería de Saladino estuviese cansada. Con toda franqueza, puedo entender muy bien por qué dos de los hospitalarios terminaron por largarse al ataque a todo galope. Todos nosotros nos sentíamos como ratones en la trampa y hacía un calor espantoso.

Todavía en aquel momento se podían leer en su cara los recuerdos terribles de aquella jornada.

–¿Y entonces? –preguntó Leonor.

–El resto de los hospitalarios salió detrás de ellos, pero la mayor parte de nuestro ejército, naturalmente, no estaba preparada para hacerlo puesto que el rey todavía no había dado la señal. Era el momento más favorable para que Saladino nos dispersara, pero el rey se unió de inmediato a sus caballeros. ¡Oh, señora, fue una victoria gloriosa! Y nosotros, los que vimos combatir al rey, después le pusimos un nuevo nombre.

El hombre hizo una pausa, no estaba seguro de si la reina interpretaría este tributo como un elogio o como una falta de respeto.

–Majestad, ahora los soldados lo llaman «Corazón de León».

El soberano sobre Egipto y Siria, Al-Malik al-Nasir Salah-ed-Din Yusuf, que los francos llamaban Saladino, era un hombre muy respetado por amigos y enemigos, que había unido al dividido mundo musulmán para la causa de la *yihad*, la guerra santa contra los cristianos, y que en realidad era muy parecido a su adversario, Ricardo I de Inglaterra, frente al que en aquel momento estaba sentado. Los dos eran inmejorables estrategas, los dos eran impulsores de las artes poéticas en su país y los dos se aferraban a su objetivo con una determinación inquebrantable. Mantener negociaciones entre ellos era sobre todo una manera útil para conocer al adversario y dejar pasar tiempo hasta que sus ejércitos recobrasen las fuerzas. Sólo eso.

Las negociaciones se celebraban en una tienda delante de Jaffa, que había sido levantada en la llanura con el único propósito de dar cabida a los dos adalides y sus acompañantes. A ninguno de los dos se le habría ocurrido jamás tenderle una trampa al otro, ya que eso habría sido contrario a las reglas más elementales, tanto de la hospitalidad de los musulmanes como de la caballerosidad de los francos. Saladino había provisto el decorado de la tienda y el séquito de Ricardo admiraba en secreto la opulencia y la suavidad de las alfombras y las hojas damasquinas artísticamente forjadas que Saladino había llevado como ofrenda de hospitalidad. Ricardo conocía las costumbres árabes y pensó también en aportar regalos.

Saladino tenía la barba negra típica de sus coterráneos, un turbante de seda y una túnica anaranjada de mangas amplias. Miró de arriba abajo al rey de Inglaterra. Ya habían intercambiado las fórmulas preliminares de cortesía, pero en Oriente no se acostumbraba pasar enseguida al punto esencial de las negociaciones.

Saladino empezó a hablar despacio en el idioma de su enemigo, que dominaba a la perfección.

–Sabéis –dijo–, yo siempre me he preguntado qué os impulsa a vosotros los cristianos a venir hasta aquí, prescindiendo por una vez de vuestra fe. Vosotros seguís vuestras enseñanzas y nosotros las nuestras, pero nosotros conducimos la *yihad* en nuestro país, en la tierra que nos ha engendrado. A vosotros, en cambio, el calor os hace caer enfermos con regularidad y además cada uno de vosotros, soldado raso... o rey, pone en peligro sus posesiones con la larga ausencia.

Ricardo sonrió. Entendía muy bien qué quería saber Saladino y contestó con similares formulaciones filosóficas.

–Aparte de nuestra fe, mi estimado príncipe, nos trae hasta aquí lo que impulsa a todos los guerreros de todos los tiempos..., honor, gloria, botín... ¿y no se dice también que es en tiempos difíciles y bajo condiciones difíciles cuando se prueba a un hombre? ¿Dónde podría probarse mejor que en el fuego purificador del desierto?

Saladino dio unas palmadas y uno de sus guardaespaldas le alcanzó una bandeja con frutas que ofreció al rey franco. No era sólo un gesto de cortesía sino también una indicación bien calculada para demostrar que el ejército musulmán no sufría de ninguna clase de dificultades de abastecimiento. Dejó que su guardaespaldas probara primero y observó cómo Ricardo, contento pero sin la menor muestra de avidez, se servía la fruta refrescante.

–Sí, el desierto –comentó con aire pensativo Saladino–, claro que brinda purificación, que es lo que buscaban en él tanto vuestro profeta como el mío. Pero también ofrece espejismos, visiones engañosas sobre todo para los extranjeros. En especial los extranjeros son susceptibles aquí de correr detrás de sueños irrealizables.

–¿Lo creéis así? –replicó Ricardo–. Cuando os propusisteis unir los emiratos divididos del islam, ¿no se llamó a eso también «espejismo engañoso»?

Saladino arqueó las cejas negras.

–En efecto. Algunos sueños se convierten en realidad sólo cuando se encuentra el hombre adecuado para realizarlos.

Los acompañantes de Ricardo empezaron a inquietarse. Hasta entonces no se había pronunciado una sola palabra sobre los acontecimientos bélicos y ellos no entendían aquel interminable vagabundear de una especulación a otra. Los árabes que se encontraban en la lujosa tienda de Saladino les lanzaban miradas burlonas. ¡Bárbaros francos! Mientras tanto, seguían con mucho interés la conversación de su soberano con el caudillo de los francos, que parecía estar dotado del intelecto de un hombre civilizado.

–Pero para correr detrás de su sueño –añadió Saladino–, un hombre no debe llevar consigo ningún equipaje pesado en el desierto. Hasta debería deshacerse de todos sus bienes para poder seguir su camino. ¿Y qué pasaría, amigo mío, cuando después comprobara que sólo se había tratado de una ilusión provocada por el calor? Entonces estarían perdidos sus bienes y él mismo.

Ricardo cruzó los brazos y le respondió en tono distendido.

–Llevo aquí bastante tiempo para saber que los viajeros de vuestras caravanas, por ejemplo, cuando marchan a través de Egipto, tienen muchos amigos que los ayudan en los oasis, camellos que transportan su carga y sobre todo un administrador leal que cuida de los bienes de su señor durante su ausencia.

–Bueno, yo conocí a un viajero así –manifestó Saladino con un tono de voz que debía sonar casual–. Él tenía muchos enemigos en su país, entre otros un pariente muy cercano, y todos ellos sólo estaban a la espera de que él perdiera sus bienes. Además, los conductores de su caravana estaban peleados entre ellos.

Ricardo se inclinó hacia delante.

–Yo también conocí a ese viajero y habéis olvidado mencionar que aparte de sus enemigos también tenía un administrador de una fidelidad y una inteligencia tales que superaba a sus enemigos y a sus amigos.

–¿De veras? –preguntó interesado el árabe–. Yo creía que un administrador así era algo imposible en el país del que procedía el viajero. Nosotros, que gobernamos sobre los fieles, por regla general convertimos en nuestros principales visires y consejeros a los eunucos, ya que ellos no pueden fundar ninguna dinastía. Pero vosotros los francos...

Ricardo se sirvió otra de las sabrosas frutas.

–Es cierto que no tenemos eunucos, pero sí sacerdotes que tampoco pueden tener ninguna pretensión al trono. Y nuestro común amigo, el viajero, tenía además un administrador excepcional, unido a él por lazos de sangre. No era ningún sacerdote, ningún hombre, y sin embargo era capaz de mantener a raya tanto a sacerdotes como a hombres.

Saladino carraspeó.

–Creo que yo también he oído hablar de ese administrador..., mucho.

El tacto le impidió decir más.

Si la madre de su oponente no respondía a las pautas cristianas para una mujer, para un musulmán representaba directamente la violación de todas las normas éticas. El Corán decía que las mujeres no poseían alma (quizás a diferencia de los camellos) y si una mujer se atrevía a gobernar como un hombre, era algo contrario a toda naturaleza y a todas las leyes.

No obstante, Saladino estaba capacitado para valorar lo excepcional.

–Bien –continuó entonces–, supongamos que era tal como decís y que el administrador de nuestro viajero ponía el mayor cuidado en proteger sus propiedades mientras la caravana estaba en camino..., ¿eso excluye que el viajero muera en el camino? Nadie puede sentirse demasiado seguro. Yo mismo he confiado una vez en mis dos guardaespaldas como en mis propios hijos y me pasó algo que una vez más me recordó que como soberano no hay que confiar en nadie y que siempre se debe contar con la muerte.

Dio un par de palmadas y un negro vestido de blanco se arrodilló delante de él y con sus enormes manos negras le ofreció un recipiente esférico dorado. Saladino lo tomó y levantó la tapa. Ricardo alcanzó a ver una sustancia blanca en polvo.

–Nosotros la llamamos hachís –explicó Saladino con rostro inexpresivo–. Ha sido muy difícil de conseguir ya que en mi territorio hay un hombre al que se podría calificar de príncipe de todo el hachís. Además, tiene la desfachatez de reclamar el derecho a ser un imán y ya una vez he conducido una expedición contra él para encontrar y quemar su nido en las montañas. Por el momento, sin embargo, me impiden... –frunció los labios–, bueno, digamos asuntos más importantes me impiden atacarlo por la espalda.

–¿Fue ese hombre el que trajo la muerte ante vuestros ojos? –preguntó Ricardo secamente.

–Así es. Con la ayuda de su hachís y algunos otros placeres, doblega la voluntad de hombres jóvenes que se convierten en sus partidarios incondicionales y por orden suya matan a cualquier hombre que él determine. Comprenderéis que yo no puedo permitir algo así. Incluso durante mi campaña contra él, me envió un mensaje que... fue más que impresionante. Su mensajero fue desnudado y registrado por completo, pero no llevaba arma alguna consigo. Ordené que lo llevaran a mi presencia, pero él dijo que podía transmitir el mensaje únicamente si estaba a solas conmigo. Despedí a los hombres de mi séquito con excepción de mis guardaespaldas, se entiende. Acto seguido, el mensajero preguntó a mis guardaespaldas: «Si mi señor os ordenara matar a Saladino, ¿lo haríais?». Y esos dos bastardos, a los que yo trataba como si fuesen de mi propia carne y sangre, desenvainaron sus espadas y gritaron: «¡Cuenta con nosotros!». Y el mensajero dijo: «Ése es el mensaje de mi señor», se volvió y abandonó la tienda junto con mis dos guardaespaldas. Creedme, ésa fue una de las pocas veces en que me quedé sin habla. Desde entonces nos encontramos en una tregua, pero cuando la *yihad* me deje otra vez un poco de tiempo, voy a exterminar al viejo de la montaña junto con sus jóvenes. –Saladino se quedó callado un momento–. Como veis –concluyó–, ni los más poderosos de los poderosos están seguros.

A juzgar por la inflexión de su voz, podía ser una amenaza, una advertencia o sólo una simple anécdota para levantar la moral.

Ricardo lo miró directamente a los ojos.

–Pero ¿no es precisamente el peligro lo que hace que nuestra vida sea algo más que una silenciosa sucesión de días?

La carcajada profunda y estridente del sultán llenó la tienda y cuando contestó, había casi un matiz de auténtica simpatía en el tono de su voz.

–Por el profeta, las historias que se cuentan sobre vos no mienten, amigo mío. Por supuesto que tenéis toda la razón. La vida sólo merece ser vivida cuando uno está siempre dispuesto a mirar a los ojos a la muerte. Pero me temo que si persistís en vuestra cruzada, no estaréis mucho más tiempo en condiciones de beber del cáliz de la vida.

La atmósfera había cambiado. Todos sentían que en aquel momento se tratarían abiertamente los hechos. Ricardo se aclaró la voz.

–Por lo que se refiere a nuestra cruzada y a vuestra *yihad*, hay mucho más en juego que mi vida. Los musulmanes y los francos se desangran mutuamente, el país está arruinado por completo y de los dos lados se han sacrificado vidas y haciendas. Ha llegado la hora de terminar con eso. –Tomó aliento antes de continuar–. Los puntos en litigio son Jerusalén, la Cruz y el país. Para nosotros, Jerusalén es un lugar santo que no podemos abandonar, aunque quedase sólo uno de nosotros. El país debe sernos entregado, desde aquí hasta el otro lado del Jordán. La Cruz, que para vosotros no es más que un pedazo de madera sin valor, es de gran importancia para nosotros. Si la devolvéis podríamos firmar la paz y descansar de estas fatigas interminables.

Saladino se acarició la barba con aire ausente. Cuando por fin contestó, el tono de su voz seguía sin ninguna animosidad, pero inflexible.

–Jerusalén es tan nuestra como vuestra. En realidad es más sagrada para nosotros que para vosotros, ya que es el lugar desde donde partió al cielo nuestro profeta y el lugar donde se reunirá nuestra comunidad el día del Juicio Final. No penséis que podemos renunciar a eso. Además, el país era nuestro en sus orígenes mientras que vosotros sois invasores y si pudisteis conquistarlo fue sólo debido a la debilidad de los musulmanes que entonces vivían aquí. En cuanto a la Cruz, la consideramos una prenda útil en nuestras manos y no la podemos entregar a menos que sea a cambio de un objeto de importancia equivalente para nosotros.

Ricardo siguió con la mirada el dibujo de la alfombra y tuvo la certeza de que ni el paso del tiempo alteraría sus colores.

–Por lo visto no incluís en eso la vida de vuestros correligionarios –comentó serenamente.

Saladino se echó a reír.

–Debo admitirlo, nunca he pensado que ajusticiaríais a los tres mil prisioneros de Acre si yo no cumpliera con vuestras condiciones. ¿Dónde quedaría vuestra caridad cristiana?

–En los hechos –contestó Ricardo con firmeza–. Primero, habéis quebrantado el acuerdo que he negociado con la guarnición de Acre; segundo, habéis intentado retenerme en Acre con negociaciones interminables; y tercero, no fue casualidad que vuestro mediador dijera de pasada que vos podríais ejecutar a todos los prisioneros cristianos si yo no me sometía a vuestras condiciones.

Saladino bajó la cabeza. La actitud de Ricardo había sido brutal pero eficaz, ya que en aquel momento conocía toda la dureza y la desconsideración de que era capaz el franco y sabía que él no profería amenazas vanas. Además, como estratega, Saladino sabía muy bien que con la muerte de los tres mil prisioneros musulmanes, Ricardo también se quitaría de encima el problema de su vigilancia y con eso tendría al ejército a su entera disposición. Libre para marchar hacia Jaffa. «Alá lo condene», pensó.

–Vos sabéis, por supuesto –dijo entonces–, que destruiré Ascalón antes de que podáis entrar allí, y por lo que se refiere a Jerusalén, en el interior del país no tendréis una flota que os proteja.

–No obstante, conquistaré las dos plazas, estimado príncipe.

Saladino sonrió.

–Según parece, algunos de vuestros cabecillas francos dudan de ello y prefieren permanecer cerca del mar. ¿Es correcta mi apreciación? Sea como fuere, el franco Conrado de Monferrato no da la impresión de querer tropezar otra vez con vos e insiste en que yo negocie con él por separado, puesto que no quiere que vos lo representéis.

Ricardo no se dio por aludido.

–Conrado de Monferrato es un advenedizo ambicioso –dijo– y si estáis enterado de nuestras desavenencias, también lo estoy yo de vuestras negociaciones con Conrado. Como retribución a cambio de que rompa conmigo, él os ha pedido nada menos que Beirut y Sidón, ¿no es así?

Saladino se acercó un poco más.

–Así es. Pero como ya ha roto con vos, no hay ningún motivo para perder dos ciudades importantes que tendría que reconquistar con mucho trabajo dentro de unos años. Para que obtenga de mí la cesión de Beirut y Sidón, espero mucho más de él.

Ricardo cruzó los brazos.

–Tendría que luchar contra mí, ¿no es así? Pero él no lo hará.

–Correcto –afirmó Saladino–. Es una lástima que seáis un franco infiel, amigo mío. ¡Qué desperdicio! Yo haría de vos uno de mis supremos jefes militares y os honraría más que a todos mis emires si os convirtierais.

–El día en que vos recibáis el bautismo –replicó Ricardo y los dos se echaron a reír.

Juan observaba con satisfacción cómo sus hombres aprovisionaban varios barcos en Southampton. A pesar de su juramento, había bajado a tierra en Inglaterra sin mayores escrúpulos. Una cosa era tomar prisionero al bastardo Rafael, pero el canciller lo pensaría dos veces antes de encadenar a un príncipe Plantagenet, sobre todo después de la caída de Longchamp.

Ricardo era un loco. Qué locura trágica haber partido a su tonta cruzada poco después de su coronación. Juan ya había recibido un mensaje de Felipe, llegado para las fiestas de Navidad, y sabía muy bien lo que le esperaba allí. Felipe no se había concedido ningún descanso y ya en enero exigía la devolución del Vexin, de Alais y de la fortaleza de Gisors, en contra del pacto celebrado en Mesina con Ricardo. Pero el mayordomo real de Leonor se había negado rotundamente a entregarle la fortaleza y como estaba muy armada, Felipe tuvo que retirarse por el momento... y había escrito a Juan.

Juan creía que Ricardo se había apoderado de su reino con ayuda del rey francés. Así que eso podría recuperarse. Pero sus agradables fantasías fueron interrumpidas por uno de sus hombres que, desconcertado y nervioso, le anunció que la reina estaba allí y quería hablar con él.

–¿Aquí, en Southampton? ¡Pero si ella está en Normandía! –exclamó Juan y acto seguido se llamó estúpido.

Ella podía cruzar el Canal en todo momento, tenía mejores espías que cualquiera y con toda seguridad no se quedaría de brazos cruzados para ver cómo él se disponía a quitarle la corona a Ricardo.

Leonor estaba embozada en ropa gruesa con abundantes capas de pieles, como era necesario para una travesía en medio del invierno, pero su voz sonaba tan autoritaria que muy bien podría haber estado delante de él enfundada en sus solemnes vestiduras de gala.

–Bien, hijo mío –dijo con frialdad–, para ahorrarnos los reproches y cosas parecidas, te exijo regresar al continente en el acto..., se entiende que sin flota, soldados o cosas parecidas.

–¿Y por qué debería hacer eso, señora? –preguntó Juan con displicencia.

Leonor esbozó una sonrisa.

–Porque si no lo haces repartiré todos tus bienes en Normandía entre los barones de Ricardo. Tú decides... o Inglaterra, donde no tienes ningún castillo, o tu condado en Normandía.

Juan la miró fijamente. Su rostro era impenetrable, sólo los ojos delataban algo de la furia incontrolable que bramaba dentro de él.

–Será mejor que me escuches –dijo con voz serena su madre–. Ya deberías haber comprendido que Felipe no es en absoluto fiable como aliado. Y además dudo mucho de que él consiga que sus nobles lo apoyen en una campaña militar contra un cruzado ausente, que en este momento es el centro de atención de todos los creyentes. ¿Alguna vez has pensado en el regreso de Ricardo y en lo que él hará después con sus enemigos?

Juan esbozó a duras penas una respuesta. Era cierto, Ricardo podía ser un loco, pero no tan loco como para hacerle el favor a él de quedarse para siempre en Oriente.

–Está bien –respondió lentamente–, me retiraré a mi condado en Normandía.

Leonor asintió con la cabeza. En aquel momento estaba decidida a gobernar el reino desde Inglaterra. En parte porque podía estar segura de la lealtad de los vasallos en el continente y además, era muy posible que el hecho de que se considerara un sacrilegio atentar contra los bienes de un cruzado tuviese su valor. Leonor empezó a recorrer también los condados ingleses y hacer fortificar más los castillos locales. Visitó a los barones más poderosos del país, Windsor, Oxford, Londres y Winchester, y se hizo prestar una vez más el juramento de fidelidad. Su presencia contribuyó a propagar los rumores que en aquel momento circulaban sobre el rey, por ejemplo, que se proponía permanecer en Tierra Santa e incluso a quedarse con la corona de Jerusalén.

Felipe supo que sus nobles no estaban encantados con la perspectiva de hacer frente a un Ricardo de Inglaterra sediento de venganza, y menos con la de ser excomulgados por la Santa Sede después de una invasión a Normandía, como Felipe les proponía... Como era de esperar, el único de los vasallos de Ricardo que se dejó arrastrar a la rebelión fue el conde de Tolosa. Pero en eso, tanto Felipe como el conde habían olvidado que el casamiento de Ricardo le había procurado aliados muy cerca de Tolosa. Sancho de Navarra aplastó la rebelión con una facilidad envidiable. El reino de los Plantagenet había dado pruebas de estar firme.

Aun así, Leonor siguió alerta. Sabía demasiado bien que ni Felipe ni Juan arriarían jamás sus banderas. Juan... Estaba harta de ver luchar a sus hijos uno contra otro.

–¿Qué es lo que hemos hecho, Enrique? –murmuró en la soledad de su alcoba.

En aquellos días lo echaba de menos con una intensidad desconcertante. Toda su vida había encontrado placer en la lucha por el poder, pero en aquel momento estaba cansada de eso, muy cansada, y sólo deseaba para sí un país en paz, unido..., sin hijos pendencieros, sedientos de poder, que se abalanzaran unos sobre otros. Pero la experiencia le decía que eso era imposible. Parecía que aquel año iba a empezar su siguiente gran batalla.

¿De modo que Felipe creía que en ausencia de Ricardo podría practicar su habitual juego de sublevar uno contra otro a los Plantagenet y al mismo tiempo adueñarse de tantas tierras como fuese posible? ¡Se llevaría una sorpresa!

Mientras todos hablaban de la conquista de Ascalón por Ricardo y de su avance hacia Jerusalén, Leonor intentaba distraerse con la expansión de las vías comerciales.

–La comunicación con Oriente se debería aprovechar también para otras cosas y no sólo para el intercambio de mensajes.

El arzobispo de Ruán era un buen hombre aunque no necesariamente el más avispado.

–¿Cómo decís eso? –preguntó irritado–. Es imposible que nosotros comerciemos con los musulmanes.

–No –contestó sonriendo Leonor–, pero sí con Chipre y con Pisa y Génova, que ponen sus barcos a disposición de Ricardo. Ellos sacan mucho provecho de eso, de modo que podrían concedernos condiciones verdaderamente favorables. Nosotros necesitamos dinero por si a Felipe se le ocurre algo nuevo. Además –añadió–, en vuestro lugar yo no estaría tan segura de eso del comercio entre musulmanes y cristianos en Tierra Santa. ¿Con qué objeto ha conquistado Ricardo las ciudades marítimas?

El arzobispo se persignó en secreto y pensó que tan sólo la reina era capaz de relacionar una peregrinación con ventajas comerciales. El resto de la población recibió con decepción la noticia de que Ricardo había tenido que volver sobre sus pasos poco antes de Jerusalén, dado que no estaba asegurado el abastecimiento y Saladino había secado o contaminado todos los manantiales en los alrededores, en pleno verano. Leonor, en cambio, se sintió aliviada. Quería volver a ver a Ricardo en Inglaterra.

En agosto, Leonor recibió la visita de su hija María. El hijo mayor de María, Enrique de Champaña, había acompañado a Ricardo, de manera que ella tenía muchos motivos para ir a Inglaterra. Además, eran muy escasas las noticias sobre la cruzada que llegaban a Francia.

–Felipe tiene algo en contra de las novedades de Tierra Santa –comentó María en tono burlón–, porque la gente todavía dice que él ha dejado solo a Ricardo contra los infieles.

Leonor se desperezó.

–En este momento contesto a una de sus nuevas cartas de protesta sobre Alais y el Vexin. Escribir cartas a Felipe me mantiene joven. A nadie más que a él puedo enviarle respuestas tan arrogantes.

María apoyó una mano en la de su madre con el mayor afecto.

–Creo que sois la única que puede atreverse con Felipe. Él es tan hermano mío como Ricardo pero, Dios me perdone, lo olvido cada vez con más frecuencia.

–Sí, él no tiene absolutamente nada de su padre –admitió Leonor–, lo que en definitiva puede no ser tan malo para su reino.

María la miró sin comprender y Leonor le guiñó un ojo.

–Querida mía, en los últimos cuarenta años tú tienes que haber notado que todo el que se sienta sobre un trono debe ser lo más desconsiderado posible para seguir con vida. Y Luis era el ser humano más considerado que he conocido jamás.

María tenía cuarenta y ocho años, pero nunca se había atrevido a hablar de Luis con su madre.

–¿Realmente amasteis alguna vez a mi padre?

De manera metódica, Leonor primero plegó la carta y después alzó los ojos hacia su hija mayor.

–Es una pregunta difícil. Yo sentía mucho cariño por él, aun cuando a veces me ponía furiosa con su eterna bondad.

Quizás en cierto modo también lo amé, pero no como una mujer ama a un hombre, sino más bien como una madre a su hijo. Sólo puedo decirte que he estado casada quince años con un hombre muy bueno y treinta y ocho años con otro que era su opuesto, y pese a ello, esos treinta y ocho años me parecen muchísimo más cortos, ya que en los años con Luis me aburría con demasiada frecuencia.

María se quedó callada. Estaba a punto de preguntarle también por Enrique, pero Leonor, cautelosamente, cambió de asunto.

–Pero no hablemos del pasado sino del futuro. Puedes estar muy orgullosa de tu hijo, María.

–En realidad no he comprendido muy bien cómo sucedió todo –dijo María con una débil sonrisa–. Como os he dicho, son muy escasas las noticias que circulan en Francia.

Leonor se puso de pie y las dos abandonaron la habitación para salir a los jardines del castillo. Mientras caminaban, la reina empezó su relato.

–Tal vez sepas que Conrado de Monferrato y Guy de Lusiñán se disputaban la dignidad real de Jerusalén, pese a que hoy, como antes, Jerusalén está en manos de Saladino. Por fin, Ricardo decidió poner término a la disputa; además, él necesitaba las tropas de Monferrato. Convocó a sus oficiales superiores para votar quién debía ser rey de Jerusalén y ellos votaron por Conrado de Monferrato, porque no creían que Guy de Lusiñán pudiera imponerse contra él.

–¿Y Guy de Lusiñán? –preguntó María–. Los Lusiñán nunca han renunciado voluntariamente a un territorio.

–Tal vez lo ayudó el detalle insignificante de que ya no lo poseía –respondió irónicamente Leonor–. Además, Ricardo le cedió Chipre, lo que en verdad es una recompensa generosa por un reino ocupado por Saladino.

María asintió con la cabeza.

–Pero ¿cómo entró Enrique en el juego?

–Bien, tu hijo debía comunicarle la buena nueva a Conrado con las debidas precauciones, ya que él se había quedado en Tiro y se negaba a hablar con Ricardo. De todos modos lo hizo, pero Enrique apenas había vuelto a partir cuando dos asesinos mataron a Conrado..., musulmanes que había enviado un hombre al que allí llaman «el viejo de la montaña». Ricardo ha prometido informarme con todo detalle sobre él en su próxima carta. Sea como fuere, Jerusalén estaba otra vez sin rey, puesto que Guy de Lusiñán había hecho una renuncia oficial. Sin embargo, la pretensión de Conrado de Monferrato se basaba sobre todo en su matrimonio con Isabel de Jerusalén.

–Y Ricardo dispuso que Enrique debía casarse con ella –completó María.

–Así es –afirmó su madre–, y por eso tu hijo ahora puede llamarse rey de Jerusalén.

En la frente de María se formaron dos arrugas sutiles.

–Ese asesinato me parece muy extraño...

Leonor frunció los labios.

–Por ese motivo también ha dado origen a muchas murmuraciones. Se ha afirmado que Saladino podría haber sobornado a ese viejo de la montaña para que hiciera asesinar a Conrado y a Ricardo y con eso se quitaba de encima a los dos. Pero el viejo envió a sus asesinos sólo a la caza de Conrado, porque sabía que de no hacerlo así, Saladino tendría las manos libres para volverse contra él. Tienes que saber que Saladino y el viejo ya han luchado varias veces uno contra el otro. Pero Ricardo escribe que Saladino nunca se rebajaría a pagar asesinos, es demasiado orgulloso para eso. Como es natural, algunos rumores acusan a Ricardo pero eso es un disparate; y otros afirman que habría sido un acto de venganza de Guy de Lusiñán o de Humphrey de Toron, el primer esposo de Isabel.

–Nunca llegaremos a conocer la verdad –manifestó María con sentido realista, y se colgó del brazo de su madre–. Es una suerte que Felipe no estuviera allí el tiempo suficiente para confraternizar con el viejo de la montaña.

–Sí –comentó Leonor–, deben de ser almas gemelas.

Durante aquel verano proliferaron las noticias preocupantes. La jugada siguiente del rey de Francia fue aliarse con Enrique Hohenstaufen, que estaba a punto de planificar su segunda expedición militar contra Sicilia. La primera ofensiva había terminado muy mal para él: su esposa Constanza había caído en manos de Tancredo y éste la mantenía como rehén. A Leonor la invadían malos presentimientos cuando pensaba en el propósito que podía tener aquella alianza. De todos modos, al menos mientras estuviese ocupado con sus planes sicilianos, el emperador Enrique no tendría tiempo para prestar ayuda militar a Felipe en un eventual ataque a Normandía.

En agosto, Saladino intentó una vez más reconquistar Jaffa con el propósito de dividir, en los puntos decisivos, las franjas costeras dominadas por Ricardo. Pero éste repelió el ataque por sorpresa a pesar de que, como muchos de sus soldados, no tuvo tiempo para ponerse toda su armadura y combatió sin espinilleras. Junto con diez caballeros, condujo su contraataque a caballo.

Pero poco después de esta victoria cayó muy enfermo y por esa razón reanudó las negociaciones con Saladino. En consideración al agotamiento de las dos partes, se pusieron de acuerdo en celebrar un armisticio por tres años. La franja de costa comprendida entre Tiro y Jaffa fue reconocida como territorio cristiano y la propia Jerusalén podía ser visitada por los peregrinos con la condición de que entraran sin armas. Saladino le ofreció escolta personal a Ricardo para una visita a los Santos Lugares, pero Ricardo rechazó el ofrecimiento dado que había jurado que sólo pisaría Jerusalén cuando la hubiese conquistado. En virtud de aquel armisticio, ya no podía justificar más una ausencia prolongada de su reino, de modo que decidió poner fin a la cruzada.

Los preparativos para su regreso dieron pruebas de ser más complicados de lo esperado. Enrique Hohenstaufen había hecho un convenio con los genoveses y pisanos, por medio del cual éstos debían entregarle todos sus enemigos.

Así se excluyó el camino a través de un puerto del norte italiano, lo mismo que a través de alguno del sur de Francia, dado que todos los puertos de aquella región pertenecían al vengativo conde de Tolosa. Tampoco consideró atravesar el estrecho de Gibraltar ya que ambas costas estaban bajo la hegemonía de los musulmanes. La parte no tolosana de la costa francesa estaba bajo el dominio de Felipe, y Renania, que Ricardo tenía que atravesar si quería seguir por tierra la mayor parte del camino, estaba sometida al Staufen. Al final decidió viajar disfrazado de simple peregrino.

Leonor esperó todo el otoño noticias de su hijo. Ya hacía mucho que Juana y Berenguela habían regresado con relativa seguridad a Roma y también estaban de regreso la mayoría de los peregrinos normandos y anglosajones, pero todavía no había el menor rastro de Ricardo. Ofreció una recompensa elevada para el primero que pudiese informarle sobre el regreso de Ricardo y fue uno de los espías que ella había infiltrado en la corte francesa con la ayuda de María, quien poco después de Navidad se presentó ante ella para ganarse aquella recompensa.

Se trataba de un hombre insignificante con ojos astutos de comadreja, que mantenía su contacto con el notario de Felipe, que estaba a sueldo de ella.

–¿Qué hay de nuevo? –preguntó con impaciencia.

Siempre estaba interesada en los planes de Felipe, pero en aquel momento le importaba más conocer en qué lugar de Europa se encontraba Ricardo. Por todo lo que ella sabía, podía haberse ahogado en una tempestad, haber sido asesinado por bandidos o sepultado por una avalancha de nieve.

–¿Cuánto valor tiene para mi reina la copia de una carta del emperador Enrique VI al rey Felipe? –preguntó con expectación su espía.

–El precio acostumbrado –respondió Leonor fríamente–, más el hecho de que yo no desenmascare a vuestro jefe, como podría hacerlo con facilidad si él se volviera demasiado codicioso. Al fin y al cabo, también hay otras personas en la corte francesa que pueden suministrarme noticias.

El hombre no se dejó desconcertar.

–No esta noticia. Ésta le llegó al rey Felipe el veintiocho de diciembre y en el acto me puse en camino para cruzar el Canal. –Esperó un momento y entonces, con un gesto dramático, añadió–: Se refiere al rey Ricardo.

Esperaba que la reina se estremeciera, pero ella siguió tan dueña de sí como siempre. Sólo en sus ojos creyó poder distinguir un breve destello.

–Buen hombre –dijo ella en tono despectivo–, ¿tenéis idea de la cantidad de farsantes que se presentan en estos días y afirman saber algo de mi hijo? Esperaba más de vos.

–Pero esto es verdad –protestó en tono ofendido–. Ningún precio será demasiado alto una vez que hayáis visto la carta.

–Entonces dejad primero que la vea –replicó Leonor con frialdad–. Yo no pago por mercancía que no conozco. Si es digna de vuestras exigencias, vos y vuestro jefe seréis recompensados como corresponde.

Resignado, el espía le entregó la copia de la carta y pensó, exasperado, que todo lo que había oído sobre aquella mujer era cierto. Sólo una criatura diabólica sin corazón era capaz de negociar sobre el destino de su hijo con semejante sangre fría.

Leonor leyó la carta. Se quedó inmóvil, sólo clavó las uñas en la palma de sus manos en un acto reflejo. Entonces, de repente, se puso de pie.

–Está bien –manifestó–. Os pagaré el doble y cuando me proporcionéis más datos sobre los planes de Felipe, os gratificaré otra vez de acuerdo con la información. Ahora idos.

Cuando el espía se hubo alejado, llamó a uno de sus sirvientes y ordenó avisar al canciller que debía presentarse ante ella en el acto. El arzobispo de Ruán ya se había acostado y a medio vestir y algo malhumorado por la molestia a altas horas de la noche llegó a las habitaciones de la reina. La vio de pie, erguida junto al fuego, e instintivamente se preguntó si aquella mujer no se cansaba nunca. Había algo antinatural en ella. A su edad, la mayoría de las personas estaban muertas o locas.

Sin una palabra, ella le deslizó la carta en la mano.

–Leed –dijo escuetamente.

El canciller leyó a toda prisa la introducción formal y se quedó petrificado cuando llegó al núcleo de la carta.

«Por medio de la presente carta considero oportuno poner en vuestro conocimiento, majestad, que en el momento en que el enemigo de mi imperio y agitador de vuestro reino, Ricardo, rey de Inglaterra, viajaba por el mar para regresar a su país, su barco zozobró y los vientos adversos lo empujaron hacia Istria... Como los caminos estaban bien vigilados y había centinelas apostados por todas partes, nuestro amado y muy alabado primo Leopoldo, duque de Austria, pudo apoderarse de la persona del mencionado rey a quien encontró en una humilde cabaña de campesinos en las cercanías de Viena...»

El arzobispo sintió que le faltaba el aire y se dejó caer pesadamente en un asiento.

–¡Oh, Dios mío!

–¿Sabéis lo que eso significa? –preguntó en tono severo la reina. Ella necesitaba su colaboración, no aseveraciones de su desconcierto o de su compasión–. Primero –enumeró–, necesitamos enviar hombres en el acto para que descubran dónde mantienen prisionero a Ricardo. Segundo, debemos entablar negociaciones con Enrique y Leopoldo para saber qué exigen por su liberación, y tercero... ¿qué creéis que hará Felipe ahora?

Walter de Coutances comprendió rápidamente.

–¡Juan! –exclamó.

Leonor asintió con la cabeza.

–Apuesto a que él ya está camino de París. Felipe debe de habérselo comunicado enseguida. Nosotros debemos reunir cuanto antes un ejército para la defensa de la costa del Canal.

–Demos gracias al Señor de que al menos una parte de los cruzados está otra vez aquí –murmuró el arzobispo. Entonces pensó otra vez en aquella carta terrible–. Es un sacrilegio hacer prisionero a un peregrino –dijo como si sirviera de algo.

–¡Explicadle eso a Leopoldo de Austria y a Enrique Hohenstaufen! –dijo despectivamente Leonor–. Sí, yo escribiré al Papa pero ¿creéis en serio que va a excomulgar al emperador del Sacro Imperio Romano, cuando ya sus predecesores tuvieron bastantes dificultades con Federico, el padre de Enrique?

–*Dies irae!* –gimió Walter de Coutances–. Es una catástrofe.

–Ante todo, es hora de negociar.

El arzobispo se serenó y discutió con Leonor los próximos pasos que emprenderían. Cuando se despidió de ella al rayar el alba, se volvió para mirar una vez más la solitaria figura delgada de la reina. Otra vez sostenía en la mano la copia de la carta de Enrique, pero todo su porte expresaba una fuerza vital inquebrantable y una gran determinación en la barbilla erguida. Leonor de Aquitania ya había empezado a luchar por la liberación de Ricardo con el emperador del Sacro Imperio Romano, con el rey de Francia y con su propio hijo.

–Y bien –dijo Felipe–, ¿estamos de acuerdo?

Juan asintió. Había acudido a la llamada de París a marchas forzadas y se reclinó en el cómodo sillón.

–Haré anular mi matrimonio con Avisa, me casaré con Alais y recibiréis el Vexin, incluida la parte normanda y la fortaleza de Gisors.

Hablaban en el gabinete privado de Felipe; el rey de Francia se había ocupado de que la menor cantidad posible de personas se enterara de la presencia de Juan en su corte. Su alianza con éste debía permanecer en secreto.

–Ahora lo único que cuenta es la rapidez –dijo Juan–. Tenemos que aprovechar nuestra ventaja antes de que el emperador haga pública la captura de Ricardo, y lo hará para conseguir el dinero del rescate. Por ahora, nadie sabe si vive o está muerto, y apelando a la muerte de Ricardo, yo me haré proclamar rey. El pueblo creerá lo que queramos.

–Pero no los barones, si acaso, una parte. ¿Y qué pasa con vuestra madre, la reina?

El semblante de Juan era inexpresivo.

–Yo me arreglaré con ella. Por supuesto que la historia de la muerte de Ricardo no se podrá mantener para siempre, pero lo que más importa es que se concrete mi invasión de Inglaterra antes de que el emperador haya formulado sus exigencias. ¿Podréis contenerlo tanto tiempo?

El rey de Francia se encogió de hombros.

–De todos modos, por el momento todavía negocia con Leopoldo de Austria la suma que le va a costar la transferencia de Ricardo a su poder imperial –comentó Felipe y se rió por lo bajo–. Debéis saber que el buen Leopoldo no tiene ninguna prisa por entregar a vuestro hermano a su emperador. Le gustaría muchísimo desahogar su propia cólera en él. Ricardo y él todavía tienen una vieja cuenta que saldar.

–Tanto mejor –opinó Juan–. Entonces podemos contar con alguna demora. ¿Tengo vuestra promesa de que el nuevo conde de Flandes me apoya?

–La tenéis. Además, he conseguido atraer a mi bando a Aimar de Angulema. Atacará en el Poitou.

Juan esbozó una sonrisa fugaz.

–Tres escenarios donde actuar... Inglaterra, el Poitou y vuestra ofensiva sobre Normandía..., en realidad, debería ser más que suficiente.

–Me gustaría mucho saber qué hace Ricardo en este momento –comentó Felipe, ensimismado–. No puedo imaginarme que esté sentado tranquilo en alguna de las fiestas de Leopoldo.

–Me es por completo indiferente –replicó Juan con frialdad–. Espero que se quede allí para toda la eternidad y que se pudra en el infierno.

En Oxford se desarrollaba el gran consejo del reino convocado por Leonor y Walter de Coutances. Leonor había informado a los barones sobre la captura de Ricardo y había negado enérgicamente todos los rumores de que estaba muerto. Una parte de ellos, sin embargo, exigía pruebas porque si no fuera cierto lo que ella decía, entonces estaban a punto de luchar contra el nuevo rey de Inglaterra.

El canciller, un hombre algo corpulento, se precipitó nerviosamente dentro del gabinete donde Leonor le dictaba a su secretario de cancillería.

–Señora, tengo novedades.

–Yo también –dijo la reina–. Es mejor que toméis asiento. Juan ha intentado aliarse con Guillermo de Escocia.

–¿Y? –preguntó intrigado Walter de Coutances.

–Guillermo ha dado pruebas de ser una rareza entre las testas coronadas y se acordó del tributo que tuvo que pagarle a Enrique y que le fue condonado por Ricardo. Se negó a la alianza y me escribió que se pone a mi disposición con sus tropas.

Hacía mucho frío en Oxford y Leonor se frotó las manos de manera involuntaria. Le faltaba el calor de Aquitania.

–¿Y vuestras novedades? –preguntó.

El canciller carraspeó.

–Eh... el rey Felipe marcha hacia la frontera con el Vexin y Aimar de Angulema atacó en el Poitou. Pero los nobles de allí lograron rechazarlo. Acaban de informarme de que fue hecho prisionero.

Leonor posó unos instantes las manos sobre las sienes doloridas.

–¡Qué bien! –comentó–. Pero ¿habéis oído que los partidarios de Juan han logrado ocupar los castillos de Windsor y Wallingford? Claro que serán recuperados, pero me preocupa.

El arzobispo se atrevió a tomarla del brazo para confortarla.

–Señora –replicó–, hasta ahora ninguno de sus barcos pudo arribar a la costa y los tres que lo han intentado fueron tomados. Todo el país está de parte de su rey.

–¿Hasta cuándo? –preguntó con voz neutra–. ¿Hasta cuándo?

En marzo regresaron dos de los hombres que Leonor había enviado e informaron de que el duque Leopoldo había entregado a Ricardo al emperador por 75.000 marcos. Sin embargo, la suma todavía no había sido pagada por Enrique. Los espías lo encontraron entre Ochsenfurt y Spira, donde había sido llevado a la corte imperial por Leopoldo. Contaron que estaba en buen estado de salud, con un ánimo inquebrantable y que los había interrogado a fondo sobre la situación en Inglaterra y en Normandía.

Con su actitud digna y su autodominio, Ricardo se había granjeado en Spira un considerable respeto entre los príncipes germanos que habían oído hablar del famoso temperamento y los accesos de cólera de los Plantagenet. Enrique dio a conocer también allí su primera exigencia de rescate: quería 100.000 marcos de plata y por un año cincuenta galeras y doscientos caballeros. Además, Ricardo debía comprometerse a solicitar al Papa la derogación de la excomunión que pesaba sobre Leopoldo. Mientras tanto se había difundido la noticia de la captura de Ricardo y uno de sus más estrechos consejeros, que se enteró de la captura en Sicilia, viajó a toda prisa al Rin para llegar a tiempo a la corte de Enrique en Spira. Se trataba de Huberto Walter, obispo de Salisbury, y por medio de él Ricardo tuvo por fin la oportunidad de enviar algunas cartas a Inglaterra. En una de ellas pedía a su madre que reuniera el dinero para su rescate y que intercediera en favor de Huberto Walter para que fuese designado arzobispo de Canterbury, ya que el anterior titular de aquel cargo había muerto en Tierra Santa. Huberto prometió viajar a Inglaterra lo más rápido posible y además de la carta, llevó consigo la noticia de que en adelante Ricardo sería mantenido prisionero en el castillo de Trifels.

Felipe II de Francia miraba la fortaleza de Gisors, la cual había sido escenario de numerosas derrotas y humillaciones para la casa real francesa. En aquel momento, por fin, aquella deshonra había sido más que reparada. Deseó que el viejo Enrique Plantagenet, que siempre lo había tratado como un niño, estuviera allí para presenciar cómo obtenía la rendición de Gisors sin un solo golpe de espada. Y sobre todo, ¡qué divertido sería que Ricardo pudiese verlo!

Gilberto de Vascoeuil, el señor del castillo de Gisors, se acercó al campamento francés montado en un caballo blanco, desmontó delante de Felipe y se arrodilló. Aflojó lentamente su tahalí y depositó su espada a los pies de Felipe.

–Gisors os pertenece, majestad –declaró sombríamente.

Felipe terminó la ceremonia lo más rápidamente posible. Tenía prisa. Uno de los secretarios de su cancillería se dirigió a él con profunda reverencia.

–Es un gran día, majestad –dijo.

–Sí –dijo Felipe, satisfecho.

Con Gisors en sus manos, en aquel momento se abrían delante de él las puertas de Normandía. Su próximo objetivo era Ruán.

–Sólo me gustaría saber –murmuró más para sí mismo–, por qué Juan necesita tanto tiempo para llevar a cabo su invasión en Inglaterra.

La reina estaba sentada en una de las alcobas del castillo de Winchester que en otros tiempos había habitado su esposo. La pintura mural representaba un águila que era atacada por sus polluelos. «Becket dice que muestra mi futuro», le había dicho el joven rey a su esposa, que por entonces estaba embarazada de su quinto hijo, y los dos se habían reído de eso.

Recorrió con la vista las listas de los impuestos que había recaudado para poder reunir el dinero del rescate. Las últimas condiciones de Enrique incluían una suma de 150.000 marcos de plata, 70.000 pagaderos en el acto. Además, quería rehenes. Leonor había gravado a cada ciudadano con un impuesto del veinticinco por ciento; de sus barones exigió mucho más y como consuelo les aseguró que sus donativos serían registrados con sus nombres para que se supiera cuánto agradecimiento les debía el rey.

–¿Qué hay del oro de los tesoros de la Iglesia? –preguntó al secretario de la cancillería, Pedro de Blois, que había ascendido al honroso cargo bajo el reinado de Enrique.

–Fluye a duras penas, majestad.

Leonor hizo un gesto de contrariedad.

–En realidad es injusto por mi parte poner a los eminentes obispos y abades ante una opción semejante..., su oro o su rey cruzado.

Dejó a un lado las listas de impuestos.

–Pero tenemos que reunir el dinero rápidamente, Pedro –continuó–. Felipe ha avanzado mucho en Normandía.

–Pero el príncipe Juan todavía no ha podido poner pie en Inglaterra debido a la solidez de nuestra defensa –dijo el secretario de la cancillería como una forma de consuelo.

–Entonces –dijo de repente Leonor con una sonrisa algo maliciosa–, deberíamos acelerar un poco la decisión de las iglesias. Me encuentro en el estado de ánimo perfecto para escribir al santo padre..., a nuestro venerado Celestino, que aparte de decretar la excomunión sobre Leopoldo, todavía no ha movido un dedo..., aunque sería su obligación.

Puso a un lado las listas y empezó a dictar en voz alta y clara: «Leonor, reina de Inglaterra por la ira de Dios...».

–¡Pobre de ti, Pedro, si intentas suavizar eso! Yo leeré la carta palabra por palabra.

«... al santo padre, obispo de Roma, representante de Cristo, etcétera, etcétera. Lo que preocupa a la Iglesia, por lo que se queja el pueblo y pierde su respeto por vos, es que a pesar de las lágrimas y los lamentos de provincias enteras todavía no habéis mandado un solo emisario. Muchas veces y por asuntos de poca importancia, los cardenales fueron enviados hasta el fin del mundo con poderes ilimitados...»

–Señora –protestó Pedro de Blois–, no se habla de ese modo al santo padre.

Leonor arqueó las cejas.

–Yo lo hago, vos obedecéis. Cuando no se puede conseguir nada con ruegos, se debe tratar así a los papas. En Roma, Celestino me ha dado la impresión de ser un hombre más bien débil que sólo aspira a no disgustar al soberano más fuerte y temible, y yo le voy a hacer entender que puedo ser aún más temible que Enrique.

Rendido, el notario se encogió de hombros, tomó la pluma y continuó escribiendo lo que Leonor le dictaba.

«Sin embargo, en una situación tan desesperante y triste como ésta, ni siquiera habéis enviado un subdiácono o un acólito. Reyes y príncipes se han confabulado en contra de mi hijo. Lo retienen mientras devastan sus tierras. Y durante todo ese tiempo, la espada de San Pedro sigue dormida en la vaina. Tres veces habéis prometido enviar legados y no lo habéis hecho. Si a mi hijo le fuese bien, ellos habrían acudido corriendo a su llamada ya que saben muy bien con qué generosidad los habría recompensado...»

Pedro de Blois levantó los ojos en un gesto interrogante cuando la reina se quedó callada.

–Eso debería despertar una oportuna mala conciencia en el santo padre, ¿no creéis? –comentó divertida–. Por supuesto que vos debéis procurar que esta carta llegue a conocimiento público para que se sienta presionado.

Nervioso, el secretario de cancillería se humedeció los labios.

–Lo haré, señora. Pero ¿creéis en realidad que el santo padre va a excomulgar al emperador Enrique porque mantiene prisionero a un cruzado?

–No –respondió ella–, seguro que no. Pero entonces estará listo para mi siguiente carta en la que lo exhortaré a estimular a los obispos de aquí para que se muestren un poco más dispuestos a contribuir. Dictar el entredicho sería lo correcto, ¿o no?

El secretario de la cancillería compadecía en secreto al santo padre si es que se trababa en una disputa seria con la reina Leonor. La edad no había podido borrar su belleza, sólo había dado más fuerza a su cara, como una talla en marfil de la que se elimina todo lo superfluo. Pero lo que enseguida impresionaba a todo el mundo era la sensación de que transmitía una formidable fuerza de voluntad, y eso sin hacer el menor esfuerzo consciente para conseguirlo. Con su vestido rojo con las mangas ajustadas hacía un poco el efecto de una llama en permanente combustión que se consumía a sí misma. Él dudaba que ella tuviese jamás un momento de descanso.

–¿Es cierto que Ruán todavía resiste el sitio que le puso el rey Felipe? –preguntó con curiosidad.

–Así es. El conde de Leicester defiende la ciudad y lo que Felipe ha hecho hasta ahora es poco más que tomar dos castillos de los alrededores, Pacys e Ivry.

Leonor se dirigió al hogar, se arrodilló y echó un par de leños más. Encender el fuego en verano era un lujo, pero aquel verano era excepcional por lo lluvioso. Pedro de Blois notó demasiado tarde lo que hacía, se levantó de un salto para ayudarla pero ella lo rechazó con un gesto.

En los últimos tiempos disfrutaba manteniéndose ocupada con las manos. Eso la distraía un poco de los pensamientos que daban vueltas en su cabeza de manera permanente. ¿Lograría Felipe conquistar Ruán? ¿Qué pasaría con Juan? Y sobre todo… ¿qué pasaría si el emperador seguía aumentando sus exigencias hasta el infinito?

Extendió los dedos hacia el renovado calor y Pedro de Blois, titubeante, le formuló una pregunta.

–Señora, ¿habéis pensado alguna vez que el emperador podría decidir mantener como rehén al rey para siempre?

–¡Absurdo! –respondió severamente–. ¿De qué le serviría eso, aparte de hacer feliz a Felipe y a Juan? Al fin y al cabo él necesita dinero con urgencia para su campaña militar contra Sicilia, y como una gran parte de sus barones renanos se encuentra en rebeldía, debe destinar recursos también para eso.

Un sirviente anunció a Guillermo Longchamp. El canciller destituido de manera tan poco honrosa había regresado a Inglaterra después de lograr convencer al emperador, durante su permanencia en tierras germanas, de que no mantuviese prisionero a Ricardo en el castillo de Trifels sino en la residencia imperial de Hagenau. Durante su largo exilio había anudado contactos muy útiles por todas partes en el extranjero, y Leonor le había encomendado el control de los espías.

–Malas noticias, señora –dijo en cuanto entró y Leonor se incorporó.

–¡Magnífico! Estoy impaciente por escucharlas. ¿Qué pasa, Guillermo?

–Nos hemos enterado de que el rey Felipe negocia con el rey Canuto de Dinamarca un casamiento con su hija.

Leonor se mordió el labio inferior.

–Así que Dinamarca –dijo con voz pausada.

No era necesario que Longchamp entrase en más detalles. Canuto el Grande, el famoso antepasado del Canuto de entonces, se había apoderado de Inglaterra doscientos años antes, en los tiempos en que los daneses hacían inseguras las costas. Pues bien, en aquel momento seguían poseyendo una flota.

–Tendremos que fortificar también las costas del mar del Norte –manifestó con sentido práctico.

Longchamp profirió un juramento.

–¡Maldita sea esa rata de Felipe! ¡Si ya necesitamos hasta el último hombre contra Juan para hacer por completo impenetrable el Canal!

Leonor miró más allá de él.

–Todo saldrá bien –afirmó como en trance–. Ricardo será puesto en libertad otra vez y hasta entonces nosotros nos encargaremos de defender la isla.

Dicho esto se dirigió a Pedro de Blois.

–Bien, y ahora tengo hambre. ¿Vos no? Os habéis ganado con toda honradez una comida, Pedro.

–Pero –dijo perplejo Guillermo Longchamp– no podéis así como así en una situación como ésta.

Leonor frunció el ceño.

–¿No puedo? Todavía os sorprendéis, Guillermo Longchamp, de lo que soy capaz. Desde hace meses afrontamos nuevas y permanentes amenazas y si en medio de ellas quiero comer, ¡entonces lo hago, no lo olvidéis!

Apartó con violencia el tintero hacia un lado de la mesa en la que había escrito el secretario y estampó su firma al pie de la carta con letras grandes. Antes de salir con pasos tempestuosos, todavía lanzó una advertencia por encima de los hombros.

–Y sólo para que os enteréis, durante toda la comida escucharé canciones de mi tierra y ¡si os atrevéis a mostrar vuestra cara larga os echaré fuera!

Los dos hombres intercambiaron miradas una vez que ella había abandonado el lugar.

–Ella es la reina –comentó Pedro de Blois a modo de disculpa.

–Sí –asintió Longchamp con una sonrisa débil–. Y si alguien nos mantiene unidos en estos días, ese alguien es ella. Sabe Dios qué podría suceder si ella no viajara permanentemente de poblado en poblado, de ciudad en ciudad, y llamara a todos los hombres a permanecer fieles al rey Ricardo... ¡sobre todo a los nobles barones! Sólo me gustaría saber de dónde saca tanta fuerza.

–Tal vez de una comida de vez en cuando –conjeturó el secretario de la cancillería y los dos se echaron a reír.

Felipe concertó una reunión con Enrique VI para finales de junio. Por medio de sus contactos secretos, Leonor se enteró de que el propósito de aquel encuentro sería cambiar a Ricardo de una prisión alemana a una francesa, una vez que ambos soberanos pudieran ponerse de acuerdo sobre las condiciones. Ella elevó su oferta para el rescate, pero entonces se puso de manifiesto que su propio hijo había emprendido algo contra los planes de Felipe.

Ricardo dio pruebas de que no sólo había heredado el talento de estratega de su padre sino también el arte de la elocuencia de su madre y sorprendió al emperador al ofrecerse para actuar de mediador entre él y sus súbditos rebeldes en el Bajo Rin. Para eso le vino muy bien el respeto del que gozaba entre los príncipes germanos, por el hecho de que él, como rey cruzado, soportaba su cautiverio con una firmeza inquebrantable. El resultado fue directamente grotesco. ¡El rey inglés, siempre bajo estricta vigilancia, negoció una paz con los enemigos de su carcelero, Enrique Hohenstaufen! Sin embargo, el verdadero beneficio que le aportó la promesa escrita del emperador de renunciar a futuras negociaciones con Felipe, fue la reconciliación entre el Staufen y Enrique de Sajonia.

Felipe reaccionó rápidamente. Repudió a su esposa Ingeburga de Dinamarca la mañana siguiente a la noche de bodas, hizo que sus obispos anularan el matrimonio e intentó conquistar como esposa a Inés Hohenstaufen, la prima del emperador, para contrarrestar la reciente influencia de Ricardo.

–Eso es un regalo del cielo –comentó Leonor cuando se enteró–. Nuestro muy astuto Felipe se ha excedido.

Abrazó al desconcertado arzobispo de Ruán y tarareó una pequeña melodía.

–No pongáis esa cara de censura, eminentísimo, no estoy atacando vuestra virtud... ¿Sabéis lo que significa? Felipe puede despedirse de su alianza con Canuto de Dinamarca, nuestras costas del mar del Norte están seguras y creo que cuando le mande una carta a Canuto y le cuente con todo detalle las penas de la pobre Ingeburga, cerraré una alianza con él en lugar de Felipe.

Llamó a una de sus camareras y le pidió que le llevara algo de beber. Después se echó a reír.

–Y en cuanto a su santidad el Papa, dudo que vaya a estar muy contento con la decisión de Felipe. Yo debería preguntarle si él, como representante de Cristo, puede consentir una audacia semejante..., que Felipe haya sido tan insensato como para repudiar a su Ingeburga no antes sino después de la noche de bodas.

En aquel momento se encontraban en Oxford y aunque todavía llovía por las noches, al menos durante el día ya había empezado a sentirse el calor del verano. Los rayos del sol se filtraban a través de los vidrios pintados de la ventana y bañaban a Leonor con sombras verdes y azules.

–Creo que le escribiré también al emperador –añadió– y le ofreceré que case a su prima con mi nieto Enrique, el hijo mayor de Matilde. Con eso él obtendría una reconciliación más segura entre los Güelfos y los Staufen y a mí me encantará ver la cara de Felipe cuando se entere.

Estaba de muy buen humor cuando entró Longchamp en compañía de Will de Salisbury, el hijo ilegítimo de Enrique. Para gran sorpresa de ellos, los dos recibieron un beso en la mejilla.

–¡La vida es maravillosa y no conozco nada que me cause tanto placer como gobernar!

Longchamp sólo habló cuando recuperó el dominio de sí mismo.

–Parece que las buenas nuevas ya han llegado a vuestros oídos, señora.

–¿Los problemas matrimoniales de Felipe? Sí, ya estoy enterada de eso.

Longchamp negó con la cabeza y se volvió hacia el conde de Salisbury.

–Contádselo, Will.

Salisbury se aclaró la voz.

–Juan me ha escrito. Como las cosas están empantanadas, él propone un armisticio de seis meses.

La expresión en los ojos de Leonor no delató nada.

–Así que él propone eso –contestó en tono pausado–. Bien, como al contrario de mi hijo yo sí estoy interesada en la paz en este reino, consiento en ello si él hace que sus partidarios me entreguen Windsor y Wallingford.

Longchamp exhaló un suspiro ruidoso y Will expresó sus dudas.

–Él no se mostrará dispuesto a eso.

–Yo creo que sí –replicó Leonor–. Mira, Will, yo tengo la

sospecha de que él también sabe lo que puede significar la conducta de Felipe con Ingeburga y quiere mantener abierta la retirada.

Había vuelto el otoño y los ciudadanos de Londres se congregaban a diario en torno de la catedral de San Pablo. Allí no sólo se enteraban de las últimas noticias de todo el mundo, sobre todo de las relativas al rey prisionero; ahí, en la cripta, se reunía también el dinero para el rescate de Ricardo. Muchos se empujaban para entrar, quizá para poder echar una mirada a los tesoros bien custodiados. La suma exigida por Enrique VI equivalía a unos 34.000 kilos de plata pura, y el pueblo nunca volvería a ver tanta riqueza amontonada en una pila.

Se produjo agitación entre la multitud cuando algunos entraron a caballo y en sillas de mano. Reconocieron a Huberto Walter, el arzobispo de Canterbury elegido sólo hacía unos meses, y al burgomaestre de Londres, Harry Fitz Aylwin, a los que, era sabido, la reina había hecho responsables del dinero del rescate. Los dos fueron saludados con aplausos. La gente estaba orgullosa sobre todo de Fitz Aylwin, dado que sólo hacía dos años que se le había otorgado a Londres el derecho de elegir un burgomaestre.

Pero el aplauso se transformó en gritos de júbilo cuando la multitud se dio cuenta de que la mismísima reina descendía de una de las literas. En aquellos días, el conflicto con los normandos había quedado en el olvido. Para Inglaterra, Leonor se había convertido en un símbolo en la isla rodeada de enemigos, en la divinidad invencible que mantenía en pie el reino.

–Parece que no todos sienten antipatía hacia mí –comentó Leonor ante el enviado imperial que la acompañaba.

Saludó a la gente con la mano y después se volvió hacia el alcalde de Londres.

–Buscadme un lugar desde el cual pueda hacerme entender. Creo que se han ganado muy bien el derecho a enterarse de lo que sucede.

–¿Puedo traducir, señora? –se ofreció Harry Fitz Aylwin. Leonor rechazó el ofrecimiento.

–Si yo fuese reina aquí desde hace cuarenta años y no hubiera aprendido al menos un poco de vuestro idioma... eso hablaría muy mal de mi capacidad intelectual. No voy a afirmar que lo hable bien, pero mis conocimientos alcanzan para este propósito.

El burgomaestre la condujo a la piedra angular desde donde los cistercienses pronunciaban sus sermones los domingos. La voz profunda y firme de Leonor se elevó por encima de las cabezas de la multitud. Habló con un acento muy fuerte pero comprensible, lo que le hizo ganar un nuevo aplauso.

–Los enviados del emperador han llegado por fin para comprobar el dinero del rescate de mi hijo, el rey. Si ellos entregan un informe satisfactorio a su soberano, él ha fijado el diecisiete de enero del año próximo como el día en que el rey estará otra vez en libertad. Yo misma viajaré para entregar al emperador los rehenes exigidos y el dinero del rescate.

Se quedó callada un momento hasta que se hubo calmado un poco la agitación provocada por aquella noticia. Después siguió hablando y cada ciudadano habría podido jurar más tarde que los ojos castaños de la reina lo miraban directamente a él.

–Si alguna vez un rey estuvo en deuda con su pueblo, si alguna vez un pueblo ha hecho mucho más que cumplir fielmente su deber de vasallo, ese pueblo sois vosotros. Yo os doy las gracias, buena gente, os lo agradezco de todo corazón.

Más tarde, cuando ni en el interior de la catedral se había apagado el griterío ensordecedor, el enviado imperial hizo un comentario ácido.

–Uno podría afirmar que habéis estudiado con éxito el arte de la oratoria. ¿Cicerón o Quintiliano?

–Leonor de Aquitania –contestó la reina con una sonrisa encantadora–. Y bien, ¿queréis empezar ahora la inspección?

El enviado imperial y sus hombres se entregaron a la minuciosa tarea de colocar las monedas, los numerosos cálices, custodias y crucifijos sobre las balanzas ya preparadas pero sólo después de que hubieron comprobado las pesas.

–Es ofensivo –susurró el burgomaestre de Londres.

–Sólo para el que se deja ofender –contestó secamente Leonor–. El emperador no tiene ningún motivo para confiar en mí, tampoco yo para confiar en él.

La mirada de Leonor vagaba sobre los tesoros acumulados.

–Me atrevo a afirmar que las cartas al Papa causaron mucho efecto –comentó el arzobispo de Canterbury que seguía su mirada–. Nunca he encontrado a mis obispos y abades tan dispuestos como después de vuestra amenaza de dictar el entredicho.

En las mejillas de Leonor se marcaron hoyuelos.

–La palabra entredicho siempre me recuerda al rey de Francia –dijo riendo.

El arzobispo asintió.

–Él se debe de estar preguntando si estáis aliada con el diablo..., el Papa no ha reconocido la anulación de su matrimonio y lo ha amenazado con el entredicho. Y la joven que deseaba hacer su esposa se ha casado en secreto con vuestro nieto.

–Debería haber recordado que no en vano los Plantagenet están emparentados con los demonios –dijo ella–. Y que ningún duque de Aquitania se ha sometido jamás a un rey de Francia.

En el invierno de 1193, Leonor cruzó una vez más el Canal. En su comitiva se encontraban Walter de Coutances, arzobispo de Ruán, Guillermo Longchamp y algunos de sus vasallos aquitanos así como sus caballeros. Esta nutrida escolta le parecía absolutamente necesaria para custodiar la inmensa suma de dinero del rescate.

Para exponerse lo menos posible a los peligros, Leonor había decidido no tomar el camino directo a través de tierra enemiga sino la ruta más larga por mar y después subir por el Rin, de manera que pudiera bajar a tierra directamente en el territorio de dominio del emperador alemán.

En enero del nuevo año llegó a Colonia. Allí la esperaba Adolfo de Altona, al que el emperador había enviado a su encuentro con una noticia desagradable.

–No podréis continuar el viaje hacia Maguncia para ver a vuestro hijo –dijo el hombre obeso y calvo–. El emperador insiste en que nada suceda antes de la fecha acordada para la liberación.

Mientras sus camareras deshacían los cofres de viaje para

instalarse en el palacio arzobispal, Leonor se dirigió a Walter de Coutances y a Longchamp.

–Me pregunto qué significa eso –comentó pensativamente.

–¿Creéis que Enrique está haciendo un doble juego? –preguntó Longchamp.

Leonor iba de un lado para otro sin descansar.

–Seguro que lo hace, pero ¿cuál? No puede romper el pacto del rescate de Ricardo sin caer en el desprestigio ante todo el mundo. Pero de todos modos ya lo ha hecho, ¿y qué importancia puede tener eso para un hombre como Enrique? Una vez más... –pensó un instante y se dirigió al arzobispo de Ruán–, ¿cómo se llamaba ese príncipe con el que nos hemos encontrado..., Alberto de...?

–Alberto de Misnia –la ayudó Walter de Coutances con su excelente memoria.

–Si no recuerdo mal –dijo Leonor–, él dijo que estaba de camino a la corte imperial de Maguncia. Enviaremos un hombre a que lo vea, en lo posible uno que entienda el idioma del país para que no llame la atención, y le pida información con cautela. Al fin y al cabo él está en deuda con Ricardo. Tal vez eso ayude.

Era poco después del día de Reyes y Leonor daba un pequeño paseo por los jardines nevados del palacio cuando llegó la respuesta. Nevaba un poco, pero a ella no le molestaban los copos que caían suavemente sobre su capucha, sobre la capa forrada en piel de cibelina, y se deshelaban en sus labios. Observaba los tejados de la ciudad, que se podían ver bien desde allí, cuando un excitado Walter de Coutances fue a buscarla para que regresara al edificio.

Allí la esperaba Longchamp con la respuesta de Alberto de Misnia en la mano.

–No recuerdo haberos autorizado a leer mis cartas –dijo Leonor en tono burlón.

Longchamp carraspeó.

–En este caso, señora, yo sabía bien de qué se trataba y también que es de apremiante necesidad actuar rápido. Alberto informa de que el emperador ha ordenado una nueva asamblea de los príncipes del reino para el dos de febrero. Tiene una nueva oferta por el rey... del rey Felipe y...

–Y Juan –concluyó ella.

Longchamp asintió.

–Perdonad que diga esto, majestad, pero ellos lo han conseguido una vez más. Le ofrecen a Enrique mil libras de plata por cada mes adicional que mantenga prisionero al rey.

El arzobispo de Ruán exteriorizó su indignación.

–¡Negociar por un rey como por un esclavo en el mercado de Constantinopla! ¡Eso es más que vergonzoso, es indigno de un soberano y un escándalo!

–Ésa es la realidad –dijo Leonor, rendida–. Y a mí me es imposible aumentar la suma del rescate. Quién sabe cuánto tiempo más el emperador continuará con este juego. Tengo que pensar en alguna otra cosa.

Tomó la carta de Alberto de Misnia y sin darse cuenta empezó a doblarla hasta que al final cerró la mano y la estrujó dentro de ella.

–Por favor, ahora dejadme sola.

Enrique VI Hohenstaufen fijó sus ojos descoloridos en la mujer de setenta y dos años que estaba delante de él.

–Vaya, en contra de mis expresas instrucciones, os habéis presentado aquí.

–Yo no soy vuestra vasalla –replicó serenamente Leonor–, y me pareció que era hora de que los dos mantuviéramos una conversación.

Se quitó la capa, la entregó a uno de los dos caballeros que la acompañaban como guardaespaldas y, sin ser requerida, tomó asiento frente a Enrique, que estaba sentado delante de un gran mapa extendido sobre una mesa de su gabinete.

–Qué gusto me da volver a veros por fin. Es un placer que casi no me atrevía a esperar desde Roma. Debo decir que tenéis un país muy hermoso. Pero es una lástima que esté tan devastado por las rebeliones. ¿No es así, señor?

Enrique miró con gesto inexpresivo a la reina de Inglaterra. No se comportaba como lo habría hecho cualquier madre preocupada.

Con una mirada rápida al mapa, Leonor siguió hablando en tono coloquial.

–Sicilia, ¿no? Si queréis conquistar la herencia de vuestra esposa, majestad, no podéis prescindir de contar con rápidos recursos pecuniarios. En vuestro lugar, yo no confiaría en los pagos de Felipe. Él tiene bastante que hacer con la amenaza del entredicho y por lo que se refiere a mi hijo Juan, él no dispone de ninguna clase de recursos dignos de mención. ¿Por qué, sencillamente, no somos amables el uno con el otro, yo os entrego el dinero del rescate, vos me entregáis a Ricardo, y los tres intercambiamos un beso de paz cristiana?

El emperador habló por fin.

–Según mi meditada opinión, nunca he tropezado con nada parecido a vos.

–Lo sé –replicó en tono despreocupado Leonor–, me lo dicen cada vez que me ven.

–¿Nunca se os ha ocurrido pensar que yo podría apresaros también, dado que habéis osado llegar hasta aquí sin mi permiso?

Leonor se echó a reír.

–¿Y quién pagaría el rescate por mí? ¿Juan? No, señor, sois demasiado inteligente para hacer eso. Sabéis muy bien que, en caso de que me suceda algo, mis hombres tienen orden de poner a buen resguardo el tesoro.

–Olvidáis que os encontráis en mi país.

–Oh, si no recuerdo mal, no tenéis ningún poder sobre el «fondo» del Rin.

Se miraron uno al otro. Enrique creyó en verdad que ella era muy capaz de hacer arrojar al Rin todo el oro y la plata. Aquella mujer, sí.

–Pero señor, ¿dónde está la cortesía de los Staufen? –preguntó Leonor sonriendo–. Por lo menos podríais decir que os gusta mi vestido. Me he vestido intencionadamente de blanco, el color de los suplicantes y de las víctimas.

El emperador deslizó muy despacio la mano sobre el mapa.

–Bien –dijo por fin–, ¿qué queréis?

–Que dejéis libre a mi hijo el día establecido, ¿qué otra cosa si no? Aparte de que yo puedo pagar en el acto la suma exigida y Felipe, como ya he dicho, es muy probable que nunca... ¿No habéis pensado que a los príncipes de vuestro reino no les servirán de nada los pagos franceses a largo plazo y que ellos también lo saben? En cambio si estuvieseis en condiciones de partir hacia Sicilia, podríais mostrar vuestra generosidad al hacerlos participar de las conquistas de allí y al mismo tiempo eso los desanimaría de pensar en otras rebeliones en este país.

Ella misma había considerado la posibilidad de sobornar a los príncipes para someter a mayor presión al emperador, pero en vista de la enorme suma del rescate no pudo hacerlo.

Enrique permaneció callado. Se hizo un silencio incómodo en la habitación hasta que él lo rompió con voz glacial.

–Lo tendré en cuenta.

Leonor se levantó y, como una reina, le extendió la mano para el beso.

–Nunca he dudado de que lo haríais, señor.

Los príncipes electos, los duques y los obispos de todo el Sacro Imperio Romano, vestidos con sus fastuosos trajes de ceremonia, estaban presentes cuando Leonor le ofreció a Enrique VI un cáliz de oro como símbolo de la entrega ya materializada del dinero del rescate. La suma pagada ascendía a 100.000 marcos y otros 50.000 debían entregarse más adelante. Aquel mismo día, en un acalorado debate, los príncipes del reino habían exigido al unísono que se aceptara el rescate.

El emperador recibió el cáliz y lo sostuvo por un momento en la mano antes de empezar a hablar.

–Con esto entra en vigor el acuerdo que he celebrado con vos.

Hizo una seña a uno de los hombres de su séquito, que salió a toda prisa de la sala. Enrique no había permitido ni a Leonor ni a ninguno de los enviados ingleses visitar a Ricardo antes de aquel día, de modo que todos esperaban con impaciencia la aparición del rey que había sido mantenido prisionero exactamente un año, seis semanas y tres días.

Leonor había tomado la firme decisión de no mostrarse en ningún momento débil frente a Enrique. Sin embargo, cuando vio entrar a su hijo en compañía de tres nobles, abandonó toda prudencia y reserva. Ya desde lejos se podía reconocer su brillante pelo rojo. Se olvidó de su edad, olvidó a los espectadores presentes y corrió a su encuentro como si fuese todavía una adolescente.

Ricardo abrió los brazos, la atrapó al vuelo y la estrechó contra su cuerpo.

–¡Madre, madre, madre! –susurró con la cara enterrada en los hombros de ella.

Leonor había temido hasta el último momento que el emperador encontrara todavía algún camino para burlarse de ella y en aquel momento se evidenció lo justificado que había sido aquel temor, puesto que el emperador anunció en voz alta:

–Sin embargo, antes de iros, Ricardo de Inglaterra, quisiera que me prestarais el juramento de fidelidad.

Ricardo había palidecido durante su cautiverio, pero en aquel momento fluyó la sangre a su cara.

–¿Qué? –preguntó con aire incrédulo.

–Lo que habéis oído. Declarad que sois mi vasallo como rey de Inglaterra y podréis partir.

Ricardo respiró hondo. Leonor le puso una mano sobre el brazo.

–Hazlo –le susurró–. También eres vasallo de Felipe por tus dominios en el continente, ¿y eso te impide alguna cosa?

En las sienes de Ricardo palpitaba una vena pequeña. Pero ella tenía razón. Aquello quedaría como un gesto vacío y en aquel momento sólo se trataba de regresar lo más rápidamente posible a su reino..., a Inglaterra y a Normandía, donde si bien Felipe no había logrado conquistar Ruán, sí había conquistado muchos castillos y ciudades importantes.

–Está bien –dijo en tono tajante–, como queráis, señor.

Caminó hacia el Staufen y con una rapidez insultante le prestó el juramento de fidelidad que pronunció como si fuese una lista de contribuyentes. Todavía estaba a mucha distancia de sus tierras y tenía urgencia en saldar un par de cuentas. Con Felipe... y con su hermano Juan.

Cuando terminó de jurar, volvió hacia Leonor y le tomó otra vez las manos.

–Madre, yo siempre os he amado –dijo en voz baja–, pero por el día de hoy podéis pedirme lo que queráis. No hay nada que no os diera.

Juan, apoyado en una ventana, estaba en la gran mansión que había convertido en su cuartel general en aquel pueblo.

–¿Y ahora qué? –preguntó sin inflexión en la voz.

Turbado, su vasallo se movía de un lado a otro.

–Señor, el rey fue recibido en triunfo en Inglaterra. Pronunció una oración de gracias en Canterbury...

–Por supuesto, cerca de la tumba de Becket –musitó Juan–. Dos mártires heroicos juntos. Me gustaría saber si fue idea de «ella». Pero continúa.

–La gente llegó incluso a afirmar que el sol brillaba más de lo acostumbrado cuando el rey Ricardo bajó a tierra y entró en Londres el veintitrés de marzo. Marchó a pie desde el Támesis hasta la catedral de San Pablo, con vuestra madre a su lado. Todos vuestros partidarios en Inglaterra se han entregado sin combatir. Y cuando llegó a los bosques de Sherwood...

–Es suficiente –Juan le cortó la palabra–. Ahora, largo de aquí, dejadme solo.

Se quedó con la mirada fija en el mar agitado que se podía distinguir desde allí y sintió el gusto a sal en el aire. ¿Cuánto tiempo podría pasar antes de que Ricardo atravesara el Canal para recuperar Normandía de las manos de Felipe?

Felipe le había enviado un aviso de advertencia a Juan después de la sesión de la corte en Maguncia.

–Tened cuidado, el diablo anda suelto.

Pero eso había sido todo. «Claro», pensó con cinismo. Felipe en aquel momento tenía que concentrarse en la lucha inminente con Ricardo y en los últimos tiempos no había tenido suerte con su aliado. El emperador Enrique, por ejemplo, se había negado a proporcionar apoyo militar al rey de Francia y en lugar de eso se encontraba en marcha a través de los Alpes. Sicilia lo esperaba.

En cuanto a Juan, en los ojos de sus hombres podía leer que él no era adversario para una lucha seria con Ricardo. ¿Y acaso no tenían razón? De repente dio un puñetazo sobre el alféizar de la ventana. Lo sabía, sí, sabía que él no era un soldado como Ricardo, pero estaba convencido de poder ser un rey mejor. La corona era su derecho, suyo tanto como de Ricardo, aún más si se pensaba que en realidad su padre lo quería a él como sucesor. Había contado tanto con eso...

Y en aquel momento parecía que su intento de derrocamiento no había tenido más éxito que una travesura infantil. Escuchó los gritos aislados de las gaviotas, escuchó su propia voz. Dejó que le pasaran por la cabeza algunos planes desesperados..., una rebelión en Cornualles, una alianza con los príncipes galeses...; pero en el fondo sintió que sólo le quedaba uno.

La residencia del arcediano de Lisieux estaba amueblada con lujo y no había sufrido las privaciones que había tenido que soportar la Iglesia en el último año. La alcoba en la que había sido alojada Leonor tenía un friso de madera pintada, abundantes cortinas y tapices de pared que amortiguaban los ruidos del piso inferior donde todavía se celebraba la llegada de Ricardo al continente. Los ciudadanos de Lisieux habían acompañado la entrada de Ricardo en su ciudad con una canción burlona sobre Felipe:

¡Dios ha aparecido con su poder,
para el rey de Francia será pronto anochecer!

El visitante desconocido de Lisieux que quería hablar con la reina fue llevado por una camarera muy asustada. Cuando se quitó la capucha desapareció de su cara la sombra que lo había hecho irreconocible.

–Sólo vos y Ricardo sois capaces de conseguir que el rescate de un rey de su vergonzoso cautiverio, en el que cayó por su propia estupidez y arrogancia, se convierta en una entrada triunfal. ¿Cuántos gritos de júbilo fueron pagados?

–Como bien sabes, he agotado mis fondos en Maguncia –respondió Leonor–. ¿Qué quieres?

–Vuestra ayuda –dijo Juan sin rodeos.

–Vamos a ver, ¿por qué debería ayudarte?

Su voz no delataba ni animadversión ni simpatía.

–Porque lo que me dijisteis en Westminster todavía es verdad –respondió él–. Arturo es un niño y está bajo la total influencia de Felipe, y Ricardo aún no tiene ningún hijo. Necesita un heredero apropiado y no un hermano muerto, que a los ojos de todo el mundo lo convertiría de golpe de prisionero heroico en fratricida.

La boca de Leonor se torció hacia abajo.

–Por lo menos no eres estúpido, aunque por tu conducta en el último año he llegado a dudarlo. ¿Por qué diablos has intentado apoderarte de la corona? Yo te había advertido, y tú sabías que no te lo permitiría.

–Porque creí que Ricardo no regresaría nunca –contestó Juan con franqueza.

Leonor lo miró de arriba abajo, pensativa.

–Bien, Ricardo no se convertirá en fratricida por culpa tuya, pero... ¿has pensado que los futuros herederos también pueden pasar muy bien sus años como prisioneros? No sólo sería una venganza muy justa, sino también una razonable medida preventiva ya que Ricardo nunca confiará en ti. Entonces, ¿por qué no debería mantenerte prisionero por el resto de tu vida?

Juan se acercó un poco más y la miró a los ojos.

–Vos no lo permitiríais –dijo acentuando cada palabra–, porque conocéis la prisión y no le haríais eso a ninguno de vuestros hijos..., ni siquiera a mí.

Juan oía el suspiro del viento alrededor de la casa, oía el crujido de las tablas del suelo, la respiración suave de su madre, hasta creyó que podía oír el movimiento imperceptible de las cortinas. El silencio parecía prolongarse una eternidad.

–No, yo no lo haría –dijo por fin Leonor y giró su rostro–. No quiero que mis hijos se despedacen entre ellos. Quién sabe cuántos años me quedan aún por vivir..., fui tan poco inteligente que una vez me deseé una larga vida. De todos modos me gustaría pasar esos años en paz.

Juan permaneció callado. No había nada que él pudiera contestar.

Leonor volvió a hablar después de un buen rato.

–Hablaré con Ricardo. Él no creía que tuvieses valor para acudir a él, pensó que huirías a la corte de Felipe. Esto puede ayudar. Pero no esperes demasiado.

Un silencio glacial reinaba en el salón en el que sólo una hora antes se había dado un opíparo banquete. Los ojos de Juana vagaban sin cesar entre sus dos hermanos. Después de la liberación de Ricardo, había podido abandonar Roma sin peligro junto con Berenguela, dado que ya no tenían más temor de ser capturadas por Enrique. Después se habían reunido con Ricardo y su madre en Barfleur. Ella se sentía muy aliviada, feliz por Ricardo, pero le seguía preocupando la suerte de Juan. De todos sus hermanos, era de Juan de quien la separaba la menor diferencia de edad. No había olvidado la impresión que él le había causado cuando, por el cautiverio de Leonor, ella pasó de la alegre corte de su madre a la tutela de su padre..., un niño solitario que nunca había conocido una verdadera familia. ¿De qué cosas había sido testigo Juan durante su infancia, aparte de la guerra que su padre y su madre libraban el uno contra el otro?

Juana sonrió a su hermano menor para darle ánimo, pero él estaba atrapado por Ricardo. Éste no mostraba ningún sentimiento, hablaba sin la menor muestra de enfado.

–Levántate, Juan. Una reconciliación en medio de un mar de lágrimas sería bastante ridícula entre nosotros, pero no hay ningún motivo para que te alarmes –un claro desprecio se introdujo en aquel momento en el tono de su voz–. Al fin y al cabo eres mi hermano y yo no puedo modificar en nada ese hecho. Te será perdonada tu conducta, con lo cual se entiende por sí solo que debes renunciar a tus tierras inglesas. Seguirás siendo conde de Mortain.

–Gracias –dijo Juan sin acento en la voz–. Nunca olvidaré lo generoso que eres..., hermano.

Juana contuvo el aliento. Aun a la ingenua Berenguela, que estaba sentada junto a ella, le llamó la atención el sarcasmo y miró preocupada a su esposo. Leonor se quedó inmóvil.

Ricardo replicó con el mismo sarcasmo.

–Qué tranquilizador es saber eso..., hermano. Ahora siéntate y come algo.

Por un segundo fulguró un relámpago de ira en los ojos de Juan. Juana pensó que él nunca había soportado que lo trataran como un niño, pero era precisamente así como lo miraba Ricardo..., como un niño pesado, molesto.

Sin embargo, Juan hizo lo que se le había ordenado y Juana observó cómo Ricardo rozaba levemente las puntas de los dedos de su madre.

–¿Estás satisfecha? –le preguntó en voz baja.

Leonor le sonrió y dijo algo que Juana no entendió.

Juana hizo todo lo posible por entablar una conversación, ya que Berenguela no sabía cómo debía tratar a su desacreditado cuñado y apenas abría la boca. En lugar de hablar, ella trataba sin cesar de ganar la atención de su esposo.

Juana encontraba conmovedora, pero tonta, la evidente devoción de Berenguela hacia un hombre que hasta aquel momento no lo había sido mucho. La hermana del rey sabía muy bien que él no amaba a Berenguela y se preguntaba cómo aquella mujer joven no se daba cuenta de ello. Pero ya hacía mucho que Juana había comprobado que las nociones que Berenguela tenía del amor todavía eran tan ingenuas y ajenas a la realidad como las de una niña de doce años.

Estaba claro que Berenguela ya no era virgen. La misma Juana había estado delante de su cámara nupcial cuando se exhibió la sábana ensangrentada. Pero por lo que había llegado a saber, en aquel momento igual podría ser una monja.

–¿He oído bien, Juana –preguntó Juan a su hermana–, que te has negado a casarte con Malik al-Adil, el hermano de Saladino?

Juana hizo una mueca.

–Ésa fue una propuesta de Ricardo que de ningún modo pensó en serio, sino para alargar un poco las negociaciones con Saladino, así el ejército podía reponer fuerzas. Y apuesto a que Saladino la aceptó por el mismo motivo.

Se volvió hacia su hermano mayor y le hizo un guiño.

–¿Qué habríais hecho entonces vosotros, los dos héroes –preguntó–, si yo no me hubiese negado y en cambio insistido en que ese Al-Adil se dejase bautizar?

Ricardo se echó a reír.

–En efecto, eso habría complicado bastante las cosas, ya que entonces habríamos tenido que poner a tus pies todo el reino de Jerusalén. Los emires habrían desollado vivo a Saladino y a mí me habría decapitado el ejército de cruzados.

–Oh, pero fue muy emocionante –dijo Berenguela– cuando oímos en Acre que Juana podía convertirse en esposa de un sultán.

–De su hermano –la corrigió Juana.

Pensaba en la época aventurera de la cruzada que ella y Berenguela habían pasado en su mayor parte en Acre, mientras Ricardo conquistaba una ciudad detrás de otra.

–¿Es cierto que vosotros, tú y Saladino, os habéis encontrado personalmente varias veces y habéis intercambiado regalos? –preguntó Leonor a su hijo.

Ricardo asintió.

–Era un gran hombre y yo lo admiraba mucho –dijo con voz muy pausada–. Cuando me enteré en mi prisión de que murió sólo medio año después de mi partida..., bueno, fue un sentimiento muy extraño. De todas formas, sin Saladino, quedan muchos emires en Tierra Santa que se hacen la guerra entre ellos y es de esperar que el hijo de María acabe con ellos.

–¿Cómo está María? –preguntó Juana–. Enrique era su vivo retrato, pero a ella hace tanto tiempo que no la veo.

–Ella y yo hemos convenido en encontrarnos el mes próximo en Fontevrault –respondió Leonor.

–¿Queréis entrar en el convento? –preguntó muy seria Juana. Y todos rieron a carcajadas.

–Sólo cuando el santo padre me garantice la beatificación –contestó su madre y añadió–: En realidad, tengo la intención de pasar más tiempo en Fontevrault. Todo es tan apacible allí. Siempre fue mi convento preferido.

Sus hijos pusieron caras de asombro y consternación.

–¿Leonor de Aquitania se retira del gobierno? ¿Qué os pasa, madre, estáis enferma? –preguntó Juan en tono inquisitivo.

–Yo no he dicho que me retire del todo..., todavía me gusta viajar. Pero a veces quisiera tomarme un descanso, sobre todo después..., bueno, digamos después de las zozobras del último año y Fontevrault es el lugar ideal.

Juana recordó que su padre estaba sepultado en Fontevrault y oyó que su madre añadía:

–Además, ahora el reino está en buenas manos. ¿No es así, Ricardo?

Juana se perdió la respuesta de Ricardo porque estaba aterrada por la mirada mortífera que Juan lanzó a su hermano. Después, su semblante se hizo otra vez inexpresivo. Poco después se levantó y parecía que iba a retirarse, pero Juana lo siguió y lo detuvo.

–¿Qué tienes, Juan?

Ella era la primera que lo trataba con cariño desde cierto día terrible en Chinón, cuando vio por última vez a su padre, y la cara de Juan ardía como si ella le hubiese pegado. Juana lo observaba sacudiendo la cabeza.

–Debería ser un día feliz para todos nosotros –dijo con un ligero reproche en la voz–, el día de la reconciliación. Con excepción de María y Aenor, estamos todos juntos, vivimos, estamos sanos. ¿No es motivo suficiente para celebrarlo?

–Díselo a Ricardo –replicó Juan–, tal vez escriba una canción sobre ello. Las de su cautiverio se han hecho populares muy rápido.

Juana soltó un suspiro.

–Así que todavía guardas veneno dentro de ti. ¿No puedes dejar eso? ¿No puedes dejar de desear el reino como si fuese lo único que cuenta en la vida?

–Cuando esté muerto –replicó su hermano–. Pero no me he levantado por eso. Por supuesto que sé que no tiene ningún sentido provocar otra vez a Ricardo. No necesitas tener ningún temor, representaré el papel del hermano leal por el resto de su vida. Es sólo...

Decidió confiarse a Juana. Hacía mucho tiempo que no contaba a nadie lo que sentía, aquel día creía que le faltaba un poco de equilibrio y pensó: «¡Al diablo!, ¿por qué no?». Juana nunca lo había traicionado.

–Es siempre Ricardo... –dijo Juan señalando el grupo que formaba su familia.

También su medio hermano, Will de Salisbury, se había unido a ellos.

–En cierto sentido hasta nuestro padre estaba con él. Yo tenía el amor de padre, lo sé, y eso me lo han echado en cara muchas veces, pero Ricardo tenía su respeto. Recuerdo que una vez dijo que Ricardo tendría la talla de un Carlomagno si sólo le diesen las herramientas necesarias. Will nunca ha envidiado a Ricardo, nunca le tomó a mal su guerra en contra de nuestro padre, contigo pasa lo mismo, y aquella pequeña tonta de Berenguela lo idolatra como si él fuese un segundo Lanzarote y ella la reina Ginebra, y...

–Entonces Berenguela debería darte más bien lástima –lo interrumpió Juana, que también observaba a su familia–. En la vida de Ricardo existe una sola mujer, y ésa es nuestra madre. Oh, sí, también me quiere a mí, y a Aenor y a María, pero no de esa manera tan abrumadora. Y en cuanto a las demás mujeres...

–¡Así es! –afirmó Juan–. Con excepción de Berenguela, todos nosotros conocemos la verdad sobre Ricardo y no obstante logra que lo miren como héroe cristiano. Pero ¿crees que si yo hubiera caído prisionero, ella habría entrado en conflicto con el príncipe más poderoso de Europa para conseguir mi libertad? ¡Nunca! Sólo por Ricardo. Todo por Ricardo.

Juana lo miró con compasión. Se daba cuenta de que el odio y los celos hacia Ricardo se habían convertido en la fuerza motriz en la vida de Juan, lo devoraban y no lo abandonaban. Se preguntó qué aparecería en su lugar después de la muerte de Ricardo..., en el supuesto de que Juan sobreviviese a su hermano.

–Ven –dijo–, volvamos con ellos. Tú lo has oído, madre quiere retirarse de la corte por un tiempo. Ella tiene derecho a una hermosa despedida. ¿No te parece?

Juan reprimió una respuesta, pero se dejó arrastrar por ella y juntos entraron otra vez en el animado círculo de risas que se había formado alrededor de su familia.

El castillo de Ricardo, Gaillard, construido en sólo dos años, se elevaba sobre el peñasco de Andeli dominando el Sena. Había sido pensado como una provocación para Felipe e interpretado también como tal. Era tan perfecto como instalación defensiva, que hizo famoso a Ricardo también como constructor de fortalezas, ya que él mismo lo había proyectado y había supervisado personalmente los trabajos cuando le había sido posible.

En la orilla sur del Sena se encontraba su ciudad de reciente fundación y en la isla Andeli su castillo, que se conectaba con las dos orillas mediante fuertes empalizadas y bastiones. Los miembros de la corte francesa que habían seguido hasta allí a su soberano para ser testigos del acuerdo de un nuevo armisticio, después de cinco años de guerra, lanzaban miradas de envidia a la construcción. Por primera vez, en este castillo faltaban los temibles «ángulos muertos», ciertos tramos de las murallas y torres sobre los cuales no se podía emplazar ningún cañón.

Ricardo le había dado una planta elíptica a su castillo y parecía emerger de la blancura de la roca caliza de Andeli. El castillo de Gaillard dominaba el camino hacia Ruán y compensaba la pérdida de Gisors ocurrida hacía más de seis años. Además, constituía una base excelente para la reconquista del Vexin.

Ya en el mismo año de su regreso, Ricardo había obligado a Felipe a retirarse casi por completo de Normandía. Pero desde entonces libraban una guerra encarnizada, interrumpida por unas pocas treguas, que había desangrado a las regiones fronterizas casi en su totalidad. En aquel año, entretanto, el joven y enérgico papa Inocencio III, que no tenía nada de la debilidad de su antecesor, había llamado a una nueva cruzada y había exigido de los reyes de Inglaterra y Francia que de una vez por todas sellaran la paz entre ellos.

El lugar del encuentro había sido determinado por Ricardo y más de uno de los integrantes de la comitiva francesa pensó que aquella elección se trataba de una ofensa bien calculada: Ricardo se encontraba en una embarcación anclada en medio del Sena. Era más que evidente que no confiaba en Felipe ni siquiera como para querer encontrarse con él en un mismo territorio.

El rey de Francia estaba en la orilla norte y señalando hacia Gaillard, gritó en tono desafiante:

–¡No estés demasiado orgulloso de él! ¡Aunque las murallas fuesen de hierro, yo podría tomarlas!

–¡Se nota! –le gritó Ricardo–. ¡Y aunque fuesen de mantequilla, yo podría defenderlas de ti!

Los normandos, inmóviles en la orilla sur del río, sonrieron con alegría. El reino de Felipe todavía estaba amenazado por el entredicho, puesto que él no sólo había repudiado a la infeliz Ingeburga sino que además la mantenía prisionera.

–Empecemos de una vez con las negociaciones serias –dijo Felipe.

–Serias para ti –dijo en tono sarcástico Ricardo–, sobre todo después de que tu buen amigo Enrique entregara su alma a Dios. Yo no creo que mi sobrino Otón esté dispuesto a apoyarte de ninguna manera por más tiempo.

Felipe se encogió de hombros.

–Todavía está por ver si el hijo del Güelfo quedará como rey de los germanos y emperador. Sea como sea, hay dos Staufen para esa función.

Ricardo se echó a reír.

–¡Cierto! Uno es un niño de cuatro años que está en Sicilia. Y tú no creerás que Inocencio va a correr el riesgo de ver Sicilia y el reino unidos bajo el hijo de Enrique, con el Estado Pontificio en medio. En cuanto a Felipe de Suabia...

Felipe todavía despertaba en él el mismo odio profundo y los mismos recuerdos que durante su año de cautiverio, cuando había tenido tiempo suficiente para meditar sobre la perfidia de Felipe. En realidad, Felipe nunca lo dejaba indiferente, pero en aquel momento parecía acercarse la satisfacción de su sed de venganza. Por supuesto que un armisticio existía sólo para ser roto, pero si Felipe se encontraba dispuesto a aceptar aquellas condiciones, se desvanecían para él todas las esperanzas.

–¡Muy bien –gritó el rey de Francia–, he firmado! Un armisticio por cinco años. Ahora te envío el documento.

Un bote se apartó de la costa y mientras Ricardo lo veía acercarse, delante de él se extendía un futuro en el que por fin había vencido a Felipe y puesto fin a la continua sucesión de pequeñas guerras.

La noche había caído sobre Calus-Chabrol y a la luz crepuscular que se tendía alrededor del castillo y sus sitiadores, el capitán Mercadier miró con rostro interrogante a su rey. Era el veintiséis de marzo de 1199. Estaban allí para reprimir una rebelión de Aimar de Limoges, detrás de la cual se reconocía con total claridad la mano del rey Felipe.

–¿Señor?

–Atacaremos –dijo Ricardo–. El castillo está próximo a rendirse y debemos apresurarnos. Quién sabe qué otra cosa trama Felipe mientras.

Calus-Chabrol dominaba el camino hacia Limoges y era una de las escalas más importantes para el comercio entre la Aquitania meridional y la septentrional. Iniciar una rebelión justamente allí no delataba una mente preparada para la estrategia, un talento que con toda certeza no tenía Aimar de Limoges.

Ricardo no tomó parte él mismo en el ataque al castillo. Observó cómo sus máquinas de sitio catapultaban piedras y los arqueros y ballesteros se acercaban a las murallas del castillo. De todos modos, no se podía concentrar por completo en el ataque. María, su hermana preferida, había muerto hacía poco (su madre había estado a su lado), y él no había superado todavía aquella pérdida. Se acordaba de tantas cosas que él y María habían compartido y en aquel momento que parecía que terminaría para siempre con Felipe, ella no estaba allí para vivirlo.

Ricardo dirigió otra vez su atención al castillo. Allí había aparecido entretanto un ballestero solo para responder al fuego. El rey estaba impresionado. Era el único habitante de Calus que se atrevía a aparecer sobre la muralla del castillo. En aquel instante se derrumbó un sector completo de la muralla, pero el ballestero se quedó inmóvil sin amilanarse y siguió disparando al azar contra los atacantes, que no se detenían en absoluto por eso.

Ricardo decidió ver más de cerca a la solitaria figura, él admiraba la valentía dondequiera que la encontrara. Como no tomaba parte directa en la batalla, no llevaba ninguna armadura que le impidiera moverse rápido. Sólo echó mano a un escudo para protegerse. El sol rojo del poniente lo encandiló y levantó la mano para poder distinguir al hombre con mayor claridad.

En aquel momento sintió un dolor agudo en el hombro izquierdo. Había levantado el escudo un segundo más tarde para ponerse a cubierto y comprobó con incredulidad que lo había alcanzado una flecha del ballestero. Ricardo no dijo nada. Después de todo había recibido peores y más flechazos en Tierra Santa (sus hombres habían bromeado diciendo que parecía un erizo), y si en aquel momento mostraba debilidad, eso podía irritar a su gente y alentar a los defensores a llegar a conclusiones precipitadas.

Regresó lentamente y en silencio a su tienda. Se sentó, tomó el extremo romo de la saeta y trató de sacarla de un tirón. Un dolor violento le recorrió el cuerpo pero sólo sostenía en la mano el asta de madera quebrada. Ricardo soltó una maldición. No podía permitirse esperar mucho para curar aquella herida.

Hizo entrar a uno de sus soldados, en el que podía confiar que mantendría la boca cerrada, y le ordenó buscar en el acto al oficial médico. Cuando éste llegó, la noche había caído.

–Y bien –dijo el rey irritado–, ¿ahora me sacarás esta cosa o no?

El médico puso una cara muy seria.

–Parece que ha penetrado muy hondo, mi señor.

Ricardo apretó los labios.

–Eso lo siento yo mismo, no te necesito a ti para que me lo digas. ¿Qué tal si sacas ahora la punta de hierro?

–Está muy oscuro, señor.

–Por fortuna –dijo en tono sarcástico Ricardo–, en su infinita bondad Dios nos ha regalado antorchas.

El oficial médico se resignó. Habría preferido esperar hasta que despuntara el día, pero no tenía ganas de discutir eso con el rey.

Necesitó horas para extraer la punta de hierro de la carne y le preocupó mucho la extraordinaria pérdida de sangre.

–Debo de haber tomado demasiado vino –comentó Ricardo, que en aquel momento se quejó una vez en voz baja y después se quedó callado.

–En los próximos días no debéis moveros, majestad.

–¿Y qué diablos pensarán entonces mis tropas... y el miserable Aimar de Limoges?

–Podríais alegar que queréis descansar para divertiros... Hay suficientes mujeres en el campamento.

El rey esbozó una sonrisa débil.

–Un buen consejo –dijo–. De acuerdo, di a los hombres que me divierto y deja que vengan a mí sólo los cuatro capitanes.

Calus-Chabrol cayó dos días después, pero la herida de Ricardo había empezado a supurar. Se había gangrenado y pronto no pudo moverse de su lecho.

–Mercadier –dijo Ricardo, fatigado–, alcánzame algo para escribir.

El capitán era uno de sus mejores soldados, pero también uno de los más fieros. Se decía que parecía buscar la muerte y no temía a nada ni a nadie, así como que jamás se sometía a nadie... a excepción de al rey. Pero en aquel momento su cara tenía estampada la marca admonitoria del miedo. Obedeció en silencio la orden de Ricardo.

Con extremo esfuerzo, Ricardo garrapateó algunas palabras en el pergamino y después lo hizo sellar.

–Llévalo en el acto a Ruán... No, ella no está allí. Llévalo a Fontevrault, a mi madre.

Leonor era famosa por la velocidad con que viajaba, pero nunca había acuciado de tal manera a su comitiva. Estaba en sus setenta y siete años de vida y al atormentado abad de Turpenay, que había insistido en acompañarla, pensaba que ella no conocía el agotamiento. Desde que había recibido el mensaje de su hijo había hablado muy poco, pero la energía infatigable con que condujo a su comitiva a través del Poitou y a través del Lemosín tenía algo de desesperado. El abad todavía no sabía qué había sucedido en realidad, sólo que la reina había enviado dos mensajes urgentes antes de su partida, a su nuera Berenguela y a su hijo Juan en Bretaña.

Le pareció que iba a caer muerto de cansancio cuando en la madrugada del seis de abril trotaba detrás de la reina, que a paso rápido seguía a un soldado a la tienda de su hijo. El rey, rodeado por tres de sus hombres, yacía en su lecho, y en cuanto el abad echó una mirada al hombro, que era un mar de pus, supo que el rey iba a morir.

Leonor hizo un gesto autoritario.

–¡Fuera!

–Pero señora...

–¡Dije fuera! ¡Todos!

Abandonaron la tienda uno detrás de otro. Leonor cayó de rodillas junto a Ricardo.

–Me han... dado la extremaunción... –balbuceó su hijo con esfuerzo–. Pienso que... ellos no saben... que nosotros... los Plantagenet... vamos de todos modos al infierno...

–En cualquier caso, siempre hemos logrado morir de manera teatral –dijo Leonor.

Ricardo sonrió.

–Me acuerdo..., padre siempre decía... nosotros venimos del diablo y volvemos al diablo.

–Eso lo decía por él.

Apenas podía soportar ver al hijo así. ¡Ricardo no, no! Era injusto, tan injusto, y quería implorarle que no le hiciera eso, pero reprimió el impulso. Su hijo necesitaba en aquel momento toda la fuerza de que ella era capaz. Habría respirado por él si eso lo hubiese ayudado. Habría preferido morir mil muertes antes que verlo morir a él.

–Hay novedades de Tierra Santa –dijo apresuradamente–. Enrique, el hijo de María, ha muerto y su viuda se ha casado por cuarta vez... con el hermano de Guy de Lusiñán, así que otra vez un Lusiñán está sentado en el trono de Jerusalén..., en su imaginación, claro.

Ricardo meneó la cabeza.

–No necesitáis distraerme, madre.

Ante un repentino acceso de dolor se aferró a la mano de ella. Fue un apretón tan fuerte que por poco le quiebra los nudillos, pero Leonor no dijo nada. Cuando volvió a soltarla, con mucho cuidado ella le pasó el brazo alrededor del cuello y permanecieron así hora tras hora. El murmullo de los soldados, que entretanto se habían reunido alrededor de la tienda, hacía de fondo a sus voces quedas.

–Yo fui feliz allí, en Tierra Santa. ¿En cierto modo no es... ridículo? Tuve dos... ataques de escorbuto..., estuve enredado en una guerra con... el mejor adalid de todos los tiempos... y era feliz. Por primera vez... parecía que todo tenía un sentido.

–Por supuesto que hay un sentido detrás de todo lo que sucede, Ricardo. Tiene que haberlo, de lo contrario me volvería loca.

–Pero ¿qué sentido? Los territorios... por los que nosotros... luchamos, se han perdido otra vez dos generaciones más tarde. Ninguno de los imperios ha tenido... continuidad. Alejandro..., Carlomagno...

–Tal vez el sentido está en que nosotros les damos material a los hombres para sus leyendas y canciones populares, que los ayudan a lo largo de sus vidas. Nosotros hacemos lo que ellos no pueden hacer. Y aun cuando un reino no perdure eternamente..., lo que Enrique y yo hemos creado, lo que tú has preservado y defendido, es demasiado grande para desaparecer así como así.

Los accesos de dolor se hacían cada vez más frecuentes, y cada vez ella creía que era su propio cuerpo el que se sacudía por la agonía.

–Cantadme una canción..., una canción de Aquitania...

–Tú sabes bien que no sé cantar.

–Lo habéis hecho... en otros tiempos, cuando yo todavía era un niño... y después, una vez...

Entonó para él una de las canciones de su abuelo, una de las más famosas que había cantado Guillermo IX en toda su vida.

> No sé si estoy despierto o se prolonga
> el sueño todavía, no saldré de dudas...

Mercadier la interrumpió de repente cuando, con aire triunfal, introdujo en la tienda al ballestero que había disparado la flecha fatal. Ricardo manifestó que perdonaba al hombre, que debían dejarlo libre, y lo mandó fuera otra vez.

–¿Qué pasará ahora con el reino? Debo nombrar a Juan como mi heredero, ya que Arturo vive en París como un perro faldero atado a la cuerda de Felipe y todavía es un niño. Aun así... él va a encontrar... partidarios... porque es hijo de Godofredo. Pero el reino no debe... no debe ser dividido en ningún caso..., eso es lo que Felipe...

–Yo te prometo que haré todo lo que esté en mi mano para impedirlo.

–Pobre madre..., ¿qué será de vuestros días de descanso en Fontevrault?

–¡Bah! Sabes..., de todos modos en los últimos tiempos me aburría un poco. Sólo he leído libros, redactado cartas, escrito poesías y de vez en cuando, he hecho algún viaje. Me hará bien tener que cumplir otra vez una función.

–¿Creéis que Dios me perdonará?

–¡Dios! –Leonor hizo un esfuerzo por dominarse–. Tiene que hacerlo, Ricardo. Yo lo obligaré y tú sabes que siempre impongo mi voluntad en todas partes.

–Es extraño..., no tengo ningún temor a la muerte, en realidad no. Saladino dijo una vez que la vida sólo es digna de ser vivida cuando uno... cuando uno está dispuesto a... morir en cualquier momento... ¿Os he hablado alguna vez del viejo de la montaña, al que Saladino quería encontrar y convertir en humo? Era... más que una amenaza... Saladino me dijo...

Ricardo se interrumpió. Cada vez le costaba más articular las palabras. Dejó entrar una vez más a Mercadier y a un notario para que fuesen testigos de su última voluntad. Después, él y Leonor se quedaron otra vez solos.

Al atardecer, cuando se ponía el sol, murió en los brazos de su madre.

CAPÍTULO VI

Juan

Leonor: Plantagenet como nosotros.
Tu destino: probablemente
la muerte, la decadencia. Tal vez el ascenso,
tal vez aún más. Pero la gloria te está asegurada.

Friedrich Dürrenmatt,
El rey Juan según Shakespeare

Las cuatro ventanas de la iglesia de Fontevrault inundaban el interior de una luz majestuosa y a Juan le costaba distinguir a su madre en aquella inesperada luminosidad. Había llegado demasiado tarde para el sepelio de Ricardo en Fontevrault, pero Leonor se encontraba todavía allí y la abadesa le había dicho que ella estaba en la iglesia.

Por fin la encontró apoyada contra una de las macizas columnas, sumergida en el mundo de imágenes que producía la brillante policromía de las ventanas de la iglesia. No se movió del lugar cuando él se acercó. Juan sintió la garganta seca y carraspeó.

–¿Madre?

Lentamente volvió la cara hacia él. Se quedó espantado por el evidente dolor que se podía leer en su rostro... Por lo general, su madre había sido siempre tan dueña de sí misma. Su voz sonó sin fuerzas.

–Él es realmente ingenioso.

–¿Quién? –preguntó Juan, confundido.

–¡Dios, por supuesto! ¿Sabes, Juan? Poco a poco empiezo a creer que es cierto que debemos pagar por todo en nuestra vida.

–¿Qué queréis hacer ahora?

Leonor se encogió de hombros.

–Hay unas cuantas cosas, ¿no te parece? He oído que Felipe no ha esperado mucho y ya ha enviado por delante a Arturo y a su madre para reclamar para sí la sucesión de Ricardo.

El semblante de Juan se ensombreció.

–En efecto –respondió–. Y ese bastardo de Roches ya le traspasó la ciudad y el castillo de Angers. He enviado allí a Mercadier.

Leonor hizo una mueca.

–A él le gustará la misión. Debo admitir que es un buen soldado, pero infunde más o menos tanta simpatía como un lobo feroz. ¿Sabes lo que hizo mientras Ricardo se moría? Ricardo había perdonado al hombre que le dio muerte, pero Mercadier lo hizo desollar vivo. Sea lo que sea, lo de Angers me demuestra que debo apresurarme. Ricardo te ha nombrado su sucesor, pero transmitirte la fidelidad de sus súbditos es otra cosa.

–Durante los últimos años he hecho de todo para serle útil –se encolerizó Juan–, ¡incluida mi participación en su guerra contra Felipe!

Observó a su madre y se preguntó cómo lograba una y otra vez obligarlo a ponerse a la defensiva.

–Cierto –dijo Leonor con expresión algo burlona–, tampoco hay nadie que dude de eso. Pero para facilitar un poco la elección entre tú y Arturo, viajaré por todas mis tierras y les tomaré a los hombres otra vez el juramento.

Juan comprendió. Ella iba a hacer valer toda la popularidad de que gozaba entre el pueblo, por él..., como había hecho antes de la coronación de Ricardo.

–¿Haríais eso por mí? –preguntó, la miró y enseguida se corrigió con amargura–. ¡Oh sí, claro! No por mí sino por la seguridad del reino y por Ricardo. Perdonad que lo haya preguntado.

Leonor no respondió, sólo apartó de Juan su mirada gélida.

–No puedo permanecer en Fontevrault –dijo Juan de repente–, sería un regalo demasiado grande para Felipe. Mi coronación como duque de Aquitania será en un par de días y el arzobispo de Canterbury prepara junto con Guillermo Marshall la coronación en Inglaterra.

–Por supuesto –dijo su madre–, una vez más tenemos que darnos prisa.

Faltó poco para que Juan tendiese la mano hacia ella, pero reprimió el impulso. No podía recordar haberla tocado jamás. En realidad, él suponía que le daría un poco de paz verla sufrir por Ricardo, pero en lugar de eso tuvo un sentimiento de compasión y el deseo vehemente de decirle que él estaba allí, a su lado, el único de sus cinco hijos varones que le quedaba. Pero entonces dijo en voz alta:

–¿Cuándo partiréis?

–Inmediatamente, por supuesto. Ya no puedo soportar más ninguna visita de pésame y si tengo que aguantar una semana más los estallidos de llanto de Berenguela, me volveré loca. Ella vino enseguida hasta aquí y desde entonces trata de superar a Isolda después de la muerte de Tristán.

Juan tenía en la punta de la lengua una palabra de consuelo, pero no pudo expresarla. Y como si quisiera que ella lo censurase, preguntó en tono desafiante:

–¿Sabéis que llegué aquí demasiado tarde porque primero me hice traspasar el tesoro del Estado a Chinón?

–¿Qué otra cosa podías hacer? –dijo su madre con su familiar tono irónico–. Si Felipe lo hubiese reclamado en nombre de Arturo, habría sido una catástrofe.

–¿Hay alguna cosa que pueda hacer por vos? –brotó por fin de sus labios.

En los ojos de su madre se mezclaba el asombro con algo indescifrable.

–No, Juan, nada. Absolutamente nada.

Durante los últimos años, Leonor había tenido tiempo para comprobar los cambios que se habían operado en el país y sabía que no iba a ser sencillo conseguir que sus súbditos se unieran a Juan.

Mientras viajaba por toda Aquitania, ciudad tras ciudad, pueblo tras pueblo, no sólo recibió homenajes, también otorgó a muchas ciudades verdaderos derechos ciudadanos..., la independencia del poder directo del conde, el derecho a gobernarse a sí mismas como ciudades libres mediante alcaldes y concejos. Con eso los ciudadanos no estarían subordinados a su señor, sino directamente a la duquesa de Aquitania. Eran los mismos derechos que Poitiers, por ejemplo, había tomado para sí en el primer año del matrimonio de Leonor con Luis. Desde entonces habían pasado cerca de sesenta años.

Cuando les otorgó sus privilegios a los ciudadanos de Poitiers, estuvo a punto de echarse a reír por la ironía del destino. Los tiempos habían cambiado tanto... Otorgar tanta libertad no era de ningún modo una decisión desinteresada. Era previsora, ya que siempre que el rey formaba un ejército, sus vasallos nobles, a su vez, debían llamar a las armas a los hombres cuya lealtad les correspondía primero a ellos y después al soberano. Leonor cambió aquel sistema con la emancipación de la mayoría de las ciudades, ya que como contraprestación los ciudadanos se comprometían a defenderse solos a partir de entonces, pero en caso de necesidad a poner sus armas a disposición del rey. Y sin embargo, cuando percibió el agradecimiento de su ciudad en la catedral de Poitiers, donde había sido coronada duquesa hacía ya tantos años, no sintió la satisfacción de un éxito sino profundo amor. Ellas habían recorrido juntas un largo camino, Poitiers y ella, y en aquel momento la ciudad florecería y se desarrollaría más... sin obligaciones tributarias a los nobles de los alrededores.

Dos días después de los homenajes apasionados que le brindaron en Poitiers, se encontró con su hija Juana en Niort. Juana había sido sitiada en el castillo de Cassès por los súbditos rebeldes de su esposo, el conde de Tolosa, y al final había tenido que huir. Estaba embarazada, unas profundas ojeras se marcaban debajo de sus ojos y se veía tan mal que Leonor se espantó. «¡Dios, o quienquiera que sea responsable por esto, no puede reclamar también a Juana!»

–Yo habría ido a veros inmediatamente después de la muerte de Ricardo –dijo Juana con voz queda–, si hubiese podido.

–Lo sé, tesoro mío.

–Pero lo soportáis, ¿no es así? A veces creo que sois como una roca, madre, eterna e indestructible.

–Oh, sí... sobre todo eterna... –respondió Leonor y enseguida añadió con el ceño fruncido–: En este estado es mejor que descanses en algún lugar donde no te molesten. De ninguna manera puedes marchar conmigo por todo el país.

–Pero madre...

–No quiero que corras ningún peligro.

Por fin se decidió que Juana iría a Fontevrault hasta que Leonor hubiese terminado su viaje.

Al final de la marcha que la había conducido a través de La Rochelle y Saintes hasta Burdeos, la ciudad de su infancia, Leonor recibió a Felipe de Francia. Él había llegado allí para tomar el juramento de fidelidad a su vasalla más poderosa. Desde que su padre Luis, con sólo dieciséis años, apareciera en

Burdeos para desposar a su novia, él era el primer rey de Francia que iba hasta allí.

–Es un espectáculo que tal vez se ofrece una sola vez en la vida –comentó Saldebreuil de Sanzay, uno de los más viejos partidarios de Leonor todavía con vida.

En el sillón imperial del gran salón del palacio de L'Ombrière estaba sentado Felipe, al que la edad y las enfermedades habían dejado calvo antes de tiempo. Llevaba el manto púrpura de los reyes, pero de ningún modo le pasó inadvertido que la figura delgada y erguida de la mujer que en aquel momento se arrodillaba delante de él, también estaba envuelta en rojo escarlata.

Como era usual en un juramento de fidelidad, Leonor puso su mano entre las del rey de Francia.

–Os prometo fidelidad, mi soberano –dijo con voz clara–, por mis dominios de Aquitania y las tierras que pertenecen a ella... y quiera Dios castigarme si no mantengo mi juramento.

Su mirada burlona se cruzó con la de Felipe cuando él se inclinó para besarla en la frente, como correspondía a su señor.

«Esta vieja bruja», pensó con un cierto grado de admiración. Ella no habría podido expresarle con mayor claridad que tenía el firme dominio de su patria y que no estaba de ninguna manera dispuesta a cederla a Arturo, y que él también le había reconocido aquel derecho al haberle tomado el juramento, teniendo en cuenta que sería estúpido creer que uno podría quitar Aquitania a aquella mujer mientras viviera. Pero eso no sería para siempre, se dijo Felipe y le sonrió. Además, ya hacía mucho que debería yacer bajo tierra y algún día..., y entonces él obligaría a los Plantagenet a retirarse hacia donde les correspondía..., a Inglaterra. Él, Felipe, expulsaría a los Plantagenet a su lugar de pertenencia y convertiría a Francia en un reino poderoso. Sólo cuando aquella mujer estuviese muerta.

–Sois mi vasalla más querida –afirmó.

Los labios de Leonor se abrieron en una sonrisa radiante.

–Y vos mi más querido soberano.

El guante de desafío había sido arrojado.

El hospital de Fontevrault era de los mejor organizados de todos, pero en aquel tórrido día de verano ninguna de las monjas expertas en la asistencia a los enfermos podía ayudar a la mujer que se retorcía en sus dolores de parto. En realidad ya estaba demasiado débil para el niño.

–Va a morir –dijo compasivamente una de las hermanas–. Es mejor así.

Leonor se volvió hacia ella con ojos encendidos de furia.

–No, no morirá, ¿lo entendéis? ¡Yo no lo permitiré!

Juana la había oído en medio de sus dolores.

–Oh, madre –balbuceó con voz ronca–, es tan característico de vos... ¡Tenéis que darle órdenes hasta a la misma muerte!

Leonor se sentó junto a ella.

–Y ella me va a obedecer.

Vio el pelo rojo pegado de su hija, vio el vientre abultado, los brazos y las piernas enflaquecidos hasta despertar piedad. Juana había sido siempre tan sana, tan parecida a ella. No podía ser que toda aquella vida encontrara un fin semejante... cinco meses después de que hubiera muerto Ricardo. Cuando el sacerdote entró con los santos óleos faltó muy poco para que lo echara fuera.

Pero Juana libró una batalla sin esperanzas contra la muerte y en el momento en que el niño, un varón, pudo ser sacado de su vientre, la muerte se la llevó. Sólo tenía treinta y cuatro años y era el octavo de los hijos de Leonor que moría antes que ella.

–Parece que Dios tenía buenas intenciones con nosotros –dijo Juan a su madre, que pasaba el otoño con él en Ruán–. Felipe se ha permitido cometer una estupidez increíble. No es sólo que, como antes, mantiene prisionera a su Ingeburga, ¡ahora también se ha sabido que él ya había tomado en secreto una nueva esposa y que ésta ya le ha dado dos hijos! El Papa lo excomulgó de inmediato y dictó el entredicho sobre Francia.

–Pobre Felipe –dijo Leonor–, y Arturo tampoco parece serle ya tan seguro desde que Constanza, la viuda de Godofredo, volvió a casarse. Supongo que a su esposo le gustaría más ver al muchacho atado a su propio carro que al de Felipe.

Juan asintió y se apartó de la frente un mechón de pelo oscuro.

–Felipe ya me ha enviado intermediarios para un tratado de paz... en las condiciones que Ricardo había negociado para el armisticio entonces. Claro que él quiere ganar tiempo, pero el tiempo también puede servirme a mí. Por eso voy a dar mi consentimiento. Como prenda le he propuesto que case a su hijo Luis con una de las hijas de Aenor. ¿Os gusta, madre? Vuestra nieta en el trono de Francia... y por añadidura una Plantagenet. Me atrevo a afirmar que esta idea le causa pesadillas a Felipe, pero aceptará. Apuesto por ello.

Aenor, la última hija viva de Leonor, estaba casada con el rey de Castilla.

–Un buen plan. Creo que voy a viajar yo misma a Castilla para buscar a la muchacha.

Juan se mostró contento, pero un poco sorprendido por aquel ofrecimiento.

–¿A través de los Pirineos? A...

–No digas «a vuestra edad» –dijo su madre con sarcasmo–. Mi edad es precisamente el motivo. Quién sabe cuánto tiempo aún voy a tener oportunidad de ver el mundo... y a Aenor. Si me sepulta una avalancha de rocas, cuento con que harás oficiar una misa en mi memoria, a costa tuya por supuesto.

Antes de darse cuenta, a Juan se le escapó una frase que inmediatamente habría borrado si hubiese estado en condiciones de hacerlo.

–Os echaré de menos –dijo.

De repente se quedó callado, deseaba morirse.

Leonor vio el cambio de su expresión y lo ayudó a salir de aquel aprieto.

–Eso dice mucho de mi poder de atracción –dijo con un tono de frivolidad–. No pensaba que aún a esta edad un hombre me diría eso. Lo que todavía le da esperanzas a todos los compañeros de armas de Matusalén y a mí misma.

Leonor se puso de pie. Juan hizo un comentario sobre el clima en los Pirineos, ya que otra vez Leonor había escogido el invierno para viajar. Y volvió a maldecirse por dentro. Él mismo no lo entendía. Ya tenía todo aquello por lo que había mentido, traicionado, luchado e intrigado... Ricardo estaba muerto y él era rey de Inglaterra, el rey Juan I, de treinta y tres años. Pero ¿de veras eso era todo lo que había ansiado tener?

Observó a su madre y se preguntó si ella habría entendido lo que él le había querido decir en la proclamación que había publicado:

«... Quiero que ella sea soberana sobre todas las tierras que pertenecen al reino, pero también soberana sobre mí y sobre mis propias tierras y posesiones.»

Este documento lo había dictado después de enterarse de la muerte de Juana. Juana. Él le había dado su nombre a su hija ilegítima, que en aquel momento tenía diez años. Juan tenía muchos bastardos, pero sólo una hija y amaba mucho a la pequeña Juana.

–No he visto a Aenor desde hace un cuarto de siglo –dijo de pronto Leonor–. Parece imposible que haya pasado tanto tiempo. ¿Cómo serán sus hijos?

Juan había ordenado que el capitán Mercadier acompañara a Leonor, lo que le acarreó un comentario de su madre.

–¿Y quién me protegerá de Mercadier?

Pero en realidad Leonor se sentía en cierto modo aliviada por la escolta de Mercadier. Su fama era hasta tal punto temible, que eso solo le quitaría las ganas a todos los bandidos audaces, y si en realidad se producía un ataque, entonces ella podría confiar en sus aptitudes militares. De todas formas, a pesar de la enorme lealtad de Mercadier hacia Ricardo, ella sólo podía mirarlo con íntima repugnancia. No era sensiblera en cuanto a los muertos, pero detestaba la crueldad sin sentido, como la de la muerte del ballestero de Calus.

Leonor pasó el fin de siglo en mitad de los Pirineos. Aquel viaje era un desafío, exactamente lo que ella necesitaba y cuando vio la sobrecogedora majestuosidad de las cascadas congeladas en masas de hielo, no pensó en el pasado sino en el futuro.

Ella tenía muy presente que el reino de los Plantagenet estaba más que amenazado por Felipe, pero había hecho todo lo que podía para consolidarlo y sea lo que fuere aquello que todavía pudiese suceder, sus descendientes se sentarían tanto en el trono de Francia como en el de Inglaterra.

En su viaje a Navarra no se había adentrado tanto en el interior de la península como en aquel momento y Leonor se sentía feliz por aquella oportunidad tardía. En realidad, ya no había ningún país en Europa que ella no conociera. Castilla y sus habitantes le recordaban el sur de Aquitania y sin embargo eran por completo diferentes. Y cuando llegó a la corte de su hija en Burgos, la reina Aenor pudo saludar a una mujer sobre la que el largo camino había actuado como una cura de rejuvenecimiento.

De todos los Plantagenet, Aenor era la que más se parecía físicamente a Enrique, pero estaba dotada de un equilibrio interior que debía de haber heredado de alguna línea indirecta... o tal vez de su abuela, que había llevado su mismo nombre. Había encontrado felicidad y satisfacción en su matrimonio (también una rareza entre los Plantagenet), y había dado la vida nada menos que a once hijos. Como ya no contaba con volver a ver a su madre, estaba muy excitada por la noticia de que Leonor en persona iba a buscarla. El reencuentro resultó muy efusivo y los hijos de Aenor observaron perplejos a su madre que se comportaba como una adolescente.

–¡Déjame vivir! –protestó riendo Leonor.

El esposo de Aenor le besó galantemente la mano y aseguró que por encima de todo lo hacía feliz conocer a la legendaria Leonor, cuya fama se extendía desde el Támesis hasta el Nilo.

–Una leyenda ya un poco descolorida, me temo –dijo Leonor.

Aenor ofreció varias fiestas en su honor, en las que quedó claro que los trovadores castellanos que había en su corte no tenían nada que envidiar a los aquitanos. Fueron días llenos de alegría y noches íntimas en las que, a veces durante horas, mantuvo conversaciones con su madre que podían terminar siendo muy serias.

–¿Y qué haréis ahora? –preguntó una vez en broma–. ¿Iréis otra vez a una cruzada o quizás a la lejana Catay?

Leonor apoyó la barbilla en sus manos.

–Quién sabe, tal vez... Pero creo que para mí pronto llegará a su fin la época de las aventuras. Claro que nuestro común amigo Felipe todavía puede ocuparse de que eso cambie, aunque durante los próximos años tiene las manos atadas por el Papa. Él necesita aliados y sobre todo nuestro comercio. ¡Dios bendiga a Inocencio!

En la intimidad de su alcoba, el pelo oscuro de Aenor resplandecía suelto a la luz de las antorchas.

–¿Qué ha sido de Alais –preguntó–, después de haber sido utilizada durante tantos años como medio de presión entre Inglaterra y Francia?

–Dos años después de la muerte de Ricardo se casó con un noble llamado Gil de Ponthieu, y por lo que he podido saber, es un buen matrimonio.

A Leonor le dolían un poco los ojos y cerró los párpados. Su hija titubeó antes de hablarle.

–El último año... debe de haber sido muy duro para vos.

–Mejor dejemos eso, querida mía.

La reina de Castilla, de treinta y nueve años, miró a su madre y la abrazó.

–No, no lo dejemos. Desde que tengo uso de razón, nunca os habéis permitido llorar o buscar apoyo en alguien. Ahora debéis tener necesidad de hacerlo, madre, necesitáis un ser humano a vuestro lado.

Leonor la besó.

–Te lo agradezco, mi amor. Pero como tú has dicho, nunca me lo he permitido y ahora soy demasiado vieja para cambiar mis propias reglas. Si hay algo que siempre he detestado, ha sido la sensiblería. Estar contigo y con tus hijos me ayuda más de lo que te imaginas.

–Entonces quedaos más que estas pocas semanas –sugirió Aenor.

–¡Me gustaría mucho! –admitió Leonor con un suspiro–. Pero Felipe y Juan esperan la prenda de su convenio.

–No –dijo Aenor con tristeza–, no es por eso. Sois como el viento, en ningún lugar se siente en casa, en ningún lugar está satisfecho.

La pareja real había dejado en manos de Leonor la elección

entre las tres hijas de Aenor y ella se preocupó por conocer bien a cada una de las tres muchachas. A fin de cuentas sería una futura reina que debía estar capacitada para ser más que una figura decorativa en una procesión... como la pobre Berenguela. Por fin se decidió por la pequeña Blanca, una muchacha llena de vida que se parecía tanto a Enrique como a ella, y confió en que eso le asestaría una ligera puñalada a Felipe cuando tuviese que sentar al lado de su hijo a una consumada Plantagenet.

Blanca estaba fascinada con su abuela y durante el largo camino de regreso demostró ser una compañera de viaje agradable y entretenida.

–Pero entonces ¿por qué debo casarme en Normandía y no en Francia? –preguntó una vez.

–Porque toda Francia está sujeta al entredicho y no se puede celebrar ninguna ceremonia religiosa hasta que tu futuro suegro se decida a ceder ante su santidad el Papa. Todo depende de quién aguante más, si él o Inocencio III.

Ella hablaba con Blanca como con una mujer adulta, porque sabía qué clase de lecciones iba a recibir la muchacha en su iniciación a la vida real en Francia... Con las ideas de Felipe, seguro que la primera sería que las mujeres tenían que mantenerse alejadas del gobierno. Leonor quería contrarrestar eso desde un principio.

–Francia ya estuvo una vez bajo el entredicho, ¿no es así? Cuando vos todavía erais reina allí.

–Así es. Y déjame decirte que en realidad el único alivio que me brindó su derogación fue que con eso pude cumplir con el deseo ardiente de alguien.

–¿De quién, abuela? –preguntó Blanca, con curiosidad.

La mirada de Leonor se perdía en la lejanía.

–En aquel entonces yo era todavía muy joven. Cuando la conocí, ella era una mujer vieja, pero nunca lo he olvidado: Eloísa de Paracleto, ella fue a verme cuando...

Le contó a la niña la historia de Abelardo y Eloísa tal como ella misma la había escuchado una vez y reconoció en los ojos muy abiertos de la muchacha su propia fascinación de entonces...

–... y la gente dice que cuando Eloísa murió, treinta años

después de Abelardo, y fue sepultada a su lado en su misma tumba, él abrió los brazos para recibirla.

Blanca contuvo el aliento.

–¿Es cierto?

Leonor reprimió una sonrisa.

–No lo creo. ¿Sabes?, los muertos no esperan por nosotros, vamos, no de esa manera. Si en alguna parte esperan, seguro que no es como cadáveres en sus tumbas.

Ella no acompañó a Blanca hasta su destino final sino que la entregó a los enviados de Felipe en Fontevrault, como había sido acordado. Era evidente que Felipe no quería que Leonor estuviese presente en aquella boda y ella no vio ningún sentido en insistir en ello.

–Pero ¿volveré a veros, abuela?

–Seguro. Puedes decirle a tu suegro que me daría mucho placer ir una vez más a París. Entonces quizá me invite.

Leonor estaba todavía en Fontevrault cuando Will, conde de Salisbury, la visitó con una novedad increíble. Se encontraba en el huerto del convento (donde descubría los secretos del cultivo de las hierbas), tenía las manos llenas de tierra y se incorporó con esfuerzo cuando vio llegar al hijo de Enrique.

–Tienes un talento especial para encontrarme en situaciones desagradables, Will.

–Sois la reina en todas partes –dijo con soltura.

Leonor se echó a reír.

–La reina de los huertos de hierbas, sin duda. Pero sabes, encuentro muy tranquilizador hacer algo con las manos y por lo menos es más útil que bordar. Además, de este modo no estoy sin hacer nada en este convento.

Se sacudió la tierra de las manos y miró de arriba abajo a su hijastro.

–Y bien, ¿qué ha sucedido? Tienes una cara como entonces, cuando me visitaste en mi prisión, y puedo asegurarte que hay una enorme diferencia entre Fontevrault y la torre de Salisbury.

Will se aclaró la voz.

–Sin duda alguna, mi soberana. Es sólo que... Juan ha hecho anular su matrimonio con Avisa de Gloucester.

Leonor se encogió de hombros.

–¿Y? Ya hace años que tenía en el bolsillo el decreto papal para eso. Inocencio no le va a causar ningún problema.

–Inocencio no, pero sí los Lusiñán –afirmó el conde de Salisbury.

–Entonces fui más rápida para sacar conclusiones, pero ahora... ¿Qué tiene que ver Avisa de Gloucester con los Lusiñán?

Will hizo una mueca.

–Ella nada. La nueva esposa de Juan, sí.

–¿Su nueva esposa?

Will hizo una reverencia como si quisiera presentar a alguien.

–Isabel de Angulema.

–¡Oh, Dios Santo! Vamos a esa galería, allí hay un banco. Necesito sentarme.

Will le ofreció su brazo y los dos se sentaron en un banco de piedra gris adosado a la pared del claustro.

–¿Quieres decir que Juan se ha casado con esa niña de doce años que estaba comprometida con Hugo de Lusiñán? –preguntó perpleja Leonor.

Will asintió.

–Fue un acuerdo secreto con Aimar de Angulema –le informó–. Tan pronto como el matrimonio de Juan con Avisa fuese anulado, él debía comprometerse con Isabel, como prenda de cambio para que Aimar de Angulema transfiriera su lealtad a Juan. Aimar es uno de los aliados más poderosos de Felipe y...

–Lo sé –lo interrumpió Leonor–. Fue una jugada inteligente, pero ¿cómo se pasó entonces del compromiso al matrimonio?

–Pues bien –respondió Will de Salisbury–, también a Juan le sorprendió un poco que Aimar estuviera dispuesto a disolver un compromiso sólo para concertar otro, que también podría disolverse con la misma rapidez cuando Juan tuviese entre ceja y ceja una alianza mejor. Pero entonces, cuando debía celebrarse el compromiso, el duque de Angulema nos presentó a su hija, y allí sucedió –Will hizo una mueca–. Sabéis, ésa es justo la parte de este asunto que no me gusta. Mi esposa Eva también es una niña, tiene once años, y por supuesto yo esperaré aún algunos años para la consumación del matrimonio..., hasta que sea una mujer adulta. Pero en cuanto Juan vio a aquella muchacha... estaba perdido. Oh, ella no da la impresión de ser una niña o quizás unos pocos años mayor y es..., bueno, hermosísima. Pero todavía tiene doce años y cuando le dije a Juan que tendría que esperar por ella como yo por Eva, sólo me contestó que le gustaría saber si yo esperaría por Eva si fuese tan hermosa como Isabel y estuviese en mi cama –tomó aliento para continuar–. Resultado: en lugar de un compromiso secreto, un matrimonio consumado. Y en cuanto los Lusiñán se enteren de eso, se desatará el infierno.

Los dos se quedaron un rato en silencio. Después Leonor reflexionó en voz alta.

–Por lo que se refiere a la dote, a Juan no podía haberle ido mejor... Isabel es una de las herederas más ricas que existen. También la alianza con su padre es muy importante y ventajosa. Pero claro, eso arroja a los Lusiñán a las manos de Felipe. Y la muchacha... ¿cómo lo ha tomado?

El conde de Salisbury estaba un poco cohibido.

–En realidad..., bueno, no fue precisamente una violación. Ella es muy joven, muy hermosa y muy sensual, y creo que es la mezcla de esas tres cosas lo que atrae tanto a Juan. Después de la noche de bodas me pareció una gata que ha probado la crema.

–Tanto mejor para Juan –concluyó escuetamente Leonor–. Sin embargo creo que tienes razón, Will..., eso traerá problemas.

Era un hermoso día de verano de 1203 y Juana, la hija de Juan, estaba contenta y al mismo tiempo preocupada mientras cabalgaba en su poni junto a la litera de su abuela. Su padre libraba una guerra contra el rey francés en Normandía y la había enviado al Poitou junto a su madre.

Juana era callada, muy reservada, tenía los cabellos negros

de Juan y los ojos color avellana, pero cuando le obsequiaba su afecto a las personas, lo hacía sin ninguna reserva. Había caído pronto bajo el hechizo de Leonor y amaba mucho a su abuela. Era maravilloso viajar en aquel momento a Poitiers con ella y trataba de no pensar en el peligro que se cernía sobre su padre.

Por fin se rindió.

–El rey de Francia será..., ¿creéis que él puede salir victorioso? –preguntó a su abuela.

–Él lo cree –respondió Leonor con sarcasmo–. Y lo anuncia en voz alta y clara a todo el mundo. Felipe, el vengador de los desheredados... sí, todavía hoy utiliza a Arturo como escudo y como pretexto. Si esa mujer que desposó Godofredo en aquel entonces, sólo hubiese tenido la suficiente inteligencia para abandonar París inmediatamente después de su muerte, hoy todos nosotros estaríamos más seguros.

–¿Conocéis a Arturo? –inquirió la muchacha–. ¿Qué edad tiene?

–Diecisiete años. No, nunca lo he visto. De todos modos me da la impresión de que no se parece a su padre. Por muchas cosas que se puedan decir de Godofredo, nadie lo habría calificado jamás de loco. ¡Y Arturo debe de serlo para cederle toda Normandía a Felipe en caso de que lo ayude a ascender al trono!

Juana quería preguntar si era cierto que Arturo también se había atrevido a prestarle juramento de fidelidad a Felipe por Aquitania, pero su vista aguda divisó una nube de polvo en el horizonte.

–Abuela –dijo insegura–, creo que ahí vuelve el espía que habéis enviado por delante.

Leonor trató de incorporarse de la litera para poder seguir la dirección de la mano extendida de Juana.

–¡Malditas sean todas las literas! –gritó furiosa–. ¡Es inconcebible! No hace todavía tres años pude cruzar los Pirineos y ahora esos médicos estúpidos me condenan a viajar en una cosa tan incómoda.

Juana esbozó una sonrisa tímida.

–Es que ellos no saben a qué tener más miedo –opinó–, si a vuestro enfado en caso de que os prohibieran por completo los viajes, o a la posibilidad de que pudieseis morir por eso. De modo que se les ocurrió una solución intermedia.

Leonor dio un tirón a una de sus largas trenzas oscuras. Su hijo menor tenía bastantes defectos, pero entre las buenas cualidades de Juan se contaba el hecho de que amaba con locura a todos sus hijos ilegítimos y los hacía educar en su corte, y sea como sea, había conseguido que ella viese crecer en Juana a una de sus nietas más encantadoras.

Mientras tanto el espía se había acercado.

–¡La reina! –gritó ya sin aliento–. ¡Debo ver en el acto a la reina!

Leonor ordenó rápido que le abrieran paso.

–¿Qué pasa? –preguntó lo más serenamente que le era posible.

–Majestad –dijo jadeando el soldado–, los Lusiñán intentan cerrar el paso a Poitiers... ¡y Arturo está con ellos!

Leonor se sintió tentada a soltar una carcajada. Era de esperar que los Lusiñán se sublevaran, aunque ella suponía que enviarían sus ejércitos a Felipe en Normandía. Pero que en aquel momento pesara otra vez sobre ella la amenaza de una prisión y esta vez por su propio nieto... ¡rayaba en lo grotesco!

Tenía más de ochenta años, pero su mente trabajaba con tanta agudeza y claridad como siempre.

–¿Cuál es el castillo más próximo? –preguntó al capitán de su escolta.

–Mirabeau, señora.

–Muy bien... volvamos sobre nuestros pasos. Nos atrincheraremos en Mirabeau. –Se quedó callada durante un minuto y después preguntó–: ¿Quiénes son los jinetes más rápidos? Dos deben intentar llegar hasta mi hijo para informarle, pero por separado, para que al menos uno de ellos tenga éxito.

Mientras el capitán daba las órdenes, ella tamborileaba con los dedos sobre su regazo para descargar los nervios. Mirabeau no estaba preparado para un asedio y Juan se encontraba en Normandía, en Le Mans por lo que sabía, a muchos días de marcha de allí. Y además nunca había sido el más genial de los jefes de ejército.

–Padre nos salvará –dijo Juana con una voz un poco temblorosa, pero con el tono de la más profunda convicción.

Leonor le sonrió. La joven no se asustó y eso ya era mucho a su edad.

–Seguro –contestó de manera mecánica–, seguro.

La ciudad de Mirabeau perteneciente al castillo era muy pequeña, pero Leonor no había podido evacuar al castillo a todos los habitantes y en aquel momento veía desde las almenas de la torre que el lugar era ocupado por las tropas de los Lusiñán y de Arturo. La toma por asalto de la ciudad apenas si se podía llamar una conquista, pero en todas las almenas y troneras ella hizo apostar arqueros que lograron rechazar con éxito el primer ataque.

–¿Atacarán otra vez? –preguntó Juana a su lado.

Leonor sacudió la cabeza.

–Yo creo que se van a inclinar por un asedio. El castillo puede ser defendido mucho tiempo de los ataques directos, pero ellos sospecharán, con razón, que no tenemos muchas provisiones.

De repente tiró a la muchacha hacia ella.

–Juana, tú tienes mejor vista que yo… ¡Dime qué están haciendo allí!

Juana parpadeó y entonces se atragantó.

–Parece que están tapiando las puertas de la ciudad para que no pueda salir ningún habitante –contestó con voz tensa.

–Y tampoco ningún correo del castillo –completó Leonor–. Ahora bien, van a tener que dejar libre por lo menos una puerta para su propio reabastecimiento.

Levantó un pliegue de su vestido y hundió la mano en él. Tiempo, sobre todas las cosas tenía que ganar tiempo.

–Vamos –le dijo a su nieta–. Aquí ofrecemos dos blancos perfectos y yo creo muy capaces a los Lusiñán de disparar también sobre las mujeres.

La mano de Juana buscó la suya y ella percibió que a la muchacha la atormentaba la misma pregunta que a ella…: ¿lograría pasar y llegar hasta Juan uno de sus jinetes? Y después, ¿cuánto tiempo necesitaría Juan para marchar desde Le Mans hasta allí?

Negociaciones... Tenía que intentar ganar tiempo por medio de negociaciones. Leonor envió afuera a uno de los habitantes de la ciudad. En lugar de una respuesta, llegó un soldado hasta las mismas puertas del castillo y le gritó a los centinelas de la torre que habían detenido al instante al ciudadano insurrecto que se rebelaba contra Arturo, el rey legítimo, y que no se darían por satisfechos con nada inferior a la rendición total.

–Eso, hija mía –le comentó serenamente Leonor a Juana–, en general se califica como una conducta completamente insensata. Los nobles señores de Lusiñán verán lo que consiguen con eso. Y en cuanto a Arturo... –de pronto se echó a reír–. Su padre era muy astuto y Arturo es muy corto de vista, en muchas cosas demasiado corto de vista.

–Pero ¿qué pasará si ellos atacan otra vez?

–No lo harán. Yo he conocido muchos hombres en mi vida, todos ellos han conducido guerras. Créeme, yo sé que no lo harán.

Sólo un par de días después ya se hacía sentir la estrechez del castillo sitiado, y también la escasez de comida. Reinaba una irritación general. Leonor mandó llamar al capitán.

–En caso de que el castillo sea tomado, ninguna persona debe saber que la muchacha que está conmigo es la hija del rey. ¿Habéis entendido?

–¡Pero señora, ese hecho debería ser nuestra mayor protección! –protestó el hombre.

Leonor frunció los labios, escéptica.

–¿De los Lusiñán? ¿De la familia que Juan ha humillado al casarse con Isabel? Eso podría ponerlos fuera de sí. Ella es una de mis camareras y cuidad de que a vuestra gente no se le olvide.

–Así se hará, señora.

Juana era la mayor preocupación de Leonor. A ella misma no le afectaría mucho una eventual captura, «uno no pierde las malas costumbres», pensó, pero la muchacha... Ella no le permitiría a Dios que dejara morir a la segunda Juana tan pronto como a la primera.

Juana dormía en el cuarto de su abuela, no pronunciaba una sola palabra de queja, no mostraba ningún temor, pero tenía pesadillas y más de una vez se despertaba gritando.

–¡Lo siento! –sollozaba abrazada a su abuela–. ¡No quería hacerlo, lo siento tanto!

–Está bien, mi niña, está bien. Nosotros sólo tenemos nuestros sueños para desahogarnos. La vida nunca es justa.

–Pero no es la vida, son los hombres –protestó la muchacha.

–Los de rango real son mucho más injustos, hija mía. Ten presente una cosa, si nosotros, los que reinamos, no llevásemos una corona, nos colgarían del primer árbol. Incluso pese a nuestro valor cristiano. Verás, cualquiera puede robar... El arte es hacerse amar por ello.

Por fin, Juana volvió a dormirse, pero Leonor pasó toda la noche desvelada. Estaba próximo el mes de agosto. La atmósfera ya era asfixiante en Mirabeau y casi no había posibilidad de bañarse. Por fin desahogó sus emociones con una carcajada histérica, que sofocó con la mano sobre la boca para no despertar otra vez a Juana.

Era poco antes del amanecer cuando la despertaron unos golpecitos. Leonor se levantó rápidamente y corrió hacia la puerta. No era vanidosa en absoluto, pero en circunstancias normales jamás habría permitido que a su edad la viesen en un estado semejante..., con los cabellos sueltos y sólo en camisa de noche. Esta vez, sin embargo, ni ella ni el hombre que la había despertado pensaron en el aspecto poco común que presentaba.

–Señora –susurró él–, los centinelas creen que pueden distinguir... un ejército a poca distancia de Mirabeau.

–Pero eso no es posible... –dijo Leonor con voz apagada.

Mientras tanto, también Juana se despertó. Le indicó a la muchacha que se vistiera con rapidez y ella hizo lo mismo. Las manos delicadas, transparentes, le temblaban cuando se sujetaba la cofia con la ayuda de Juana. Podía ser... podía ser...

Sin hacer ruido para no despertar a los que todavía dormían, se precipitaron a lo largo del corredor y escaleras arriba hasta la torre sur. Entretanto había despuntado el alba y en medio de la bruma del amanecer se podía reconocer un estandarte..., el estandarte con el emblema del león de los Plantagenet. Juana se arrojó al cuello de su abuela.

–¡Es mi padre! –gritó con júbilo–. ¡Es mi padre, es él!

Leonor se limitó a asentir con la cabeza.

Como se comprobó después, uno de los mensajeros le había dado alcance la víspera del treinta de julio. Había necesitado menos de dos días para llegar hasta allí.

La llegada de Juan fue una sorpresa total para Arturo y los Lusiñán; más aún, fue una catástrofe. Como los sitiadores habían hecho tapiar todas las puertas con excepción de una, eso se convirtió en aquel momento en una trampa, dado que de aquel modo tampoco ellos podían hacer frente a la superioridad del ejército de Juan. Godofredo de Lusiñán fue hecho prisionero sin que ofreciera resistencia.

Cuando Juan entró en el castillo, con huellas claras de su marcha forzada y casi al borde del agotamiento total pero sostenido por el triunfo rotundo, fue recibido por una entusiasta Juana. La estrechó en sus brazos y la besó, pero sus ojos buscaron a su madre. Leonor caminó hacia él y entonces pronunció las palabras que, ella lo sabía, Juan había esperado escuchar durante toda su vida.

–Puedes estar más que orgulloso de ti, Juan. El mismísimo Ricardo no podría haberlo hecho mejor.

Juan se quedó un rato en silencio y cerró los ojos por unos segundos. Pero cuando volvió a abrirlos, la respuesta brotó rápida e hiriente.

–Debería haber imaginado, señora, que ése sería el mayor elogio que seríais capaz de hacerme..., una comparación con mi perfecto hermano.

Antes de abandonar otra vez Mirabeau para regresar a Normandía, Juan ordenó que llevaran a su sobrino Arturo a su presencia. Arturo se parecía más a Enrique el Joven que a Godofredo. Tan pronto como estuvo delante del rey inglés, se plantó con la misma arrogante obstinación de su tío muerto tiempo atrás.

–¡Yo sólo quería coger lo que me pertenece! –gritó–. ¡Y todavía lo haré! Tengo derecho sobre la corona. Mi padre era vuestro hermano mayor, y por eso yo soy el heredero de Ricardo y no vos, y...

–Demuestras muy bien tus dotes reales –lo interrumpió Juan ásperamente–, si empiezas tu lucha con querer tomar prisionera a tu abuela.

Arturo tenía el buen aspecto físico de los Plantagenet, pero sus rasgos hermosos estaban desfigurados en aquel momento por el odio y el desprecio.

–¡Vaya, sois en verdad el más indicado para reprocharme eso, tío. ¿Fuisteis vos, o no, el que primero traicionó a su padre y después a su propio hermano? ¿Y que en los dos casos lo único que hizo fue pasarse al lado del más fuerte? Y ni siquiera una vez tuvisteis éxito con la traición... ¡Sí, en todo un año con las tropas francesas no pudisteis quitarle el poder a esa vieja bruja!

Juan estaba petrificado. Reinaba un silencio absoluto. Cuando se levantó de su asiento, algo aterrador lo rodeaba como si fuese un manto visible. Ninguno de los presentes habría querido cambiarse ni por un segundo por Arturo, aunque le hubieran ofrecido las coronas de Inglaterra y Francia al mismo tiempo.

Sólo Arturo permaneció imperturbable.

–Podéis mantenerme prisionero todo el tiempo que queráis, pero no podéis privarme de mi derecho ¡y yo nunca renunciaré a él, nunca! El rey de Francia os vencerá y entonces...

Juan no le prestó más atención y le habló a uno de los hombres de su séquito en voz muy baja y muy fría.

–William, llévalo a Ruán con Huberto de Bourgh. Se quedará allí hasta que yo dé nuevas órdenes. –Después tomó por los hombros a William de Braose y lo miró a los ojos–. ¿Has entendido lo que he dicho?

William de Braose titubeó sólo un segundo.

–Sí, mi señor.

Arturo no cesó de proferir insultos mientras lo sacaban por la fuerza y todavía alcanzó a añadir en el mismo tono frío de Juan:

–¡Hágase la voluntad de mi rey!

Leonor se separó de los cortesanos y fue hacia su hijo.

–Juan, tengo que hablar contigo.

Lo dijo con una voz apagada que sin embargo no admitía la menor réplica y puso una mano sobre el brazo de él. Juan la miró, no se movió, pero tampoco hizo ningún gesto para soltarse.

–Por favor –añadió ella.

–Está bien. Vamos.

Salieron de la sala en silencio, pero en cuanto llegaron a la pequeña alcoba que ella había ocupado durante el sitio, se quedó inmóvil.

–¿Y bien, señora?

–Juan, no lo hagas –dijo ella escuetamente.

Juan soltó una breve risa, una risa en la que no había ni una chispa de humor.

–Gracias. Debéis de tener una opinión excelente de mí.

–No de ti, de todos nosotros –replicó Leonor–. Después de todo, no he caminado ciega por todo el mundo durante ochenta años. Te lo suplico, Juan, no lo hagas.

–¿Porque es mi sobrino? ¿La sangre caerá sobre mí y sobre mis hijos y así sucesivamente? ¡Maldita sea, lo habéis visto! Si lo dejo con vida, tendré que luchar contra él durante los próximos treinta o cuarenta años. Es necesario.

Leonor se apoyó con suavidad en el respaldo de una silla.

–La necesidad... –dijo cansada–. No te haré recomendaciones tontas sobre el asesinato, pero te digo, Juan, que te equivocas. Aparte de que ése no es el único motivo. Cuando Enrique luchó contra Becket y preguntó en voz alta si no había nadie que pudiese librarlo de ese sacerdote, tampoco a él lo impulsó sólo la necesidad, aunque fuera la razón principal. En aquel entonces lo vi claro, y todavía puedo verlo. Hay personas de las que uno sólo puede librarse por medio de la muerte, pero sin embargo hoy también sé que es el camino equivocado. El asesinato es el camino equivocado. Arturo es tu Becket, Juan. No lo hagas.

Juan la miró por encima de los hombros.

–Padre terminó así su lucha con la Iglesia, ¿no?

–No –respondió secamente Leonor–, él consiguió crear un mártir. Eso puede haber sido muy bueno para el pueblo inglés, que ahora tiene un auténtico santo, pero para tu padre, no sólo como hombre sino también como rey, fue un golpe que le dolió aún más porque se lo había asestado él mismo.

–Es difícil ver rasgos de mártir en Arturo.

Leonor sintió crecer dentro de ella la resignación, pero lo intentó una vez más.

–Él se convertirá en mártir cuando tú lo conviertas en uno, y además será un arma mucho más poderosa en manos de Felipe. ¿Es que no lo ves, Juan? No te llamarán más traidor de parientes, como ahora llaman a Arturo, sino asesino de parientes. Te aconsejo, te pido, te suplico, Juan..., ¡no lo hagas!

Su hijo menor la miró larga y profundamente, extendió la mano como si quisiera tocarla, pero entonces volvió a retirarla.

–Vos misma lo habéis dicho, madre –replicó en voz baja–, Arturo es mi Becket. Y entre el rey y Becket no hay más que una solución.

Leonor se volvió en silencio.

–Como quieras –susurró después de un rato–. Entonces adiós, Juan. Creo que no volveremos a vernos. Yo regreso a Fontevrault y no vendré nunca más a tu corte.

–Como queráis –contestó bruscamente.

Quería salir corriendo de allí, pero ella lo llamó aún una vez más.

–¡Juan!

El rey se quedó inmóvil. Leonor fue tras él y por primera vez en su vida le dio un beso suave en la mejilla.

–Adiós, Juan –repitió.

Juana se despidió de su abuela después de haber pasado algunas semanas con ella en Fontevrault. Su padre había mandado por ella ya que estaban por concluir las negociaciones sobre su matrimonio con el príncipe galés Llewelyn. En vista de las incesantes contiendas en Normandía, era importante tener paz por lo menos en la frontera con Gales.

–Os echaré de menos, señora –confesó con tristeza mientras caminaban juntas por el sendero preferido de Leonor a través del jardín.

Leonor le hizo una caricia suave en el hombro.

–Yo también te echaré de menos, Juana.

–¿Estáis segura de que no quieres venir conmigo a la corte?

La reina negó con la cabeza.

–¡Pero abuela, aquí estaréis sola!

Leonor sonrió.

–¿En un convento lleno de monjas y frailes? Hay pocos lugares en el mundo donde se pueda estar menos sola que aquí –comentó con una mueca irónica–. ¿Qué habría dicho Bernardo de Claraval si hubiese sabido que mis días transcurren, cada vez más frecuentemente, en una casa de Dios?

–¿Bernardo de Claraval? –preguntó Juana con admiración reverente–. ¿El santo? ¿Lo conocisteis? ¡Pero si él vivió hace por lo menos cien años!

Tomó conciencia de su falta de tacto y se llevó rápidamente la mano a la boca.

–¡No hace tanto tiempo! –comentó Leonor con una carcajada–. Creo que yo podría escribir un libro sobre todos los santos que he conocido en mi vida, y sobre cómo eran en realidad... pero la Iglesia lo pondría en el acto en el Índice.

Siguieron el paseo mientras conversaban en armonía y Leonor dijo:

–De todos modos eso me recuerda algo. ¿Has visto alguna vez la cripta?

Juana negó con asombro.

–Yo sólo he asistido a los oficios divinos normales.

–Entonces ven.

La reina la condujo a la cripta y Juana vio los mausoleos que estaban erigidos allí: Enrique II de Inglaterra y a sus pies dos de sus hijos, Ricardo I y su hermana Juana, de la que llevaba el nombre.

Volvió a mirar a su abuela.

–¿En qué pensáis cuando veis esto? –preguntó impulsivamente.

Leonor inclinó un poco la cabeza hacia un lado.

–En que una vez prometí a Enrique que los dos viajaríamos juntos al infierno y que yo lo haría esperar toda una eternidad. Ése es el privilegio de nosotras las mujeres, Juana. Además lo tiene bien merecido el viejo monstruo.

–¿Os sentís...? –preguntó inquieta Juana.

La reina se rió.

–Nunca me he sentido mejor, mi niña. Tú sabes bien que viviré eternamente aunque sea sólo para fastidiar a Felipe.

–¿Entonces puedo venir otra vez aquí y visitaros?

–Tal vez te visite yo, si de verdad vas a casarte con ese galés –contestó ensimismada Leonor–, ¿qué te parecería eso? Todavía no he estado nunca en Gales.

Juana la tomó del brazo y juntas abandonaron la cripta.

–Sí, iré a visitarte –dijo la reina con una voz llena de alegría y esperanza–. En primavera.

Medio año después, el 1204, Leonor de Aquitania murió en Fontevrault, donde fue sepultada junto a su esposo y sus hijos. Había cumplido ochenta y un años.

—¿Os sentís [illegible]? —preguntó la dueña Juana.

La reina se rio.

—Nunca me he [illegible] mejor, muchacha. Tú sabes bien que viviré eternamente aunque sea solo para fastidiar a Felipe.

—Entonces puedo venir otra vez aquí y visitaros.

—Tal vez te visite yo. Si decides ya casarte con ese galés —contestó entusiasmada Leonor—, ¿qué te parecería eso? Todavía no he estado nunca en Gales.

Juana la tomó del brazo y juntas abandonaron la capilla.

—Sí, iré a visitarte —dijo la reina con una voz llena de alegría y esperanza—. En primavera.

Medio año después, el 1 de abril de 1204, Leonor de Aquitania murió en Fontevrault, donde fue enterrada junto a su esposo y sus hijos. Había cumplido ochenta y un años.

EPÍLOGO

«Disoluta», «frívola», «política magistral», «romántica», «fría y ambiciosa», «faro de los trovadores» y «poco más que una puta»... Todo esto se ha llamado a Leonor de Aquitania a lo largo del tiempo. Ya durante su vida nacieron leyendas alrededor de ella y unos cincuenta años después de su muerte alcanzaron pleno desarrollo... Una de las más divertidas, que tergiversa todos los datos reconocibles, es la que dice que estuvo liada nada menos que con Saladino, relación que habría tenido como resultado al diabólico Juan sin Tierra. (Cuando surgió esta leyenda, Juan ya estaba en conflicto con el papado.)

Leonor (Alienor en la lengua de oc) había nacido para la leyenda. Las leyendas no siempre son hechos verídicos y por consiguiente mi novela es precisamente eso: una novela, no una biografía. Sin embargo, hay muchos detalles que podrían ser considerados como ingrediente novelesco de los hechos. Por ejemplo: el altercado que Guillermo IX (conocido en la historia como «el primer trovador») tuvo con su hijo por su amante Dangerosa; la pelea de Leonor con su esposo Luis en Antioquía; o la tempestad que afrontaron ella y Enrique durante su viaje a Inglaterra. Una de las libertades que me he tomado es, por ejemplo, haber cambiado por «Rafael» el nombre del segundo hijo ilegítimo de Enrique, el arzobispo de York. Entre los normandos era costumbre dar el mismo nombre a hijos legítimos e ilegítimos, y «Rafael» en realidad se llamaba Godofredo, pero con los Godofredos que aparecen en la historia hubiese resultado más confuso. Cuando se investiga sobre Leonor, hay que tener siempre presente que los cronistas de su época eran monjes que no sabían qué hacer con una mujer como ella, sobre todo en sus años jóvenes, y por eso eran muy propensos a condenarla. Sólo ahora, en nuestro siglo, los historiadores le han hecho verdadera justicia.

Sin embargo, el primer impulso que recibí para abordar la historia de Leonor y Enrique no se lo debo a una biografía o una crónica, sino a la magnífica interpretación de dos actores excelentes, Katherine Hepburn y Peter O'Toole, en la versión cinematográfica de la obra teatral de James Goldmans, *El león en invierno*. Sé que no es una postura objetiva sino emocional, pero por fin eran seres humanos vivos y no nombres sobre el papel.

En cuanto al resto de mis personajes principales, quisiera volver sobre Ricardo y Juan Plantagenet. En la conciencia colectiva viven para siempre, al lado de Robin Hood e Ivanhoe, como Ricardo el Bueno y Juan el Malo. Con la aparición del nacionalismo y sobre todo en el siglo pasado, en la historiografía se hizo sentir cierta tendencia a desprestigiar a Ricardo y revalorizar a Juan. Los motivos para esto residían, entre otras cosas, en que ya no quedaba mucho de la simpatía por las cruzadas y en cambio se reprochaba a Ricardo haber desangrado y descuidado su país de manera criminal, mientras que Juan había sido el primer rey, después de la conquista, que había residido con bastante regularidad en Inglaterra.

Estos reproches no tienen en cuenta que el reino sobre el que gobernaba Ricardo no era Inglaterra con un pequeño anexo en el continente, sino enormes provincias continentales con Inglaterra, sin Escocia ni Gales, como anexo. Que Juan se quedara en Inglaterra se debía a que había perdido la mayor parte de aquellas provincias. No obstante, Juan no era el canalla tenebroso (e incapaz) que se ha descrito en otros tiempos, como tampoco Ricardo era el héroe brillante sin tacha ni defectos, o la «incomparable máquina de matar» con ciertas dotes musicales, como lo define una parte de la historiografía escrita. Poseía las aptitudes tanto para ser el héroe como para ser la «máquina de matar». Ambas hicieron de él un hombre de su tiempo que, como su hermano, debe entenderse en relación con su familia.

Que además fuera un brillante estratega y, cuando hacía falta, un diplomático excelente, lo muestra por primera vez John Gillingham en una biografía fundamental que libera de muchos estereotipos la figura de Ricardo. De todos modos, al presentar a Ricardo como homosexual no he seguido a Gillingham. Este estudioso indica con absoluta razón que no hay pruebas válidas que confirmen la sospecha. Pero para mi novela era un detalle irresistible.

Por lo demás, *se non è vero, è ben trovato.*

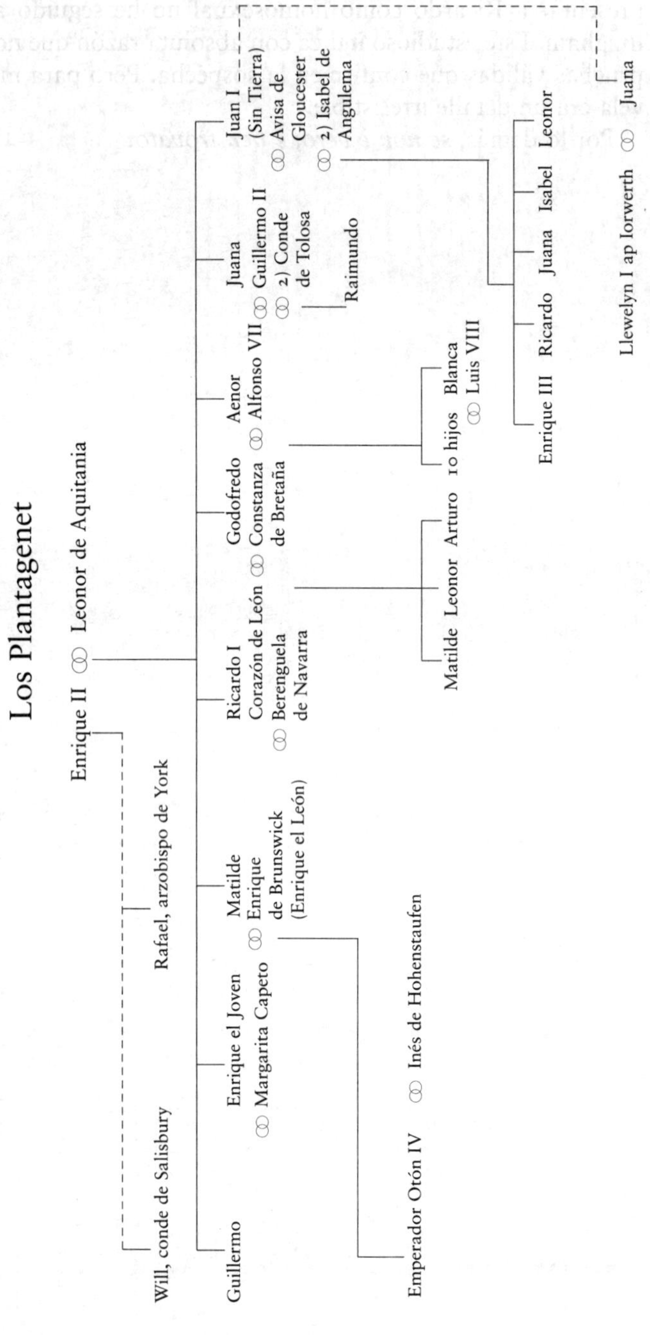

Los Plantagenet
Enrique II ⚭ Leonor de Aquitania
Will, conde de Salisbury
Rafael, arzobispo de York
Guillermo
Enrique el Joven ⚭ Margarita Capeto
Matilde ⚭ Enrique de Brunswick (Enrique el León)
Ricardo I Corazón de León ⚭ Berenguela de Navarra
Godofredo ⚭ Constanza de Bretaña
Aenor ⚭ Alfonso VII
Juana ⚭ Guillermo II ⚭ 2) Conde de Tolosa
Juan I (Sin Tierra) ⚭ Avisa de Gloucester ⚭ 2) Isabel de Angulema
Emperador Otón IV ⚭ Inés de Hohenstaufen
Matilde
Leonor
Arturo
10 hijos
Blanca ⚭ Luis VIII
Raimundo
Enrique III
Ricardo
Juana
Isabel
Leonor
Llewelyn I ap Iorwerth ⚭ Juana

Los duques de Aquitania

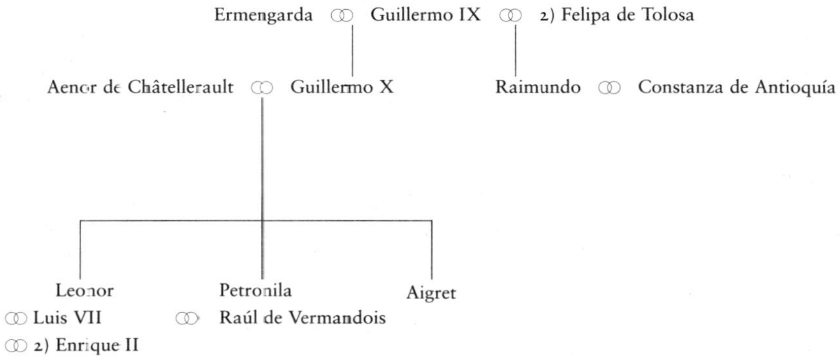

La dinastía normanda de Inglaterra

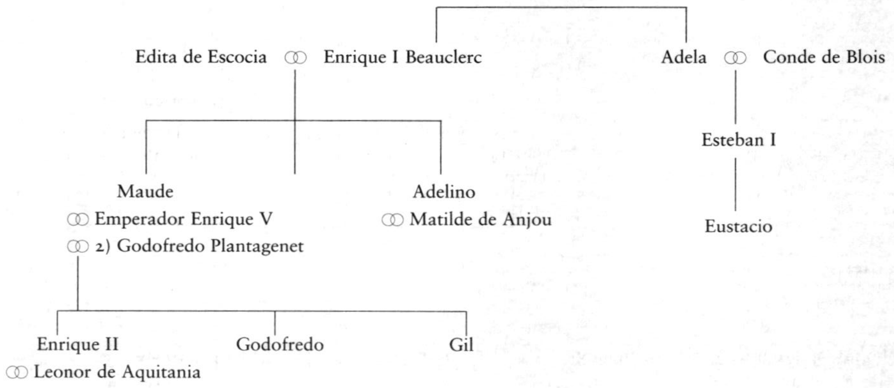

La casa real francesa

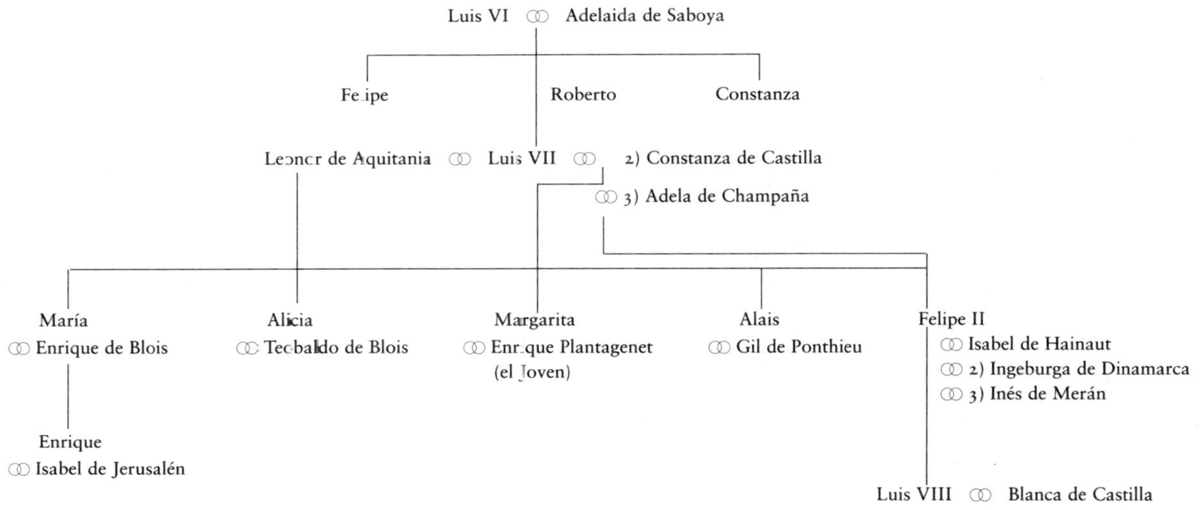

Edimburgo
Reino de Escocia
Durham
York
Reino
de Inglaterra
Oxford
Cambridge
Wallingford
Londres
Windsor
Runnimede
Salisbury
Clarendon
Winchester
Canterbury
Colonia
Bonn
Aquisgrán
Condado de Flandes
Condado de Ponthieu
Condado de Hainaut
Maguncia
Caen
Ruán
Condado de Vermandois
Worms
Gaillard
Ducado de
Normandía
Gisors
Reims
Spira
Saint Denis
Condado
de Champaña
Trifels
Ducado
de Bretaña
Chartres
París
Metz
Le Mans
Isla de Francia
Fraitaval
Condado de Anjou
Sens
Troyes
Angers
Tours
Blois
Nantes
Fontevrault
Chinón
Ducado
de Borgoña
Poitiers
La Rochelle
Poitou
Taillebourg
Limoges
Saintes
Chalus
Angulema
Burdeos
Ducado
de Aquitania
Tolosa
Burgos
Reino de
Navarra
Languedoc
Reino
de Castilla
Corona de Aragón
y Cataluña
0
250 km

Índice

Título de la edición original: *Die Löwin von Aquitanien*
Traducción del alemán: Lucía de Stoia,
cedida por Emecé Editores España, S.A.
Diseño: Norbert Denkel
Ilustración de sobrecubierta: *Queen Eleanor and Fair Rosamund*
by Evelyn de Morgan (1855-1919). The De Morgan Foundation,
London/Bridgeman Art Library, London
Ilustración de guardas: *Scene of a Tournament in the Fourteenth Century*,
1812 by Pierre Henri Revoil (1776-1842). Musee des Beaux-Arts,
Lyons/Peter Willi/Bridgeman Art Library, London

Círculo de Lectores, S.A. (Sociedad Unipersonal)
Travessera de Gràcia, 47-49, 08021 Barcelona
1 3 5 7 9 8 9 0 4 8 6 4 2

Licencia editorial para Círculo de Lectores
por cortesía de Emecé Editores España, S.A.

Depósito legal: B. 9719-1998
Fotocomposición: punt groc & associats, s.a., Barcelona
Impresión y encuadernación: Printer industria gráfica, s.a.
N. II, Cuatro caminos s/n, 08620 Sant Vicenç dels Horts
Barcelona, 1998. Impreso en España
ISBN 84-226-6277-9
N.º 18101

BIAUX LOS !